ED BROADBENT

LA CONQUÊTE OBSTINÉE DU POUVOIR

Couverture
- Conception graphique:
  Katherine Sapon
- Photo:
  Gail Harvey

DISTRIBUTEURS EXCLUSIFS:

- Pour le Canada:
  AGENCE DE DISTRIBUTION POPULAIRE INC.*
  955, rue Amherst, Montréal H2L 3K4 (tél.: 514-523-1182)
  * Filiale de Sogides Ltée

- Pour la France et l'Afrique:
  INTER FORUM
  13, rue de la Glacière, 75013 Paris (tél.: (1) 43-37-11-80)

- Pour la Belgique, le Portugal et les pays de l'Est:
  S. A. VANDER
  Avenue des Volontaires, 321, 1150 Bruxelles
  (tél.: (32-2) 762.98.04)

- Pour la Suisse:
  TRANSAT S.A.
  Route des Jeunes, 19, C.P. 125, 1211 Genève 26
  (tél.: (22) 42.77.40)

ED BROADBENT

LA CONQUÊTE OBSTINÉE DU POUVOIR

JUDY STEED

**Traduit de l'anglais
par Joëlle Pépin
et Gérard Piloquet**

 LES ÉDITIONS DE
L'HOMME

Données de catalogage avant publication (Canada)

Steed, Judy

    Ed Broadbent: La conquête obstinée du pouvoir

Traduction de: Ed Broadbent.

ISBN 2-7619-0781-7

    1. Broadbent, Ed, 1936 –   . 2. Nouveau Parti démocratique – Biographies.
3. Hommes politiques – Canada – Biographies I. Titre

FC626.B76F8314 1988   971.064'092'4   C88-096-499-5
F1034.3.B76F8314 1988

Édition originale: *Ed Broadbent. The Pursuit of Power*
Viking
(ISBN: 0-670-82255-8)

Bibliothèque nationale du Québec
Dépôt légal — 3ᵉ trimestre 1988

ISBN 2-7619-0781-7

À ma fille Emily,
dont le brillant esprit
a éclairé ma route.

REMERCIEMENTS

C'est de mes parents que je tiens mon intérêt pour la politique. Mon père, John Burke Ewing, était un fils de fermier qui «avait étudié», puis réussi dans la vie. Conservateur fervent, il nourrissait une admiration profonde pour deux hommes d'État: Winston Churchill et John Diefenbaker. Aux yeux de mon père, l'un comme l'autre était animé d'un amour ardent pour son pays et nous a donné une grande leçon de patriotisme. En bonne Écossaise, ma mère, Ethel MacKenzie, nuance ses jugements de scepticisme. C'est d'elle que nous avons appris que l'Écosse — vendue aux Anglais et transformée en enclos à moutons — devait son triste sort à la cupidité de ses chefs.

Ce livre n'est pas une biographie de commande. Durant les sept années au cours desquelles je signais des articles dans le *Globe and Mail*, il m'est arrivé d'interviewer Broadbent à diverses reprises, mais pour ainsi dire en passant, dans le cadre de sujets plus vastes: Petro-Canada, le Programme énergétique national, le 50e anniversaire du FCC-NPD, le libre-échange. Mais je ne lui accordais pas grande attention, du moins jusqu'à l'été 1987, alors que son parti recueillait la faveur des électeurs selon un sondage.

Je tiens à remercier ici Ed Broadbent de la générosité et de la patience qu'il m'a témoignées en acceptant de répondre pendant six mois à mes questions. Sa bonne volonté m'a aidée à brosser un portrait vivant et fidèle de sa vie et de son temps. Par les précisions qu'elles m'ont apportées, Lucille, sa femme, et Velma Cornish, sa soeur, m'auront été elles aussi d'un secours inappréciable. Ma gratitude également à tous les membres de la famille Broadbent —

tante Edna Bice, oncle Aubrey, oncle Reuben, David, le frère de Ed et son fils Paul — qui m'ont énormément aidée dans mon entreprise.

Piliers du Nouveau Parti démocratique, Robin Sears et Gerry Caplan ont bien voulu s'exposer, avec patience et courtoisie, au flot de mes questions. Plus de deux cents personnes m'ont accordé des entretiens de fond. Bien qu'il me soit impossible de les citer toutes dans ce livre, qu'elles sachent cependant que je leur suis infiniment reconnaissante de la richesse des informations qu'elles m'ont apportées. Qu'elles sachent aussi que si certaines erreurs se sont glissées dans les pages qui suivent, j'en suis la seule et unique responsable.

Un grand merci à Norman Webster, rédacteur en chef du *Globe and Mail*, pour la totale liberté qu'il m'a laissée d'agir à ma guise au *Globe* — journal d'écrivains par excellence — et pour le congé qu'il a bien voulu m'accorder pour que je puisse mener à bon terme la rédaction de ce livre. Je remercie également Lorraine Johnson et Kathryn Maloney pour leur merveilleux travail de recherche ainsi que Katherine Govier et Linda McQuaig pour leurs précieux conseils. John Honderich m'a donné, avec gentillesse, accès aux dossiers du *Toronto Star*. Dale Williams et notre groupe d'amis ont été pour moi un soutien de tous les instants. Lankai Lamptey, enfin, mon compagnon, a lu quasiment mot à mot mon manuscrit, en a corrigé les fautes d'orthographe, m'a écouté parler de mon sujet jusque dans mon sommeil et m'a facilité la tâche au point que toute l'entreprise s'est transformée en une partie de plaisir. Sans lui je n'aurais pas écrit ce livre.

Judy Steed
Toronto

Premières impressions

Lise Huot, son attachée de presse, m'avait annoncé que je pourrais m'entretenir avec Ed pendant une heure au Holiday Inn d'Oshawa. Je le trouverais au bord de la piscine, avait-elle précisé. Imaginez la scène: une chaude journée de fin d'été, la piscine, étonnant quadrilatère bleu turquoise, calme et déserte; un fond sonore grisâtre, celui du ronronnement de l'autoroute 401 charriant le flot incessant des véhicules circulant entre Montréal et Toronto. À l'extrémité de la piscine, Ed, étendu sur une chaise longue, prend un bain de soleil. Il porte un maillot beige et, sur la tête, un Tilley Endurable — l'un de ces chapeaux cocasses en toile de coton chers aux amateurs de canoë. Longues jambes. De toute évidence, il bronze aisément. Il lit le *New York Times* en mangeant un sandwich. Je le trouve plongé dans un article sur l'économie suédoise. Un projet sur lequel il revient volontiers.

Il ôte son chapeau et me souhaite la bienvenue. Tandis qu'il mord à belles dents dans son cheeseburger, il me fait l'effet d'un brave bouledogue affamé. Il me parle des dernières mesures adoptées en Suède par le gouvernement socialiste. «Ce qu'on écrit dans ce pays sur l'évolution de la pensée social-démocrate est prodigieux», me dit-il. Pour la génération précédente des socio-démocrates canadiens, me fait-il observer, c'était le Parti travailliste de Grande-Bretagne qui fournissait le modèle le plus accessible. Aujourd'hui, Ed s'intéresse davantage à ce que font les Scandinaves et les Européens. Chose plutôt inhabituelle chez un politicien, il n'aime guère parler politique, et la conversation dévie vers d'autres domaines. Il me fait divers commentaires sur les livres qu'il vient de lire (*In the Skin of a Lion*, de Michael

11

Ondaatje, *Bright Lights, Big City*, de Jay McInerney, *More Die of Heartbreak*, de Saul Bellow, *How I Grew*, de Mary McCarthy) et sur la musique qu'il écoute. Il adore l'opéra — Maria Callas en particulier — et Jean-Sébastien Bach. Puis il me demande la permission d'aller se changer.

Pendant ce temps, j'essaie de comprendre ce personnage énigmatique. À cinquante et un ans, Ed Broadbent a derrière lui vingt années de mandat parlementaire. Après avoir enseigné pendant trois ans les sciences politiques à l'Université York, il est élu à la Chambre des communes en 1968, l'année de la trudeaumanie. Il préside pour la première fois l'aile parlementaire du NPD sous le gouvernement minoritaire de Trudeau durant l'intermède historique de 1972-1974, lorsque David Lewis, le chef néo-démocrate, accorde son soutien aux libéraux de Trudeau en échange d'une participation aux décisions législatives. La création de Petro-Canada constitue le fait d'armes du NPD à cette époque. Les députés qui siègent aux Communes au cours de cette période — les maîtres à penser de Broadbent — sont pour la plupart des géants du NPD. On y trouve en effet Tommy Douglas, père de l'assurance hospitalisation (*Medicare*), Premier ministre de la Saskatchewan depuis dix-sept ans et le premier dirigeant du Parti; David Lewis, boursier de la Fondation Rhodes et juriste du droit du travail, dont toute la vie avait été consacrée à la construction du Parti; Stanley Knowles, vénérable parlementaire de Winnipeg, de qui Ed a découvert toutes les ficelles de la politique.

Tels étaient les faits. Mais ils ne me renseignaient guère sur le caractère de Broadbent; comment cet homme qu'on disait dépourvu d'ambition — solide gaillard, au demeurant, et qui avait adhéré au Nouveau Parti démocratique sans entretenir de relations avec son establishment — avait-il pu devenir par la suite dirigeant du Parti et héros national? Je l'avais vu à l'oeuvre la veille dans un restaurant grec d'Oshawa. Il devait y prendre la parole devant des candidats néo-démocrates locaux qui se présentaient à l'élection provinciale de l'Ontario et qui déjà avaient commencé leur campagne. À huit heures du matin, la foule se pressait à l'intérieur du restaurant Marwood, dans un quartier industriel de la ville. Au milieu d'un extraordinaire vacarme dû à la cohue formée par les journalistes et à la présence de caméras de télévision, les serveuses bousculaient les gens pour servir oeufs brouillés, bacon et café. À l'extérieur stationnaient des camions de télévision venus d'un peu partout, même d'Ottawa. Les gens d'Oshawa faisaient comme si de rien n'était, mais ils n'ignoraient assurément pas ce qui provoquait pareil tapage: certains affirmaient tout haut que Ed pourrait bien devenir le prochain Premier ministre.

Celui qui alimentait tous les commentaires entra dans la salle et fut accueilli par une ovation délirante. Il portait un costume beige clair, aux revers piqués main, des mocassins italiens de cuir souple, marron, une chemise blanche et une cravate beige à rayures. En pleine forme, bronzé, très à l'aise, il allait de l'un à l'autre, distribuant des accolades, embrassant les femmes sur les joues, retenant dans les siennes les mains des hommes âgés, souriant aux enfants, adressant des signes cordiaux à ses amis et à ses relations... Ce bon vieux Ed, toujours le même mais plus élégant et qui arbore, depuis qu'il a eu recours à l'art dentaire — ses dents de devant ont été rapprochées l'une de l'autre —, un sourire éclatant.

Abstraction faite de cette amabilité de commande déployée dans sa ville natale, Ed démontra qu'il était un pro. Tandis que son auditoire terminait le petit déjeuner, il prononça une brève allocution qu'on eût juré improvisée. (Pas de notes, mais rien qui fût laissé au hasard: tout avait été préparé à l'avance dans les grandes lignes, en collaboration avec Hilarie McMurray, qui écrit la plupart de ses discours.) À ceux qui l'écoutaient il fit ce jour-là une déclaration prouvant, en quatre points, que le moment ne pouvait être mieux choisi pour se rallier aux néo-démocrates. «Nous ne prétendons pas être parfaits et nous ne détenons pas toutes les solutions, mais nous sommes honnêtes. Si nous agissons, c'est pour améliorer les conditions de vie des gens ordinaires. Comment? En instituant par exemple un meilleur système de garderies, une réforme fiscale, en protégeant l'environnement, tout comme par le passé nous avons oeuvré pour augmenter les pensions des personnes âgées, l'assurance-chômage, et imposé l'assurance hospitalisation et Petro-Canada. Partout où nous sommes au pouvoir, comme en Saskatchewan, au Manitoba ou en Colombie-Britannique, nous avons tenu nos promesses.»

Son allocution lui valut une seconde ovation, tout aussi enthousiaste que la précédente. Quelques ballons orangés furent lâchés dans la salle. Puis Ed s'en alla comme il était venu, embrassant ici, serrant une main là, souriant à tout le monde. Au dehors, une meute de journalistes l'entoura. «Vous ne craignez pas de faire de la démagogie?

— Non.

— Le NPD peut-il élargir sa base et former un gouvernement?

— Je l'ai déjà dit bien des fois: mon père a été pendant bien des années conservateur, et beaucoup de conservateurs se rallient aujourd'hui au Nouveau Parti démocratique.

— Avez-vous été conseillé par Bob Rae (le chef du NPD en Ontario)?

— Oui, il m'a simplement dit d'être moi-même.»

À cela — être soi-même —, Ed Broadbent excelle. Mais qui est-il?

Mes rêveries sont interrompues quand Ed réapparaît, douché, vêtu d'une chemise de lin blanc et d'un pantalon léger de coton kaki. Il tient une mallette à la main. On vient de modifier son emploi du temps, me dit-il, et il est tout disposé, si je le veux bien, à profiter de ma voiture pour regagner Toronto.

Alors que nous nous dirigeons vers le terrain de stationnement, une équipe d'ouvriers s'active à étendre une nouvelle couche d'asphalte sur la voie d'accès. Les hommes le reconnaissent immédiatement, l'entourent, lui serrent la main et lui demandent de leur signer des autographes (sur des feuilles arrachées à mon carnet). Il prend visiblement plaisir à plaisanter avec eux — jamais on ne supposerait que dix minutes plus tôt nous nous entretenions gravement de littérature et d'opéra —, puis nous gagnons ma voiture, une Chevette qui n'est plus dans sa première jeunesse. Cela me gêne un peu, mais il ne semble pas s'en formaliser. «J'aime conduire, me dit-il, mais malheureusement je n'ai plus souvent l'occasion de le faire.» Je comprendrai plus tard pourquoi ses collaborateurs préfèrent qu'il s'abstienne de prendre le volant. Je lui tends les clés. Nous nous traînons en pétaradant hors du stationnement, et le voilà qui empoigne solidement le levier des vitesses. «Ça, c'est de la voiture!» s'exclame-t-il. Il éclate d'un rire sonore et, tout en gesticulant, en se tournant vers moi pour me parler et en pilotant par je ne sais quel miracle (c'est tout juste s'il regarde devant lui de temps à autre), il me déclare que ce serait une bonne idée d'aller jusqu'à sa ville natale, qu'il me fera visiter. Je suis plutôt tendue. Mais non, tout se passe bien et, dans les deux heures qui suivent, me voici conquise par ce personnage hors du commun. Une page blanche, l'image d'un homme sympathique, voilà à peu près tout ce dont je disposais au début. Apprendre à la connaître, à connaître Ed — c'est ainsi que tout le monde l'appelle — aura été pour moi un peu comme de découvrir le Canada: impossible de comprendre ce qui va se passer ici ou là avant d'avoir le nez dessus.

D'abord, parcourir les rues d'Oshawa aux côtés de Ed Broadbent, c'est un peu comme accompagner le Prince de Galles dans la ville où il est né. C'est dimanche et l'après-midi est ensoleillé, de sorte que les gens sont assis devant leur porte, ou promènent leur chien, ou conduisent la poussette du bébé. Sitôt que Ed croise dans les parages, ils lui adressent de grands gestes du bras, crient son nom, le regardent, les yeux écarquillés, étonnés de le voir conduire une vieille guimbarde. Il agite chaleureusement la main pour leur rendre leur salut. L'image de son bras gauche, de cette manche de lin blanc ondulant royalement par la fenêtre baissée, restera longtemps gravée dans mon esprit. Je suis frappée de constater que tous ceux que nous croisons le connaissent, savent qui il est. Je me dis alors que mon étonnement vient sans doute de ce que je suis originaire d'une grande ville, alors qu'ici nous sommes dans une modeste agglomération où la célébrité se gagne plus aisément.

Tandis que nous roulons aux abords de l'ancien quartier industriel, Ed me désigne les diverses générations de maisons d'ouvriers de General Motors — coquets pavillons de brique agrémentés de jolis massifs de fleurs et de pelouses amoureusement tondues — qui ont proliféré là dans les années quarante, et jusqu'à la fin des années soixante. Il s'arrête devant la vieille maison de la famille Broadbent, au coin de Central Park et d'Eulalie; le modeste bungalow de briques jaunes est entouré d'un catalpa et de saules plantés au temps de son adolescence et qui dépassent aujourd'hui le toit. Puis l'église anglicane, où jadis il chantait avec la chorale. Puis l'édifice qui abritait primitivement la direction de General Motors, avec sa charmante façade art déco. «Je l'adore, me dit-il. Superbe, non?» Il connaît sa ville comme le fond de sa poche, bien que certains quartiers se soient transformés. Ici, une rue a été élargie, là une nouvelle clôture s'est dressée, de nouveaux développements urbains ont surgi, enfin, plus loin, les massives implantations de GM étendent — gigantesque pieuvre enserrant la ville —, leurs immenses ateliers aux murs aveugles sur 883 acres (près de 400 hectares).

Il me parle à bâtons rompus, sautant de la description détaillée des banlieues que nous traversons («Ici, c'est polonais et ukrainien. On y recueille soixante-quinze pour cent des suffrages.») à la géographie politique. Le populisme qu'il adopte en public contraste singulièrement avec l'intellectualisme qui est le sien dans le privé. Il me cite pêle-mêle C.B. Macpherson (professeur de sciences politiques de l'Université de Toronto, considéré comme gauchisant et dont la renommée est internationale, Macpherson a été son directeur de thèse de doctorat), Michel Oakeshott (philosophe britannique, idéologiquement conservateur, dont il a suivi l'enseignement au London School of Economics), et enfin Ted Maidman, son chef de patrouille du temps où il était scout à Oshawa. Son chef de patrouille? Oui, c'est bien cela. Il aimait beaucoup son chef de patrouille. Non, il ne voit rien d'incongru dans cette énumération disparate des êtres pour lesquels il a ressenti de l'affection. Et d'ajouter: «Et puis ma mère, bien sûr.» Il réfléchit quelque peu et me déclare, le plus sérieusement du monde, que tout bien pesé c'est sa mère qui a exercé sur lui, et de loin, l'influence la plus profonde. («Sa mère, me dira Mike Breaugh, était une petite bonne femme à cheveux blancs, tout sucre tout miel, mais il y avait en elle une force de caractère inimaginable. Elle vous aurait brisé Attila sur son genou.»)

Agitant le bras, souriant, jamais en repos, Ed est au septième ciel. De la pensée des philosophes britanniques — Hobbes, Locke, John Stuart Mill —, le voilà qui bifurque maintenant vers l'évolution du capitalisme, la notion d'économie de marché, la social-démocratie... et les filles. Il me rappelle qu'il était adolescent dans les années cinquante, et qu'il fréquentait alors Central Collegiate, le collège où s'entassaient les enfants de la classe ouvrière, ces rejetons d'immigrants qu'il avait pour compagnons au cours de ses premières années d'études supérieures. Déjà il avait atteint une certaine célébrité, puisque durant quatre années sur cinq au total il s'était classé premier de sa promotion et avait été élu président du Conseil des étudiants alors qu'il n'était encore qu'en onzième année. Il passait tout à la fois pour un lecteur insatiable, un joyeux drille et un chic type. Étrange conjonction.

Pour l'instant il ne me dit rien des mauvais moments. Cela viendra en son temps. «Je n'ai pas eu l'adolescence de Norman Rockwell», a-t-il déclaré un jour à un journaliste, mais sans lui en dire davantage. Nous roulons dans une autre rue. «Tenez, voilà le magasin d'alimentation où mon père travaillait le soir quand il avait fini sa journée chez General Motors.» Nombre de chefs de famille avaient alors deux emplois, et nombre de fils ne voyaient pas souvent leur père. Celui de Ed était alcoolique, ce qui explique l'importance prise par Ted Maidman, le chef de patrouille, dans l'existence du jeune garçon. (C'est avec les scouts que celui-ci allait camper, pas avec son père, dont il ne s'est jamais senti très proche.) Si plus tard Ed s'est appliqué à éviter les querelles et les blessures affectives, cela tient sans doute aux conflits parentaux qui faisaient rage alors qu'il approchait de la puberté, du temps où sa famille était déchirée par la déchéance de Percy Broadbent.

Le jeu et la boisson avaient fini par consommer la rupture

entre Percy et ses frères qui, eux, s'acharnaient au labeur. Il avait ainsi perdu son emploi de représentant, sa voiture et, pis encore, la maison familiale. Ed avait d'autant plus souffert des défauts de son père qu'il vivait dans une petite ville, où nul n'ignore rien des affaires des autres, et où il est quasiment impossible de garder un secret. Reuben, le frère de Percy, les avait recueillis pour un temps sous son toit, et un ami de la famille avait fait obtenir à Percy un emploi dans les bureaux de General Motors. De plus en plus éloigné de son père, Ed continuait pourtant à réussir dans tout ce qu'il entreprenait. Il avait toutes les qualités dont son père était dépourvu. Il menait une vie studieuse, on pouvait se fier à lui, il avait les pieds sur terre, le sens des responsabilités et de l'organisation. À ses camarades il donnait l'impression d'être un gentil garçon, franc, un peu compliqué, et nourrissant depuis sa plus tendre enfance une ambition de tous les instants. Il travaillait après les heures de classe pour mettre un peu d'argent de côté dans l'espoir d'entrer à l'université. Plus tard, il étudierait la philosophie au Trinity College de l'Université de Toronto, où il obtiendrait son diplôme avec mention, puis décrocherait une bourse pour préparer son doctorat. Eddie était tout le contraire d'un révolté. (On le prenait volontiers pour un fils à papa, à qui tout réussit sans effort.) La seule chose qui surprit les gens de sa ville natale, ce fut d'apprendre, à son retour de l'université, qu'il s'était rallié au Nouveau Parti démocratique.

Ed n'est pas un homme à raconter ses malheurs. La plupart des gens ne savent rien de ce qu'il a enduré. Son visage public et sa jovialité déguisent ses sentiments profonds. Selon ses amis les plus proches, c'est son sens de l'humour qui représente son trait de caractère le plus saillant. Vient ensuite sa ténacité. Je me représentais mal ce que ses proches entendaient par là, jusqu'au jour où Ed me fit faire ce tour d'Oshawa en voiture. Passer quelque temps en compagnie de cet homme, ai-je découvert ce jour-là, c'est considérer le monde avec un humour noir. Il aime rire et n'oublie jamais ceux qui l'ont fait rire. Tandis que nous parcourons les lieux qu'il a hantés dans son enfance, le souvenir d'un ami de son père, Archie Rinker, lui revient en mémoire. «Je l'adorais, me dit-il. Archie était un Irlandais pure laine, solide buveur et blagueur invétéré. Je ne crois pas que ma mère le portait dans son coeur, mais moi je le trouvais extraordinaire. Un jour il a commandé une tonne de foin, et une chèvre, et il a planté le piquet chez son voisin, si bien que lorsque celui-ci est rentré chez lui il a trouvé une chèvre attachée au poteau...» Radieux, Ed éclate d'un rire tonitruant, le visage cramoisi. «Une autre fois, il a gagné une dinde vivante, qu'il a apportée chez lui et jetée dans la chambre où dormait sa femme.» Ed croule de rire. Et d'ajouter cette phrase qui, dans sa bouche, ne prête aucunement à équivoque: «Je n'aurais pas voulu être sa femme, mais pour moi, quand j'étais petit, c'était un type fabuleux.»

Le sens de la plaisanterie, de la bonne blague, on le retrouvera à toutes les étapes de l'existence de Broadbent. Mais nous voici repartis. Nous roulons en direction de Simcoe Street, et là il ralentit devant le manoir du colonel Sam McLaughlin, point de repère important, non seulement dans l'histoire économique du Canada, mais dans le développement personnel de mon interlocuteur. Il s'arrête pour lire l'inscription commémorative gravée sur une plaque, sous des épicéas bleus, près des colonnes grecques marquant l'entrée de la propriété. Quand Ed n'était encore qu'un enfant, l'occupant du manoir — le seigneur d'Oshawa — était le colonel Sam, l'héritier de l'homme dont l'atelier de voitures à chevaux a abrité, en 1907, la construction du premier moteur automobile McLaughlin. La monumentale et somptueuse demeure des McLaughlin, bâtie avant la cession de l'entreprise à General Motors en 1918, évoque irrésistiblement Xanadu, immortalisé dans *Citizen Kane*, le film d'Orson Welles inspiré par le magnat de l'industrie américaine William Randolph Hearst: voûtes massives, lourds panneaux de chêne ouvragés, exécutés en France par des sculpteurs sur bois, murs et plafonds peints en trompe-l'oeil (vignes, treilles, personnages de l'histoire romaine, perroquets), jardin à l'italienne tracé autour d'un bassin orné de statues de marbre représentant des danseuses, serres exotiques fabuleuses où poussent palmiers et citronniers et où fleurit l'orchidée, allée de bowling, court de squash, piscine intérieure, candélabres de cristal, tapis d'Orient, tapisseries murales gigantesques, alignement de pièces de style rococo emplies de meubles Louis XIV, aux dessus de marbre et aux pieds tarabiscotés.

Je m'attends à ce que Ed formule d'aigres commentaires sur les exploiteurs capitalistes. Mais non. Au contraire, il me fait observer qu'«à Oshawa, la classe ouvrière ne jalousait pas les riches, comme cela se passait ailleurs. Tout simplement parce que tout le monde y vivait décemment. On gagnait assez pour faire bouillir la marmite. Le sentiment général se résumait ainsi; «que chacun fasse ce qui lui plaît» (ce disant, il me désigne le manoir de Sam McLaughlin) «à condition de n'importuner personne». Ce qui le choque le plus, chez le colonel Sam, ce n'est pas tant qu'il ait gagné beaucoup d'argent, mais qu'il ait vendu son entreprise aux Américains.

Depuis qu'il a été élu pour la première fois à la Chambre des communes en 1968, l'inquiétude de voir un pays étranger assurer sa mainmise sur l'économie nationale a tout à la fois infléchi la ligne du NPD, dominé la politique du gouvernement canadien et influencé la conception qu'il en avait. Cette préoccupation s'est exprimée par la création de Petro-Canada, l'élaboration du Programme énergétique national et l'agence d'examen des investissements étrangers (AEIE). Plus tard les conservateurs contre-attaqueront sur les trois fronts: Joe Clark se proposera de brader Petro-Canada (et sera battu aux élections); sous le mandat du Premier ministre Brian Mulroney, le Programme énergétique et l'AEIE finiront dans la corbeille. À l'arrière-plan de la négociation Reagan-Mulroney sur le libre-échange se profile de nouveau la question du contrôle de l'économie, et on s'interroge encore une fois sur la latitude qui sera laissée au gouvernement canadien de décider librement de sa politique économique. Cette question représentera l'un des enjeux majeurs de la prochaine bataille électorale.

L'intérêt que porte Broadbent aux affaires économiques procède tout naturellement du milieu social dans lequel il a grandi. Ed est un produit spécifique de l'Ontario industrialisée, tout comme Pierre Elliott Trudeau était celui d'une certaine intelligentsia québécoise. Dans *Grits*, Christina McCall a écrit de Pierre Trudeau que «ses réactions viscérales dérivaient directement de son profond enracinement dans la société québécoise». Sa volonté obsessionnelle de rapatrier la Constitution — qui pendant quinze ans a marqué sa politique intérieure — n'a d'égale que la détermination de Broadbent, tout aussi obsessionnelle, de rapatrier l'économie nationale.

Mais par ailleurs la tolérance dont Ed fait preuve à l'égard du capitalisme ne va pas sans choquer, dans les rangs du Parti, les tenants d'une ligne socialiste pure et dure. Ed est convaincu des vertus d'une économie de marché libérale, et la passion qu'il affiche pour cette question inquiète les stratèges du NPD, qui lui font valoir que les électeurs ne s'intéresseront nullement à ce que les néo-démocrates ont à dire sur l'économie. On lui a conseillé de s'en tenir strictement aux questions relevant de la justice sociale — le service de garderies, l'assurance hospitalisation, les pensions, l'assurance-chômage —, c'est-à-dire à des domaines dans lesquels le Parti a indéniablement marqué des points. Mais il ne peut s'empêcher de parler de l'industrie. Il est né à Oshawa et pas à Toronto, et à cet égard la différence est considérable. Avec ses trois millions de citadins, la conurbation de Toronto est le centre national de l'activité financière et de la communication. Un centre que dominent les bâtiments imposants abritant les banques, mais aussi les avocats et les maîtres de l'empire médiatique dont les intérêts propres, volontiers confondus avec ceux de la nation, ont aliéné l'Ouest du Canada, le Québec et les Maritimes.

À la périphérie de cette sphère d'attraction ayant pour centre Toronto, Oshawa, avec ses cent vingt-deux mille habitants, constitue la capitale industrielle de la plus riche des provinces du Canada, et ce quartier général de l'industrie représente le moteur de l'économie ontarienne. Farouchement jaloux de leur autonomie, ne craignant personne, intransigeants, les gens d'Oshawa attendent de leurs hommes politiques qu'ils traduisent leur credo dans les faits. Pas de fausses promesses. Le paradoxe veut que General Motors du Canada, possession étrangère, siège dans le fief électoral du seul chef de parti pour qui le contrôle par le Canada de sa propre économie est une raison d'être... et qui n'éprouve aucune gêne à entretenir des relations de bon voisinage et avec General Motors et avec le Syndicat canadien des travailleurs de l'automobile (Canadian Auto Workers).

Nous sortons d'Oshawa. La Chevette s'engage en vrombissant sur l'autoroute de Toronto, en direction de l'est, laissant derrière elle les installations industrielles, les banlieues et les tours qui se pressent de part et d'autre de la 401. Au volant, Ed continue de bavarder, de gesticuler et de rire de bon coeur. Arrivé à destination, dans le centre-ville de Toronto, il s'arrête devant le Windsor Arms, hôtel d'une élégance discrète dont la façade est couverte de lierre, se réjouissant déjà du bon dîner, du verre de vin et du cigare qui l'attendent. (Il aime faire bonne chère et, à l'occasion, n'hésite pas à se montrer dépensier.) Lorsque nous nous quittons, il résume sa position en ces mots: «Je suis le premier dirigeant du Nouveau Parti démocratique qui soit né au Canada, me dit-il, et la chose a son importance. Tout le monde ici sait d'où je viens.»

Chapitre premier

Broadbent, Ontario

Que disent les Français, déjà? Ils ont une expression pour signifier qu'on ne dépend de personne. «Maîtres chez nous», voilà. Mieux vaut posséder sa maison que la louer, parce qu'on peut la léguer à ses enfants. J'aimerais nous voir décider nous-mêmes de nos affaires. Je pense que nous sommes assez grands pour le faire tout seuls.

Aubrey Broadbent, oncle de Ed

Il n'y a plus de descendants Broadbent à Broadbent, en Ontario. Seules quelques tombes, dans le cimetière anglican, rappellent qu'ils ont vécu là. Modeste à l'origine, le village n'est plus aujourd'hui qu'un hameau perdu à l'intersection de routes poussiéreuses, au milieu de terres de culture rocailleuses situées immédiatement au nord-est de Parry Sound, sur la rive orientale de la baie Géorgienne, plus près de Sudbury que de Toronto. Broadbent ne figure même plus sur les cartes routières de l'Ontario, à la grande consternation de Ed. Il prétend que les tories l'en ont fait effacer uniquement pour lui jouer un vilain tour. Mais c'est là que son arrière-grand-père, Adam T. Broadbent, est venu s'installer en 1872, qu'il y a prospéré, avant de trouver la mort en tombant du toit d'une maison qu'il bâtissait de ses mains. Insolation? Crise cardiaque? Nul ne peut le dire. Il laissait derrière lui un fils encore adolescent, John, le grand-père de Ed. John Broadbent épousa Albertha Tait, et du couple naîtront dix enfants: Oren (1906-1971), Edna (1908-), Percy, le père de Ed (1909-1976), Birdie (1911-1979),

Robert (1912-), Aubrey (1914-), Reuben (1916-), Arnold (1917-1975), Velma (1920-1921) et Bill (1925-).

L'histoire de la famille, c'est tante Edna, devenue Mme Wilfrid Bice, qui en est aujourd'hui la dépositaire en tant que conservatrice de la bible de sa mère, Albertha. À quatre-vingts ans, Edna, second enfant de John et d'Albertha, est la plus âgée des Broadbent. Percy, le père de Ed, que ses frères et soeur avaient surnommé Ginger, était le troisième enfant du couple et la forte tête de la famille, celui qui n'était jamais à court d'arguments. Il devint vendeur d'élite... et, plus tard, le triste personnage dont on préférera ne pas parler.

Le passé commence avec tante Edna. Ses souvenirs sont riches d'enseignement sur le milieu dans lequel Ed a grandi, et ce milieu nous en apprend lui-même beaucoup sur l'Ontario. Edna et Wilfrid étaient l'un comme l'autre instituteurs à Huntsville, près du Parc Algonquin, mais à présent tante Edna, qui a perdu son mari, vit à Islington, banlieue de l'ouest de Toronto, dans une coquette maison de brique à l'ombre de chênes immenses. Jamais je n'avais vu octogénaire si jeune. Cheveux roux — comme toute la famille — tirant sur le rose argenté, elle me reçoit vêtue d'une jupe bleu vif, d'un chemisier à rayures bleu et blanc et de chaussures blanches. Autour du cou, un collier de perles blanc. De toute sa personne se dégage une impression de netteté, de propreté méticuleuse, de soin extrême, tandis qu'elle s'affaire allégrement dans son jardin, sous les chênes, dans les pépiements des rouges-gorges et des geais bleus.

Edna résume en sa personne toute la respectabilité des Broadbent. Cette respectabilité qui a rendu plus cuisante encore la déchéance de Percy. Elle a tout préparé pour me recevoir. Elle m'offre tout d'abord du thé et des muffins encore chauds dans un adorable service de porcelaine. Son intérieur est immaculé. L'argenterie étincelle sur la nappe, on chercherait en vain la moindre tache sur les carpettes, et devant la fenêtre elle a tiré des rideaux d'une blancheur absolue. Sur le manteau de la cheminée, le carillon de l'horloge tinte dans la pièce silencieuse. Edna a rassemblé la collection de documents et de souvenirs familiaux qu'elle conserve dans la commode de cèdre de sa chambre et les a disposés sur la table de la salle à manger. Là, au milieu des coupures de journaux et des trésors d'un autre âge, se trouve une photo de Ed publiée dans le *Oshawa Times* voilà plus d'un quart de siècle, accompagnée de la légende: «Le Conseil canadien d'études supérieures de l'Université de Toronto a décerné une bourse de mille cinq cents dollars à J. Edward Broadbent, vingt-quatre ans, fils de M. et Mme Percy Broadbent. M. Broadbent s'est classé premier à l'examen de philosophie du Trinity College de l'Université de Toronto en 1959.» Puis elle étale sous mes yeux des photographies représentant ceux de l'ancienne génération, sur lesquelles on voit Edna, Percy et leurs frères et soeurs, tous groupés autour de leur mère déjà vieille. Au premier rang, Percy, le plus petit, le plus trapu, avec ses cheveux roux qui ondulent et son air renfrogné. Il détestait les réunions de famille. «Pendant au moins une année, après l'une de ses «incartades», me dit Edna, jamais il ne s'est montré. Je crois qu'il avait honte de ce qu'il était devenu.»

Nous sommes le 14 août, et il se trouve que ma visite à Edna coïncide avec l'anniversaire de Percy. Elle ne peut s'empêcher de songer avec tristesse à la mort de son frère, survenue alors que celui-ci avait soixante-sept ans, une année seulement après l'élection de Ed à la tête du Nouveau Parti démocratique, trois mois après le décès de sa propre mère en 1976, de sorte qu'Albertha n'avait pas vécu assez longtemps pour consigner le décès dans la bible familiale. (Edna s'était chargée de le faire à sa place.) Mais avant de disparaître, Percy avait fait la paix avec ses démons. Il avait réduit considérablement sa consommation d'alcool et avait changé son fusil d'épaule. Lui qui durant presque toute sa vie avait été un tory convaincu était mort en ardent zélateur du NPD, ce qui avait fait aller bon train les commentaires dans le voisinage. Mais peu lui importait. S'il n'avait rien fait de bon dans sa vie, son fils avait restauré sa fierté.

À présent Edna déroule de très anciens documents couverts d'une exceptionnelle calligraphie et datés de 1739, 1761 et 1780: les titres de propriété des ancêtres Broadbent établis jadis dans le Staffordshire, berceau de la famille. Edna avait préparé un atlas et une loupe, qui nous ont permis de scruter la carte de l'Angleterre, ou plutôt la région comprise entre Birmingham et Manchester, à la recherche d'Eccleshall, Market Drayton et High Offley, humbles villages situés immédiatement au nord de Stafford, en direction de Stoke-on-Trent, en plein coeur de la zone de fabrication de la porcelaine anglaise (de là viennent les Wedgewood), à peu de distance des landes du Yorkshire immortalisées par Emily Brontë dans *Les Hauts de Hurlevent*.

Là vivaient, au dix-huitième siècle, conscients de leur supériorité, prêtant l'oreille aux lointains échos de la révolution industrielle, ces Broadbent dont les rejetons allaient bientôt faire souche dans le Nouveau Monde. Lorsque Adam Thomas Broadbent, le grand-père d'Edna, avait épousé Ellen Brayn, les autres

Broadbent n'avaient pas considéré cette alliance d'un bon oeil. Après tout, ne possédaient-ils pas une école privée que fréquentaient les enfants de familles respectables et fortunées, alors que les Brayn n'étaient somme toute que des propriétaires vendant sur les marchés les produits de leurs terres? Pourtant les Brayn n'allaient guère tarder à s'élever dans la hiérarchie sociale. Tante Edna me met sous les yeux une coupure fanée, extraite de la chronique d'un journal anglais daté de 1850, mentionnant le décès de Sir Richard Brayn, un parent d'Ellen, elle-même née en 1850. Docteur en médecine et «expert en démence», Sir Richard était le médecin chef du Broadmoor Asylum. À cette même époque où la renommée du praticien venait ajouter du lustre au nom des Brayn, la branche émigrée des Broadbent avait pris racine dans la lointaine colonie du Haut-Canada, en pleine nature.

Edna me montre une théière ovale, une de ces reliques comme en laissent parfois derrière elles les familles. Une pièce de collection, dont la décoration représente des personnages de type Wedgewood. La pièce a été réparée. La famille se la transmet de génération en génération depuis l'an 1630 au moins. Comment cette théière a survécu aux pérégrinations lointaines des Brayn-Broadbent, cela reste un mystère. Mais le fait est qu'elle existe toujours, et qu'elle a été pieusement conservée dans la famille depuis qu'elle est arrivée dans les bagages des immigrants à Parry Sound ou, plus vraisemblablement, à Byng Inlet, un coin perdu à l'extrême nord de la baie Géorgienne, dont les roches lisses et les pins tenaces seront un jour immortalisés par les peintres du Groupe des Sept. À Byng Inlet, sans doute, car c'est de là que le 22 mai 1898, par un beau jour de printemps, alors que la glace du petit port avait fondu, Adam envoya une lettre plutôt satisfaite (la famille la détient toujours) dans laquelle il affirmait posséder «six parcelles à bâtir dans le village et une ferme de 175 acres». Il prospérait, et la nation était elle aussi en plein essor. Sir John A. Macdonald, le Premier ministre du Dominion du Canada («premier» au sens historique du terme) était mort en 1891, Sir Wilfrid Laurier lui avait succédé, et William Lyon Mackenzie King se faisait les ailes dans la coulisse en attendant de perpétuer la dynastie libérale. (En 1900, King fut le premier à occuper le nouveau poste de sous-ministre du Travail.)

Il ne serait assurément pas venu à l'esprit de Adam Thomas que moins de cent ans plus tard son arrière-petit-fils se poserait en adversaire politique des héritiers de King et de Macdonald.

Mais l'entreprenant Adam Thomas n'allait malheureusement pas vivre assez longtemps pour augmenter sa fortune. Par une chaude journée de l'été 1898, alors que, le marteau à la main, il travaillait sur la toiture d'une maison qu'il venait de bâtir — telle est du moins la version des faits colportée par la famille —, saisi par la chaleur et l'épuisement, il fit une chute et mourut sur le coup, laissant orphelin son fils John, que tout le monde appelait Jack, alors âgé de quatorze ans. La mère séjournait alors en Angleterre (Jack y était né en 1884), où elle y était restée après y avoir accompagné son mari dans l'un de ses voyages. Jack, lui, ne se sentait pas d'attaches particulières avec le vieux pays. Sa patrie, c'était le Canada. Aussi s'en alla-t-il à Broadbent pour y vivre avec les cousins qui avaient fondé le village, et bien lui en prit, puisque c'est là qu'il fit la connaissance d'Albertha Tait. Elle avait en horreur ce prénom d'Albertha; jamais personne ne l'appelait autrement que Bert.

Elle vivait dans une ferme plus proche de Hurdville que de Broadbent, où elle était née en 1886. Les Tait étaient Irlandais. Bert avait un fort joli visage encadré d'épais cheveux rouge cuivre. Elle était de caractère enjoué, espiègle, et débordait de vitalité. (L'impétuosité du sang irlandais, la profondeur des émotions, la passion intense, le sens du jeu et de la fête, autant de traits de personnalité que Bert léguera à la descendance Broadbent.) À en croire Edna, Bert ne fut pas du tout subjuguée par Jack à leur première rencontre, bien qu'il eût «de magnifiques cheveux bouclés et les yeux les plus bleus du monde».

À l'école de Hemlock, qui se trouvait à mi-distance de Hurdville et de Broadbent et ne consistait qu'en une seule et unique salle de classe, Bert et Jack étaient assis l'un près de l'autre. Jack s'enticha d'elle. Elle adopta une attitude plus conciliante quand elle comprit qu'il était doué pour les mathématiques. Il lui passait les réponses des problèmes d'arithmétique et «en échange, raconte Edna, qui tenait l'histoire de Bert elle-même, celle-ci l'aidait en arts plastiques».

Lorsque, le 14 août 1905, ils furent unis par le sacrement du mariage, ils formaient un couple fort élégant. (Les photos d'Edna sont là pour le prouver.) Bert avait alors dix-neuf ans. Jack en avait vingt et un. C'était un séduisant jeune homme, bien bâti (plus de un mètre quatre-vingts), qui avant son mariage avait pas mal voyagé. Il était allé jusqu'en Colombie-Britannique pour y travailler dans une exploitation forestière, mais non pas en qualité de simple bûcheron: son activité consistait plutôt à évaluer le volume du bois que la compagnie qui l'employait pouvait espérer tirer d'une coupe; il dirigea ensuite l'équipe de bûcherons qui procédaient à l'abattage.

Plus tard, il économisera suffisamment d'argent pour fonder sa propre compagnie et exploiter lui-même le bois de coupe.

Jack était aussi ambitieux que l'avait été son frère... et beaucoup plus prolifique. En 1906, moins d'une année après leur mariage, Bert mettait au monde leur premier enfant, Oren. Un an et demi plus tard naissait Edna. Percy devait suivre moins de deux ans après. Et ainsi de suite, à intervalles de une année ou deux, jusqu'en 1920, quand Velma, la neuvième, mourut à l'âge de douze mois. Seule de tous ses frères et soeurs à ne pas avoir survécu à sa petite enfance, Velma fut enterrée au cimetière anglican de Broadbent. Cinq ans plus tard seulement, en 1925, Bert donnera le jour à leur dixième et dernier enfant, Bill.

«Tu n'as rien fait pour essayer d'avoir moins d'enfants?» demanda à sa mère Edna — elle s'en souvient fort bien — à l'époque où elle épousa Wilfrid Bice. Et Bert de lui répondre avec une grimace: «Tu crois que j'en aurais eu dix si j'avais su comment m'y prendre?»

Bert avait la langue bien pendue et adorait rire, mais ce qui la caractérisait le mieux, c'était sa capacité de travail (elle abattait l'ouvrage de douze personnes). C'était elle qui taillait les vêtements de ses enfants, tricotait leurs mitaines et leurs bas, lavait et repassait leur linge, pétrissait et cuisait le pain et expédiait le tout (y compris les enfants) assez vite pour trouver le temps d'aider son mari à établir des campements forestiers qui parfois abritaient jusqu'à cent vingt-cinq hommes où, en plus des travaux qu'on vient d'énumérer, elle devait préparer les repas de l'équipe d'abattage. Une femme extraordinaire.

Jack ne rechignait pas non plus devant la tâche. «Il disait toujours qu'il ne faut pas se contenter de faire sa part de besogne, mais plus que sa part, raconte Edna. Nous avions beau être encore tout jeunes, cela, nous le savions.» Jack était aussi un amoureux de la nature. Au cours d'un été, il avait fait une coupe à Rose Island, près de Parry Sound, dans un coin de la baie Géorgienne d'une extraordinaire beauté et, comme à l'ordinaire, il avait amené là toute la famille. Les enfants pouvaient courir tant qu'ils le voulaient sur le rivage rocheux de la baie, s'éclabousser dans ses eaux étincelantes, attraper du poisson, et on leur avait donné la permission d'«adopter» deux jeunes mouettes abandonnées par leur mère. Tous les soirs ils enfermaient les oisillons dans une caisse pour les mettre à l'abri, et ils les avaient nourris jusqu'à ce qu'ils fussent capables de voler de leurs propres ailes. Tous se souviendront plus tard de leurs promenades dans la forêt — ou dans ce qu'en avait laissé l'équipe de bûcherons — en compagnie de leur père, qui leur apprenait les noms des espèces végétales et animales. Edna revoit encore son père leur expliquer comment la sarracénie carnivore s'y prend pour capturer les insectes, qu'elle noie dans ses sécrétions avant de les dévorer. La forêt était dangereuse. Les enfants se méfiaient continuellement des serpents à sonnettes, qu'il n'est pas exceptionnel de rencontrer dans cette région, mais jamais ils n'en avaient vu de vivants. Quand ils en trouvaient un, mort bien entendu, leur père lui coupait la queue et laissait celle-ci se dessécher pour qu'ils puissent en faire un jouet.

Mais la rude besogne n'est pas toujours récompensée. Au début des années vingt, Jack avait perdu tout ce qu'il possédait dans un incendie qui avait ravagé la bande de terrain sur laquelle il effectuait ses coupes. Le campement avait été établi sur l'une des berges de la rivière, et c'était sur l'autre qu'on abattait les arbres. Une ligne de chemin de fer longeait le cours d'eau.

«On a pensé ensuite que c'était une étincelle de la locomotive qui avait mis le feu aux brousailles, raconte Edna. L'incendie s'est propagé à travers la coupe de papa et a menacé le camp. Je revois encore papa, un revolver à la main, obliger les hommes pris de peur à détacher les chevaux et à se couvrir la tête d'une couverture pour fuir dans la direction qu'il leur indiquait. Nous avions aussi des cochons. On les nourrissait avec les déchets et ils constituaient nos réserves pendant l'hiver. Les hommes ont ouvert les portes de leur enclos pour les libérer, en se disant que les bêtes n'allaient pas survivre. Mais les cochons ont eu assez de jugeote pour se terrer dans un marécage, et un peu plus tard ils sont réapparus, tout crottés.»

Pour Jack Broadbent, cet incendie fut catastrophique. Quand le feu se fut apaisé, la famille contempla avec désespoir les troncs calcinés qui grésillaient encore, transformant la forêt en un grotesque paysage de mort. La fin brutale d'un rêve. Jack avait perdu tout son matériel d'exploitation, sans compter le bois qu'il avait acheté avant l'abattage. Jamais il ne se remettrait de ce désastre. Il allait bien tenter de reprendre une autre concession près de Hurdville, mais c'en était fini pour lui de travailler à son compte.

La famille alla s'installer à Parry Sound, où Jack exerça trois emplois pour nourrir neuf bouches de plus en plus voraces. Il géra d'abord une salle de cinéma, le Princess Theatre, puis une écurie où l'on pansait et louait des chevaux, et enfin il se fit concessionnaire de matériel agricole Massey-Harris. Bert continua de s'occuper de la cuisine, du ménage et du raccommodage. Les enfants entrèrent au collège.

«À l'âge que nous avions à cette époque, raconte Edna, on détestait voir un membre de la famille se donner en spectacle.» Les Broadbent tiraient un certain orgueil de l'attitude réservée qu'ils adoptaient, à tout le moins en public. Mais Percy ne perdait pas une occasion de se faire remarquer. «Il attirait continuellement l'attention sur lui», me dit Edna. Il était prompt à s'emporter, exubérant, et c'était sans doute le préféré de Bert. Percy était le genre de garçon qui tient à se montrer partout. Il était provocateur et incroyablement bavard. Ses frères et soeurs pensaient qu'il ferait un bon avocat, ce qui aurait constitué une promotion considérable dans une famille où les hommes travaillaient de leurs mains. «Il était capable de démontrer que ce qui était blanc était noir, poursuit Edna. Oui, il aurait fait un excellent avocat, du fait qu'il aurait eu à tout coup la partie adverse à l'usure. Il ne se tenait jamais pour battu, même si on lui prouvait qu'il avait tort. Mes autres frères évitaient toute discussion avec lui, tant il coupait les cheveux en quatre pour avoir le dessus.»

Les temps se faisaient rudes à cette époque des années vingt où chaque jour qui passait précipitait l'Amérique du Nord vers la Grande Dépression. De temps à autre Jack vendait un tracteur à un fermier qui en avait le plus grand besoin, mais il n'avait pas le courage de le harceler quand celui-ci ne pouvait le payer dans les délais convenus. «Mon père ne réclamait jamais son dû, me dit Edna, et jamais il ne racontait ce qu'il faisait pour venir en aide aux autres.» Il n'était pas homme à crier sur les toits qu'il avait fait acte de charité, ni non plus à tolérer que ses enfants, et ces derniers le savaient, affichent une attitude de mépris vis-à-vis de quiconque, et moins encore vis-à-vis des démunis.

Mais la situation allait de mal en pis, et Jack renonça à vendre du matériel agricole à Parry Sound pour travailler dans une compagnie américaine, la Shroeder Lumber Co., dont les exploitations étaient situées à Lost Channel, à mi-chemin entre Parry Sound et Sudbury. À la même époque, Edna cherchait un premier poste dans l'enseignement. Elle en trouva un à Lost Channel, un camp de bûcherons perdu en pleine nature, à l'écart du chemin de fer. Elle y passa l'hiver, faisant du ski à ses moments perdus, sans bâtons, les galoches directement sanglées sur les planches.

Mais la compagnie qui employait Jack vivait elle aussi ses derniers jours; au bout d'un an, il perdit son emploi. Il repartit plus au nord, traînant derrière lui sa famille, espérant trouver du travail sur un autre chantier d'abattage. Mais il était las de ces incertitudes, et en 1927 il renonça au Nord pour redescendre chercher fortune dans le Sud.

«Pour comprendre Ed Broadbent, déclare Bob Rae, dirigeant du NPD en Ontario, il faut d'abord comprendre Oshawa.»

À moins d'une heure de route à l'est de Toronto, le long de l'autoroute 401, qui traverse une campagne fertile de plus en plus colonisée par l'empiètement rapide des constructions suburbaines, on voit se détacher sur le ciel une coupole très caractéristique, en forme de bulbe d'oignon: l'église ukrainienne d'Oshawa. Pour les étrangers à la ville, l'édifice offre un point de repère commode et témoigne du caractère ethnique de la population. Mais rares sont les voyageurs qui s'y arrêtent. Oshawa n'est pas une attraction touristique, bien qu'elle ait vu naître trois célébrités: Northern Dancer, le gagnant du Derby du Kentucky; Ed Broadbent, le chef du Nouveau Parti démocratique; et l'industrie automobile canadienne.

La ville natale de Broadbent est unique, caractérisée par ce que j'appellerai le syndrome de Clark Kent/Superman. Derrière la façade modeste se cache une dynamo de l'économie. Oshawa ressemble à la plupart des agglomérations canadiennes bâties dans une région agricole. On y voit beaucoup de fermiers et de camionnettes, de jeunes gens en bottes de cow-boy et blousons de cuir, de mères de famille poussant un landeau sur les trottoirs de King Street. L'ancien coeur de la ville donne l'impression de tomber en ruines: les charmantes demeures à deux étages construites au début du siècle le long des principales artères ont été abattues une à une par les démolisseurs et remplacées par les surfaces nivelées de parcs de stationnement ou les cubes de béton des édifices commerciaux. Mais ici et là, sous l'effet d'une nouvelle montée de sève, la grâce reprend tous ses droits. Un peu à l'écart du nouvel hôtel de ville on peut contempler un véritable bijou, en l'occurrence une galerie d'art conçue par l'un des plus célèbres architectes canadiens contemporains, Arthur Erikson. Et de prime abord on ne remarque pas les gigantesques usines de montage de GM, où travaillent vingt mille personnes.

Les clubs Rotary et Kiwanis sont ici très actifs, ainsi que la Légion Royale canadienne, le Navy Club, le Polish Veterans et le Régiment d'Ontario. En hiver, tout le monde se passionne pour la ligue mineure de hockey. La gastronomie à Oshawa est le reflet de la mixité de la population: ukrainienne, polonaise, grecque, libanaise, allemande, hongroise... tout cela superposé à un bon vieux fond de cuisine anglaise. Oshawa n'est pas une ville où prolifèrent les yuppies, et au regard de l'étranger elle est à cet égard tout à fait différente de Toronto, en dépit du peu de distance qui les sépare. Les gens d'Oshawa considèrent que les Torontois ne savent rien d'eux, sans pour autant éprouver un quelconque sentiment d'infériorité ou de crainte. Pourquoi en serait-il ainsi, d'ailleurs, puisqu'au coeur de l'Ontario industrialisée, Oshawa-*Motor City*, comme on l'appelle ici, occupe une place de premier plan, et cela non pas parce que le patronat américain l'a fait prospérer, mais parce que l'industrie automobile y est née au tournant du siècle.

Les statistiques ne laissent pas d'étonner: les exportations de voitures représentent 34 milliards de dollars, soit quarante-trois pour cent du volume des ventes de produits manufacturés canadiens aux États-Unis. En Ontario même, ces exportations comptent pour 60 p. 100 des exportations globales de la province. General Motors emploie au Canada 45 800 personnes, Ford, 16 000 et Chrysler, 12 000. Si l'on tient compte de la main-d'oeuvre qui fabrique les pièces détachées, 200 000 personnes travaillent au Canada pour l'industrie automobile (dont plus de quatre-vingts pour cent en Ontario). Et pourtant tous ces gens dépendent du patronat américain, sont salariés d'usines de montages américaines et soumis aux exigences de la politique américaine. Tel est le revers du boom économique: l'état de vulnérabilité institué par cette dépendance. En apprenant à s'accommoder de cet état de fait, les gens d'Oshawa se sont dotés d'une mentalité très intransigeante et très réaliste, faite tout à la fois de bonnes dispositions et de circonspection à l'égard de leur principale industrie.

Les habitants d'Oshawa comprennent parfaitement ce qui échappe à la plupart des Canadiens: à savoir que les milliards de dollars que représente l'exportation aux États-Unis de véhicules fabriqués au Canada n'est pas à proprement parler une transaction entre deux nations indépendantes et ne relève pas de ce qu'il est convenu d'appeler le libre-échange. L'activité de production est en effet exclusivement aux mains de fabricants de voitures, tous Américains, qui opèrent de part et d'autre de la frontière, et ce sont les trois grands — General Motors, Ford et Chrysler — qui dans leurs quartiers généraux des États-Unis empochent les bénéfices, fixent le montant des investissements et décident des normes de production. La seule voix au chapitre dont dispose le Canada lui est donnée par les dispositions du Pacte de l'Automobile, signé en 1965, lequel prévoyait l'intégration progressive de la production nationale dans la stratégie globale des trois grands, ce qui a pour effet de garantir aux Américains l'accès au lucratif marché canadien, et aux Canadiens celle de continuer à produire dans leur propre pays.

La clause la plus significative du Pacte formule une garantie de première importance: chaque fois qu'un véhicule américain est venu sur le marché canadien, un autre doit être construit au Canada, et dans ses coûts de construction la part canadienne doit représenter soixante pour cent du total. Grâce à ce Pacte, General Motors a investi au Canada sept milliards de dollars depuis 1980, dont deux milliards sont allés aux opérations d'Oshawa. En l'absence de cette clause, estiment les spécialistes de l'industrie automobile (qui se rallient en cela au point de vue du président de General Motors-Canada en poste à Oshawa), l'appareil de production déménagerait de l'autre côté de la frontière.

Les citoyens d'Oshawa sont extrêmement attentifs à ces questions qui dominent leur vie quotidienne. «En ville, tout le monde est très au courant de ce qui se passe dans l'industrie automobile», déclare Jerry Harvey, le directeur de la chaîne de montage de camions GM. Il s'ensuit que tout le monde est à l'écoute des affaires internationales et de la météorologie. Les travailleurs ont en effet beaucoup de choses en commun avec les agriculteurs. Qu'une tempête de grêle s'abatte sur un champ, la récolte est perdue et le fermier n'a plus qu'à se croiser les bras. De la même façon, qu'il se produise un retard dans une usine de Detroit, les pièces indispensables n'arrivent pas à Oshawa en temps voulu, et les ouvriers sont temporairement mis à pied.

On a beau investir des milliards de dollars dans une technologie de pointe, il n'empêche qu'un banal incident peut causer des contretemps qui se traduisent par des milliers de dollars de perte. Le système de normalisation adopté pour assurer la construction des véhicules en un temps optimum ne fonctionne harmonieusement que si l'approvisionnement en pièces s'effectue selon une cadence bien déterminée. La première fois que j'ai visité l'usine de montage des camions, la chaîne était inopinément arrêtée, et sur les trois mille quatre cents ouvriers plusieurs centaines avaient été renvoyés chez eux, tout simplement parce qu'au sud de la frontière un incendie avait empêché l'expédition des pièces détachées. Le directeur de l'usine ne savait absolument pas quand la production normale reprendrait.

La production automobile est un jeu à hauts risques. Un jeu dont l'équilibre est précaire et qui reste vulnérable aux engouements toujours capricieux des acheteurs. Pannes, incendies, grèves, retards dans l'acheminement des pièces, dans la livraison des matières premières, voilà autant de facteurs qui peuvent à tout instant interrompre ce fragile équilibre. De sorte que les travailleurs de l'automobile doivent apprendre à s'accommoder des conditions de travail dont le contrôle leur échappe. Il en résulte une tradition culturelle qui, à l'exemple de celle qu'on observe en Saskatchewan, où également une seule et unique industrie domine toutes les autres, repose sur une extraordinaire solidarité. Comme me l'a expliqué le directeur de la chaîne de montage des camions: «Nous employons ici trois mille quatre cents personnes, ce qui représente une population supérieure à celle de bien des municipalités au pays, et bien entendu il est impossible que tout le monde soit toujours d'accord. Mais quand il s'agit des camions, l'unanimité se fait. Nous exportons quatre-vingt pour cent de nos véhicules aux États-Unis. Tout repose sur nos camions. Pour tout le monde, rien n'a davantage d'importance. C'est notre bien-être qui en dépend. Tout ce qui affecte leur production nous affecte personnellement.»

«Ici les gens ont les pieds sur terre», déclare Allan Pilkey, quarante et un ans, maire d'Oshawa et fils de Cliff Pilkey, un ancien dirigeant de la Federation of Labor de l'Ontario. «Ils ont une conscience très aiguë des réalités, continue-t-il. Le taux de chômage est peu élevé — autour de cinq pour cent — et l'économie est en plein essor. Nous sommes tous d'accord sur un point: pour que chacun prospère, il faut que l'industrie prospère.» Et d'ajouter que ses concitoyens aiment voir leurs hommes politiques remporter la victoire. «On peut tenter sa chance et se faire battre. Mais je pense qu'il est tout de même plus facile de promouvoir le changement de l'intérieur que de l'extérieur. Si les partis politiques cherchent à l'emporter, c'est pour gouverner. Ed Broadbent est un enfant d'Oshawa. C'est dire qu'il est bien décidé à gagner.»

«Faites du porte à porte dans cette ville, déclare Alderman Brian Nicholson, et vous vous rendrez compte que les gens font preuve d'une grande indépendance d'esprit. Il ne faut pas espérer les convaincre. Ils sont bien informés et savent peser le pour et le contre. Ils veulent que les choses marchent. Ici l'électorat est extrêmement exigeant.» Ed est payé pour le savoir, et c'est de haute lutte qu'il s'est gagné leur soutien. Jim Palmateer, le directeur administratif du journal *Oshawa Times*, raconte que lorsqu'il a pris ses fonctions dans la ville, il y a sept ans, il s'attendait à trouver là «un foyer du NPD. Partout on vous raconte qu'Oshawa est un fief du Parti, que les ouvriers votent automatiquement NPD. Rien n'est plus faux.» Sur cette question des habitudes de vote, Palmateer avait tiré sa première leçon du temps où il travaillait dans une ville du nord de l'Ontario où malgré le haut taux de syndicalisation (soixante-quinze pour cent des salariés), c'était un libéral qui avait été élu au fédéral et un conservateur au provincial. «Cette leçon m'a été amplement confirmée à Oshawa, dit-il, en soulignant le fait que le conseil municipal de la ville est dominé par des conservateurs.

Les habitants d'Oshawa semblent tirer plaisir à choquer les opinions toutes faites des étrangers. Ils n'attachent guère d'importance à ce que les autres peuvent bien penser, dire ou faire. Ils ont leurs propres opinions, voilà tout, et ils ne s'en cachent pas.

«Fais-toi ta propre idée», pourrait tout à fait leur servir de devise. Et comme le reste du Canada, ils n'ont pas grande admiration pour Toronto, leur voisine repue, là-bas, à moins d'une heure de route. Ils ne dédaignent pas de s'y rendre pour un souper ou un spectacle, mais à aucun prix ils ne voudraient y vivre.

C'est ce climat qui a façonné, au sens large du terme, le milieu dans lequel Ed a grandi: une famille où chacun était porté à la contradiction, prompt à contester les opinions d'autrui, à prendre le contre-pied de tout ce qui pouvait bien exister sous le soleil, à une exception près: la Motors. Sur ce point, tout le monde tombait d'accord. Pourtant, le grand-père et les oncles de Ed avaient pris part en 1937 à la grève historique contre General Motors, et plus tard les Broadbent soutiendront une action encore plus serrée quand en 1985 leur syndicat rompra avec le syndicat des travailleurs unis de l'automobile (United Auto Workers). Rien d'étonnant, donc, si Ed apprit à parler et à débattre de la politique avant même d'entrer à l'université. Rien d'étonnant non plus si par la suite à Toronto — ville tout à la fois si proche et si éloignée de la sienne — les journalistes, qui ne connaissaient pas grand-chose de ses origines géographiques, lui colleront sur le dos les étiquettes les plus fantaisistes.

Grandir à Oshawa, c'était grandir dans la prospérité. En termes de pur essor économique, à côté de l'automobile, les imposants gratte-ciel de Bay Street, à Toronto, font figure de nabots. Le Golden Horseshoe, ce territoire en arc de cercle qui s'étend autour de l'extrémité méridionale du lac Ontario, prenant naissance à Oshawa, à l'est, contournant Toronto pour se continuer par Hamilton, Burlington et St. Catharines à l'ouest, tire toute sa richesse de l'automobile. Avec une population de presque cinq millions d'âmes et un taux de chômage plus bas que partout ailleurs, le Fer à Cheval est la région la plus peuplée, la plus prospère du

Canada. À travers tout le sud de l'Ontario, de Chatham à Oshawa en passant par London, St. Thomas, Sarnia, Kitchener, St. Catharines, Cambrigde et Oakville, scintille un collier de villes qui toutes concentrent une fraction de la production de l'automobile ou de ses industries satellites: vitres, plastiques, caoutchouc, pneumatiques, mécanique, outillage, acier. À elle seule, l'automobile représente vingt pour cent du carnet de commande des aciéries canadiennes. Et Oshawa est la capitale de cet empire. Et aussi le parc dans lequel Ed Broadbent a fait ses premiers pas. «Le premier qui vient me dire qu'Eddie ne connaît rien à l'importance de l'industrie, celui-là ferait mieux d'aller se faire examiner la tête», déclare sans ambages oncle Aubrey.

30 septembre 1927. La date est soigneusement consignée dans la Bible familiale par la grand-mère de Ed; elle marque l'arrivée de la famille de Jack et Bert Broadbent à Oshawa, où Jack avait jugé qu'il trouverait plus facilement du travail pour lui et pour ses fils. Il n'avait pas fait fausse route et n'était d'ailleurs pas le seul qu'avait attiré cette ville. À cette époque, l'essor de l'industrie automobile faisait déjà d'Oshawa une ville de vingt-sept mille habitants, que dominaient deux citadelles: l'usine tentaculaire de General Motors et «Parkwood», le petit Versailles que le colonel Sam McLaughlin avait fait construire sur Simcoe Street North. Parkwood avait été édifié avec un faste épousant la vision que le colonel avait de son propre rang dans la société. La somptueuse demeure avait été conçue par Darling et Pearson, la firme qui avait dessiné les plans du parlement d'Ottawa, et sa grandeur princière est le vivant témoignage de l'énorme richesse de l'entreprise familiale. La construction de Parkwood avait été terminée en 1917, un an avant que le colonel Sam McLaughlin ne vende la compagnie à General Motors.

Dans la salle de bowling, près de la salle de billard, on peut voir un modeste échantillonnage de ce qui fit jadis la fortune de la famille: les charmants traîneaux et charrettes que fabriquait naguère, à partir des années soixante-dix, le père du colonel dans une remise de Tyrone, un village des environs d'Oshawa. Comme Jack Broadbent, Robert McLaughlin aimait le bois. Jack aurait été le plus heureux des hommes s'il était devenu une sorte de magnat de l'abattage. Robert McLaughlin, lui, aimait travailler le bois, en faire des manches de haches qu'il vendait à Bowmansville les jours de marché. Des manches de haches aux traîneaux et aux voitures à cheval, c'était là une évolution naturelle.

En 1876, le «Gouverneur» — c'était le surnom qu'on avait attribué à McLaughlin père — déménagea l'entreprise familiale à Oshawa, où au bout de quelques années il inventa le mécanisme d'«engrenage» qui allait rendre célèbre dans le monde entier le nom de McLaughlin Carriage Co. Il repoussa une proposition d'achat de sa compagnie, et vers la fin du siècle, McLaughlin offrait à sa clientèle cent quarante-trois modèles différents, parmi lesquels beaucoup avaient été dessinés par Sam.

Oshawa et The McLaughlin Carriage Co. étaient à l'époque deux noms étroitement associés. Quand un incendie détruisit en 1899 l'atelier de la compagnie, lequel avait déjà pris l'ampleur d'une véritable manufacture, la ville s'empressa d'avancer cinquante mille dollars à McLaughlin pour qu'il le fasse reconstruire. Le Gouverneur se plaisait à dire que sa compagnie appartenait à Oshawa, et les habitants d'Oshawa avaient très certainement le sentiment d'appartenir à la compagnie. C'était elle qui employait le plus de personnel, et de loin, si l'on songe qu'en 1901 les ouvriers d'Oshawa fabriquaient annuellement vingt-cinq mille voitures à cheval, représentant un chiffre d'affaires supérieur à un million de dollars.

Et puis, en 1905, survint un phénomène nouveau: sur les routes cahoteuses on voyait de temps en temps passer des véhicules mus par un moteur. Ford Motor Co. avait deux années d'existence. Dès 1907, Sam McLaughlin comprenait d'où allait souffler le vent. Peu de temps après, The McLaughlin Motor Car Co. concevait et fabriquait ses propres châssis et carrosseries, alors équipés de moteurs Buick importés des États-Unis. Les affaires florissaient de part et d'autre de la frontière, et très rapidement la compagnie McLaughlin prit rang de géant industriel. Quand plus tard Buick fut annexé à l'exubérant empire General Motors, Sam McLaughlin fut nommé directeur de GM. Quant à sa compagnie, McLaughlin Motors, elle conservait son indépendance.

L'initiative que prit ensuite Sam, au grand chagrin de son père, devait aboutir à faire disparaître le nom du Canada de l'industrie automobile. En 1915 en effet, Sam vendit la compagnie de voitures à chevaux, dont le chiffre d'affaires déclinait, et signa avec GM un contrat de construction de modèles Chevrolet au Canada. «Comme avec Buick, nous fabriquions nos propres véhicules selon mes plans, expliquera Sam, et nous faisions toujours en sorte, dans la conception et la finition, de les améliorer un peu par rapport aux modèles fabriqués de l'autre côté de la frontière. Je me souviens du jour où un directeur de General Motors venu nous rendre visite à

Oshawa avait été particulièrement impressionné par notre modèle de Buick. Il nous avait demandé d'en expédier un aux bureaux de New York, pour faire voir là-bas ce que nous étions capables de faire au Canada.»

C'est ce que fit Sam, mais le véhicule fut très vite retiré de la salle d'exposition à New York et renvoyé à l'expéditeur. «Enlevez-moi ça d'ici, et tout de suite, aurait protesté un responsable de GM. Le public n'a d'yeux que pour cette bagnole. Ça ressemble autant à une Buick qu'un Saint-Bernard à un teckel!»

Le modèle McLaughlin-Buick devait disparaître peu de temps après. General Motors s'empressait d'absorber les constructeurs indépendants et voulait McLaughlin. Sam gagnait une fortune avec les Chevrolet et ne tenait pas particulièrement à continuer. Nous étions en 1918, il avait six filles, pas de successeur mâle pour prendre la relève, et la perspective d'arrondir sa fortune le décida à vendre. Il devint alors le premier président de General Motors du Canada.

Vers la fin des années vingt, à l'époque où les Broadbent vinrent s'installer à Oshawa, le colonel Sam McLaughlin avait «dételé» et passait le plus clair de son temps sur ses yachts ou avec ses chevaux de course. Plus tard il revendra ses écuries d'Oshawa à un autre magnat, E.P. Taylor, qui débaptisera l'élevage de McLaughlin pour lui donner le nom de Windfields Farm. Là naîtra un jour (en 1961) Northern Dancer.

Les Broadbent, eux, ne connaissaient pas grand-chose de la navigation de plaisance et des pur-sang. Quelques semaines après son arrivée à Oshawa, Jack s'était intégré dans les rangs des huit mille employés de la Motors. Ainsi s'établit entre les Broadbent et General Motors une alliance durable, puisque plus de soixante ans se sont écoulés depuis cette époque, et que dans l'intervalle il y a toujours eu au moins un Broadbent à l'usine et qu'aujourd'hui il y en a encore un. David, le jeune frère de Ed, a en effet commencé à travailler aux usines de la Motors en 1961 — il avait alors dix-neuf ans — et vingt-sept ans plus tard il y travaille toujours. Entre-temps deux des fils et une petit-fils d'oncle Aubrey sont venus l'y rejoindre. Mais les deux fils de David, eux, ne suivront probablement pas cet exemple, puisque l'un d'eux veut devenir avocat et l'autre, policier.

La grande époque où les Broadbent travaillaient massivement pour General Motors est maintenant révolue. Oren, qui avant la guerre était employé par la Motors en même temps que son père, est mort en 1971, après être devenu employé des Postes dans les années de l'après-guerre. Arnold, lui, est décédé en 1975: il avait passé trente-six années de sa vie à l'usine GM. Aubrey et Reuben ont travaillé là pendant trente-huit et quarante ans et demi respectivement. Tous deux sont à présent à la retraite. Et aussi Bill, le benjamin de la famille: trente-huit ans de service à la Motors, interrompus seulement par la guerre. Percy sera en revanche toujours un peu considéré comme un nouveau venu dans l'usine, du fait qu'il ne commencera à travailler pour GM que tardivement, et qu'il n'y restera que pendant vingt-cinq ans. À eux tous, les hommes de la famille Broadbent totalisent plus de deux cent cinquante années au service de GM, et ils en sont fiers. À une certaine époque, quatre Broadbent travaillaient simultanément dans l'atelier d'emboutissage. La spécialité d'emboutisseur était alors la mieux rétribuée de l'usine. Oui, leur métier, ils en étaient fiers. Dans les débuts de l'automobile, ils ont construit à peu près tous les modèles de Chevrolet, de Pontiac, de Buick, d'Oldsmobile, de Lasalle et de Cadillac. (Depuis la signature du Pacte de l'automobile en 1965, la production se limite à un modèle de Pontiac, d'Oldsmobile et de Buick, et à une chaîne de montage de camions.)

Les Broadbent furent relativement épargnés par la Dépression, même si on ne travaillait pas toujours à plein temps et si, faute d'argent, on devait faire presque tout soi-même. La vie à cette époque était toute simple et on ne se permettait pas de fantaisie. On se contentait de joindre les deux bouts. Jack fit l'acquisition d'une modeste maison à deux étages — deux chambres à coucher — au 349, Jarvis Street, où Bert et lui vivront jusqu'à la fin de leurs jours. Les plus jeunes des garçons obtinrent un diplôme de l'OCVI (Oshawa Collegiate and Vocational Institute), seul établissement d'enseignement et de formation professionnelle de la ville dans ces années-là. Le collège était situé à peu de distance de Parkwood, d'où surgissait parfois, tel un monarque, le colonel McLaughlin se faisant conduire par son chauffeur dans sa limousine cossue.

La maison des Broadbent explosait de vitalité, résonnait des allées et venues du clan et, selon les propres termes de l'oncle Bill, «des éternelles grandes discussions autour de la table de la salle à manger. On n'arrêtait pas de parler politique, et sur chaque sujet on pouvait entendre une cinquantaine d'opinions différentes». (Bien après la disparition de Jack et de Bert, les Broadbent garderont l'habitude de ces discussions politiques autour de la table. Mais la famille observera toujours une grande réserve. Chez les Broadbent, il n'est pas d'usage de parler de ses sentiments personnels, ou encore de parler les uns des autres. Jusqu'au jour où je le lui ai appris, Ed n'avait jamais su que son père était un habile argumentateur.)

Jack, qui au début passait beaucoup de temps à s'occuper de son vaste potager à l'arrière de la maison, se dota par la suite, selon l'expression de ses enfants, «d'un état d'esprit plus intellectuel». Il aimait beaucoup lire, et peu à peu ceux qui l'entouraient s'imprégnèrent eux aussi de ses conceptions égalitaires et progressistes. Mais en même temps jamais il ne se départit de son attachement pour le Nord et ses forêts, et il inculqua à ses garçons le respect du travail manuel.

Chaque année, avec une régularité qui n'avait d'égale que la périodicité du retour des saisons, il était temporairement licencié de l'usine, et alors il partait vers le nord pour y chercher du travail dans une équipe d'abattage. Reuben se souvient fort bien d'avoir accompagné son père à North Bay au cours d'un été. «S'il y avait une place à prendre quelque part, c'était mon père qui l'obtenait, raconte-t-il. Jamais je n'ai vu quelqu'un travailler avec autant d'acharnement que lui. Nous sommes allés dans la forêt, c'était avant la scie à chaîne, et c'est mon père qui a dirigé le camp. J'ai travaillé là-bas moi aussi, à couper les arbres pour que les chevaux puissent passer et tirer les troncs jusqu'à la route.»

De retour chez lui après sa journée de travail à l'usine GM, Jack aimait s'entourer de toute la maisonnée. Alors il se plongeait dans un livre pendant que les garçons se querellaient et que Bert tricotait, faisait la cuisine, le ménage, ramassait tous les bouts de tissu qu'elle pouvait bien trouver pour confectionner des courtepointes avec ses voisines.

Le 29 octobre 1930, Mary Welsh, la jeune épouse de Percy Broadbent, vint s'installer dans la maison. Percy était le premier fils qui ait contracté mariage. Lui et sa femme vivront sous le toit de Jack et Bert jusqu'à ce qu'ils trouvent à se loger, à quelques pas de là dans la même rue. Mary Welsh et Percy Broadbent étaient follement épris l'un de l'autre.

Si couple nourrit jamais de grandes espérances, ce fut bien celui de Percy et Mary. Aux yeux de leurs amis, ils étaient merveilleusement assortis l'un à l'autre. À la différence de bien des couples, où l'un des conjoints cherche à dominer l'autre, ils étaient tous les deux séduisants, brillants, spirituels et d'esprit ouvert. «Une femme agréable à fréquenter», disaient de Mary ses amis et connaissances, bien qu'elle fût beaucoup plus réservée que Percy, qui, lui, passait pour plutôt turbulent et tapageur en public. Ce qui les distinguait le plus l'un de l'autre, c'est que Percy adorait discuter et contester, alors que Mary, «très susceptible» s'il faut en croire son fils David, restait d'ordinaire sur son quant-à-soi.

Personnalité complexe que celle de cette femme, la mère de Ed, à qui celui-ci vouera une véritable adoration. Fort jolie, mince, très brune, elle était née le 17 août 1911 à Tweed, en Ontario, de Patrick Welsh, un menuisier irlandais de confession catholique, et de Mary Scriver (corruption phonétique de Schreiber), qui elle-même descendait d'un vieille famille allemande du Palatinat rhénan dont les membres s'étaient jadis convertis à l'église réformée de Martin Luther. Albertus Schreiber, l'ancêtre direct de Ed, avait émigré et débarqué à New York en l'an 1709.

Mais d'autres convulsions de l'histoire allaient précipiter une nouvelle émigration dans la famille Schreiber: au cours de la guerre d'Indépendance américaine, Jacob, le petit-fils d'Albertus, avait combattu aux côtés des Britanniques de 1776 à 1783, puis, après la défaite, s'était enfui au Canada avec la vague des loyalistes. Jacob était mort en 1800 à Adolphustown, près de Kingston, en Ontario, principal terrain de repli des loyalistes. La même année les Schreiber — devenus entre-temps Scriver — s'étaient établis dans le canton de Prince Edward, une péninsule fertile bordée de dunes de sable qui s'avance dans les eaux du lac Ontario, un peu à l'ouest de Kingston. Là se trouve donc le berceau de la famille de Ed du côté maternel, et c'est dans le cimetière familial d'Ameliasburg que sont enterrés ses ancêtres.

C'est de Stewart Scriver, un descendant en ligne directe de la mère de Ed, que je tiens la plupart des informations concernant sa famille. Stewart et Ed sont des arrières-cousins, bien qu'ils ne se soient jamais rencontrés. Stewart possède à Toronto, sur Kensington Market, un magasin de vêtements et de bijoux anciens, et le plus surprenant de ce qu'il m'a appris sur les Scriver, c'est que par sa mère Ed descend de l'un des fondateurs de la FCC en Saskatchewan. Au sein du NPD, c'est là un véritable titre de noblesse. Il existe en effet dans le nord de la Saskatchewan un lac qui porte le nom de Scriver, et on l'a ainsi baptisé en l'honneur de Thomas Edward Scriver, grand-père de Stewart et cousin de Mary Scriver, qui toute sa vie a oeuvré pour la province et pour la cause du Parti.

À Wolseley, une petite communauté d'agriculteurs située à une centaine de kilomètres de Regina, Thomas Edward Scriver avait fondé un journal local, le *Wolseley News*. «Tommy Douglas venait souvent nous voir, rapporte Stewart; mon grand-père et J.S.

Woodsworth lui conseillaient de se lancer dans la politique. J'ai entendu parler politique à longueur de journée, jusqu'à ce que je vienne m'installer dans l'Est.» Plus tard, dans les années soixante, au cours d'une réunion électorale tenue à Toronto, Stewart avait joué des coudes au milieu de la foule pour s'approcher de Tommy Douglas. Tandis que le chef du NPD passait à peu de distance de lui, il avait suffi à Stewart de ne prononcer qu'un seul mot, «Wolseley», pour que Tommy s'arrête tout net et lui demande son nom. En entendant la réponse, Tommy rayonnait. «Thomas Edward a été l'un des premiers», avait-il dit.

«Son esprit de croisade, c'est des Scriver qu'il le tient», affirme Marjory Scriver en parlant d'Ed. (Inutile d'ajouter que sa parenté irlandaise revendique elle aussi fermement cette paternité.) Historienne de la famille elle aussi, Marjory Scriver, la cousine germaine de Mary, écrit une rubrique pour deux journaux locaux de l'Ontario, le *Campbellford Herald* et le *Cobourg Daily Star*. Chez les Scriver, quand quelque chose va de travers, on ne se tient pas tranquille avant d'avoir pris le taureau par les cornes, affirme Marjory Scriver (qui, elle, fait croisade pour l'environnement et contre la pollution). Les Scriver sont tous épris de justice. Ce que nous croyons juste, nous sommes persuadés qu'il faut élever la voix pour le faire prévaloir. Quand on considère l'histoire de la famille, tout se passe comme si depuis des siècles nous protestions contre l'injustice et plaidions la cause de la liberté.»

May Scriver Welsh, la grand-mère de Ed, ne devait malheureusement pas prendre part bien longtemps aux débats familiaux. Elle mourut en couches à Petersborough, en Ontario, alors que Mary, la mère d'Ed, n'avait que dix ans, laissant seul son mari avec sept enfants. La famille fut alors déchirée, autant par la religion que par le décès prématuré de May. La parenté Scriver souhaitait accueillir les enfants, mais Patrick Welsh s'y opposait formellement. «C'est un pur Irlandais, un catholique convaincu, raconte Marjory Scriver, et il refusait de voir ses enfants élevés dans la doctrine protestante.» De son côté, le curé de la paroisse travaillait Welsh au corps pour que les enfants ne perdent pas leur foi. Les discussions religieuses étaient à cette époque si vives en Ontario qu'on jugeait préférable de placer des enfants dans un orphelinat catholique plutôt que de les confier à un oncle ou une tante d'obédience protestante. Le plus jeune des enfants fut adopté, les deux plus âgés des garçons furent mis en pension à Petersborough, les deux plus jeunes dans un orphelinat, et les deux filles d'âges intermédiaires, Mary et sa soeur Rosaline, confiées d'abord à des familles qui voulaient bien les élever, puis à un orphelinat catholique de Cobourg. Après la disparition de la mère, cette dislocation fut ressentie par les enfants comme une atroce déchirure. Des événements ultérieurs allaient encore exacerber chez Mary le désir ardent de réunir sa famille.

Quelques années plus tard, Patrick Welsh partit pour Oshawa et trouva du travail à la Motors. Il fit alors sortir Mary et Rosaline de l'orphelinat pour les faire venir près de lui. Au début, il les logea dans une chambre meublée et un peu plus tard, quand ses moyens financiers le lui permirent, il loua un petit appartement où ils purent vivre tous les trois. Devenues adolescentes, les deux soeurs se chargeaient du ménage et de la cuisine, s'occupaient de leur père et suivaient les cours de l'Oshawa Collegiate and Vocational Institute. Mary ressentait avec angoisse l'éclatement de la famille et se sentait responsable de ses frères, dont elle était séparée. L'adversité lui avait trempé le caractère et, au contraire de ce qu'on aurait pu craindre, elle s'était transformée en une jeune femme pleine d'optimisme, pénétrée du sens de la famille et bien décidée à faire bouger les choses. «Jamais elle ne s'est laissée abattre par les revers de l'existence», m'a confié Ed. (À l'époque où son couple partira à la dérive, Mary ne laissera pas voir aux autres sa révolte et son abattement. Seule Velma, sa fille, saura combien sa mère souffrait.)

L'enfance de Mary, que Dickens aurait pu prêter à l'un de ses personnages, n'avait donc été qu'une lutte contre la solitude, la misère et l'absence des êtres chers. Il n'est donc pas difficile d'imaginer ce qu'elle ressentit quand elle fit connaissance de l'atmosphère de chaude affection qui régnait sous le toit de Bert et de Jack. La famille Broadbent était étroitement soudée, et les dures conditions de vie qu'elle avait connues, dans la forêt d'abord, à travers les vicissitudes de la production automobile ensuite, l'avaient dotée d'une confiance en elle-même exubérante et quasiment insolente. Les Broadbent croyaient au rêve canadien, et il émanait d'eux ce que Mary souhaitait plus que tout au monde: la sécurité et l'amour. Ils avaient en revanche des habitudes qu'elle se sentait incapable d'adopter. Jamais elle ne partagea leurs goûts pour les discussions passionnées, orageuses, et elle transmettra plus tard à Ed son horreur des scènes violentes. Quand Percy élevait la voix, elle quittait la pièce. La seule façon qu'elle trouvera de lui tenir tête en public consistera à soutenir les libéraux, ce qui aura pour effet de le mettre hors de lui, tant il se faisait l'ardent avocat des tories (conservateurs).

À l'époque où Mary fit sa connaissance, Percy était un rouquin trapu, tout feu tout flamme, d'une loquacité intarissable, qui faisait ses premières armes dans la représentation en vendant des produits alimentaires dans les magasins de détail pour le compte de la compagnie Oshawa Wholesale. Il n'était pas fait pour le travail ingrat et routinier de l'usine. Il allait faire quelque chose de lui-même, réussir dans un autre domaine. Les femmes étaient très impressionnées par son discours. On le considérait comme un parti enviable. «Percy avait tant de classe, raconte Rosaline Maddill (la soeur de Mary, qui a maintenant plus de soixante-dix ans), il réussissait si bien dans la vie que jamais je n'aurais pu me douter de ce qu'il allait devenir plus tard.» Marjory Scriver garde pour sa part du jeune Percy le souvenir d'«un garçon charmant, qu'on ne pouvait pas s'empêcher d'aimer. Beaucoup de jugeote et très réfléchi».

Mary, qui vivait toujours avec son père et Rosaline, était secrétaire à l'entrepôt d'Oshawa Wholesale. Souvent Percy faisait irruption dans son bureau pour lui faire un brin de cour. Malgré sa timidité, elle était ravie des égards qu'il lui témoignait. Percy n'aurait pu manquer de la remarquer. Un mètre soixante à peine, cheveux noir corbeau, taches de rousseur, toujours douce et affable, Mary avait tout pour séduire un homme. Il avait vingt et un ans, et elle, dix-neuf, quand ils se marièrent en 1930 à l'église anglicane. D'origine catholique, Mary se convertit au protestantisme et éleva ses enfants dans la confession anglicane. Elle jouera un rôle actif dans les oeuvres de sa paroisse toute sa vie durant. Les premières années de vie à deux furent merveilleuses. Le 10 août 1931 naissait une petite fille, qu'ils baptisèrent Velma, en souvenir de la petite soeur de Percy, morte en bas âge. Cinq ans plus tard, le 21 mars 1936, viendra au monde John Edward, suivi le 10 octobre 1942 par le benjamin de la famille, David.

Tous ceux qui connaissaient Mary la considéraient comme «un être extraordinaire». Compte tenu de son existence effacée, comme tant de femmes de sa génération. il est bien sûr difficile de reconstituer ses faits et gestes. Tout ce qu'on sait d'elle, c'est qu'elle venait discrètement en aide aux gens du voisinage, et plus spécialement aux enfants handicapés. Oncle Reuben, par exemple, aura plus tard une petite fille diabétique et mentalement déficiente, Elinor, qui aujourd'hui va sur ses trente ans. Quand elle était plus jeune, Mary était sa grande amie, et pendant des années elles déjeunèrent ensemble à intervalles réguliers, chacune d'elles, à tour de rôle, invitant l'autre, choisissant le restaurant et payant l'addition.

Ces déjeuners avec Mary étaient pour Elinor comme autant de rayons de soleil. Mais l'une de ces rencontres plaça Mary dans une situation terriblement gênante. (C'est Ed lui-même qui m'a rapporté cette anecdote, ajoutant que plus tard il avait amené sa mère à en rire.) Un jour, alors que c'était au tour d'Elinor d'inviter Mary, la jeune fille décida de l'emmener dans un restaurant dont elle avait appris l'existence par une annonce du journal *Oshawa Times*. «Danseuses exotiques», avait-elle lu. Elinor n'avait pas la moindre idée de ce que pouvait bien être un numéro de danseuses exotiques, Mary non plus. Mais elles jugèrent l'une et l'autre que l'idée d'aller déjeuner en assistant à une spectacle artistique inhabituel était excellente. Elles se rendirent donc au restaurant en question, où un homme tenta de les dissuader d'entrer, mais Elinor et Mary n'étaient pas de celles qu'on détourne aisément de leur dessein. Elles passèrent la porte, s'installèrent à une table, commandèrent leur repas, et là, elles eurent droit à un spectacle de strip-tease. Mary, mortifiée sur sa chaise, n'osait faire un mouvement, alors qu'Elinor, tout au long du spectacle, s'esclaffa, à la grande consternation des strip-teaseuses et du public masculin. «Ma mère ne voulait surtout pas que quiconque l'apprenne, raconte David, mais elle a commis l'imprudence de le raconter à l'un d'entre nous, qui s'est bien sûr empressé de le dire à tout le monde.» Par la suite, l'anecdote ne manquera jamais de déchaîner l'hilarité dans toute la famille.

«J'aimais beaucoup tante Mary, me dit Elinor, radieuse. Elle avait sorti son album de souvenirs, sur les pages duquel elle avait collé les portraits laborieusement découpés de ses idoles — Michael Jackson et Michael J. Fox — à côté d'une photographie de journal représentant oncle Ed, oncle David et tante Velma plantant un arbre à la mémoire de leur mère au Boys and Girls Club d'Oshawa, où pendant des années Mary avait travaillé bénévolement.

Mary mourut en 1983. Aujourd'hui encore, Velma, Ed et David ont les larmes aux yeux quand ils évoquent son souvenir. Ed nourrissait pour sa mère une véritable vénération. «C'est elle, sans aucun doute, qui a exercé sur ma vie la plus grande influence, dit-il. C'était une femme merveilleuse, chaleureuse, généreuse. Elle observait exactement la même attitude avec ses propres enfants qu'avec ceux du voisinage. Aucune préférence. Elle aimait les autres.» Mary, qui souhaitait si ardemment qu'on l'aime quand elle était enfant, aura été magnifiquement aimée par ceux qu'elle avait mis au monde.

Velma et Mary: deux femmes qui ont profondément marqué Ed durant ses années de maturation. Deux femmes pourtant fort différentes l'une de l'autre. C'est Velma qui apprit à Ed, quand il était très jeune, ce qu'était le féminisme, encore qu'à cette époque-là ni l'un ni l'autre n'avait encore entendu prononcer ce mot. Ed prit même les inflexions de voix de sa soeur. Lorsque Jay Scott, le critique de cinéma du *Globe and Mail,* s'installa dans le logement voisin de celui de Velma dans le quartier Riverdale de Toronto, il ne savait pas qui elle était. «Je l'entendais souvent appeler son mari et ses enfants depuis le jardin. Je me suis habitué à sa voix. Un jour, alors que la télé fonctionnait, j'entendis la voix de Velma. Je me penchai par la fenêtre pour lui dire bonjour, mais elle n'était pas dans son jardin. C'était Ed qui parlait à la télévision. Il avait la même voix que sa soeur.» Velma — que tout le monde appelait Judy quand elle était petite — est aujourd'hui infirmière, et depuis des années elle milite activement (comme son frère David) dans les rangs du NPD. Elle a cinq ans de plus que Ed et, à cinquante-sept ans, ses cheveux roux (hérités de son père) ont viré au blond clair, et quand elle évoque les déchirements de ses parents son visage expressif, piqueté de taches de rousseur, se couvre d'une soudaine tristesse. En elle frémit d'émotion. Mais le trait le plus manifeste de sa personnalité, c'est son pouvoir magique d'évocation. Elle a le don d'insuffler de la vie, d'animer les personnages qui peuplent son existence et, dans le même temps, d'exalter ses propres convictions politiques. (Velma, qui professe des idées beaucoup plus à gauche que celles de n'importe lequel de ses frères, passe pour l'extrémiste de la famille.)

Une enfance de garçon manqué fit d'elle une sorte de mauvais garnement refusant de courber l'échine. Aujourd'hui, elle pense avoir beaucoup choqué les principes de sa mère. J'étais l'aînée, et mon père m'emmenait à la pêche. Il m'avait même acheté des patins de hockey et une rondelle», raconte Velma qui, à la différence de Ed, s'est toujours sentie très proche de son père quand elle était enfant. «Je me suis toujours sentie aussi douée que n'importe quel garçon. Mais j'avais l'impression de faire de la peine à ma mère. Jamais je n'ai réusssi à adopter l'attitude d'une bonne petite fille bien sage.»

Velma garde de son enfance le souvenir d'une époque heureuse et relativement privilégiée. À Oshawa, me dit-elle, ses frères et soeurs n'avaient pas eu le sentiment d'appartenir à la classe ouvrière. «Papa était représentant, et par rapport à bien d'autres gens nous vivions confortablement. Nous allions au chalet durant l'été, nous étions très unis et nous avions l'impression que le monde nous appartenait. Ce que Ed a de meilleur en lui, c'est de notre père qu'il le tient. Papa nous disait toujours que tous les gens sont égaux, que personne ne valait mieux que nous et que personne non plus n'était notre inférieur.» Sauf peut-être les membres du syndicat que Percy méprisait tant.

Percy le Magnifique: vers la fin des années trente, la vente de produits alimentaires pour le compte d'une compagnie pugnace, en pleine expansion, avait fait de lui le Broadbent pour qui c'est arrivé. C'était devenu un monsieur, un jeune affairiste époux d'une jolie femme et père de trois enfants. Il gagnait bien sa vie, roulait dans une voiture flambant neuve et l'avenir s'ouvrait à lui, radieux. Il portait des costumes classiques, élégants, des chaussures toujours bien cirées, fumait volontiers le cigare, votait tory et se donnait des airs de gros bonnet. Ce qui explique sans doute pourquoi plus tard ses frères, à l'exception de Reuben, se montreront peu enclins à lui venir en aide quand il connaîtra des temps difficiles.

Durant les années de guerre, Percy mena grande vie, travaillant aussi dur qu'il s'adonnait intensément au jeu. Gatsby le Magnifique à l'échelle d'Oshawa. Mary à la remorque, Percy et toute sa bande s'en allaient danser, passer la fin de semaine à Detroit ou à Buffalo — Toronto était décidément trop morne —, faire de la voile sur le lac Ontario. La maison était toujours pleine de gens, avec qui Percy et Mary partageaient généreusement ce qu'ils possédaient. Mais Percy fréquentait assidûment un petit cercle de gens qui buvaient et jouaient. Peu à peu il se mit à l'unisson, leur consacrant de plus en plus de ses loisirs, au détriment de sa femme. Jusqu'au jour où ce qui n'avait été qu'un passe-temps devint chez lui un vice rédhibitoire.

Mais avant l'effondrement, la vie au foyer avait été heureuse. «Nous mangions princièrement, me dit Velma, riant à cette évocation. Maman avait tout de la mère juive... dîners plantureux, boulettes à gogo, trois desserts à chaque repas...» Par ailleurs, Mary était aux petits soins pour ses hommes, rien n'était trop beau pour eux, ce qui révoltait passablement Velma et fortifiait en elle la résolution d'élever ses propres fils, si un jour elle en avait, tout à fait différemment. Elle en aura, et s'en tiendra à sa résolution.

«L'été, c'était incroyable, raconte encore Velma. Papa rapportait des cageots entiers de fraises et de framboises et je revois encore maman faire des conserves et cuisiner à longueur de journée: concentré de tomates, cornichons, confiture de raisins... Et aux repas, jamais moins de deux tartes. À présent, Ed et Dave doivent en ressentir le manque. Ils raffolaient de sa confiture de raisins et de ses tartes.» Oui, Ed se délectait des tartes de sa mère, tout comme il chérissait les soins affectueux qu'elle lui prodiguait quand il revenait du hockey ou d'une séance d'entraînement au Boxing Club d'Oshawa, son jeune frère David sur ses talons.

Les enfants de Percy adoraient leurs grands-parents. «Grand-mère était toujours à étendre du linge sur la corde, à repasser, à faire des conserves, à nous tricoter des bas et des mitaines, raconte Velma. Grand-père bêchait le jardin. Ou alors il lisait.» Le soir, Bert retenait tout le monde à dîner. Alors Velma et Ed voyaient aussi leurs oncles. «Ils n'étaient pas si proches que ça les uns des autres, dit encore Velma. Ils étaient réservés mais prêts à faire prévaloir leur point de vue. Tous voulaient avoir le dernier mot.» Percy était le plus ergoteur de tous, mais aussi le plus sociable. Et toujours, à l'arrière-plan, dominant tout le quotidien: la Motors.

En 1936, l'année où naquit Ed, le *New York Times* annonça que General Motors avait enregistré un bénéfice record: deux cent millions de dollars. Malgré cela, la compagnie, dès l'année suivante, tentait de réduire, pour une cinquième fois consécutive, les salaires de son personnel. Les employés de GM à Oshawa se fâchèrent pour de bon et, au mois de mars 1937, adhérèrent au syndicat United Auto Workers, affilié au puissant Congress of Industrial Organization (CIO), que dirigeait alors John L. Lewis. Un mois plus tard, la Motors était paralysée par la première grande grève de son histoire, laquelle avait été précipitée par la conjonction de trois facteurs: les conditions de travail lamentables, les bénéfices réalisés par le patronat, les réductions de salaires. «3700 ouvriers de l'automobile en grève à Oshawa», titrait le 8 avril 1937 le *Toronto Star*. Mitch Hepburn, le Premier ministre de l'Ontario, pria Mackenzie King, le Premier ministre fédéral, d'envoyer une centaine d'agents de la Gendarmerie royale sur les lieux, pour appuyer les cent policiers de la police provinciale déjà mobilisés. Les gouvernements fédéral et provincial se promirent d'unir leurs efforts pour voler au secours de General Motors, aux prises avec John L. Lewis, le CIO et le syndicat des travailleurs de l'automobile.

Ce n'est jamais de gaîté de coeur qu'on se décide à faire une grève. C'était encore plus vrai à cette époque. «Les temps étant difficiles, raconte oncle Aubrey. En 37, ceux qui travaillaient à la chaîne se faisaient entre cinq et sept cents dollars les bonnes années.» La plupart des ouvriers savaient qu'on les mettrait régulièrement au chômage, parfois pendant de longues périodes. Au début des années trente, les compressions de personnel avaient fait passer l'effectif de huit mille à quatre mille six cents, et ceux qui avaient du travail devaient s'estimer bien chanceux. Aubrey et Evelyn, sa femme, avaient sous-loué deux pièces dans un grand appartement. Quand la grève fut décidée, Evelyn sortait tout juste de l'hôpital, où elle avait mis au monde leur premier enfant. Comment s'en sont-ils tirés? À cette question, ils ont un haussement d'épaules. «On se contentait de survivre», explique Evelyn.

Joues roses, cheveux blancs, Aubrey a aujourd'hui franchi allégrement le cap des soixante-dix ans, et ce solide gaillard joue toujours au golf et chasse l'orignal quand vient l'automne. Il porte au doigt le lourd anneau d'or sur lequel sont gravées les deux lettres GM — symbole de vingt-cinq années de bons et loyaux services — serti de deux petits diamants (un par tranche de cinq années de travail supplémentaire). «Il ne fallait pas trop se plaindre, c'était un bon emploi», dit-il. Pourtant, sous son air paisible et conciliant, Aubrey était tout le contraire d'un personnage effacé. De toute la bande il était le seul à voter FCC, ce qui ne contribuait pas peu à faire chauffer l'atmosphère autour de la table familiale. Non point qu'il soit à proprement parler un militant, explique-t-il à voix douce. «Nous sommes tous anticommunistes. Nous nous situons plutôt entre les deux extrêmes. Mais en 1934, du temps de la Dépression, j'ai vu des hommes pleurer sur la chaîne de montage, effrayés à l'idée qu'ils risquaient de perdre leur job. On a augmenté les cadences, les conditions de travail étaient terribles... Ça, c'était avant l'implantation du syndicat... Et les gars ne pouvaient pas suivre le rythme. Ils étaient désespérés. Désespérés à l'idée de ne plus avoir de travail, à l'idée de ne plus rien avoir à manger. J'étais révolté de voir qu'on ne se préoccupait absolument pas d'un tas de gens qui n'y étaient pour rien. J'avais le sentiment que la FCC se souciait davantage des intérêts des opprimés. Et je crois avoir été le premier de la famille à le considérer comme un parti qu'il fallait soutenir.»

Les fils Broadbent et leur père, syndicalistes convaincus, faisaient tous partie du piquet de grève. Sauf Percy, bien sûr. L'avenir était sombre. Le Premier ministre Hepburn (un libéral) était venu au pouvoir en promettant d'«infléchir la politique vers la gauche», mais tout au contraire il mena la vie dure aux grévistes en leur opposant une milice de quatre cents hommes spécialement entraînés. Armés de mitrailleuses, les Hussards de Hepburn, comme on les appelait à l'époque, prirent position autour des ouvriers pour protéger le Canada des agitateurs syndicalistes américains oeuvrant «main dans la main avec le communisme international», comme devait le déclarer Hepburn aux journalistes.

On distribua à la milice «des munitions avec pour instructions de tirer dans les jambes des grévistes si l'ordre d'ouvrir le feu était donné», écrit Bob Linton dans *A History of Local 222*.

Mais les grévistes tinrent bon, réussissant à maintenir le calme dans leurs rangs et à éviter toute provocation. Désespérant d'assister à un incident violent, un caméraman américain tenta de persuader quelques grévistes, moyennant quelques dollars, de s'attaquer aux forces de l'ordre. Aucun d'eux n'accepta de le faire. Il n'y eut pas de victimes par balles, et peu à peu la population se mobilisa pour soutenir les ouvriers. Vingt-cinq mille personnes défilèrent à Queen's Park par solidarité avec les grévistes, tandis qu'à Ottawa, Mackenzie King prenait ses distances par rapport à Hepburn. Deux ministres du gouvernement de l'Ontario — Arthur Roebuck, attorney général et David Croll, ministre du Travail — démissionnèrent pour protester contre la politique de répression de Hepburn, qu'ils accusèrent de porter atteinte aux principes de la démocratie. Roebuck rappela au Premier ministre que dans toute démocratie l'État a le devoir de rester impartial quand éclate un conflit de travail, et qu'il est du droit des travailleurs de s'organiser. Le *Globe and Mail*, dont le rédacteur en chef était alors George McCullagh, ami personnel de Hepburn et ardent défenseur de sa politique de fermeté, riposta immédiatement, affirmant en substance que Roebuck et Croll, puisqu'ils n'avaient pas voulu «adhérer avec enthousiasme à la ligne du gouvernement», avaient bien fait de vider le plancher. Bon débarras.

Pourtant, ce sera le Premier ministre qui devra vider le plancher, et pas seulement lui puisque cette grève aboutira à la défaite électorale du Parti libéral de l'Ontario, dont le pouvoir déclinait dans la province depuis bientôt cinquante ans. La grève d'Oshawa marque aussi un tournant pour la FCC en Ontario. Aux élections de 1943 en effet, la FCC remportera trente-quatre sièges (contre trente-huit pour les conservateurs et quinze seulement pour les libéraux). Quinze jours après le début de la grève, l'Union des travailleurs de l'automobile obtenait gain de cause, et les Broadbent reprenaient le travail.

«Dans l'histoire du mouvement ouvrier canadien, écrit Irving Abella dans *On Strike*, la grève de 1937 à Oshawa marque un important jalon, et seule la grève générale de Winnipeg la surpasse en importance. En luttant tout à la fois contre le pouvoir du grand patronat et contre le gouvernement provincial, puis en les forçant à capituler, les grévistes d'Oshawa ont été un exemple pour les travailleurs de l'ensemble du pays.» Sans recevoir la moindre aide financière du Committee for Industrial Organization, poursuit-il, «les grévistes d'Oshawa ont remporté une victoire de grande importance pour eux-mêmes, et plus encore pour le CIO, en ce sens qu'ils ont donné le goût de la victoire et transmis l'enthousiasme, deux éléments indispensables à une mobilisation».

Jours héroïques, mais les Broadbent minimisent volontiers la part qu'ils ont prise aux événements. Ils n'exerçaient pas de responsabilités syndicales, expliquent-ils. Ils n'étaient que les humbles fantassins d'un piquet de grève. Le plus important, estime Aubrey, c'est que «nous nous étions mis en grève avant même que le CIO ait entrepris d'organiser l'usine». Le doux Aubrey devient soudain plus grave. «Je travaillais à l'atelier de carrosserie, et c'était un sale endroit. On travaillait au plomb fondu. Il fallait couvrir les joints des soudures, et les conditions de travail étaient si dures que les choses ont atteint leur point critique quand la direction a encore augmenté la cadence.» Au mois de février 1937, soixante-huit hommes employés à la carrosserie, parmi lesquels Aubrey, décidèrent de quitter l'atelier. «On a arrêté la chaîne. Et c'était bien avant que l'Union des travailleurs de l'automobile vienne nous proposer de prendre les choses en main.» Cette mesure spontanée de débrayage, c'est pour lui un titre de gloire. Ce qu'il ne dit pas, c'est que l'atelier de carrosserie était considéré comme le secteur le plus militant de l'usine, et que lui-même y jouait un rôle actif. En cela, il était bien le fils de son père, et chez les Broadbent on ne s'aplatit pas devant le premier venu.

Mais il ne restait à Jack guère plus de quatre années à vivre. Il mourra jeune, en 1941, à l'âge de cinquante-sept ans, emporté par le fléau qui ravira encore plusieurs membres de la famille: le cancer. Sur une photo de lui prise cette année-là, peu avant son décès, on le voit faire un sourire à l'objectif, diminué physiquement, mais encore très altier. À ses côtés se tiennent son fils aîné, Oren, au garde-à-vous dans son uniforme (il avait été mobilisé après la déclaration de guerre et était venu voir ses parents à l'occasion d'une permission), et Bert, l'air énergique, déterminé. Depuis Parry Sound, l'orphelin de quatorze ans a fait bien du chemin, surmonté courageusement bien des obstacles, et il est fier de sa famille. Il ne vivra pas assez vieux pour être témoin de la déchéance de son fils Percy. Ce sera le lot de Bert, qui pourtant avait placé tant d'espoirs en son troisième enfant. Sa peine sera pourtant adoucie par les attentions que lui porteront ses autres enfants, et quand elle mourra en 1976, peu de temps avant Percy, tous contribueront financièrement à l'exécution d'un vitrail à sa mémoire, qu'on peut voir aujourd'hui dans la chapelle de Christ Church, où elle s'était dépensée sans compter au service d'oeuvres charitables. La mémoire de Percy ne sera pas honorée pareillement.

Vers la fin des années quarante, Percy cachait des bouteilles de whisky partout dans la maison. En public, il faisait encore bonne contenance, faisait figure de personnage jovial, mais derrière les portes closes il devenait désagréable, méchant, insultant. Il buvait. Sa femme le soupçonnait de la tromper. Leurs disputes se faisaient plus violentes. Elles effrayaient Velma, qui prenait parti pour sa mère et se querellait avec son père.

Quand il évoque cette période de son existence, Ed semble accablé, déconcerté. Le souvenir qu'il en garde est «occulté par l'alcoolisme de mon père», selon sa propre expression. Quand celui-ci était ivre, Ed redoutait ses fureurs et se demandait, terrorisé, ce que son père «était capable de faire» dans les moments où il ne se contrôlait plus. Son père l'a battu. «Mais je n'en suis même pas certain, me dit-il. Si, je me souviens d'une fois où... Non, je n'en suis pas sûr... Peut-être ai-je bien voulu tout oublier.» Il réagissait comme le font beaucoup d'enfants dont les parents boivent: il se retranchait, se réfugiait dans ses occupations scolaires, ses études et cherchait réconfort auprès de ses amis. Il faisait de menus cadeaux à sa mère avec l'argent qu'il économisait en distribuant des journaux. Il se sentait mal à l'aise de ne pas pouvoir en faire davantage pour elle, coupable de ne pas être en mesure de la protéger.

Même avant que Percy ne devienne un ivrogne invétéré, Ed ne se sentait pas proche de son père. Quand il récapitule son enfance, il ne se souvient que d'un seul et unique moment heureux lié à la mémoire de son père, et ce souvenir a quelque chose de poignant. «Papa me poussait sur une balançoire et pour moi c'était presque l'extase... Qu'il s'occupe de moi, voyez-vous, me bouleversait complètement.» Seul instant d'exception, et qu'il revit avec une douloureuse clarté. «Je revois encore la scène, comme si c'était hier. J'étais assis sur la balançoire, mon père me poussait. C'est un des plus heureux moments de ma vie.»

Ted Maidman, le chef de patrouille chez les scouts, se souvient fort bien du jeune garçon si avide d'affection paternelle. Un peu voûté, Ted est maintenant dans la soixantaine. Après quarante années de travail à la Motors, il a repris un emploi à Canadian Tire, «histoire de ne pas perdre la main», dit-il. Durant ses loisirs, il fait de longues randonnées à bicyclette. Sa femme Joan et lui occupent à Oshawa un appartement qu'ils ont transformé en musée:

ils collectionnent des trésors rapportés de leurs voyages. Sur les étagères d'une vitrine s'alignent des hérissons du monde entier. Sur un mur, bien visible de l'entrée, une reproduction de Picasso représentant un enfant tenant tendrement un oiseau. «Le préféré de Ted», déclare Joan.

Les Maidman sont de ceux qui se dévouent corps et âme à leurs semblables. Ted avait organisé une patrouille de scouts, puis en avait dirigé une autre — la Troisième Troupe d'Oshawa, celle à laquelle appartenait Ed — pendant dix ans. La patrouille se réunissait tous les mardis soirs, de dix-neuf à vingt et une heures, à l'Église Unie d'Oshawa. Ted apprenait aux garçons à reconnaître les signaux, à faire des noeuds, à participer aux jeux de piste, et il les emmenait faire des randonnées ou camper. Souvent Joan se joignait à eux. «Quand je repense à tout le temps que nous consacrait Ted quand j'étais enfant, raconte Ed, à tout le coeur qu'il mettait à faire mille choses pour nous, je suis encore émerveillé de sa générosité.»

Les Maidman s'étaient fait une opinion assez pertinente du caractère de Ed. Il avait alors quatorze ans et il les intriguait. «Certains garçons foncent tête baissée, mais lui, non, déclare Ted. Il observait ce que nous faisions, réfléchissait et attendait jusqu'à ce qu'il soit en mesure de faire les choses comme il faut. On pouvait quasiment voir l'opération se dérouler dans sa tête. Quand nous organisions un jeu de piste, une chasse au trésor, par exemple, et quand nous donnions le signal du départ, tous les garçons filaient commes des flèches, sauf Ed. Il prenait son temps, pesait le pour et le contre, essayait de deviner par déduction où nous avions bien pu cacher le trésor. Il raisonnait très intelligemment.

— Il lisait dans l'esprit des autres, reprend Joan.

— Oui, il avait toujours une longueur d'avance. Même à cette époque, on sentait que dans un débat c'est lui qui aurait eu le dessus. Ed n'était qu'un élément parmi d'autres, mais il était... comment dire? (Ted se tourne vers sa femme pour quémander de l'aide.)

— Il rayonnait, dit-elle.

— Oui, voilà. Et toi tu disais toujours qu'il irait loin.

— Non, je ne disais pas ça, reprend Joan, qui se considère douée de pouvoirs de clairvoyance. Je prédisais qu'il deviendrait célèbre dans tout le pays.» (Elle rougit et croise ses bras, dans un geste défensif, devant son t-shirt orné d'un dessin de Mickey Mouse.) «Ne mélange pas tout. Nous ne faisons pas de politique. Quand Eddie s'est présenté la première fois, nous l'avons aidé parce que nous pensions qu'il ferait un bon dirigeant politique. C'est tout.

Pour ses qualités personnelles. C'est l'individu qui m'intéresse. Pas le Parti. (Elle regarde une vieille photo de Ed.) Ce qui est certain, c'est que sa mère l'aimait. Ça se voit sur son visage. Je suis allé une fois chez eux et j'ai senti tout de suite la tendresse et l'amour de sa mère pour lui. Quand on a été entouré d'amour dans son enfance, on peut quitter son foyer et se faire un chemin dans le monde. C'est l'amour qui le porte, pas la haine.»

Ed faisait l'impossible pour éviter les colères de son père. À l'époque où Percy touchait le fin fond, son fils s'occupait ailleurs, absorbé dans ses activités d'adolescent. Comme il le dit lui-même aujourd'hui, il sait remarquablement «museler les mauvaises nouvelles». Cela, il apprit à le faire très jeune. Les mirifiques années cinquante, l'ère de la série télévisée *Papa a toujours raison*, ne furent pas une époque rose pour la famille Broadbent. Ed déclare volontiers qu'il est ravi d'avoir grandi durant cette période, mais ce à quoi il fait référence, c'est au bouillonnement culturel de l'époque et non pas à la vie sous le toit familial. «Ce fut une période très, très éprouvante pour Mary, raconte Rosaline. Jamais elle n'avait pensé auparavant que pareille chose lui arriverait un jour. Elle était si dévouée à son époux.» Mary n'avait pas le choix: elle s'était unie à Percy pour le meilleur et pour le pire, il était inimaginable qu'elle divorce, et la seule chose qu'il lui restait à faire était de garder pour elle ses malheurs.

Ses meilleurs amies elles-mêmes ne prirent jamais pleinement conscience du naufrage de son couple. Marjory Scriver raconte qu'elle se sentait alors si proche de Mary que «par une sorte de télépathie, quand l'une de nous éprouvait le besoin d'appeler l'autre, à coup sûr celle-ci avait quelque chose qui la tracassait». Et pourtant, ajoute-t-elle, Mary ne lui faisait part de ses ennuis que «par la bande. Elle ne trahissait pas Percy et ne disait rien à personne de ce qui la minait. Dans son enfance elle avait vu des ivrognes. Elle savait ce qu'était l'alcoolisme. Son propre père, comme beaucoup d'Irlandais, avait tendance à faire des excès de boisson. Et Mary faisait tout son possible pour empêcher son mari de boire.» Par exemple, elle l'emmenait chez sa soeur Rosaline et son beau-frère, Murray Maddill. Ils étaient l'un et l'autre bons catholiques et observaient des principes très rigoureux. Chez eux, on ne fumait pas et on ne buvait pas. Mais Rosaline savait très bien que Percy apportait de l'alcool quand il venait. «Il le cachait à l'extérieur de la maison, raconte-t-elle, mais nous nous en rendions bien compte.» Pour sa part, Marjory Scriver se souvient d'un jour où Mary était venue les voir avec Percy à Trent River, où les Scriver avaient un chalet. «Nous étions tous sur la plage autour d'un barcecue, et on voyait bien que Percy était... bon... on ne l'a pas vu boire à proprement parler, mais il était somnolent, béat... Il n'a ennuyé personne.»

Alors que Mary faisait de son mieux pour sauver les apparences, Percy vint à ne plus pouvoir s'empêcher de jouer. La maison fut vendue pour payer les dettes de jeu et en 1950, l'année où Ed entra au collège, Percy perdit son emploi à Oshawa Wholesale. «La déchéance de mon père a été pour nous une épreuve pénible», raconte Ed, avec un hochement de tête un peu gauche qui lui donne soudain l'apparence de la vulnérabilité.

Percy fut engagé, presque par charité, par la Motors. Il devint ainsi employé de bureau dans le service de fabrication des garnitures de sièges. C'est un ami de la famille, cadre à General Motors, qui obligeamment «fit le nécessaire» pour amortir sa dégringolade. Mais pour un ambitieux tel que Percy, le coup était rude. Il n'avait que quarante et un ans, et son radieux avenir s'était tout à coup assombri. Il conserva son emploi jusqu'à sa retraite, à l'âge de soixante-cinq ans. Pour essayer de ne plus boire, il prendra un second emploi qui l'occupera le soir, après ses heures de travail à l'usine, dans un magasin d'alimentation dont il avait été le fournisseur, où sa tâche consistera à regarnir les rayonnages. Il vivra cependant assez vieux pour être le témoin de la réussite de son fils, et sur la fin de ses jours il avait cessé de claironner ses convictions tory pour se faire le plus naturellement du monde l'ardent défenseur de la politique du Nouveau Parti démocratique. «Il était extraordinairement fier de son fils, raconte Marjory Scriver. On croyait rêver. À l'entendre, Ed était la merveille de sa vie. «Il s'est fait tout seul, répétait-il à qui voulait l'entendre. Jamais nous n'avons été en mesure de lui donner de l'argent. Nous ne pouvions pas l'aider.» Percy était stupéfait de ce que son fils avait accompli. Il n'en finissait pas d'en parler.» Mais ce n'est qu'à la mort de son père que Ed cessera de lui en vouloir.

De tous ses frères, Reuben était le seul à maintenir des relations étroites avec Percy et Mary. Tout donne en effet le sentiment que les autres frères, qui entre eux restaient unis, se tenaient à l'écart de Percy, dont la dépravation leur faisait honte ou les irritait. Quand Percy sera tombé bien bas, Reuben lui viendra en aide. Les deux frères étaient physiquement très semblables. Ils avaient hérité des Broadbent des cheveux roux tirant sur le blanc, et tous deux étaient «corpulents», comme le dit Reuben, qui aujourd'hui a passé les soixante-dix ans et vit dans une robuste maison de brique à deux étages avec Dorothy, sa seconde femme, et leur fille Elinor. La maison, située à deux pas de l'usine, ressemble bien davantage à une demeure de médecin qu'à une maison d'ouvrier. À l'intérieur, un tapis bouclé tout neuf, des meubles de style rustique français. Le niveau de vie de Reuben, sinon sa façon d'être, est celui d'une catégorie sociale privilégiée. Il fait remarquer, en toute modestie, qu'il est le seul Broadbent dont la chevalière GM est ornée de trois diamants, et il tient à rappeler ses «quarante années et demie» de service à la Motors. (Les oncles de Ed évoquent tous leur «service à la Motors» à la façon de soldats qui évoquent leur temps dans l'armée, et cette attitude semble avoir eu des répercussions sur Ed, qui pendant ses études secondaires et universitaires a suivi pendant des années une formation militaire, activité qui lui plaisait d'ailleurs énormément. Des relations de travail à l'usine GM est né un esprit de corps qui survit aujourd'hui en Ed.)

Tout comme Aubrey, Reuben professe la saine et robuste philosophie d'un homme qui aurait passé toute son existence au grand air, assis sur un tracteur, alors que pendant plusieurs dizaines d'années il n'a pas souvent eu l'occasion de voir le soleil, et moins encore ses enfants. Avec le recul du temps, il regrette à présent d'avoir passé tant et tant de fins de semaine à travailler en double équipe, mais s'il le faisait, c'était pour amasser de l'argent et l'investir en Bourse.

«On m'appelle le capitaliste, dit-il en riant. On m'a collé cette étiquette sur le dos et cela m'a valu pas mal de taquineries.» Mais Reuben n'y attachait pas d'importance. «J'ai toujours vécu plus à l'aise que les autres», affirme-t-il. En 1937, il a participé au piquet de grève avec ses frères, mais passait davantage de temps dans le bureau de son courtier. «C'était moi le délégué de l'atelier d'emboutissage, mais mon activité syndicale était plutôt réduite. Je ne fumais pas, je ne buvais pas, mais j'assistais à toutes les réunions dans une salle enfumée où quelqu'un se levait pour nous parler des licenciements. Je pensais que c'était du temps perdu. Mais cette grève m'aura au moins appris quelque chose.»

Ah oui, quoi donc? Sourire espiègle: «À jouer aux cartes.» Il se tait, — et ses yeux pétillent de malice. «Mais le syndicat était une chose nécessaire», poursuit-il. De la part d'un capitaliste et d'un conservateur, c'est un aveu plutôt surprenant, non? «Maintenant, bien sûr, je peux me permettre de voter pour le Nouveau Parti démocratique. Mais le vrai conservateur parmi nous, c'était Percy. Il fallait l'entendre! Il était résolument opposé aux syndicats.» Vient un autre aveu: «J'étais aussi conservateur que Percy, me dit Reuben, et quand Ed a adhéré au NPD, je me suis bien demandé pourquoi.» Aujourd'hui, Reuben exhibe sur sa pelouse un panneau du NPD. Pourquoi ce virage. «Parce que les autres étaient tous des pourris. J'ai pensé à l'époque que Stanfield était un honnête homme, et Diefenbaker parlait bien. Je ne m'en ressentis pas pour Trudeau, Mulroney et Turner... Enfin, tout ce que je peux dire des politiciens... c'est qu'un homme doit tenir ce qu'il promet. S'il n'a pas de parole, si on ne peut pas lui faire confiance, alors, quel intérêt? Ed est un garçon honnête, et il n'a pas changé.»

Reuben considère que lui et Mary avaient quelque chose en commun: l'un comme l'autre avaient un conjoint alcoolique. La différence, c'est que Reuben fit ce que Mary ne pouvait faire: en 1958, après vingt ans de mariage, il demande le divorce. «À cette époque, je passais bien souvent le dimanche soir avec Percy et Mary, à jouer au rami en misant de la petite monnaie.» Reuben passait par une rude épreuve, et leur compagnie le réconfortait. Le juge lui attribua la garde de ses trois enfants, et deux ans plus tard il faisait un second mariage, heureux celui-là.

Personne avant moi n'avait divorcé chez les Broadbent, raconte Reuben, et j'aurais dû me décider à le faire bien des années plus tôt. Oui, Mary et moi avions beaucoup de choses en commun. Personne n'a envie de vivre aux côtés d'un ivrogne. Elle avait beau essayer, jamais elle n'a réussi à l'empêcher d'introduire de l'alcool dans la maison. Pourtant, Percy n'était pas un mauvais homme. On ne pouvait pas dire qu'il était asocial, et à ma connaissance il n'a jamais rien fait de minable. Il était très indépendant de caractère et avait beaucoup d'amis. À Oshawa, il connaissait tout le monde, et c'était bien ça le malheur. Il était représentant, et comme tous les voyageurs de commerce il devait se déplacer continuellement et vider pas mal de verres. C'est comme ça que tout a commencé. Percy ne pouvait s'empêcher de boire. Et Mary était une sainte.»

Percy chercha bien secours auprès des Alcooliques Anonymes, mais jamais il ne s'en tenait à ses bonnes résolutions, et la vie au foyer était sinistre à l'époque où Ed fréquentait le collège. Velma, l'aînée, et David, le benjamin, étaient ceux qui en souffraient le plus. Durant leur enfance ils avaient été très proches de leur père, et sa déchéance les affectait tout particulièrement. Ed, qui était d'âge intermédiaire, était venu au monde du temps où Percy, qui commençait à faire d'excellentes affaires, était la plupart du temps sur la route. Plus tard quand l'orage éclata, Ed prit ses distances. Le soir, il sortait de chez lui pour aller frapper à la porte de Jim Carson, l'un de ses professeurs, dont il gardait les enfants en échange d'un peu de place pour travailler tranquillement. Ou encore il appelait Reg Gutsole, un de ses camarades de classe, pour qu'il vienne repasser ses cours avec lui dans un bureau du *Oshawa Times*, où Ed travaillait à temps partiel au service de distribution.

«J'ai travaillé pendant cinq ans dans un journal, déclarera Ed à l'émission *Today* en 1981. Pendant plusieurs années c'est moi qui ai recruté le plus grand nombre de nouveaux abonnés, ce qui me faisait gagner des voyages à Buffalo avec d'autres distributeurs de journaux. Un jour, trois ou quatre d'entre nous avons décidé de fausser compagnie au reste du groupe... une entreprise hardie, pour notre âge... et d'aller voir notre premier spectacle burlesque. Ma réaction a été celle de n'importe quel garçon normal d'une douzaine d'années quand pour la première fois il contemple les parties substantielles de l'anatomie féminine, celles dont on ne parle jamais. Un moment excitant. À cette époque, Buffalo était synonyme de débauche, mais exerçait un pouvoir d'attraction extraordinaire.» Les autres souvenirs que livrera Ed en pâture au public sont plus édifiants. Il faisait partie de la chorale de l'église anglicane St. George et se souvient d'y avoir chanté *Le Messie*. (De là lui vient sa passion pour la musique classique.) Et aussi d'avoir acheté une encyclopédie avec l'argent qu'il gagnait au journal; d'avoir travaillé après l'école dans un magasin de confection pour hommes; d'avoir été choisi par le club Rotary pour aller à Ottawa participer à l'émission *Adventure in Citizenship*; d'avoir été photographié, alors qu'il avait treize ou quatorze ans, devant la Tour du Parlement aux côtés de Mike Starr, député d'Oshawa... qu'il battra aux élections de 1968; d'avoir contribué à la rédaction du statut des étudiants de son collège quand il était président de la classe en neuvième année; et aussi d'avoir appartenu au club «Affaires courantes» où tout le monde lisait — le ciel nous pardonne! — le magazine *Times*.

Ed ne laissait rien paraître du drame qui empoisonnait le foyer familial, mais Velma était déchirée par les souffrances de sa mère et la déchéance de son père. Affligé d'une anomalie musculaire de naissance qui se traduisait par une faiblesse dans les jambes, David, le plus jeune des enfants, était à bien des égards le plus vulnérable. (Il préfère aujourd'hui ne pas évoquer ces années-là.)

«Ed était loin de savoir tout ce qui se passait, raconte Velma. Comme beaucoup d'hommes, il s'était entouré d'une carapace protectrice qui faisait obstacle à tout ce dont il ne voulait pas entendre parler. Il m'est toujours très pénible de reparler de tout cela.» Velma se tait, les yeux embués de larmes. À cette époque elle était prise comme dans une tenaille entre ses parents. Confidente de sa mère, elle en savait trop pour ne pas éprouver une atroce angoisse, et il lui faudra des années pour que sa peine s'atténue. «Je suppliais maman de se séparer de papa, mais elle s'y refusait, raconte Velma. Ils étaient si différents l'un de l'autre que je ne comprenais pas qu'ils s'aimaient profondément. Maman était la douceur même, alors que dans notre famille tout le monde, Ed le premier, sa passionne pour le débat, veut à tout prix contredire, imposer son point de vue. Même la discussion politique la plus amicale ennuyait maman. Elle avait horreur des scènes et détestait toute forme d'altercation. Quand Ed a commencé à faire de la politique, elle était très affectée par ce que racontaient de lui les médias, comme s'il s'était agi d'offenses personnelles. Elle était toujours prête à prendre son parti et à le défendre. J'appelais souvent Ed pour l'engueuler quand il avait fait une déclaration qui la mettait dans tous ses états, mais je ne le fais plus. Plus depuis que notre mère est morte.» Mais aujourd'hui encore, si quelqu'un critique son frère en sa présence, Velma vole à son secours.)

Son instinct le plus profond commandait à Mary de laisser les choses en leur état. Et c'est ce qu'elle fit. Pendant les pires moments, elle reste aux yeux des autres chaleureuse, énergique, enjouée, inlassablement serviable et active. Si son mari la décevait et la peinait profondément, son fils Ed n'aurait pu lui donner plus grandes joies; pendant quatre années consécutives il avait été le premier de sa classe, en onzième année on l'avait élu président du Conseil des étudiants, et en treizième année, ses notes exceptionnelles lui avaient valu d'être choisi pour prononcer le discours de fin d'année. «Ed s'applique à réussir tout ce qu'il entreprend», déclare Velma. Tel est du moins le souvenir très vif qu'il a laissé de lui à ses professeurs: «Un bûcheur acharné», affirme Jim Carson, qui naguère enseignait l'anglais au Central Collegiate, dont plus tard il deviendra le principal. Carson a maintenant cessé d'enseigner, mais il continue d'exercer diverses activités dans sa paroisse. «Ed était un garçon extrêmement réfléchi, dit-il, mais je n'irai pas jusqu'à dire qu'il se confinait exclusivement dans l'étude. Il était très liant, très aimé de ses camarades.» À cette époque, Carson habitait lui aussi Eulalie, à deux pas de Central Park, où était située la maison des Broadbent, et «en ce temps-là, précise-t-il, le quartier n'était pas ce qu'on appelle le haut du pavé. Il était peuplé d'immigrants, d'ouvriers, de petits salariés. Les médecins et les avocats vivaient dans le nord de la ville et envoyaient leurs enfants à O'Neill (l'établissement s'appelait alors OCVI, acronyme de Oshawa Collegiate and Vocational Institute), la seule et unique école fréquentable à leurs yeux. Mais je préférais enseigner au Central. Les élèves y travaillaient davantage.»

Ab Robins, qui enseigna les mathématiques à Ed, confirme pleinement les déclarations de Jim Carson. Il est lui aussi à la retraite. Professeur à l'OCVI de 1939 à 1950, il vint enseigner à Central en 1950, l'année d'ouverture de l'établissement, l'année aussi où Ed entamait ses études collégiales. «Nos élèves étaient sans doute issus de la classe ouvrière, mais ils étaient plus doués qu'à O'Neill, raconte Robins. Je ne me serais certainement pas avisé de dire une chose pareille à l'époque, car cela m'aurait attiré des ennuis, mais il n'empêche que dans ma discipline, les maths et la physique, j'ai pu le constater. En tout cas, nous avons formé davantage de futurs ingénieurs et de futurs médecins qu'à O'Neill. Et l'esprit de l'établissement était excellent.»

Au Central Collegiate, les élèves étaient avides d'apprendre, et Ed plus encore que les autres. Robins se souvient encore du remue-ménage causé par l'élection de Ed à la présidence du Conseil des étudiants, «car celui-ci n'était encore qu'en onzième année, alors qu'il était d'usage que le président soit choisi parmi les élèves de douzième ou de treizième année. Mais Ed avait des qualités extraordinaires. Des qualités de chef. Le plus comique, c'est que je suis de tendance libérale, ma femme aussi, alors que Jim Carson est tory, mais que nous avons tous voté pour Ed. Voté pour l'homme. Nous avons appris à nos enfants à se faire une idée par eux-mêmes. À ne pas voter pour un parti parce que leurs parents votaient ainsi. Les temps ont changé. Je ne pense pas qu'il soit raisonnable de voter pour un parti dont le chef est une nullité.»

Les anciens condisciples de Ed au Central Collegiate ne sont pas autrement surpris de son actuelle popularité. «Ed était un leader et je crois que tout le monde s'en est rendu compte, déclare Reg Gutsole, mais son succès ne l'a pas coupé des autres. La réussite lui est naturelle. Jamais il n'a joué les grosses têtes.» Reg a un sens naturel du théâtre qui perce sous ses propos, mais que tempèrent ses responsabilités de principal dans une école élémentaire d'Oshawa. Son père a lui aussi travaillé à la Motors pendant quarante-sept ans et Reg, à l'exemple de beaucoup d'autres amis de Ed, a été le premier de sa famille à fréquenter l'université.

Ed et Reg formaient une paire d'inséparables. Ils étaient les porte-parole du Central Collegiate à l'émission *High Time for Teen Time*, que programmait une station de radio d'Oshawa, et aussi les maîtres de cérémonie lors de la fête de Noël de Central. Reg se souvient encore de l'un des gags qu'ils avaient inventé pour l'occasion: «J'arrivais sur scène avec une boîte en carton dont l'un des coins dégoulinait, et Ed me disait «Où t'en vas-tu avec ta boîte? T'as vu? Ça coule. Est-ce du cidre?» Et il approchait un doigt pour l'humecter et goûter le breuvage. Alors je retirais un tout petit chien de la boîte. C'était un peu gros, mais ça passait.»

La femme de Reg, Marlene, est aujourd'hui enseignante elle aussi, et elle compte parmi les anciens élèves de Central. «Ed, Reg, ces gars-là avaient toujours le mot pour rire. Ça maintenait le moral de l'école. C'étaient nos idoles. C'étaient eux les boute-en-train.»

En treizième année, Ed corédigeait, avec une fille de sa classe, Bev Bennett, une rubrique qu'ils signaient Ed et Benny, intitulée Les Potins de Central dans l'*Oshawa Times*. Benny était comme Ed: elle s'intéressait à tout, participait à toutes les activités et, chose étonnante pour une fille à cette époque, elle deviendra même présidente du Conseil des étudiants, alors que le principal lui avait conseillé de ne pas se présenter à l'élection du fait qu'elle était... de sexe féminin. Aujourd'hui, Bev s'est séparée de son mari (Bill Marshall, le promoteur immobilier et producteur de films de Toronto, qui lui aussi est un ancien de Central Collegiate) et elle travaille dans cette même ville pour une agence de logement à but non lucratif. Bien qu'elle n'ait pas revu Ed depuis des années — sauf une fois, le temps à peine d'échanger avec lui quelques mots à l'occasion d'une réunion électorale —, elle a gardé de lui un souvenir plein de tendresse.

Benny avait rencontré Ed au club des débats, et elle réussit ce jour-là, raconte-t-elle, «à ne pas passer inaperçue». Ce grand gaillard dégingandé, avec les cheveux coupés en brosse et les deux dents du devant écartées, sera son premier amour. Ed était bon danseur — «un sacré bon danseur de swing» — et tous deux s'accordaient aux rythmes des Four Aces, de Johnnie Ray (*Cry*) et de Fats Domino (*I Found my Thrill on Blueberry Hill*). Ed faisait passer et repasser *Cry* sur son tourne-disques, apprenant par coeur les paroles de la chanson, imitant les vocalises mélodramatiques de Johnnie Ray. Il connaissait le nom des musiciens qui interprétaient tous les airs de ses disques. Alors qu'elle dansait avec Ed, l'âme chavirée, raconte-t-elle en évoquant cette rencontre, il lui murmurait à l'oreille «Ça, c'est Joe Schmo au saxo, et un tel à la clarinette...»

Pour sa part, Ed a raconté un jour à un journaliste que la danse lui avait laissé des souvenirs d'une autre nature. «Tous les samedis soirs on allait danser à la soirée organisée à l'autre collège. Et bien sûr le principal intérêt de la chose, c'était de savoir si on allait pour la première fois avoir l'occasion de toucher les seins d'une fille. Tous les adolescents savent très bien quelle est la véritable fonction de la danse.»

Ce qui frappait le plus chez Ed durant sa dernière année de collège, rapporte Benny, c'est qu'il était passionné par la politique. «Il ne parlait que de cela, n'arrêtait pas de jongler avec les idées. C'était un peu assommant de discuter avec lui si on ne s'intéressait pas à la politique.» À l'époque, Ed n'avait adhéré à aucun parti, et Velma pense qu'il devait se considérer lui-même comme un libéral. Ce que lui-même conteste avec la plus grande véhémence. De son côté, Reg déclare avoir été surpris par le choix politique de Ed. Les deux garçons avaient passé ensemble un été à la base militaire Borden, où ils avaient suivi un entraînement d'élèves-officiers: tir à la mitrailleuse, lancer de grenades, mise à feu de lance-roquettes... un été extraordinaire. Et bien entendu on avait parlé politique. Un de leurs camarades, raconte Reg, «était aussi à gauche qu'on peut l'être. Mais Ed, non. Il était plutôt centriste».

«Je savais qu'un jour Eddie serait un leader, coupe Marlene. Il l'a toujours été. Mais j'ai été tout à fait surprise de le voir se rallier au NPD.

— J'ai toujours considéré le NPD comme un parti d'extrême-gauche, déclare Reg en approuvant sa femme d'un hochement de tête. Tout m'en a convaincu, mon milieu social, mon éducation... Mon père était ouvrier, et un conservateur convaincu. J'ai souvent entendu dire que Ed était d'extrême-gauche, mais j'estime que non. Je ne crois même pas qu'il soit de gauche. Même si j'éprouve encore une certaine réticence quand je vote NPD, je crois que j'ai adhéré à certaines de leurs idées, et qu'ils se sont rapproché des miennes.

— Que Ed devienne Premier ministre après les prochaines élections ne me surprendrait pas», déclare Marlene. (Les Gutsole en sont d'ailleurs tellement persuadés que durant l'été 1987, alors qu'ils séjournaient dans leur chalet, ils ont peint l'inscription ED PREMIER MINISTRE sur un grand panneau qu'ils ont cloué contre le hangar de leur voisin.) «Le voisin en question est un libéral convaincu, raconte Reg. Mais il ne l'a pas enlevé. Il m'a simplement dit: «Vous n'avez peut-être pas tort.»

En 1955, Ed obtient son diplôme du secondaire au Central Collegiate. Il s'inscrit alors au Trinity College de l'Université de Toronto. La vedette du campus d'Oshawa ne devint dans la grande ville qu'un inconnu qui doit jouer des coudes pour se faire une place dans un collège où dominent les rejetons de la haute aristocratie anglo-saxonne, un milieu universitaire beaucoup plus vaste que tout ce qu'il a connu jusqu'ici, et qui bientôt va enfanter de toute une escouade de supervedettes telles Peter Gzowski, Barbara Frum, Stephen Lewis, Michele Landsberg, Stephen Clarkson, Christina McCall, Margaret Atwood, cette nouvelle génération de Canadiens nationalistes qui va émerger de l'Université de Toronto vers la fin des années cinquante et dans les débuts des années soixante. Plus tard, tous seront stupéfaits de découvrir que ce garçon, venu de sa petite ville se joindre à eux, inconnu du bataillon, était devenu l'un des ténors de la politique et qu'il était peut-être appelé — comment cela était-il possible? — à prendre en main les destinées du pays.

Étranger à leurs cercles, Ed a pris entre-temps ses quartiers dans une résidence universitaire où il va faire connaissance avec la première doctrine politique appelée à façonner son idéologie: le capitalisme libéral.

Chapitre deux

Toronto 1955:
la nouvelle génération

Par son acharnement au labeur dans un pays qui lui-même n'économise pas ses efforts, Ed résume sans doute à la perfection l'essence même du Canada. Il a travaillé d'arrache-pied pour en arriver là où il en est. Personne, pas même son pire ennemi, ne met en doute sa bonne foi. Ses conceptions, il les exprimait déjà du temps où nous étions à l'université. Depuis, elles ont évolué, et je crois qu'elles répondent aux aspirations les plus élevées de notre génération. La rencontre d'un homme, d'une patrie et d'une époque, voilà ce qu'il représente. Que cela mène ou non quelque part, je l'ignore.

> Doug Marshall, ancien condisciple de Ed à l'Université de Toronto

En s'inscrivant au Trinity College de l'Université de Toronto en septembre 1955, Ed rejoignait les rangs de ce que Christina McCall a qualifié de «première génération post-impériale». Un autre de ses condisciples, l'iconoclaste Howard Adelman — il deviendra tout à la fois professeur de philosophie, promoteur immobilier et défenseur de la cause des réfugiés —, a dit de cette génération qu'elle «avait brisé le moule colonial. Jusque-là, ajoutait-il, nous n'avions fait qu'encenser l'Empire britannique ou singer les Américains.»

Toronto commençait alors à sortir du cocon colonial. Conduite par deux peintres, Joyce Wieland et Michael Snow, une communauté d'artistes s'était épanouie dans les lofts et les cafés de Spadina et de Gerrard. Dans le sous-sol du Musée royal de l'Ontario, Herbert Whittaker — il signera plus tard pendant vingt-cinq ans la rubrique de critique théâtrale du *Globe and Mail* — montait des représentations et animait une troupe d'acteurs, de metteurs en scène et d'auteurs qui ressentaient tous la nécessité, selon ses propres termes, «de faire entendre notre propre voix. Il était *impératif* que nous devenions nous-mêmes, que nous cessions de plagier.» Avec les vagues d'immigrants de l'après-guerre, partout s'étaient créées de nouvelles activités économiques, et cette explosion de vitalité cosmopolite avait en quelque sorte secoué la torpeur de ce bastion anglo-saxon assoupi sur son rigorisme. On a peine à imaginer de nos jours cette fièvre de renouveau. C'est ce bouillonnement culturel — fait de théâtre, de musique, de vie dans la rue — qui semble avoir échauffé l'esprit du jeune étudiant venu d'Oshawa en ce début d'automne 1955.

Ed s'intégra dans un vaste cercle de jeunes gens épris d'un ambitieux patriotisme, que la solide réputation de l'Université de Toronto avait attirés là. Nourris de grandioses visions d'émancipation économique, impatients de surmonter leurs inhibitions de colonisés, ils allaient plus tard constituer une manière d'élite culturelle canadienne-anglaise: il y avait là Peter Gzowski (le rédacteur en chef du journal de l'université, *The Varsity*, qui aujourd'hui anime sur CBC l'émission de radio *Morningside*), Barbara Frum (animatrice de *The Journal* sur CBC, et qui à cette époque se demandait ce qu'elle allait bien pouvoir faire d'elle-même dans un monde résolument antiféministe, où il n'était pas rare que *The Varsity* publie en première page la photo d'une étudiante qui avait osé postuler un emploi d'ingénieur), Julian Porter (le fils du trésorier général de l'Ontario, Dan Porter, lequel s'était attiré les foudres du journal en déclarant que le prix des inscriptions à l'université était trop modique). Il y avait aussi Margaret Atwood (écrivain en herbe dont les poèmes avaient remporté le Prix du gouverneur général, mais à qui on avait refusé le droit de prendre la parole devant un public mixte au centre culturel Hart House, car l'entrée en était interdite aux femmes), Dennis Lee (auteur d'*Alligator Pie* et de toute une série de livres pour enfants), Adrienne Poy (la présidente du conseil administratif des étudiants — elle devait plus tard prendre la tête des éditions McClelland and Stewart), Barry Callaghan (écrivain et fils de Morley Callaghan), l'actrice Jackie Burroughs (elle vivait alors à la résidence St. Hilda), Mildred Istona (la rédactrice en chef de *Chatelaine*), Stephen Lewis (le fils de David Lewis, ex-dirigeant du NPD de l'Ontario, et par la suite ambassadeur du Canada aux Nations Unies), Gerry Caplan (l'éminence grise de Stephen Lewis, promoteur —avec Ed — du manifeste Waffle et plus tard secrétaire du NPD fédéral), Michele Landsberg (la future gagnante du Prix national de journalisme, féministe notoire, auteur de renom — elle épousera Stephen Lewis), Christina McCall (journaliste politique et auteur du best-seller *Grits*, une analyse critique du Parti libéral), Liz Binks (c'est sous ce nom qu'elle signait alors ses articles dans *The Varsity*, une enseignante qui compta parmi ses élèves celui qui devait devenir son mari, John Gray — aujourd'hui Elizabeth anime à la radio de CBC l'émission *As It Happens*, et son époux est devenu correspondant pour l'Europe du *Globe and Mail* après en avoir été le chef de la rédaction), Michael Cassidy (aujourd'hui député néo-démocrate — d'abord directeur administratif de *The Varsity*, il prendra ensuite la succession de Gzowski, puis sera remplacé par Doug Marshall, qui lui-même deviendra plus tard responsable de la rubrique Spectacle du *Toronto Star*). Et la liste n'est pas close... Baignant dans ce milieu, assimilant tout, mûrissait Ed, l'enfant d'Oshawa.

Tout est affaire de génération. De quinze ans leurs aînés, Trudeau-Pelletier-Marchand ne représentaient simplement que la partie émergée de l'iceberg, n'étaient que les figures de proue québécoises d'un mouvement qui pendant vingt ans allait dominer la scène nationale tandis que leurs cadets de l'Ontario se faisaient les ailes. Mais ces jeunes étudiants de l'Université de Toronto, tous originaires du Canada anglais, avaient encore bien du chemin à parcourir avant de combler le retard pris sur les Canadiens français.

«Nous avions été élevés dans l'idée que rien de ce qui était canadien n'avait d'intérêt, raconte Michele Landsberg. Nous étions des colonisés. Le Canada anglais semblait si falot, si pâle, si dépourvu d'ambition. Les Canadiens français, eux, avaient au moins une identité bien définie dans laquelle ils puisaient leur vitalité. L'oppression leur avait donné cette force. Mais nous, nous ne savions même pas qui nous étions. C'est quand nous sommes allés à l'université que notre conscience s'est éveillée. Beaucoup d'entre nous appartenaient à la première génération née au Canada, la première qui fréquentait l'université, et nous avons commencé à nous intéresser de très près à la politique canadienne.»

Et ces jeunes gens et jeunes filles, qui bien souvent ne se

connaissaient pas (en 1955, l'Université de Toronto comptait 12 189 étudiants, en grande majorité de sexe masculin: 8 615 garçons contre 3 574 filles), partageaient tous — ou tout au moins les garçons les partageaient-ils — les mêmes ambitions. Ed a mûri à une époque où il était convenu que seuls les hommes avaient un rôle clé, un rôle dominant à jouer dans la société.

«Je pense que c'est une très bonne chose que les femmes soient tenues à l'écart de certaines affaires», déclarait en 1957 à *The Varsity* le sénateur John F. Kennedy, après que plusieurs femmes aient tenté en vain de s'introduire dans la salle de conférence du Hart House pour entendre son allocution. «C'est un plaisir d'être dans un pays où les femmes ne peuvent mettre leur nez partout», avait-il poursuivi. Ce soir-là dans la salle, Stephen Lewis avait pris la parole pour plaider la cause des femmes. Ed se trouvait lui aussi dans l'assistance, tous yeux toutes oreilles. Il ne prendra cependant conscience des revendications féministes que beaucoup plus tard. Il n'était pas à l'université pour contester, mais pour en apprendre le plus possible. Et au Trinity College, il était aux premières loges.

«Compte tenu de mes origines, j'aurais très bien pu ruer dans les brancards et devenir marginal», déclarera-t-il un jour à Sandra Gwyn, laquelle rappelle que «Trinity, à cette époque, était en quelque sorte le saint des saints de la jeunesse huppée d'ascendance anglo-saxonne». Pourtant, affirme Ed, jamais il n'a éprouvé le moindre sentiment d'infériorité. «J'ai simplement eu le coup de foudre pour l'atmosphère d'intellectualisme teintée d'aristocratie qui régnait là-bas.»

Situé en face de Queen's Park, à l'opposé des imposants édifices de grès rose du gouvernement de l'Ontario — où Leslie Frost, le Premier ministre tory, régnait alors avec une paisible assurance —, le campus déroulait en direction du centre de Toronto ses pelouses, splendidement ceinturées par le Collège universitaire, la bibliothèque Sigmund Samuel et Convocation Hall. Dans un tel cadre, il eût été difficile de faire reproche aux étudiants de croire qu'un jour le monde serait à eux. «Si l'enseignement canadien a jamais connu un âge de Périclès, écrit Gwyn, alors l'Université de Toronto, dans le milieu des années cinquante, était véritablement une Athènes. Durant les dernières et précieuses années antérieures à l'avènement de cette éducation de masse qui a fait de nos universités des usines, à cette radicalisation des campus qui a signé l'arrêt de mort d'une ancienne conception du savoir indissociable d'une communauté d'érudits, là se trouvait *notre* Oxbridge. Y enseignaient, entre autres maîtres à penser, E.J. Pratt, Northrop

Frye, Emil Fackenheim, Edmund Carpenter, Marshall McLuhan.» Et aussi — ce qui pour Ed fut encore plus décisif — C.B. Macpherson, le spécialiste des sciences politiques dont l'enseignement influencera à tout jamais la pensée du jeune étudiant.

Dans sa volonté de se doter de valeurs culturelles qui lui soient propres, la génération de Ed se heurtait à de formidables obstacles. En 1956, par exemple, les Presses de l'Université de Toronto publiaient le premier numéro de *Tamarack Review*, dont Robert Weaver, son créateur, voulait faire le véhicule d'une poésie et d'une littérature de fiction authentiquement canadiennes, mais l'existence même de la fragile revue fut mise en question par l'attitude négative des critiques littéraires, qui considéraient que les oeuvres canadiennes de qualité étaient trop peu nombreuses pour qu'on les publie. Un jour où on lui demandait, sur un ton condescendant, si à son avis *Tamarack Review* pouvait soutenir la comparaison avec «les vraies» (entendons par là les publications littéraires de New York et de Londres), Jay Macpherson fit cette réponse qui choqua passablement les Canadiens: «Je ne me soucie guère de savoir si la revue soutient ou non la comparaison avec ses homologues étrangères, car je vis au Canada et ce qui m'intéresse au premier chef, c'est ce qu'on écrit au Canada.»

C'est sur cette toile de fond que se développera le nationalisme intransigeant de Ed. À cette même époque, Christina McCall, une étudiante du Victoria College, présente à un important prix littéraire l'essai qu'elle a écrit sur le romancier canadien Morley Callaghan. Mais l'ouvrage n'est pas couronné. Le prix est décerné à un autre essai... consacré au dramaturge anglais Christopher Fry.

«Mon professeur — il était pourtant Canadien jusqu'à la moelle des os, mais s'exprimait avec un accent britannique emprunté — m'a dit à peu près la chose suivante: «C'est vraiment désolant pour vous, Mademoiselle McCall, mais le problème, voyez-vous, c'est que vous avez beau écrire très bien, vous avez choisi un sujet folklorique.» En évoquant ce souvenir, McCall lève les yeux au ciel et a grand peine à réprimer une colère rétrospective. «Folklorique!»

Il n'était pas facile de se sentir Canadien à cette époque. Et les choses n'ont pas totalement changé si l'on songe que le 21 juillet 1987 le *Globe and Mail* consacrait à C.B. Macpherson, qui venait de mourir, une chronique nécrologique qui faisait preuve d'une effroyable ignorance de la stature de cet universitaire, puisqu'elle mettait essentiellement l'accent sur le rôle qu'il avait joué en tant que président d'un comité qui s'était donné pour but de «remodeler le rôle des étudiants» de l'Université de Toronto, mais passait totalement sous silence le fait que le défunt était considéré à l'étranger comme l'un des spécialistes des sciences politiques comptant parmi les plus éminents au monde.

«Tout à fait caractéristique, fulmina Ed en prenant connaissance de l'article. Les Canadiens ne savent rien de leurs personnalités de premier plan.» Et il envoya au *Globe* une lettre, que le journal publia le 28 juillet. «La disparition de ce grand homme laisse un vide au Canada et dans toutes les parties du monde où son oeuvre magnifique est connue et enseignée... Il comptait parmi les géants intellectuels de notre temps. À ma connaissance, aucun autre théoricien du vingtième siècle n'a conceptualisé mieux que lui les notions corrélatives de liberté, d'égalité et de démocratie.»

Tels étaient les thèmes qui passionnaient Ed au cours de sa première année d'études à l'Université de Toronto. Mais ses revendications intellectuelles se heurtaient au conservatisme de l'époque. Dwight D. Eisenhower avait été élu président des États-Unis en 1952, et son mandat durera jusqu'en 1962, année où les visions prométhéennes de John F. Kennedy étonneront le monde. En 1955, l'empire américain était à son apogée, accentuant encore plus le complexe d'infériorité des Canadiens. Le Canada était représenté par un vieillard falot, Louis Saint-Laurent, alors Premier ministre. Il n'existait ni drapeau canadien, ni constitution canadienne, le Québec n'avait pas encore connu la Révolution tranquille. La conscience nationale était inexistante. Le pays n'était rien de plus qu'une société satellite à la recherche tâtonnante de son identité.

«Pogo président», écrivait Peter Gzowski dans les pages de *The Varsity* (Pogo était le héros d'une bande dessinée de l'Américain Walt Kelly). Dans un éditorial intitulé «Nous sommes tous avachis», il rappelait: «À tort ou à raison, les étudiants ont manifesté en Irlande, à Chypre, en Pologne, au Japon, en Égypte et en Algérie. Mais au Canada nous avons peur de nos opinions.»

En 1955, le film à succès était *La Fureur de vivre*, avec James Dean. L'angoisse existentielle qui s'en dégageait consistait en une version américanisée, et accommodée au goût du grand public, de la pensée d'Albert Camus sur l'absurdité de l'existence humaine. Ed était passionné par la sentimentalité froide et désespérée de Camus, qui annonçait déjà la *beat generation* de Jack Kerouac. Les contorsions d'Elvis Presley portaient aux nues les adolescents en délire (cette musique n'était pas du goût de Ed, qui préférait danser sur celle de Fats Domino); Ernest Hemingway, à qui *Le Vieil Homme et la mer* avait valu le prix Pulitzer en 1952, était l'écrivain le plus célèbre du monde. À longueur de journée, les stations de radio diffusaient *Que sera, sera, Unchained Melody* ou *Love is a Many Splendored Thing*, et Pat Boone enregistrait une version plus populaire, plus sirupeuse de *Ain't That a Shame (My Tears Fell Like Rain)*, la chanson triste, mais vigoureuse, de Fats Domino. New York était la capitale du monde. Qui donc aurait bien pu souhaiter être Canadien?

Lester Pearson, le ministre libéral des Affaires étrangères, allait recevoir en 1957 le prix Nobel de la paix (pour le rôle de médiateur qu'il avait joué l'année précédente lors de la crise de Suez), et John Diefenbaker avait été élu Premier ministre. Mais rares étaient encore les modèles d'identification canadiens.

Mil neuf cent cinquante-cinq fut une année féconde. Ed le naïf, qui venait tout juste de revenir de son stage d'entraînement militaire à Camp Borden, entra au Trinity. Il déambulait à travers le campus, se risquant dans des salles de cours où l'on portait encore la traditionnelle toge noire — pour faire «comme en Angleterre», jugeaient les étudiants des autres collèges — vêtement que venait compléter, pour faire bonne mesure, un accent britannique prononcé avec affectation. Mais un autre aspect caractérisait aussi Trinity College: ses aspirations anglicanes, tout à la fois spiritualistes et anti-matérialistes, que reflétait par excellence sa chaire de philosophie, laquelle prodiguait un enseignement d'une haute distinction, où Ed pouvait puiser à satiété des éléments de réflexion sur les grandes questions relevant de la morale.

Aujourd'hui en retraite à Elora, dans l'Ontario, le docteur George Edison, qui à l'époque était titulaire de la chaire de philosophie, a gardé de Ed le souvenir d'un étudiant «réservé durant les cours, d'un garçon tranquille. Mais chaque fois qu'il m'avait rendu un travail écrit, il venait me voir dans mon bureau. Je lui posais des questions et nous parlions longuement. J'en étais vite venu à l'aimer beaucoup. C'était un étudiant très appliqué, très érudit et très doué. J'ai suivi de près sa carrière d'homme politique, et je dois dire que j'approuve son programme sur bien des points. La cause qu'il plaide est avant tout celle du bon sens, et il manifeste un profond souci à l'égard des problèmes sociaux. C'est ce qui le motive, et je suis fier de lui.»

Tous ses professeurs n'affichaient pas vis-à-vis de lui des dispositions aussi favorables. Emil Fackenheim, spécialiste de Hegel, enseigna lui aussi la philosophie à Ed et ne fut pas autrement impressionné par son élève, bien qu'il exerçât sur celui-ci une énorme influence. «J'ai eu la chance incroyable de l'avoir en première année, raconte Ed, et cela a été un carrefour important dans ma vie.» Ed avait en effet prévu de choisir pour matière principale les sciences politiques, mais la stimulation intellectuelle provoquée par les cours de philosophie de Fackenheim l'avait convaincu d'opter pour cette discipline. «Fackenheim avait le don extraordinaire de nous apprendre à penser, raconte-t-il, encore émerveillé. Je suis entré à l'université à la bonne époque de mon existence. Juste quand il le fallait.»

Considéré un peu comme une supervedette dans les cercles de la philosophie, Fackenheim a aujourd'hui plus de soixante-dix ans. Il a quitté l'Université de Toronto en 1983 pour prendre sa retraite et aller vivre à Jérusalem. «Il n'est pas toujours facile de se souvenir d'un élève qui a été le vôtre dans les années cinquante», avoue-t-il. Le grand homme est aussi, il convient de l'ajouter, très conscient de son génie propre et peu enclin à encenser les néophytes. «Ed ne passait pas pour un étudiant exceptionnel, poursuit-il, et il serait le premier à reconnaître, je crois, que ses aptitudes essentielles ne le portaient pas vers la philosophie. C'étaient principalement les sciences politiques qui l'intéressaient.» (À l'époque, Ed n'en aurait pas convenu si aisément. «J'ai eu des A dans tous les cours de Fackenheim», dit-il.) Mais Fackenheim n'a que louanges pour la qualité de l'enseignement prodigué de son temps. «Le département de philosophie de l'Université de Toronto était le meilleur de toute l'Amérique du Nord. Jamais je n'ai eu la moindre velléité d'aller enseigner ailleurs.»

En dehors de ce département de philo, Ed avait bien d'autres ambitions que de passer son temps au Buttery, la cafétéria de Trinity, où il passait volontiers pour un rustaud. Mais si on regardait un peu de haut ses vestes de tweed à bon marché et ses attitudes manquant de raffinement — il ne jouait pas au football européen, ne comptait pas d'amis à Rosedale — il n'en avait cure. Il était trop accaparé par la découverte de la ville et la soif de tout voir, tout connaître: films étrangers, pubs, concerts, pièces de théâtre, discussions interminables. Seules y mettaient un frein ses maigres ressources financières.

Ed était pauvre, mais il découvrait la «culture». À cet égard, Oshawa n'avait pas grand-chose à offrir. Toronto, en revanche, était pour lui un paradis. Il y avait d'abord le Crest Theatre, où il applaudit Barbara Chilcott, Murray et Donald Davis. Un an après l'ouverture du Festival de Stratford, en 1953, la troupe de comédiens canadiens joua du Shakespeare à guichet fermé à travers tout le pays. L'événement exceptionnel de cette époque, ce fut le récital donné au Maple Leaf Gardens, devant une salle comble, par Maria Callas. En évoquant cette soirée, Ed exulte encore. «L'un des grands moments de ma vie», dit-il. (Il s'en souvient d'autant mieux qu'il était accompagné d'une passionnée de la Callas — une femme originaire de l'Europe de l'Est — qui avait piqué une véritable crise de fureur parce que la cantatrice s'était contentée d'interpréter le programme, sans rien chanter d'autre, en dépit des rappels frénétiques du public.)

Mais il ne se consacrait pas exclusivement à des activités aussi raffinées. Le vendredi soir il se rendait généralement au King Cole Room de l'hôtel Plaza, «pour y boire de la bière et résoudre les grands problèmes de l'univers». Ou encore au Silver Dollar, un bar et une boîte à strip-tease sordide, situé à quelques centaines de mètres de la résidence universitaire où il logeait. «Tous les soirs aux environs de minuit nous allions au Crescent Grill, à deux pas. Les prostituées et les parieurs y venaient manger un sandwich et nous faisions la même chose. Sensationnel. Mais je crois bien que c'est au Silver Dollar que j'ai posé les fondements d'une conviction plus tardive — et pas toujours partagée par mes collègues socialistes —, à savoir que socialisme et plaisir ne s'excluent pas nécessairement l'un l'autre.»

Ces plaisirs innocents contrastaient dramatiquement avec les troubles qui bouillonnaient au sud de la frontière. Durant l'hiver 1955, bien avant que le Viêt-nam ne déchire les États-Unis, que le *Black Power* ne soit à la mode, qu'on assiste à une renaissance du féminisme ou que s'amorce la perspective d'une radicalisation, à Montgomery, dans l'Alabama, une femme noire du nom de Rosa Parks refuse de voyager dans la partie arrière d'un bus, réservée aux gens de sa race. Tout aussitôt Martin Luther prend la tête d'un mouvement de protestation qui bientôt va dresser une partie de l'Amérique contre l'autre... et tenir en haleine les Canadiens.

L'effet de surprise est total. L'événement est survenu avec la soudaineté d'une tornade dans un ciel sans nuages. Avec les années Eisenhower, l'Amérique, grisée par son succès, était en pleine euphorie. Pour nous qui vivons le délabrement de cette fin des années quatre-vingt, accablés par le Sida, l'analphabétisme et la fin de l'empire américain, il est difficile d'imaginer ce qu'à été cette vision triomphante et paternaliste d'une classe moyenne sûre de son fait, telle qu'elle a existé durant les beaux jours de la suprématie américaine. Une vision fondée sur l'essor économique, la deuxième voiture, la famille de quatre enfants où maman s'affairait à ses fourneaux tandis que papa surveillait orgueilleusement son domaine. Une société d'ordre, où chacun, une fois pour toutes, avait sa place. Du moins le croyait-on.

En 1955, le magazine *Life* brossait de l'Amérique le portrait d'«une nation en pleine prospérité jouissant d'une parfaite tranquillité à l'intérieur de ses frontières». D'une nation jouissant aussi du niveau de vie le plus élevé du monde, et «mêlée à aucune guerre». Pourtant, un conflit intérieur faisait rage aux États-Unis, et ce conflit allait bientôt éliminer de la scène politique la gauche américaine, ce dont le Canada, paradoxalement, allait tirer profit. «Le Sénat unanime réclame l'extension des enquêtes sur le communisme intérieur. Des milliers de fonctionnaires fédéraux renvoyés en raison de la menace qu'ils font peser sur la sûreté de l'État», titrait un article de *Life*. La nation la plus puissante du monde se donnait des fouets pour se faire flageller. Inlassable pourfendeur des gauchisants, l'infâme sénateur Joe McCarthy faisait fureter sous tous les lits pour en débusquer les épouvantables crypto-communistes et purger de leur présence les universités, la fonction publique et Hollywood.

En moins d'une année, Martin Luther King était mis en état d'arrestation et la police lâchait ses chiens dressés contre les manifestants de race noire. L'Amérique montrait un bien vilain visage. Lentement, comme un mince filet d'eau, un courant d'universitaires désillusionnés — ou tout simplement craintifs — s'écoule vers le nord, en direction bien souvent de l'Université de Toronto, où plus tard les rejoindra une vague d'Américains s'opposant à la guerre du Viêt-nam. Ils reportèrent sur leur pays d'adoption leur patriotisme. Stupéfaits de constater combien les Canadiens hésitaient à s'exprimer, à affirmer leur originalité, combien ils manquaient d'assurance, de confiance en eux-mêmes, les nouveaux venus secouèrent leur passivité, les exhortant à libérer sans contrainte ce qu'ils portaient en eux de profondément original. Doug Marshall se souvient encore d'un enseignant américain de Trinity College qui un jour, stupéfait de constater l'ampleur de cette démission collective, fustigea ses élèves en ces termes: «Mais enfin, le Canada est un *pays*, non? Vous vous devez d'étudier au moins *quelques-uns* de vos écrivains, des penseurs de votre propre pays! Si vous n'accordez aucune attention à vos valeurs nationales, qui donc le fera pour vous?»

Ed, lui, leur consacrait toute son attention, mais nul ne le remarquait. Le héros d'Oshawa passait tout à fait inaperçu au milieu de cette foule d'aristocrates urbains bien pourvus de relations, pour qui il était de bon ton d'afficher des idées de gauche. Tous les regards se portaient plutôt sur Stephen Lewis, dont le père était déjà une figure légendaire. David Lewis, secrétaire national de la CCF pendant quinze ans et faisant partie de son noyau depuis 1936, avait été boursier de la Fondation Rhodes. Avocat spécialisé en droit du travail, David Lewis était l'ami de géants tel F.R. Scott, le poète et professeur montréalais qui avait contribué à l'élaboration du manifeste de Regina, il avait présidé la CCF durant les années quarante, et, à ce titre, il avait exercé une profonde influence sur Pierre Elliott Trudeau. Grande époque que celle-là.

Gerry Caplan, que Stephen avait introduit en 1956 dans le clan de la CCF, a gardé un souvenir très précis de sa première visite à la maison des Lewis. «J'avais l'impression d'avoir sous les yeux un modèle de réalisme socialiste, raconte-t-il. David Lewis, mon idole, martyr et tête pensante du socialisme canadien, portait un tablier et faisait la vaisselle. Les jumelles (les deux jeunes soeurs de Stephen) portaient des vêtements identiques et jouaient à quatre mains une partition classique au piano. Partout des livres. Une atmosphère de culture, d'engagement politique, de dévouement à la cause. Sophie (la mère) se chargeait de toute l'organisation pratique. C'était elle qui prenait soin de cette remarquable maisonnée. Je n'arrivais pas à y croire.»

Stephen était la Judy Garland du socialisme canadien. Il était pratiquement né dans une malle et bercé dans la politique depuis sa plus tendre enfance. «De vivre dans une famille pareille avait fait de Stephen un enfant de destin, un homme vivant de plain-pied dans l'histoire», rapporte Caplan. (Ed, le fils de personne, n'avait pas la même chance d'avoir été marqué par le destin.) «Alors que nous nous demandions tous ce que nous allions faire dans la vie, raconte Barbara Frum, Stephen, lui, *était* déjà devenu quelque chose. Déjà il était politicien.» Et Doug Marshall, évoquant ses souvenirs, rappelle qu'«en toute occasion Stephen exerçait ses talents d'orateur, articulant avec soin chaque syllabe. Pour nous, il avait déjà toutes les caractéristiques du tribun.»

Fils d'un expert-comptable de Toronto, Gerry Caplan avait passé son adolescence à courir les jolies filles et à rêver de décapotables. Mais à présent, grâce aux Lewis, il avait eu la révélation. Caplan était converti. Il l'avait été par le fils, par le père, par l'idéologie. Il n'était pas le seul. Un extraordinaire cénacle d'étudiants d'obédience CCF avait haute main sur la politique du campus. On trouvait parmi eux Michael Cassidy, le fils de Harry Cassidy, directeur de la School of Social Work (l'École des travailleurs sociaux); John Brewin, le fils d'Andrew Brewin, membre du

Conseil de la Couronne, avocat et militant pour les droits civiques, qui deviendra plus tard, et pour longtemps, député néo-démocrate; Terry Grier, petit-fils d'un député tory, qui deviendra plus tard président du comité électoral du NPD et qui est aujourd'hui directeur de l'institut polytechnique Ryerson de Toronto; Harry Arthurs, un étudiant en droit qui deviendra doyen de l'Osgoode Hall Law School, et qui aujourd'hui est président de l'Université de York. Ce cénacle exerçait un pouvoir de conviction assez extraordinaire: en 1960, Gerry Caplan deviendra président de l'association des étudiants CCF, selon un processus électoral reproduisant, pour la première fois dans l'histoire de l'Université de Toronto, celui du système parlementaire. Dans cette victoire, Ed ne jouera aucun rôle.

«Le plus curieux à propos de Ed, déclare Doug Marshall, c'est qu'à Oshawa il avait tout appris du socialisme, et de façon viscérale, et que pourtant, sur le campus, il était submergé par des socialistes intellectuels issus des classes moyennes.»

«Je me suis contenté de m'en tenir aux idées», dit Ed, pour expliquer son manque d'intérêt pour la politique à l'université. «J'ai pris mes distances par rapport au militantisme étudiant. J'en avais trop fait du temps de mes études à Oshawa. J'en avais par-dessus la tête.» En venant vivre à Toronto, éloigné des siens pour la première fois de sa vie, il était entré dans un merveilleux havre, à l'abri des crises que traversait sa famille. «En ce moment je suis en train de lire l'autobiographie de Mary McCarthy (*How I Grew*), me dit-il lors d'un entretien. Elle raconte son arrivée à l'université où elle s'enferma dans la bibliothèque avec l'impression d'avoir gagné le paradis. C'est ce que je ressentais moi aussi à l'époque. Pour moi, me rendre à la bibliothèque Sigmund Samuel, me déplacer entre les rayonnages, jeter un coup d'oeil sur tous les ouvrages, sur ce trésor de connaissances... c'était le septième ciel.» Certains de ses amis le revoient encore, assis dans le recoin qu'il affectionnait tout particulièrement, ses livres et documents disposés devant lui, bien en ordre, la tête penchée sur son travail. Il était ce qu'on appelle un garçon sérieux. Il était président du club Brett, association philosophique à Trinity. Les querelles partisanes de la politique ne l'attiraient pas. Elles ne débouchaient sur rien. On tournait en rond. Il préférait vagabonder dans l'univers de l'intellect, et il s'y plongeait passionnément, tel un enfant voyageant dans le cosmos. «J'aimais m'instruire», dit-il simplement.

L'évocation de son père toujours prêt à entrer dans une querelle pour faire prévaloir son point de vue, de son père à présent confiné à la Motors, dégoûté de l'existence, avait sans aucun doute joué le rôle, inconscient peut-être, d'un puissant moteur dans la détermination de Ed, dans son acharnement au travail. Il n'avait pas été élevé, comme Stephen, «au milieu des livres, dans une atmosphère d'érudition et d'engagement politique». À cet égard, il n'est pas inutile de faire observer que Stephen n'acheva jamais ses études supérieures. Pareille perspective aurait plongé Ed dans la consternation. Leurs comportements dans l'existence étaient d'ailleurs aux antipodes l'un de l'autre: alors que Ed avançait en tâtonnant, assurant son pied avant de faire un pas, cherchant quelle direction serait la sienne, Stephen avait déjà l'esprit totalement façonné par les perspectives grandioses qui s'ouvraient devant lui. Sa voie était toute tracée. Mais le plus curieux, c'est que plus tard, quand il aura passé la quarantaine, Stephen disparaîtra de la scène politique, alors qu'au contraire Ed amorcera son ascension. Ce sera à lui, et non à Stephen, que David Lewis transmettra le flambeau.

Mais revenons aux années cinquante. Du fait de la précocité de son engagement idéologique, Stephen est inexorablement entraîné à un âge très précoce vers le monde de la politique. Ed, lui, se contente de ses études universitaires. Il sait pourtant très exactement où vont ses sympathies. «Pour moi, un être intelligent, réfléchi, ne pouvait que se situer à gauche», dit-il (tout en reconnaissant qu'à cette époque sa position ne reposait pas sur une idéologie très affirmée). «Tous les gens de qui je faisais la connaissance et dont je me sentais proche étaient de gauche. Si vous vouliez aider l'humanité, vous étiez de gauche.» Selon lui, la décision qui détermine un individu à se ranger dans un camp plutôt que dans l'autre relève de réactions et d'attitudes viscérales «établies bien avant d'entrer à l'université. Selon la situation familiale et le milieu social qui ont été les vôtres, ou bien vous souhaitez perpétuer les institutions telles qu'elles existent, sans leur apporter le moindre changement, ou bien vous souhaitez au contraire que les choses changent, et dans un sens qui vous est favorable. Mais nous obéissons tous à des motivations complexes. Il y a des arrivistes, des carriéristes à gauche comme à droite. Dans tous les partis politiques on rencontre des gens qui préconisent le changement, et d'autres qui veulent à tout prix maintenir le statu quo.»

Michele Landsberg croit elle aussi que «c'est à un âge très précoce qu'on se dote d'un jugement affectif à l'égard du système social. Le grand mensonge que colporte la société établie consiste à dire que quiconque souhaite que rien ne change est par principe neutre. Les choix politiques ne font que traduire les tendances émotionnelles. L'injustice me révolte, et c'est pourquoi je soutiens les néo-démocrates. Les conservateurs défendent leurs privilèges, les libéraux veulent à tout prix le pouvoir, alors que les néo-démocrates prêchent la responsabilité collective et la redistribution des richesses, reprenant à leur compte les notions romanesques de justice et d'équité.»

Michele était elle aussi inscrite à l'université, et elle nourrissait pour David Lewis une admiration «extravagante» bien longtemps avant de faire la connaissance de son fils Stephen. Lewis le père se battait pour conserver au Parti sa vitalité, lui donner l'infrastructure qui un jour servira si bien Ed Broadbent. Le NPD n'avait encore pas d'existence propre, et David Lewis s'efforçait de tisser les liens susceptibles d'unir syndiqués de l'Est, agriculteurs de l'Ouest, fidèles de la CCF et militants des villes. De cette union naîtra en 1961 le NPD. Mais en ces années cinquante, l'avenir était plutôt sombre pour la gauche canadienne. Exception faite du gouvernement de la Saskatchewan et de l'opposition officielle de la Colombie-Britannique, la CCF n'avait réussi à faire élire que deux députés en Ontario, et il faudra attendre 1962 pour voir un de ses candidats du sud de l'Ontario être élu aux élections fédérales. Dans cette province, la CCF avait pratiquement été éliminée à la suite d'une hargneuse campagne financée par le grand patronat conservateur, laquelle, en brandissant l'épouvantail du péril rouge, s'était acharnée sur Lewis. Couplée à des caricatures antisémites, une intense propagande associant la CCF au Parti national socialiste hitlérien avait déclenché un incessant tir de barrage anti-CCF, nourri par les médias et fondé sur des allégations racistes, diffamatoires, dépourvues de tout fondement, véritable souillure déshonorant le Canada, aussi pernicieuse que les ordures vomies par le sénateur américain Joe McCarthy.

Évoquant cette période dans ses mémoires, *The Good Fight*, David Lewis rappelle que l'Association canadienne des assureurs (Canadian Underwriters Association) avait demandé à ses représentants de faire savoir aux souscripteurs «que si la CCF prenait le pouvoir, les gens perdraient leur assurance sur la vie et seraient dépossédés de leur épargne». Des tactiques d'intimidation de même nature furent appliquées par les grandes compagnies canadiennes — Banque de Montréal, Banque Royale, Imperial Oil, Canadien Pacifique, Power Corp., Massey-Harris, Imperial Tobacco, Bell Téléphone, Baie d'Hudson, Inco, Noranda, Hollinger — qui financèrent la publication de venimeux pamphlets anti-CCF. L'un de ces pamphlets, intitulé «Suicide social», fut adressé à tous les foyers du Canada au coût exorbitant de plus de un million de dollars. Lewis constatait avec consternation que la presse canadienne reprenait à son compte les calomnies répandues par le monde des affaires et se refusait à publier les dénégations apportées par la CCF pour tenter de rétablir la vérité. C'est là un bien triste et peu honorable épisode de l'histoire canadienne. David Lewis, le grand apôtre de la démocratie, emploie dans son livre l'adjectif «monstrueux» pour qualifier toute cette période, et on ne peut que lui donner raison.

Rien ne nous dit pourtant que cela ne se reproduira plus jamais. Durant l'été 87, alors que Broadbent et son parti menaient dans tous les sondages et que les tories venaient loin derrière avec vingt-trois pour cent des intentions de vote, le président du Parti conservateur, Bill Jarvis, rédigea une lettre de quatre pages à l'effet de collecter de l'argent pour constituer «un fonds d'opposition au NPD», laissant à entendre que ce parti était en réalité un front communiste qui, s'il venait au pouvoir, assujettirait le Canada à un contrôle totalitaire. Jarvis dénonçait encore «la gangrène politique» prête à «infiltrer» le pays pour tout nationaliser, éliminer le profit et placer tout individu sous le contrôle de l'État.

Pourtant, à en juger par la réaction de la presse, les temps avaient changé. L'éditorialiste du *Globe* d'Ottawa, Jeffrey Simpson, écrivait par exemple dans ce même journal que «les néo-démocrates doivent probablement donner des cauchemars aux conservateurs. Comment expliquer autrement les immondices déversées, sous couvert d'un appel de fonds, dans une lettre récemment publiée par l'état-major du Parti conservateur? Et Simpson de citer Jarvis — «Imaginez notre nation gouvernée par les dirigeants d'une gauche intransigeante et radicale.» — pour conclure: «Imaginez plutôt une nation gouvernée par une faction capable de rendre publique une lettre de ce genre.»

Mais pourquoi donc la CCF a-t-elle fait l'objet d'un anathème aussi odieux dans les années quarante? Son principal crime sera aussi celui du NPD en 1987: trop de popularité. En 1943, la CCF fut bien près de former le gouvernement en Ontario et, pendant une brève période, les sondages Gallup la plaçaient en première position. En 1944, Tommy Douglas conduisait la CCF à la victoire en Saskatchewan, et partout ailleurs dans le pays le Parti gagnait du terrain. Et pourtant, vers le milieu des années cinquante, et par un curieux phénomène qui a persisté jusqu'à nos jours, il semblait à moitié moribond. Entre-temps ses opposants s'étaient empressés d'adopter certaines mesures proposées par les néo-démocrates; après les avoir condamnées, voilà qu'ils revendiquaient la paternité de ces mêmes mesures.

Ces tactiques déloyales portèrent leurs fruits, puisqu'au lendemain de la vague de fond qui porta au pouvoir Diefenbaker en 1958, la CCF n'en était plus réduite qu'à six sièges et neuf pour cent des suffrages exprimés, sans compter qu'elle avait perdu ses dirigeants les plus prestigieux, M.J. Coldwell et Stanley Knowles. À cette époque, Ed votait CCF, mais il n'affichait que peu d'intérêt pour ce parti. «Sur le campus, les clans politiques d'étudiants semblaient n'être que de simples succursales de la Chambre des communes, raconte-t-il, et les débats s'enlisaient dans des querelles lamentablement partisanes.» Ce qui le dissuadait encore, c'étaient les pratiques que perpétuaient les militants du campus, pratiques qui lui semblaient puériles, stupides, et sans plus de portée qu'un canular d'étudiants de première année. Une année, par exemple, les militants CCF avaient placardé un peu partout dans l'université une immense affiche représentant un superbe athlète scandinave sous lequel figurait le slogan: «Voilà ce que le socialisme a fait pour la Suède». Pour Ed, l'effet produit fut totalement nul. «Abominable, me disais-je. Une plaisanterie douteuse d'étudiants et rien de plus.» Il ne nourrissait pas l'ambition de faire un jour de la politique, et personne n'aurait pu prédire alors le rôle de vedette que plus tard il serait appelé à jouer dans ce domaine. «Quand j'ai connu Ed à l'Université de Toronto», raconte Barry Cornish, son beau-frère, «jamais je n'ai décelé chez lui les signes d'un grand destin national».

Ed devait passer de nombreuses années à Toronto. Sa thèse de doctorat — *La Bonne Société de John Stuart Mill* — est classée dans les archives de l'université, ainsi que le récapitulatif de son cursus: 1959, baccalauréat ès arts; 1961, maîtrise ès lettres; 1961-66, troisième cycle; 1966, doctorat. Sujet majeur: la pensée politique moderne et la pensée politique au dix-septième siècle (directeur de thèse: Macpherson). Sujets mineurs: le gouvernement du Canada et la philosophie.

À la suite du baccalauréat, de la maîtrise et du doctorat figure la mention: MP, 1968. Au dossier archivé à l'Université de Toronto est annexée une coupure de l'*Oshawa Times* en date du 6 mai 1968. Le texte de l'article comporte ce paragraphe: «Dans l'allocution qu'il a prononcée à l'occasion de sa nomination, M. Broadbent a mis l'accent sur ce qu'il qualifie de transfert du pouvoir détenu par une élite sociale au bénéfice de la majorité. «Aucun individu, garçon ou fille, a déclaré M. Broadbent, ne devrait disposer d'un avantage politique ou économique sur les autres quand il vient au monde.»

Dans sa thèse de doctorat, Ed brosse le portrait du citoyen-type de la Bonne Société telle que conçue par John Stuart Mill, l'économiste et philosophe britannique ouvert aux idées socialistes de son époque (il mourut en 1873), à l'émancipation politique des femmes et à l'activité syndicale. Un tel citoyen, écrivait Broadbent, «se soucierait du bien-être de toute la collectivité» tout en préservant fortement sa propre individualité et ferait preuve d'esprit de «coopération en ce sens que la part qu'il prendrait dans le travail, la politique et les autres activités sociales procéderait d'un sens aigu des intérêts communautaires».

C'est donc là, à la résidence universitaire, gérée en coopérative, que Ed commence à forger consciemment son idéologie. Fraîchement débarqué de sa petite ville natale d'Oshawa, il loge durant sa première année d'études à Webb House, sur Huron Street, à deux pas du campus. Cette vieille construction biscornue que toute une maisonnée cosmopolite faisait bourdonner de son exubérance portait le nom de Sidney Webb, un économiste britannique, et de son épouse Beatrice. Pour Ed, que passionnait l'influence des idées et des intellectuels sur le monde, les Webb étaient de véritables icônes. C'étaient eux qui avaient fondé en 1884 la Fabian Society, contribué à la création du Parti travailliste de Grande-Bretagne, de la London School of Economics (où plus tard Ed s'inscrira), de la revue *New Statesman*, et c'étaient eux encore qui avaient donné son orientation idéologique à la League for Social Reconstruction (Ligue canadienne pour la reconstruction sociale) d'où émanera plus tard le manifeste de Regina, pierre angulaire de la doctrine de la CCF.

Mais si Ed avait choisi d'habiter à Webb House, ce n'était certes pas pour des raisons politiques. «Je me suis installé là pour des motifs purement économiques, dit-il. C'était l'endroit où on pouvait vivre au meilleur compte.» Le gîte et le couvert coûtaient quinze dollars par semaine, à une époque où les frais d'inscription à l'université pour une année de cours en coûtaient trois cent trente-cinq. Mais en échange de la modicité du prix de la pension exigé à la «coop», on demandait aux pensionnaires quatre heures de travail bénévole par semaine. On y logeait à deux ou trois par chambre, et dans chaque maison s'entassaient une vingtaine d'étudiants environ. Les vastes pièces avaient toutes été converties en chambres, et seule la cuisine faisait office de salle commune. La résidence était composée de cinq maisons de ce genre, lesquelles accueillaient au total une centaine de personnes. Les filles étaient logées dans un édifice qui leur était réservé, mais elles avaient toute liberté de se mêler à leurs compagnons d'études, de sorte qu'il régnait dans les lieux une atmosphère d'égalitarisme assez inhabituelle sur un campus à cette époque.

Tous prenaient leurs repas à Rochdale House, où Elsie Cader, la cuisinière allemande, leur servait des plats qui leur semblaient de vrais délices en comparaison des pâtées de la coop. On se retrouvait aussi pour danser le calypso, écouter de la musique folk ou discuter, de sorte qu'un solide esprit de corps, un peu comme un réflexe collectif d'autodéfense contre le monde extérieur, s'était établi entre les locataires.

«Les étudiants qui logeaient là étaient un peu considérés sur le campus comme des parents pauvres», rapporte Lyla Barclay, qui préparait alors une maîtrise en assistance sociale à l'Université de Toronto et qui vivait elle aussi à la résidence. «Nous étions tous pauvres, ou immigrants, ou réfugiés politiques, et nous avions tous le sentiment d'être aussi brillants que les autres, et capables de réussir aussi bien qu'eux. Et nous l'avons prouvé. La résidence était pleine de gens politisés, des gens extraordinaires venus du monde entier... d'Afrique, de l'Inde, de Grande-Bretagne, d'Écosse, des États-Unis, de Scandinavie, d'Allemagne, de Tchécoslovaquie... et c'était pour nous chose naturelle de passer des heures à discuter. C'était fascinant.»

Lyla se souvient fort bien d'avoir passé plusieurs heures avec Ed pour lui expliquer, avec l'assistance de Ron Burrows, un crack en physique qui avait été élu président de la résidence, «les principes élémentaires de la cohabitation à la coop». Le docteur Burrows dirige aujourd'hui le département de physique solaire et terrestre de l'Institut Hertzberg d'astrophysique au Conseil national de recherches à Ottawa. Il a gardé de Ed le souvenir d'un garçon sérieux, réfléchi, mais tout le contraire d'un raseur. Un gars régulier. Aux yeux de Lyla Barclay qui, elle, est américaine, Ed était ce qu'elle appelle «un Canadien typique. Si ses compatriotes ont du mal à déceler ce qui en lui est exceptionnel, c'est précisément parce qu'il se comporte comme un individu tout à fait ordinaire. Il est facile de le sous-estimer, car il ne fait rien pour se mettre en valeur. Mais le sous-estimer, c'est le faire à ses risques et périls. Il est le produit parfait de son temps, de son sol natal et de sa génération.»

En dehors de ses cours, Ed consacrait le plus clair de son temps à la coop. «Cela a exercé sur moi une énorme influence», dit-il. L'un des personnages les plus marquants de son entourage était Griff Cunningham, qui s'était réinscrit à l'Université de Toronto pour préparer une maîtrise en lettres à l'époque où Ed fit sa connaissance. Cunningham avait grandi comme lui dans une petite ville dont la principale activité était l'industrie automobile (St. Catharines, dans la péninsule du Niagara). Son père — véritable soldat de la foi — avait été missionnaire méthodiste chez les Indiens du Dakota du Nord avant de migrer vers l'est, par la Saskatchewan. En Ontario il avait apporté pour tout bagage ses idées socialistes et son expérience de militant du mouvement coopératif agricole.

«Mon père a été le premier président de la CCF à St. Catharines, et il avait aussi créé là-bas une coopérative de fermiers. Il était du genre à travailler dix-huit heures par jour pour la cause. Et bénévolement, bien entendu.» Cunningham a aujourd'hui les cheveux grisonnants et enseigne les sciences sociales à l'Université York, après avoir passé dix années de sa vie dans la Tanzanie socialiste, où pendant huit ans il a dirigé un établissement de cours pour adultes à Dar es-Salaam. Il vit aujourd'hui avec sa compagne, Rusty Shteir, une militante féministe, dans un quartier cossu de Toronto, et tous deux vont s'approvisionner à Karma-Coop, la coopérative de distribution de produits alimentaires que Griff a contribué à mettre sur pied voilà bientôt vingt ans. Ils ont magnifiquement restauré leur maison et «lavé» d'une façon particulière les murs de leur salon pour leur donner les tons fauve d'un intérieur de villa florentine.

«Quand je suis revenu d'Afrique en 1971, raconte Griff, la première chose que j'ai faite après avoir été longuement questionné par l'Agence canadienne pour le développement international (ACDI), a été d'appeler Ed. Il venait tout juste de se faire battre par David Lewis dans la course au leadership du NPD, et il m'a invité à une soirée qu'il avait organisée pour fêter sa défaite. Je venais de débarquer, si bien que je me rappelle parfaitement le choc que j'ai éprouvé en apprenant ce qu'il était devenu.» Griff avait-il été surpris par l'évolution de son ancien compagnon d'études? «Non, à vrai dire, car j'avais déjà décelé ses capacités d'homme d'État du temps où il était étudiant. Une aura prometteuse l'entourait déjà.»

Selon Griff, Ed devait nécessairement «arriver». Et cela, explique-t-il, «non seulement parce qu'il avait des convictions de gauche très fermes, mais aussi parce que dans sa jeunesse il était droit et avait le sens des responsabilités. Exactement ce qu'il nous fallait. Ed savait travailler.» De son côté, Ed admirait Griff, qui était son aîné de six ans. Celui-ci préparait une thèse de doctorat sur le mouvement coopératif en Grande-Bretagne et apportait à son ami de multiples précisions historiques.

Les coopératives, explique Griff, sont la propriété de ceux qui usent de leurs services et qui les gèrent. Elles tendent à se multiplier dans certaines régions — les Prairies et les Maritimes — où l'entreprise de type capitaliste n'a pas eu de succès ou bien n'a pas daigné tenter l'aventure. «Sitôt que les gens ont fait l'expérience d'une coopérative, explique Griff, ils se détournent de la notion de capitalisme. En supprimant les intermédiaires, ils confisquent les profits à leur avantage. C'est ni plus ni moins du capitalisme sans exploitation, et dans le monde occidental cela représente l'une des principales forces économiques. Tout le mouvement démocratique qu'on observe dans l'Ouest est fondé là-dessus, et les socio-démocrates sont les plus fidèles amis que les capitalistes aient jamais eus.»

Le mouvement coopératif a pris naissance en Grande-Bretagne. En 1844, dans la ville de Rochdale, localité située un peu au nord de Manchester, au coeur de la région industrielle du nord de l'Angleterre, quelques tisserands décidèrent d'ouvrir une petite coopérative de vente au détail pour écouler les produits de leur artisanat. L'idée, reprise avec beaucoup de succès par des fermiers, fut ensuite appliquée au Canada, dans les débuts du vingtième siècle, par des immigrants anglais et scandinaves venus s'installer à l'ouest dans les Prairies. Ce n'est donc pas une coïncidence si, dans la Saskatchewan en 1933, le manisfeste de Regina fonda un mouvement, prédécesseur du Nouveau Parti démocratique, qui se donna pour nom Co-operative Commonwealth Federation (CCF), Jusqu'à nos jours dans la Saskatchewan, l'Alberta et le Manitoba, les agriculteurs se sont regroupés en de puissantes associations coopératives dont l'influence politique est considérable. En Saskatchewan, par exemple, le Wheat Pool (syndicat du blé), propriété des producteurs de céréales qui sont ses fournisseurs, constitue avec ses deux milliards de dollars de ventes annuelles, l'une des entreprises les plus importantes du Canada.

Le mouvement coopératif s'est aussi enraciné profondément sur la côte atlantique et a engendré sa part de militants politiques, comme par exemple Allan MacEachen, qui se rangea aux côtés des libéraux et deviendra ministre des Finances dans le cabinet Trudeau. Fils d'un mineur du Cap-Breton, MacEachen avait été idéologiquement influencé par le mouvement Antigone, qu'animait un prêtre catholique, Moses Coady, et dont le foyer était l'Université Saint-François-Xavier, en Nouvelle-Écosse. Le docteur Coady avait conçu «un système de coopérative autogérée permettant aux fermiers, aux mineurs et aux pêcheurs de se soustraire à l'emprise d'une petite minorité de gens détenant le pouvoir économique», écrit Linda McQuaig dans *Behind Closed Doors*. À l'exemple des coopératives des Prairies, les réformateurs du mouvement Antigone devinrent une force avec laquelle il fallait compter, car comme le fait remarquer McQuaig «ils ne se bornaient pas à débattre des grandes questions politiques et théologiques. Ils voulaient aussi *changer* l'ordre des choses».

De nos jours, les coopératives constituent une force économique de grande importance et dans les provinces de l'Ouest, et au Québec, et dans les Maritimes. Soixante-dix pour cent du commerce céréalier du Canada et cinquante pour cent de son industrie laitière sont aux mains de coopératives. Quarante-trois pour cent des Canadiens, ou peu s'en faut, appartiennent à une coopérative au moins, et les avoirs de l'ensemble de ces coopératives excèdent cinquante et un milliards de dollars. Au Québec, le Mouvement des caisses populaires Desjardins — une association bancaire de crédit et d'épargne — possède 1381 succursales et dispose d'un capital approchant vingt-quatre milliards de dollars, ce qui en fait l'une des institutions financières les plus puissantes de la province.

Revenons aux années cinquante, pour retrouver Ed, qui s'est nourri de cette histoire, logeant à la résidence où, comme tout le monde, il lave la vaisselle et épluche les patates, en attendant d'être nommé président de la coop du campus durant sa troisième année d'études universitaires. Un des principaux attributs de ceux qui logeaient à la coop était la frugalité. Ils se devaient d'être économes et de vivre chichement. Ed continuait de suivre sa formation militaire, et pour cela devait assister à des cours hebdomadaires, des conférences et de multiples séances d'entraînement, en échange de quoi on lui garantissait pendant l'été un stage dans les forces aériennes, le corps d'armée pour lequel il avait opté. Raison de plus pour ne pas avoir le temps d'errer, par désoeuvrement, sur le campus. Ed aimait assister aux conférences, écouter des orateurs tel James Eayrs traiter de la politique internationale. Il aimait aussi les stages de formation durant l'été. Son premier, sur la base radar du Cap-Breton, lui laissa suffisamment de loisirs pour faire de l'auto-stop à travers la Nouvelle-Écosse, dont il fut séduit par l'extrême beauté. La seconde année, on l'envoya sur une base d'entraînement, près de Winnipeg, où il servit d'assistant à un adjudant et eut l'occasion de voler à plusieurs reprises sur des avions à réaction T33 (avec un pilote), de faire des loopings, des tonneaux et des piqués au-dessus du lac Winnipeg «à la grande terreur des pauvres bougres qui étaient tranquillement en train de pêcher». La troisième année il atterrit au quartier général de l'armée de l'air à Ottawa, où on lui fit éplucher les comptes de dépenses au bureau des soumissions du service de comptabilité. «Une expérience plutôt bizarre», selon lui.

Il regagnait Toronto à l'automne, et chaque année il prenait une part plus active à la gestion de la coop. Griff Cunningham et Howard Adelman (l'un des futurs fondateurs de l'infâme Rochdale College), organisaient des conférences et invitaient des hommes politiques à venir y prendre la parole, bien qu'à cette époque la doctrine socialiste fît relativement peu d'adeptes. «Nous comptions une centaine de membres, mais très peu de socialistes, raconte Griff. Je les connaissais tous, évidemment, puisque je faisais partie de leur cercle très restreint. À vrai dire, les filles me préoccupaient bien davantage que la politique.»

Les relations de Ed et de Bev Bennett, sa petite amie d'Oshawa, s'étaient espacées, puis évanouies, et il se rendait souvent au King Cole Room, le pub dans le vent. «Il avait un faible pour le KCR, mais s'arrangeait tout de même pour garder ses distances», raconte Terry Hollands, un proche ami de Ed qui lui aussi logeait à la coop. Hollands est aujourd'hui directeur du centre de recherches héliothermiques de l'Université de Waterloo. «Ed, rapporte-t-il encore, était attiré par un tas de filles, mais on pâtissait tous de la même chose: on avait beau être attiré, on ne connaissait pas la pilule, et il n'était pas question de se marier, alors... restait l'abstinence.» Doug Marshall, lui, affirme que tout le monde n'était pas abstinent. «Parmi toutes les filles que je connaissais, à peu près une sur deux avait avorté clandestinement. On vous donnait toujours une bonne adresse, dans une ville ou dans une autre, où quelqu'un pratiquait la chose, et à tout moment on voyait partir une fille en voiture pour aller se faire faire le sale boulot sur une table de cuisine par une ancienne infirmière ou je ne sais trop qui. Dure époque.»

Ed semble bien avoir sublimé en travail sa sexualité. En tout état de cause, ceux qui l'ont bien connu à l'époque ont conservé de lui le souvenir d'un jeune homme dont les principales passions étaient d'ordre intellectuel. «J'étudiais les sciences, les maths et l'ingénierie, rapporte Hollands, mais la philosophie me passionnait. Souvent je demandais à Ed de m'expliquer certaines choses. Hegel, Kierkegaard, Kant... il prenait un intérêt très vif à ses lectures et adorait en parler. Il a commencé par le début, avec les Grecs... Socrate, Platon... et au fur et à mesure où il avançait dans l'histoire des idées, nous discutions. Oui, je me souviens, il *vénérait* littéralement Bertrand Russell — il avait mis des photos de lui sur le mur de sa chambre — et aussi John Stuart Mill. Au fur et à mesure qu'il apprenait davantage de choses en faisant ses études, je crois que sa conscience politique évoluait, et il exerçait sur moi une grande influence. Je suis devenu socialiste moi aussi.»

Ce qui impressionnait Hollands, c'est que «Ed replaçait toujours les choses dans un vaste contexte. Quand il abordait un sujet spécifique, il le mettait en relation avec l'histoire. Et je crois qu'il est tout à l'honneur de l'Université de Toronto d'avoir nourri l'esprit de gens comme lui. Il est l'exemple même d'un homme qui a su parfaitement assimiler l'enseignement reçu.»

Hollands avait en commun avec Ed d'être lui aussi originaire d'une petite ville — son père était nettoyeur à Thorold, dans l'Ontario — et Terry, grâce à ses réussites scolaires, avait obtenu une bourse pour entrer à l'université. Il était le premier de sa famille à faire des études supérieures. En seconde année, Ed et Terry déménagèrent pour aller loger à Owen House, sur Spadina, au nord de College Street. On avait baptisé l'édifice du nom de Robert Owen, un réformateur socialiste d'origine galloise qui, en 1825, avait fondé dans l'Indiana une communauté organisée à la façon d'une coopérative. Mais si les lieux étaient austères, les étudiants ne l'étaient pas toujours.

«Ed avait toujours son tourne-disques en route et il écoutait religieusement sa musique», raconte Hollands. Sa musique, à l'époque, c'était Puccini, Verdi, Haendel, et aussi le jazz, qu'il venait de découvrir. Hollands et Mara, celle qui plus tard deviendra sa femme, étaient souvent frappés par les attitudes totalement contradictoires que pouvait adopter Ed, l'étudiant sérieux, qui de temps à autre se livrait à n'importe quelles facéties. «Ed a toujours été beaucoup plus gai luron que son apparence ne le laissait croire», dit Mara. En 1961, Ed servira de témoin au mariage des Hollands et, comme à l'ordinaire, c'est lui qui mettra de l'entrain dans la soirée, alors qu'en d'autres occasions Mara le trouvait «un peu intimidant. Avec lui, j'avais parfois l'impression d'être traitée avec condescendance. Si on le lui avait dit, il en aurait probablement été choqué, mais le fait est que si je disais noir, il s'ingéniait à me démontrer que c'était blanc, et je ne suis pas du genre à argumenter pendant toute une soirée pour défendre mon point de vue.» Mara se tourne vers son mari. «Mais toi, tu aimais cela, discuter.»

Terry Hollands hausse les épaules. «C'est vrai, Ed pouvait pousser les gens à bout, comme son père. Mais il a mis de l'eau dans son vin. Il avait aussi un côté tout à fait différent. Il aimait discuter le plus sérieusement du monde, en vous donnant l'impression qu'il était tout à fait absorbé par le sujet de la conversation, puis vous faire une bonne blague à laquelle vous étiez loin de vous attendre. Un récipient plein d'eau au-dessus de la porte, par exemple.» Ou encore vous sortir une plaisanterie douteuse, tel appeler

Buckingham Palace en demandant à parler à la princesse Margaret. Barry Cornish, son beau-frère, qui à l'époque logeait lui aussi à la coop, m'a conté la scène. Ed emmenait souvent ses camarades à Oshawa le dimanche soir, où Mme Broadbent les régalait d'un plantureux repas. Barry y allait pour la sortie et aussi parce qu'il s'intéressait fort à Velma, la soeur de Ed. À l'une de ces occasions, il raconta à table une histoire que Ed avait entendue maintes et maintes fois, à savoir qu'il était né le 21 août, le même jour que la princesse Margaret Rose, soeur de la reine Elizabeth. Si bien, conclut-il, qu'il s'en serait fallu d'un rien, «d'un caprice du destin, de quelque tour de passe-passe génétique ou d'une redistribution de chromosomes, pour que j'aie été la princesse.»

Ed demanda à Barry s'il avait jamais songé à informer la princesse Margaret Rose de cette extraordinaire possibilité. Non, bien sûr que non, Barry n'avait rien imaginé de semblable. Alors il serait grand temps de la mettre au courant, estima Ed. «Appelons-la pour le lui dire», déclara-t-il. Sitôt dit, sitôt fait. En un rien de temps il obtint non pas la princesse elle-même, mais Buckingham Palace, et le voilà qui se met à expliquer à un secrétaire abasourdi que pour un peu les virevoltes de la génétique auraient ni plus ni moins fait de Barry Cornish la princesse Margaret Rose. «Cela a cloué le bec à Barry pendant un bon bout de temps», affirme Velma, qui ne peut s'empêcher de rire en évoquant cette histoire.

Les séjours qu'il venait faire en fin de semaine dans sa famille mettaient de l'animation à Oshawa, car «on ne savait jamais qui il allait bien pouvoir nous ramener», raconte oncle Reuben, faisant allusion aux étudiants de toutes les nationalités, et de toutes les langues, qui vivaient comme Ed à la coop et qu'il invitait souvent à l'accompagner chez lui. À Oshawa, on n'avait pas souvent l'occasion de voir des jeunes gens en turban, des Africains ou des Japonais. Un jour il ramena un certain Henry Shapiro, un juif de stricte orthodoxie, et sa mère était prise d'affolement, se demandant comment elle allait bien pouvoir cuisiner et servir un repas casher. «Mes parents n'étaient pas racistes, raconte Ed. Mes amis devenaient leurs amis.»

À sa modeste échelle, Ed vivait la révolution qui était en train de s'accomplir d'un bout à l'autre du continent. En 1957, Stephen Lewis emprunta la voiture de son père et, en compagnie de Gerry Caplan, prit la route du sud pour gagner Little Rock, dans l'Arkansas. L'endroit grouillait de militaires en armes. Orval Faubus, le gouverneur de l'État, avait refusé d'exécuter l'ordre fédéral lui enjoignant d'accepter les élèves noirs dans les écoles jusque-là réservées exclusivement aux Blancs, et le Ku Klux Klan brûlait des croix. Caplan et quelques copains réussirent à se glisser à l'intérieur de la résidence du gouverneur, fortement gardée par les tanks et les armes automatiques d'une brigade anti-émeutes parfaitement entraînée. Les gardes, Caplan devait le découvrir, étaient tous de braves gars patriotes... mais tout simplement des racistes à l'état pur.

Ed et Velma, quant à eux, faisaient des efforts pour amener leurs parents à ne pas utiliser un langage jugé péjoratif à l'égard des étrangers. Quand il leur arrivait, par exemple, d'entendre leur mère parler de quelqu'un au téléphone en disant de lui qu'il s'agissait d'un «Polack», Ed et Velma la reprenaient véhémentement. «Mais enfin, protestait Mary, je ne dis pourtant que la vérité, ce sont bien des Polacks, non?» Velma était particulièrement sensible à tout ce qui touchait au racisme, car elle était infirmière et travaillait pour un médecin juif d'Oshawa qui avait été exclu du club de golf du fait de son appartenance raciale, ce qui la scandalisait.

Ed et Velma craignaient à tout instant que leur père, avec ses positions anti-syndicales primaires, ne se lance dans des tirades inconsidérées en présence de leurs amis. Percy, qui n'avait pas cessé de boire mais se révélait capable de s'acquitter de sa tâche à la Motors, «faisait preuve de suffisance et se montrait toujours prêt à dénigrer», dit Hollands. Et d'ajouter, «mais je ne crois pas qu'il ait jamais dit quoi que ce soit de désastreux, en tout cas pas en ma présence». Hollands se rendait parfaitement compte de la tension qui régnait entre Ed et son père. Percy s'installait dans son fauteuil habituel, un verre à la main et un cigare aux lèvres, mais jamais ne prenait part aux réjouissances. C'était la mère de Ed qui recevait les invités, s'occupait d'eux, leur faisait la cuisine, riait en leur compagnie, et Ed ne cessa jamais de ramener des amis à la maison pour les lui faire connaître.

En troisième année, Ed devint président et Hollands directeur-gérant de la coop. Ce qui plaisait à Ed dans cette coopérative, c'était qu'elle associait à l'activité proprement dite une certaine philosophie. «J'aimais *agir*», raconte Ed. Terry et lui exerçaient en effet des responsabilités de gestion, de financement, d'entretien et d'enseignement. À leur demande, un conférencier de l'Université Saint-François-Xavier vint faire un exposé sur le mouvement coopératif Antigone, et ils invitèrent aussi des édiles municipaux et des élus fédéraux à venir prendre la parole devant les membres de la coop. À Rochdale House, sur Huron Street, tout le monde prenait les repas en commun et le soir, après les corvées domestiques et le travail universitaire, on allait boire un verre au King Cole Room.

Cet hiver-là eut lieu un incessant débat sur l'éventualité d'une expansion des structures coopératives. Agissant au nom de la coop, Howard Adelman prospectait les environs de l'université, à la recherche de nouveaux édifices à louer ou à acquérir pour y loger les étudiants qui depuis longtemps piétinaient sur la liste d'attente, dans l'espoir de trouver une chambre. Mais ce projet de développement opposait des conceptions fort différentes. Ed et Terry avaient des opinions bien arrêtées sur cette question.

«À dix heures le soir nous nous retrouvions devant une tasse de café à la cuisine pour discuter le projet», raconte Adelman. Assis dans la bibliothèque aux rayonnages bourrés de livres de la magnifique maison qui est aujourd'hui la sienne dans le centre de Toronto (dont les lucarnes, les objets d'art et les tapis d'Orient témoignent de la réussite de sa carrière dans l'immobilier, amorcée du temps de la coop), Adelman évoque «la lutte franche, serrée, mais honorable» qui l'opposait alors à Ed. «C'était un adversaire loyal, dit-il. Il savait faire la part des choses et jamais ne se livrait à une attaque personnelle ou ne faisait les choses par en dessous. Nos conceptions étaient tout simplement différentes, voilà tout.» Ce qui les opposait peut se résumer ainsi: Ed était favorable à une extension des activités coopératives, mais pas à l'alourdissement de l'appareil administratif. Il souhaitait la création de nouvelles maisons d'hébergement coopératives, mais à la condition qu'elles demeurent autonomes et autogérées. De son côté, Howard donnait sa préférence à un développement plus monumental, conception qui par la suite sera à l'origine du massif édifice coopératif construit tout en hauteur sur Bloor Street, lequel se transformera en un infect centre de distribution de drogue pompeusement baptisé Rochdale College.

«Je soutenais que quelle que soit l'idéologie des locataires, raconte Ed, le fait de vivre dans un immeuble de vingt-cinq étages allait à l'encontre de toute notre démarche.» Il ne se trompait pas. En 1975, Rochdale disparaîtra, victime d'autodestruction, quand seront évincés ses derniers occupants, pour devenir ce qu'il est encore de nos jours: une résidence pour personnes du troisième âge. Bien qu'Adelman se défende d'être pour quoi que ce soit dans le fiasco de Rochdale («Je me suis retiré du projet en 1966, alors que l'édifice n'avait encore que trois étages.»), il admet que Ed avait découvert les vertus du *Small is Beautiful* bien avant que le proverbe ne soit à la mode. Au fil des ans, ajoute Adelman, il faut bien reconnaître que «Ed, à mon avis, veut construire pour la majorité des gens un monde meilleur. La seule réserve que je formulerai à son sujet, c'est que selon moi il ne comprend pas très bien le fonctionnement du capital.»

En revanche, Ed avait compris le fonctionnement du monde universitaire; s'il ne décrochait pas de bonnes notes, il n'obtiendrait pas de bourse; et faute d'une bourse, il le savait, il ne pourrait jamais entrer à l'université. En quatrième année, il décide de quitter la coop. «Nous étions trop sollicités pour un oui pour un non, explique Terry Hollands. Et puis, je crois que nous avions fait largement notre part. Nous avions fait tourner la coop. Alors nous avons loué un appartement.» Celui-ci était situé sur Kendal, au nord de Bloor, immédiatement au sud d'un petit parc. Cette décision de déménager, ils étaient cinq à l'avoir prise. L'appartement comptait trois chambres, et les colocataires de Ed apprirent vite que si nombre d'amis venaient le voir, celui-ci se retirait au bout de peu de temps dans sa chambre pour y travailler.

Ed McFarlane, avec qui Ed s'était lié d'amitié au Trinity College, venait fort souvent dans l'appartement de Kendal Street, et comme Hollands il avait lui aussi obtenu une bourse pour faire des études scientifiques en mathématiques, en physique et en chimie. Le souvenir qu'il garde de Ed n'est pas celui d'un étudiant sérieux, mais plutôt d'un extraverti recherchant la compagnie des autres. «Ed était tout le contraire d'un garçon renfermé, raconte McFarlane. Il aimait se mêler aux gens et était toujours partant quand il s'agissait d'aller là où il y avait beaucoup de monde. C'est d'ailleurs ce qui nous distinguait principalement l'un de l'autre. Je préfère les réunions en petit cercle.» Ed adorait également les jeux questionnaires. «Nous allions à New York en voiture pour y passer la fin de semaine, et en cours de route nous jouions aux Vingt Questions pour tuer le temps. C'est Ed qui gagnait sur toute la ligne. Il y a une mémoire d'éléphant. Il était né pour sortir gagnant de n'importe quel jeu questionnaire.» Leur principale sujet d'altercation, c'était le chef d'orchestre et compositeur américain Leonard Bernstein.

«Je n'aime pas Bernstein et Ed le vénérait, rapporte McFarlane. Bernstein était un extraverti, un exubérant, et c'est précisément ce qui transportait Ed. Pour moi, Bernstein était excessif, outrancier. Il se donnait en spectacle. Ed me répondait qu'il en donnait à son public pour son argent. De ce point de vue, nous étions tout à fait différents l'un de l'autre.» Mais par cette attitude, Ed se révélait pleinement tel qu'il était: prêt à s'enthousiasmer sans retenue pour les gens capables d'exprimer la joie de vivre.

Mais davantage de choses rapprochaient Broadbent et McFarlane qu'il n'y en avait pour les opposer. McFarlane était mathématicien, comme l'était Bertrand Russell, pour qui Ed nourrissait une profonde admiration, aussi parlaient-ils souvent du savant anglais, de science et de philosophie. Tout comme ils allaient voir des films ensemble. Ed était un fanatique de cinéma. Il l'est d'ailleurs toujours. Il aimait en particulier les films français «intellectualisants» et l'oeuvre du prolifique metteur en scène suédois Ingmar Bergman. Sans oublier les Marx Brothers, et par la suite Monty Python. Broadbent et McFarlane étaient des habitués de l'Alhambra, une salle vétuste de Bloor Street qui aujourd'hui porte le nom de cette même rue, et le Christie, qui à l'époque commençait à projeter des films étrangers. On les voyait souvent aussi au Palmer's Drugstore, sur Bloor Street, où ils venaient lire *The New Yorker* (l'un des magazines de prédilection de Ed, aujourd'hui encore). C'est dans les pages de cette revue qu'ils découvrirent J.D. Salinger bien avant que celui-ci ne connaisse une énorme célébrité en publiant *The Catcher in the Rye* («L'attrape-coeur»), un roman qui soulèvera bien des polémiques et que quelques années plus tard Ed choisira pour sujet de cours quand il enseignera à Oshawa, à la grande indignation de certains parents d'élèves.

McFarlane comptait lui aussi parmi les enfants issus d'un milieu modeste qui avaient fait chemin dans le monde grâce à leurs excellents résultats scolaires. Il avait grandi dans un quartier de Toronto — The Beach — et durant toute sa jeunesse son oncle n'avait cessé de lui ressasser combien il était dangereux et aberrant de militer en faveur de la CCF. À l'époque, ce parti ne faisait que peu d'adeptes dans le quartier (alors qu'aujourd'hui The Beach élit des députés néo-démocrates fédéraux et provinciaux). «Un tas de gens me chassaient de leur véranda quand ils me voyaient y déposer des pamphlets de la CCF, raconte McFarlane. Ils me traitaient comme si j'avais été un agent du communisme international.»

Au moment où les années cinquante tiraient à leur fin, le monde était en train de changer. Dans les pages de *The Varsity*, il n'était question que de manifestations d'étudiants protestant contre le régime Duplessis institué au Québec ou contre la répression de la révolte hongroise par les Soviétiques. On ne cessait de se plaindre de la morosité de la vie politique en Ontario. Au lendemain de la convention tory qui avait placé John Diefenbaker à la tête du parti, Peter Gzowski écrivait le 26 février 1957 dans *The Varsity* que «l'affadissement de la politique canadienne n'est pas le fait de nos dirigeants, mais de nous-mêmes. Si un homme politique s'avisait de dire les choses franchement, il perdrait davantage de voix qu'il n'en gagnerait. Tant et si bien que nous n'aurons probablement plus qu'à choisir entre différentes nuances de gris.»

Marshall McLuhan n'avait pas encore énoncé son concept de village global, mais Ed appartenait à la première génération qui eut à connaître la toute-puissance, l'omniprésence de la télévision. Au mois d'octobre 1957, la retransmission des images télévisées des émeutes raciales qui déchiraient les États-Unis incita les étudiants de l'Université de Toronto à brûler en effigie le gouverneur de l'Arkansas, Orval Faubus, et dans les années soixante la télévision révélera à tous les foyers les horreurs de la guerre au Viêt-nam, précipitant à travers le monde entier d'autres manifestations d'étudiants. Il ne faut pas oublier en effet que sur les canaux de réception canadiens c'étaient les programmes américains qui dominaient pour une large part, depuis le show d'Ed Sullivan jusqu'à Jackie Gleason en passant par l'actualité politique des États-Unis, laquelle passionnait Ed, grand admirateur d'Adlai Stevenson, le candidat présidentiel démocrate battu, pour la seconde fois en 1956, par Eisenhower.

Vers la fin des années cinquante au Canada, les mouvements pacifistes protestaient contre l'utilisation militaire de l'énergie nucléaire, partout s'organisaient des conférences et des débats sur le désarmement, le chanteur Pete Seeger grattait son banjo pour accompagner ses chansons contestataires, et le Québec était en effervescence. «L'ouragan québécois menace», titrait *The Varsity* en publiant un portrait plein de morgue du Premier ministre Duplessis, qui bientôt sera renversé par Jean Lesage et la Révolution tranquille. Aucune révolution de même nature ne couvait en Ontario. Au moment où se déroulèrent les élections à l'université — selon un modèle en tout point calqué sur le système parlementaire —, Doug Marshall, alors rédacteur en chef de *The Varsity*, incita dans un éditorial les étudiants à voter CCF. Bien entendu, cette exhortation était assortie de précautions oratoires: «Les citoyens normaux et responsables que nous sommes devraient bien sûr voter conservateur ou libéral, car ces partis ont l'un comme l'autre une grande expérience. Mercredi pourtant, nous voterons CCF et vous recommandons vivement de faire la même chose. Car où donc, en dehors de l'université, pourrait-on donner à la CCF ses chances de mettre en application sa politique?»

C'était donc avouer implicitement qu'un individu «normal» n'est pas un sympathisant de la CCF. À l'Université de Toronto, on

91

n'était pas prêt non plus à rompre avec la tradition: en dépit de l'invitation pressante de Marshall, on continua d'y voter conservateur. Les militants de gauche étaient au désespoir. L'Ontario, décidément, ne bougeait pas, alors qu'à l'Est et à l'Ouest, au Québec et dans les Prairies, de vastes changements se préparaient. Et puis il y eut Cuba, vers laquelle convergeront tous les regards après la révolution conduite par Fidel Castro en 1959. En ce mois de janvier, un certain Jerry Becker, étudiant en dentisterie à l'Université de Toronto, se trouvait par hasard en vacances à Cuba quand éclata la révolution. À son retour au Canada, il expliquera qu'il se trouvait au bord d'une piscine de La Havane quand il avait entendu «tout un tapage», et qu'alors il s'était précipité à l'extérieur pour voir ce qu'il se passait, quand un guérillero armé d'une mitraillette lui avait dit de ne pas rester dans la rue. «Une affaire entre Cubains», avait expliqué l'homme.

Comme la plupart des jeunes idéalistes, Ed était enthousiasmé par Fidel Castro. Jamais il n'aurait songé à l'époque que vingt-deux ans plus tard, en qualité de chef du Nouveau Parti démocratique, il mènerait pendant sept heures une discussion parfois chaude avec le dictateur qui, aux yeux de Ed, avait attenté aux Droits de l'homme... bien qu'il eût de somptueux cigares.

Tandis que les Cubains étaient en pleine insurrection, à Toronto la vie s'écoulait sans soubresaut — partagée entre les heures de cours et les soirées Calypso. Bravant délibérément l'interdit, une femme déguisée en homme s'introduisit un jour à l'intérieur de Hart House lors d'un débat. Elle en fut vigoureusement expulsée. (Ce n'est qu'en 1972 que les femmes y seront officiellement admises.) Et en 1959, lors de la dernière réunion du Club de philosophie, auquel Ed s'était inscrit, un professeur de l'université, Bruno Morawetz, se déclara scandalisé (selon le compte rendu de *The Varsity*) de constater que «des philosophes contemporains en étaient encore à débattre du fameux sophisme d'Achille et de la tortue alors que pesait sur eux la menace de la bombe à hydrogène».

«La musique est certes une excellente chose, continua Morawetz, mais à quoi bon jouer du violon quand Rome est la proie des flammes?» Ed fut vivement impressionné par la fureur et le désespoir de l'universitaire, mais il ne se rallia pas totalement à ses conceptions. Morawetz était beaucoup plus âgé que lui, malade et lassé des joutes philosophiques alors que le monde était en pleine convulsion. Il préconisait l'action. Ed était trop jeune. Il souhaitait réfléchir. Il n'était pas encore prêt à véritablement s'engager dans quelque direction que ce soit. «Morawetz était prompt à sauter d'un extrême à l'autre, dit-il. Je le suivais de bout en bout. Il savait admirablement faire appel aux sentiments et attachait une énorme importance aux idées et à leur transposition dans le réel. Il n'était pas de ces intellectuels pour qui les idées ne sont qu'un jeu de l'esprit. Mais je considérais les choses avec un certain scepticisme.»

En 1959, quand il décroche avec grande distinction son baccalauréat ès arts, Ed, alors âgé de vingt-trois ans, considère encore bien des choses avec ce même scepticisme. C'est au cours des dix années à venir que ses passions s'enracineront dans une idéologie.

Chapitre trois

Les années soixante, le sexe et le socialisme

> *Question: Vous donnez l'impression d'être un modéré, vous n'avez jamais été extrémiste, et tout le monde se demande pourquoi vous ne vous êtes pas présenté sous une étiquette libérale.*
>
> *Ed (un peu vexé): Je n'ai jamais songé un seul instant à me présenter sous une étiquette libérale. Avant de devenir un néo-démocrate, j'étais socialiste.*

19 octobre 1987

Au début des années soixante, Ed est de retour à Oshawa, où il retrouve son ancienne chambre dans la maison familiale, au coin de Central Park et d'Eulalie. Après avoir reçu son diplôme de l'Université de Toronto, il a passé tout l'été 59 au College of Education de l'Ontario, afin d'y suivre les cours de pédagogie accélérés grâce auxquels les diplômés d'université peuvent enseigner au secondaire. Les enfants du baby-boom de l'après-guerre envahissaient les écoles, et il était alors tout simple de trouver un poste d'enseignant. Ed avait en tête une idée bien arrêtée: travailler pendant un an, économiser de l'argent et retourner à l'Université de Toronto pour y poursuivre ses études supérieures. Loin des foyers de l'activisme politique, il observait les transformations qui agitaient le monde. Tandis que s'allumaient partout les pétards du feu d'artifice, il creusait à l'écart les fondations de sa propre idéologie.

L'éclatante élection de John F. Kennedy à la présidence des États-Unis en 1961 fut le prélude à dix années de tourmente et de soubresauts politiques. En Amérique, le mouvement de revendication des droits civiques nourrissait partout cette contestation qui prit le nom de contre-culture, et les manifestations d'hostilité à la guerre du Viêt-nam, qui tout d'abord avaient déferlé sur les campus universitaires américains avant de se disséminer à travers le monde entier, entraînaient dans leur sillage, pêle-mêle, la génération de la drogue, le rock and roll et une résurgence de l'idéalisme. Opposition aux armements nucléaires, revendications des Noirs et libération de la femme furent à l'origine d'une véritable armée de militants. Tom Hayden, l'actuel mari de Jane Fonda, qui en 1960 avait assisté à Berkeley à une conférence d'étudiants, en était reparti, selon *Esquire*, «contaminé par un virus politique». La contestation politique prenait alors l'ampleur d'une fièvre. Sur sa lancée, Hayden deviendra président du Students for a Democratic Society (Étudiants en faveur de la démocratie), et en 1962 il sera l'un des coauteurs de la Déclaration de Port Huron, laquelle revendiquait une réduction des dépenses militaires et une participation accrue des travailleurs aux décisions gouvernementales et à la vie des entreprises. La publication de cette déclaration est en quelque sorte l'acte de baptême de la nouvelle gauche américaine, comme le sera au Canada, en 1969, le manifeste Waffle, dont Ed se fera l'avocat convaincu, s'associant pour un temps très bref à des éléments beaucoup plus radicaux tels que Gerry Caplan, Jim Laxer et Mel Watkins.

Caplan était scandalisé par l'inertie canadienne. «Partout le monde était en ébullition, explique-t-il. Les États-Unis étaient en flammes. En France et en Allemagne, l'agitation couvait, et nous, ici, nous avions Expo 67 et le drapeau. J'étais démoralisé. Le NPD se croisait les bras. Le seul test, pour moi, c'était l'action. Qu'étions-nous capables de réussir?»

Essayons de nous souvenir de ce qu'était le Canada en ce début des années soixante. John Diefenbaker, le Premier ministre qui a recueilli les suffrages des Prairies mais s'est aliéné l'appui des élites de l'Est qui traditionnellement dirigent le Parti conservateur, va bientôt se retirer. Les libéraux se cherchent des alliés, principalement au Québec, ce qui va leur assurer le pouvoir pendant encore vingt ans. Quant au tout jeune Parti démocratique, encore bien indigent, il s'est fait écraser deux fois, coup sur coup, aux élections fédérales.

En 1963, le président Kennedy est assassiné et Lyndon Johnson

Percy Broadbent, en 1938.

*Ed Broadbent, à l'âge
de seize mois.*

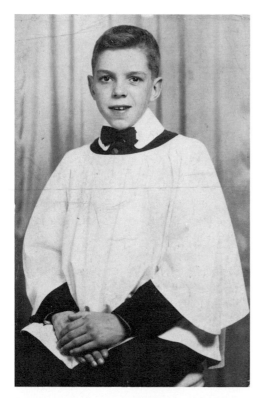

Ed, alors qu'il était enfant de choeur à l'église anglicane St. George, à Oshawa.

Ed (à droite, sur la photo), en visite chez le député Michael Starr (au centre), qu'il vaincra plus tard lors d'une élection.

Ed, en compagnie de Bev Bennett, à Oshawa en 1955.

Noël 1956, avec son frère David (à gauche) et sa soeur Velma.

Bachelier de l'Université de Toronto, 1959.

Ed en compagnie de son père, après qu'il eut reçu sa maîtrise en 1961.

Percy et Mary Broadbent, à leur résidence d'Oshawa, en 1975.

Ed et des supporteurs du Local 222 à Oshawa.

Ed est élu député en 1968.

Tommy Douglas fait campagne pour Ed.

Une pose comique.

*Ed et Lucille au bal
de St. Andrew,
en 1968.*

prend la relève pour déclarer la guerre à la misère, s'inspirant en cela du best-seller fort controversé de Michael Harrington, *The Other America* («L'autre Amérique»), lequel dénonce l'horrible envers de la prospérité américaine. (Plus tard, par le biais de l'Internationale socialiste, Harrington et Ed se lieront d'une profonde amitié.) La guerre du Viêt-nam fait rage — et dans le même temps le mouvement pacifiste gagne de plus en plus de terrain — et l'agitation se répand à travers tout le Canada. En 1965, la Révolution tranquille marque des points au Québec, où un ministre du gouvernement provincial, René Lévesque, a créé Hydro-Québec. D'un bout à l'autre du pays on ne parle plus que de nationalisme économique. Cette année-là, Walter Gordon, le ministre des Finances issu de l'aristocratie de Toronto et qui n'arbore que des costumes à rayures, démissionne du gouvernement Pearson à la suite d'une divergence de vues à propos du contrôle de l'économie nationale par des intérêts étrangers. Peu de temps après, Gordon publie un livre intitulé *A Choice for Canada: Independance or Colonial Status*, par lequel il dénonce les méfaits de la politique des libéraux. Cette même année encore, George Grant — un professeur de philosophie de l'Université McMaster de Hamilton, célèbre pour le débraillé de sa tenue et fumeur invétéré — publie un opuscule de quatre-vingt-dix-sept pages, qu'il intitule *Lament for a Nation: The Defeat of Canadian Nationalism*. À l'origine de ce cri du coeur, il y a la décision, prise par Lester Pearson, de céder aux États-Unis des bases pour leurs ogives nucléaires. Cette décision sollicitée par le Président Kennedy avait été combattue par John Diefenbaker et dénoncée de façon cinglante par un intellectuel québécois, et non des moindres. En 1963, Pierre Elliott Trudeau avait en effet écrit dans *Cité Libre*, une revue de gauche dont il était le cofondateur: «La philosophie du Parti libéral est très simple. N'en dites rien, n'en pensez rien ou, mieux encore, ne pensez pas, mais portez-nous au pouvoir car nous sommes les mieux capables de vous gouverner.» L'année suivante, les ogives nucléaires traversent la frontière et sont installées à North Bay, en Ontario.

Dans *Lament for a Nation*, George Grant — un tory qui soutient les néo-démocrates et ne prise guère les libéraux — écrivait pour sa part: «C'est sous un régime libéral que le Canada est devenu une société satellisée. C'est sous une direction libérale que nous avons fini par abdiquer notre indépendance en matière de défense et de politique extérieure.» Et, prenant chaudement parti en faveur de la lutte livrée par le Québec pour sa survie, Grant posait la question suivante: «Pourquoi le Québec souhaiterait-il être partie constitutive du

Canada quand le Canada ne manifeste pas la volonté d'être lui-même?»

Entre en scène Jim Laxer, un irritant rival de poids avec qui Ed devra compter quand plus tard il entreprendra de faire carrière. Diplômé d'un établissement d'enseignement réservé à l'élite anglo-saxonne d'obédience protestante, North Toronto, Laxer poursuit des études supérieures d'histoire et est spécialiste du nationalisme canadien-français. Natif de Montréal, il nourrit une profonde admiration pour Henri Bourassa, fondateur du journal *Le Devoir* et petit-fils de Louis-Joseph Papineau, le patriote québécois qui en 1837 dirigea un mouvement insurrectionnel contre le gouvernement.

Un soir, dans une horrible chambre du vieux YMCA d'Ottawa, Laxer lit d'une traite l'opuscule de George Grant, et cette lecture est pour lui une révélation. La conviction exprimée par Grant, selon laquelle le Canada a été littéralement vidé de sa substance au profit de l'empire américain, lui fait l'effet d'un choc. «C'est le livre le plus important que j'aie jamais lu dans ma vie, déclare Laxer. Voilà qu'un vieux prof de théologie de l'Université McMaster, qu'on prenait sans doute pour un cinglé, ouvrait les yeux à la moitié de notre génération! Son livre est un véritable poème épique dédié au Canada, une splendide péroraison écrite avec une ardeur, une indignation incroyables.»

Broadbent, qui prépare son doctorat à l'Université de Toronto, est parmi la foule venue assister à un gigantesque colloque réunissant à l'université les partisans d'une paix négociée au Viêt-nam. Laxer et Mel Watkins sont présents eux aussi, bien qu'ils ne se connaissent pas encore. Grant, l'orateur, se livre à une attaque en règle contre l'empire américain. Mel Watkins est lui aussi conquis. Né dans une ferme près de Parry Sound, tout près du village de Broadbent, au coeur même du fief tory de l'Ontario, Watkins a fait ses études supérieures à l'Institut de Technologie du Massachusetts et se considère comme un libéral américanisé. «J'étais un économiste que je qualifierai d'antinationaliste et de néo-classiciste bon teint, raconte Watkins, qui aujourd'hui enseigne à l'Université de Toronto. Mais l'affaire du Viêt-nam m'a durci dans mes positions. Au Canada, le mouvement pacifiste a évolué en anti-impérialisme, explique-t-il, et chez moi cela s'est traduit en nationalisme.»

Ed ne perçoit cette agitation qu'en écho, comme une rumeur lointaine. À l'automne 59, il a été engagé en qualité de professeur d'anglais par O'Neill Collegiate, l'établissement d'enseignement secondaire huppé d'Oshawa, rival de celui qu'il a fréquenté du temps où il était lui-même élève, Central Collegiate. De retour dans sa ville natale, attaché à une nouvelle école où il se rendait à bicyclette (il n'en fallait guère plus pour faire de lui un hippy), Ed n'avait pas subi de véritable métamorphose depuis ses années de prime jeunesse. Simplement, il avait évolué, ses manières étaient plus distinguées, et il était follement épris du monde d'idées à l'intérieur duquel il gravitait.

Hugh Winsor, le commentateur politique du *Globe and Mail*, était alors jeune journaliste au *Times* d'Oshawa. «Oui, il m'intimidait par sa culture philosophique et politique, raconte Winsor. Mais il n'avait rien d'un sectaire. Simplement, il avait lu Kant, Hegel, Heidegger, et sur ce terrain je ne pouvais pas me mesurer à lui.» Mais si Ed se passionnait pour le mouvement des idées dans le passé, il n'en portait pas moins un vif intérêt à la politique de son temps. Son héros était encore Adlai Stevenson, le démocrate américain.

Winsor fut invité maintes et maintes fois à passer la soirée chez les Broadbent. Fils d'un médecin du Nouveau-Brunswick, il avait vécu dans une relative aisance, et ce qui le frappait chez Ed, c'était la distance intellectuelle qu'il avait prise par rapport à son environnement familial. «Jamais on n'aurait dit qu'il sortait de ce milieu. Le contraste était incroyablement saisissant», raconte Winsor, qui vingt-cinq ans après est toujours stupéfait de l'évolution de son ami. «Sa famille était vraiment très modeste. Rien qui puisse stimuler l'intellect. Et pourtant il ne s'intéressait qu'aux idées, aimait la musique classique, tout à l'opposé de son entourage.» Ed et David étaient si dissemblables que Windsor avait du mal à croire qu'ils faisaient partie de la même famille. David était cependant le plus «normal» des deux, celui qui s'intégrait le mieux dans la collectivité. David, qui avait sept ans de moins que Ed, n'aimait pas l'école — il sentait qu'on faisait pression sur lui pour qu'il suive les traces de son frère, la superstar. Tandis que Ed enseignait à l'école secondaire O'Neill, David se débrouillait tant bien que mal en dixième. «Cette année-là, raconte David, un de mes professeurs me dit: «Pourquoi ne ressembles-tu pas un peu plus à ton frère?» Inutile de vous dire que j'ai très mal pris ça.» L'année suivante, David abandonna ses études. Il avait dix-neuf ans. Il préférait travailler et devenir entraîneur d'une équipe de hockey junior. Il prit aussitôt un emploi chez General Motors. Sa mère ne l'approuvait pas mais son père n'y voyait aucune objection — David et son père s'entendaient à merveille et ils prirent l'habitude d'aller ensemble à l'usine. Malgré tout, les deux frères restèrent de bons amis — bien que la célébrité grandissante de l'un allait plus tard compliquer la vie de l'autre.

En 1959, trouvant le temps long à l'école, en ayant par-dessus la tête d'être obligé d'étudier des matières qui ne l'intéressaient guère, David traînait avec ses amis, allait voir des matchs de hockey ou participait à des soirées dansantes, et ne travaillait qu'à temps partiel — il faisait tout sauf étudier. Lorsqu'il rentrait ou sortait de chez lui et qu'il apercevait son frère, David n'en revenait pas. «Ed avait toujours le nez dans les livres», dit-il. Il lisait les revues américaines de gauche: *The New Republic, The Nation, Partisan Review.* Il suivait les auteurs européens tels qu'Albert Camus et Arthur Koestler, dont il admirait le scepticisme. Il prenait parti dans le débat qui opposait Jean-Paul Sartre et Simone de Beauvoir et la révélation des brutalités de Staline l'horrifiait. Il dissertait sur les abus commis par les régimes totalitaires et affichait un violent anticommunisme.

L'intérêt porté par Ed à ces diverses questions n'en demeurait pas moins théorique. Sa vie quotidienne était beaucoup plus terre-à-terre: il vivait au foyer familial, il enseignait l'anglais, il mettait de l'argent de côté, il rêvait à son avenir.

«Jamais encore nous n'avions eu un prof comme Broadbent», affirme William Hanley, qui à l'époque, à quatorze ans, était en dixième année. Un prof pareil, assurément pas. Il faisait penser, avec son allure décontractée, à l'acteur Steve McQueen. Il était d'un profond scepticisme et nous apprenait à décortiquer les idées de façon très mûrie. C'était extraordinaire, et même un peu révolutionnaire à sa manière. Il a été mon premier, et probablement mon dernier prof de secondaire qui m'aura obligé à tant réfléchir. Pour nous, c'était un extrémiste. Il nous forçait à penser, nous poussait dans nos retranchements, nous posait des questions, ce qui était plutôt inhabituel pour nous qui nous satisfaisions d'opinions toutes faites et bien assises. D'une façon générale, nous avions de bons profs, d'un excellent niveau, mais qui ne voulaient surtout pas déranger quoi que ce soit.»

Hanley, dont le père travaillait à la Motors, figurera lui aussi dans la longue liste des amis et anciens élèves de Broadbent qui seront les premiers de leur famille à faire des études supérieures grâce aux bourses. Hanley obtiendra un baccalauréat à l'Université de Toronto, une maîtrise à la Sorbonne et un doctorat à Oxford. Il enseigne aujourd'hui la littérature française à l'Université McMaster de Hamilton et s'est spécialisé dans les auteurs du dix-huitième siècle, en particulier Voltaire. «Dans le droit fil d'une tradition de scepticisme et d'extrémisme bien arrêtés», ironise-t-il. Hanley n'a jamais oublié le geste que fit Ed en se séparant de lui. «À la fin de l'année, raconte-t-il, quand il est parti, il nous a offert, à un de mes camarades et à moi, un abonnement à *The New Republic*. C'était vraiment le magazine gauchisant d'avant-garde, à cette époque. Pour nous, c'était une véritable aubaine, et ce cadeau témoignait d'une extrême gentillesse de sa part.»

Ed mettait autant d'enthousiasme à enseigner qu'il en avait mis à s'instruire. Il avait le don de stimuler l'intelligence de ses élèves et prenait grand plaisir à ouvrir les vannes de leur imagination. Il était de ces enseignants qui avant tout encouragent leurs élèves à réfléchir. Pour ceux de dixième, onzième, douzième et treizième années, il avait organisé un club de philosophie. «On y examinait les grandes questions de l'éthique et de la métaphysique, raconte-t-il — la notion de bien, de liberté, de Dieu —, et les jeunes adoraient cela.» Il se souvient encore des facéties auxquelles ces questions donnaient lieu: «Dieu existe-t-il? Est-Il présent dans cette salle avec nous? Est-Il assis parmi nous?» Alors, Ed faisait claquer ses mains, serrait entre elles un objet imaginaire et mimait la scène. «Voilà, je Le tiens», disait-il aux adolescents, dont les yeux s'écarquillaient. Rien d'étonnant si certains parents un peu vieux jeu ne voyaient pas d'un très bon oeil les efforts qu'il déployait pour faire mieux réfléchir ses élèves à la religion et à la littérature.

Avec la permission de celui qui dirigeait le département d'anglais, Ernie Winter, Ed avait choisi d'initier ses élèves de douzième année à l'explication de texte en leur faisant lire *The Catcher in the Rye* («L'attrape-coeur»), roman dans lequel Salinger exprime tout le désarroi et toute l'angoisse de l'adolescence. Un soir de l'année 1959, alors que Barry et Velma Cornish — ils sont aujourd'hui mariés — étaient invités au repas traditionnel du dimanche soir chez Mary et Percy Broadbent, Ed fut appelé au téléphone et tenu au bout du fil pendant un bon moment par un parent d'un de ses élèves, qui «lui reprochait de baser son enseignement sur un livre aussi obscène, raconte Barry. Mais Ed, et c'était tout à fait dans ses manières, s'est étendu longuement sur les mérites de ce bouquin, expliquant avec le plus grand sérieux à son interlocuteur pourquoi c'était un excellent livre, s'armant d'une infinie patience pour plaider la cause de Salinger... Bref, il a fini par raccrocher, et le téléphone a de nouveau sonné, et un autre parent d'élève lui a de nouveau tenu la jambe pour lui dire que ce livre était une cochonnerie. Mais Ed ne s'est pas démonté et s'est remis à discuter à n'en plus finir. C'était dans sa nature. Il prenait la peine d'expliquer à tout le monde, à l'idiot du village, pourquoi il agissait ou pensait de telle ou telle façon.»

Au cours de l'automne 59, Louis Munroe, qui enseignait lui aussi l'anglais à O'Neill, annonça un soir à sa femme en rentrant chez lui que l'établissement avait recruté un nouveau professeur. «Il porte des costumes de velours côtelé et arbore de magnifiques cravates de laine, précisa-t-il, et il adore discuter. Si on l'invitait à souper?»

«Alors il est venu, raconte Lucille, et on a passé la soirée à débattre de l'existence de Dieu.» Les Munroe et Ed se découvrirent des atomes crochus. Tous aimaient passionnément la littérature, la musique et la philosophie. «Le samedi après-midi, rapporte Lucille, nous avions pris l'habitude d'écouter à la radio la retransmission des concerts du Metropolitan Opera de New York en buvant un verre de vodka-orange. C'est tout juste si nous échangions quelques mots. Nous restions assis en silence pour écouter la musique.»

Lucille jouait dans une troupe de théâtre amateur (Hugh Winsor se souvient d'avoir rédigé la critique d'une représentation dans laquelle elle avait un rôle), et elle exerçait la profession d'infirmière à l'Hôpital général d'Oshawa (où elle avait fait la connaissance de Velma Broadbent). Plus tard, elle quittera l'hôpital pour aller travailler dans une clinique, où elle suturera des plaies, posera des plâtres sur des os fracturés et assurera l'aide opératoire en petite chirurgie.

Et c'est ainsi que Ed rencontra celle qui deviendra — ses amis s'accordent tous pour le dire — «ce qui pouvait lui arriver de plus heureux dans l'existence». Mais cela, ni l'un ni l'autre ne le soupçonnaient encore.

Ce dont Ed se souvient le mieux en évoquant cette année passée sous le toit familial — exception faite des opéras qu'il écoutait chez Louis et Lucille — c'est qu'enfin il put parler tant soit peu à son père. Au cours de l'hiver, ne pouvant rouler à bicyclette, il empruntait la voiture de son père, qu'il déposait à la Motors avant de se rendre à O'Neill. À la faveur de ces courts trajets s'établit entre les deux hommes une intimité qui jamais n'avait existé durant leurs vingt-quatre années de maladroite coexistence. Et le fils apprit ainsi à connaître, un peu, ce père qui lui avait légué bien des traits de caractère — la promptitude à faire prévaloir son point de vue, la pugnacité dans les discussions, l'ambition. «Presque tout ce dont je me souviens quand je repense à lui, dit Ed, c'est qu'il était alcoolique. Cela empoisonnait toute la famille. Jamais je ne l'ai connu exubérant, heureux de vivre.»

Au cours de l'automne 1960, alors que de nouveau il s'était inscrit à l'Université de Toronto pour y préparer sa maîtrise en philosophie du droit grâce à une bourse octroyée par le Conseil canadien, Ed s'installa avec Terry Hollands dans un appartement situé près des rues Spadina et Dupont. Trimestre décisif, encore que par des voies différentes, tant pour lui que pour le socialisme canadien. Car si Ed s'éprit d'une femme, la CCF était en passe de contracter une alliance avec les principaux syndicats et avec les clubs «New Generation-New Party» pour constituer le NPD. Lors de l'élection partielle du 31 octobre, Walter Pitman fut élu à Peterborough sous la bannière du New Party. C'était là une étape intermédiaire entre la CCF et le NPD. Les socialistes de l'Ontario jubilaient.

Mais ce qui préoccupait le plus Ed, c'était le manque d'argent et la passion amoureuse. Avant Noël, il était sans le sou. Il tenta bien de contracter un prêt bancaire — Terry Hollands s'était porté garant, mais il était à peu près aussi pauvre que Ed, et son nom ne constituait pas une garantie très sûre — mais le crédit lui fut refusé et il dut s'en retourner dans sa famille, quitte à faire quotidiennement la navette entre Oshawa et Toronto jusqu'à la fin de l'année pour suivre ses cours. Mais plaie d'argent n'est pas mortelle, et la flamme qui l'embrasait lui apportait bien des compensations. Il s'était follement épris d'Yvonne Yamaoka, et c'était réciproque.

Yvonne avait tout pour attirer un jeune intellectuel qui était bien loin de saisir tous les méandres de sa propre personnalité. De plus, il ressentait pour elle une grande attirance physique. Il l'avait rencontrée à l'occasion d'une soirée. Ed McFarlane, le condisciple de Broadbent au Trinity College depuis ses premières années d'études supérieures, et qui lui aussi était revenu à l'Université de Toronto pour y poursuivre ses études de physique, raconte que le soir de cette rencontre il croisa par hasard son ami en rentrant chez lui. «Il dansait de joie dans la rue, dit-il. Il n'en finissait plus de me chanter les louanges de cette femme extraordinaire dont il venait de faire la connaissance.» Ed avait alors vingt-quatre ans, et bien que toute sa vie durant, et depuis l'âge le plus tendre, il se fût entiché de jeunes filles et de femmes plus mûres, Yvonne sera son premier grand amour.

«Du temps qu'il préparait son baccalauréat à l'Université de Toronto, affirme sa soeur Velma, jamais je ne lui avais connu de petite amie attitrée.» Plus âgée que lui de quelques années, Yvonne avait terminé ses études supérieures à la même université, et elle travaillait à l'hôtel de ville en qualité d'urbaniste. Canadienne de souche japonaise, raffinée, indépendante, s'habillant avec élégance, Yvonne était une jeune femme svelte, dont les longs cheveux noirs et l'attitude de réserve émoustillaient les hommes. Michael Cassidy comptait parmi les nombreux soupirants de l'Université de Toronto qui avaient sollicité en vain ses faveurs. «Elle m'affolait le coeur», dit-il.

Mais comme beaucoup de Nippo-Canadiens de sa génération, Yvonne Yamaoka avait connu des jours difficiles. Elle était née en Colombie-Britannique, d'un père immigrant industrieux venu au Canada en 1904, sans un sou en poche, et qui avait travaillé à bord d'un baleinier le long de la côte pacifique avant d'être débarqué à Vancouver à la suite d'un accident. Ensuite, Seitaro Yamaoka avait revendu des sapins de Noël, puis il avait acquis un droit de coupe et s'était mis à abattre pour son propre compte. En cela, il ressemblait beaucoup au grand-père de Ed. Plus tard, il avait construit une scierie et mis au point une méthode de réutilisation du bois de sciage défectueux, laquelle lui avait rapporté une petite fortune. Durant la Dépression il avait continué à verser leur salaire à ses ouvriers, qui sans cela auraient été réduits à la misère, et vers la fin des années trente il faisait un peu figure de patriarche dans la communauté des Nippo-Canadiens. «C'était un homme qui vous donnait la chair de poule, raconte sa fille aînée, Setsu Weldon, aujourd'hui opticienne. Il rugissait comme un lion et ne souffrait pas le moindre refus d'obéissance. L'un de mes frères a été déshérité parce qu'il lui avait désobéi.» Mais Seitaro Yamaoka se souciait grandement du bien-être de ceux qui travaillaient pour lui, et il réussissait fort bien en affaires. À la veille de la Seconde Guerre mondiale, il exportait annuellement pour un million de dollars de bois équarri.

Vint la guerre, et la famille Yamaoka fut prise dans l'engrenage d'une des plus grandes iniquités de toute l'histoire du Canada: l'internement des citoyens d'origine japonaise, suivie en 1942 de la confiscation de leurs biens. Peu de temps après le raid aérien sur Pearl Harbour et la déclaration de guerre du Japon aux États-Unis en 1941, les Nippo-Canadiens furent en effet considérés comme des agents d'une puissance ennemie et des traîtres à leur pays. Yvonne n'était encore qu'une enfant quand sa famille et avec elle vingt et un mille autres Japonais naturalisés Canadiens furent appréhendés à Vancouver et expédiés comme du bétail dans des camps, où ils furent gardés en détention pour toute la durée du conflit. Sept années d'incarcération au total. Ce n'est qu'en 1949 qu'on leur restituera leurs droits civiques, qu'on les autorisera de nouveau à voyager et à voter. En 1950, les Yamaoka, «installés» à Toronto, tentent de survivre à leur ruine. Là, à soixante-cinq ans, Seitaro Yamaoka se remit au travail, pelletant du charbon sur les dragues du lac Ontario. Il mourra à l'âge de cent trois ans.

Le gouvernement canadien, que dirigeait alors le Premier ministre libéral Mackenzie King, justifia l'action prise contre la communauté japonaise par la Loi des mesures de guerre. En 1970, Pierre Elliott Trudeau, autre Premier ministre libéral, invoquera le même état d'urgence pour «régler l'affaire» du Québec. En 1942, seule la CCF protestera contre le traitement injuste infligé aux citoyens d'origine japonaise, sous les huées des libéraux et des tories. Et de nouveau en 1970, seize néo-démocrates, parmi lesquels Ed Broadbent, s'élèveront contre la majorité parlementaire pour dénoncer — toujours sous les huées — les atteintes portées par le législateur à la démocratie et aux Droits de l'homme.

L'imposition de la Loi des mesures de guerre aux citoyens d'origine japonaise — déclare Roger Obata, premier président de l'Association nationale des Nippo-Canadiens — a été «un acte horrible et totalitaire. Seule la CCF a pris notre défense.» (Ce combat inégal avait pour fer de lance Andrew Brewin, un avocat de Toronto défenseur des droits civiques et militant CCF.) «Le préjudice psychologique encouru exerce encore ses effets de nos jours, affirme Obata. Les Japonais ont été plongés dans un état de choc et plusieurs dizaines d'années se sont écoulées sans qu'on n'ose même évoquer entre nous ces événements.» Et Joy Kogawa, l'auteur d'*Obasan*, de déclarer: «Aucune démocratie au monde n'a pris contre ses citoyens des mesures comme celles que le Canada nous a infligées. Le gouvernement nous a volé nos biens et exilés. Sa politique de dispersion répondait à une volonté bien arrêtée de détruire nos communautés, et le résultat recherché a été obtenu. On ne nous a pas autorisés à retourner chez nous.»

Les tribulations de la famille Yamaoka influenceront profondément Ed. Des années plus tard, alors que les Nippo-Canadiens continueront de solliciter la restitution des biens qui leur avaient été confisqués, il sera indigné par la fin de non-recevoir que leur opposera le Premier ministre. «Trudeau a usé d'un de ces raisonnements par l'absurde dont il est coutumier», dit Broadbent en imitant le ton hautain, détaché, de l'ex-Premier ministre: «Si nous faisons cela pour les Canadiens d'origine japonaise, nous devrons le faire aussi pour tous les groupes qui ont subi un préjudice. Oui, c'était injuste, mais la vie n'est pas faite de justice et tous les Canadiens ont été eux aussi les victimes d'injustices... (Broadbent hausse les épaules avant de conclure.) Bref, Trudeau a refusé purement et simplement de reconnaître le caractère très particulier du préjudice subi par les Nippo-Canadiens. Ils n'avaient rien fait de répréhensible et ils ont tout perdu.»

Ce qui l'obsède aussi dans cette affaire, c'est qu'elle met en évidence, estime-t-il, l'absolue mystification à laquelle se livrent les deux grandes formations canadiennes. «Des zozos», dit-il en faisant allusion à ceux qui reprennent à leur compte les flèches tirées sur le NPD en assimilant celui-ci à une formation communiste qui n'ose pas afficher ouvertement sa couleur. «Je les juge d'une grande malhonnêteté morale.» Car s'il existe un parti qui s'oppose formellement à toute forme de régime totalitaire, poursuit-il, c'est bien le NPD. «Qui a plaidé la cause des Nippo-Canadiens? Qui s'est opposé à la Loi des mesures de guerre? Le NPD a un beau palmarès en matière de défense des libertés. C'est précisément cela qui distingue les partis authentiquement socio-démocrates. Sous-entendre l'inverse est pure calomnie.»

Tout à son idylle avec Yvonne — ils avaient décidé de se marier en septembre —, Ed n'assista pas au congrès qui allait donner naissance au Nouveau Parti démocratique au début du mois d'août 1961. L'événement avait attiré des quatre coins du pays d'innombrables membres de la CCF et du New Party. Pendant ce temps, Ed et Yvonne passaient quelques jours en compagnie de Velma et Barry, dans le chalet que ces derniers possédaient à Pine Lake. Quand ils ne se baignaient pas, la radio leur restituait la fièvre entretenue par les deux mille quatre-vingt-quatre délégués assemblés à Ottawa pour apporter leur caution à un programme socialiste, donner un nom de baptême au nouveau parti et leur désigner un chef.

Durant les cinq journées que dura le congrès, Tommy Douglas, Premier ministre de la Saskatchewan, fut élu à la tête du Parti, l'emportant sur Hazen Argue, seul et unique député fédéral, et le tout jeune Nouveau Parti démocratique (cette appellation, mise aux voix, avait recueilli davantage de suffrages que les deux concurrentes: New Party et Parti démocratique et social) adopta une ligne politique d'inspiration relativement libérale qui écornait quelque peu l'esprit du manifeste de Regina, au grand scandale des puristes de la Saskatchewan.

Principaux points du programme adopté par le NPD: la planification économique, la création d'un fonds national pour le développement, le contrôle des multinationales, *Medicare* (assurance maladie), les pensions de retraite, la réforme fiscale, des mesures de protection à l'endroit des agriculteurs et des pêcheurs, les coopératives de crédit, la petite entreprise et CBC, le retrait de NORAD (North American Air Defense Command), le soutien de l'OTAN et la promesse de doter le Canada d'un drapeau. Il n'y avait là rien de bien révolutionnaire. Ces mesures que le NPD se proposait de promouvoir n'étaient somme toute que le visage moderne d'un socialisme démocratique. La notion d'économie mixte figurait toujours dans le programme, mais il n'était plus question de nationaliser les grandes entreprises commerciales. Si ces propositions du NPD nous semblent aujourd'hui d'une grande modération, c'est que la plupart d'entre elles seront par la suite mises en application par des gouvernements libéraux ou conservateurs: l'assurance maladie, le drapeau, l'agence de développement, l'agence des investissements étrangers. (Il faudra attendre la venue au pouvoir de Mulroney pour que les leviers du contrôle économique soient démantelés, bradés à l'effet d'obtenir un accord commercial avec les États-Unis.)

Mais Ed Broadbent ne se souciait guère de politique: il était éperdument amoureux. Le mariage, prononcé par un ministre de l'Église Unie, fut célébré dans l'intimité, en la seule présence des familles des deux époux et de quelques amis. Les Yamaoka ne tentèrent pas de contrarier la volonté de leur fille, et s'ils souhaitaient secrètement la voir prendre pour mari un homme de leur race et de leur culture, ils eurent la sagesse de ne pas lui forcer la main. «Yvonne avait préparé le terrain bien avant de se marier en ramenant à la maison des gens venus de tous les horizons, mais le plus souvent des Canadiens», déclare Setsu. Car, de fait, Yvonne avait une nuée d'admirateurs. Quant aux Broadbent, ils furent immédiatement séduits par l'épouse de leur fils.

Les jeunes mariés s'installèrent dans un appartement de Collier Street, une impasse située à quelques coins de rues du carrefour fort animé de Yonge et de Bloor. Leur logement dominait le verdoyant vallon de Rosedale, et devint très vite une escale pour les amis de Ed qui passaient dans les parages.

Dans les premiers temps, aucune ride en surface, et bien entendu nul ne soupçonna qu'entre eux tout n'allait pas pour le mieux. Au point que leurs amis seront stupéfaits quand ils se sépareront six ans plus tard. Yvonne et Ed: le couple qu'on s'accordait à juger parfait, point de mire d'un cercle intellectuel et artistique de gauche composé de quiconque aimait la bonne discussion, la bonne musique et la bonne chère. Yvonne était un merveilleux cordon-bleu. En parfaite hôtesse, elle veillait au bien-être de ses invités en leur prodiguant toutes les attentions requises par l'étiquette japonaise. Percy adorait les égards que lui témoignait sa belle-fille. David et sa future femme, Sharon Kinsman, venaient souvent d'Oshawa pour rendre visite au jeune couple installé à Toronto, et chaque fois Yvonne les recevait avec une infinie courtoisie. «Elle faisait tout son possible pour rendre les choses agréables à la famille Broadbent», déclare sa soeur Setsu.

107

Une des amies d'Yvonne dit d'elle qu'il était «difficile de l'approcher, de la connaître». Cette remarque vaudrait tout autant pour Ed. C'est que chacun avait des qualités propres, les mêmes, mais qui les opposaient l'un à l'autre. Tout se passait comme si, à vrai dire, ils avaient trop de choses en commun. Il était Canadien dans l'âme, elle était Japonaise dans toute l'acception du terme. Ils étaient tous deux réservés, voire délibérément renfermés sur eux-mêmes quand il s'agissait d'affaires strictement privées, intimes, ou de jugements personnels, alors que pourtant ils partageaient une même propension à se divertir, un commun désir de faire des expériences nouvelles.

Il fallait à Yvonne une bonne dose d'humour pour partager l'existence de ce balourd, car les velléités qu'il manifestait de se rendre utile à la maison se soldaient par de désopilants fiascos. Velma et son mari, Barry Cornish, rapportent qu'un jour, alors qu'ils se trouvaient dans l'appartement de Collier Street, Ed avait besogneusement fixé aux murs de la cuisine des placards de rangement, et qu'ensuite tout le monde était allé s'asseoir au salon pour boire un verre à la gloire de sa performance. Mais peu de temps après un fracas épouvantable s'était fait entendre, accompagné d'un bruit de verre et de porcelaine brisés. Les placards si soigneusement accrochés par Ed venaient de chuter sur le plancher, anéantissant du même coup toute la verrerie et toute la vaisselle.

Un autre jour il entreprit de poncer les planchers de l'appartement à l'aide d'une machine électrique, mais sans songer à ôter sa cravate. En sorte qu'il faillit mourir étranglé quand celle-ci, engagée dans un axe, s'entortilla pour lui serrer de plus en plus la gorge... jusqu'à ce qu'Yvonne vienne le sauver *in extremis* en débranchant l'appareil.

Ed, raconte Barry, avait pris des goûts de luxe. Comme son père, il avait un penchant prononcé pour les havanes, les vêtements bien coupés, le cognac de bonne qualité. Il s'acheta aussi une moto et un blouson de cuir noir-brun, qu'il porte encore d'ailleurs. Il acquérait aussi une réputation de conducteur imprudent. Tout le monde savait qu'au volant il gesticulait et se tournait constamment vers ses passagers alors qu'il roulait à grande vitesse. (Aujourd'hui, son entourage politique a décrété qu'il ne devait plus conduire pendant l'exercice de ses fonctions.) Il rêvait d'inventer un dispositif invisible qui lui signalerait la présence des radars de la police.Constamment il se faisait arrêter et retirer des points, au risque de perdre son permis de conduire.

«C'est bien simple, il ne lui restait plus jamais de points», affirme Velma. Ed le reconnaît volontiers, et il a plus d'une histoire à raconter sur ses comparutions devant la cour pour excès de vitesse. Mais ce n'était pas seulement au volant que son attitude était pour le moins contestable. Il avait une propension à débiter les plaisanteries les plus grossières qui choquaient de la part d'un homme intellectuellement si raffiné. Il pouvait raconter sur les femmes les blagues les plus crues. (Plus tard seulement il épousera très sincèrement la cause féministe, mais c'est à Velma que revient assurément le mérite d'avoir été la première à le reprendre vertement et à lui ouvrir les yeux.) Le goût affiché par Ed pour la paillardise et l'exubérance tapageuse — traits de caractère qu'Yvonne ne prisait guère — faisait qu'il s'entendait bien avec les hommes, fussent-ils hommes d'affaires. Quelques années plus tard, alors enseignant à l'Université York, il sera l'invité d'un club masculin et y prendra la parole après le dîner pour prononcer une allocution et animer un débat. Le club en question avait pour coutume d'inviter chaque année à tour de rôle différents spécialistes ayant pour fonction de catalyser les discussions. Cette année-là c'est à Ed qu'on avait fait appel, et il fit aux convives un véritable cours théorique sur la pensée politique contemporaine. «Extraordinairement brillant», raconte Harry Rosen, le président du club, qui fut surpris par la gentillesse du conférencier. «C'était un plaisir de boire un verre en sa compagnie, poursuit Rosen. Il nous a expliqué ce qu'était le marxisme — on voyait bien que lui-même n'était pas marxiste — et il s'exprimait avec une vive intelligence. Je ne m'attendais pas à découvrir chez lui un tel sens de l'humour. Nous avons passé d'excellents moments.»

Chez les Broadbent il y avait toujours du monde. Velma se souvient encore d'un soir où elle dut éplucher une quantité invraisemblable de fruits — une poubelle de plastique pleine — pour préparer de la sangria, car une foule de gens avait envahi l'appartement de Collier Street. Il y avait continuellement des visiteurs chez le couple, et de temps à autre, Louis et Lucille Munroe, qui entretenaient avec Ed leurs liens d'amitié réciproques, venaient y souper quand ils étaient de passage à Toronto. «Chaque fois que nous venions en ville pour aller voir un film ou écouter un concert, rapporte Velma, aucun de nous ne manquait de faire un saut chez Ed pour boire un café ou une bière. Il adorait ça.»

Cette politique de la porte ouverte en permanence n'enchantait pas outre mesure Yvonne, et selon certains de ses proches elle en voulait à son mari de tolérer cette invasion qui perturbait constamment sa vie privée, bien qu'elle observât en public la plus exquise des politesses. Quand elle regagnait le soir le domicile conjugal après une dure journée de labeur, souhaitant y trouver un peu de calme et d'intimité en compagnie de son époux, c'était généralement pour constater que l'appartement était déjà occupé par toute une bande d'amis. Si la sociabilité de Ed l'avait séduite dans les débuts de leur idylle, ce va-et-vient chez elle finit bientôt par l'exaspérer. De son côté, ce souci des convenances et cette réserve qui naguère lui plaisaient tant chez Yvonne commençaient à lui peser. À l'arrière-plan de cet inévitable heurt dû à deux façons d'être, un autre facteur vint encore compliquer les choses: sans le savoir encore, Yvonne était atteinte d'hypoglycémie, ou insuffisance fonctionnelle du taux de glucose dans le sang, laquelle s'accompagne de fatigue et d'irritabilité.

Mais au début de l'automne 1961, alors qu'il était toujours en pleine lune de miel, Ed se détourna de la philosophie pour s'inscrire en sciences politiques et suivre l'enseignement de Crawford Brough Macpherson. C'est à Macpherson que revient le mérite d'avoir pris au lasso le cow-boy intellectuel d'Oshawa, encore indécis sur la route à suivre. L'influence que le maître exercera sur l'élève sera énorme, déterminante. Macpherson apparaît un peu comme un géant dans l'évolution de Broadbent. Tout se passe comme si, jusque-là, Ed s'était cantonné dans une expectative de scepticisme, et que tout à coup Macpherson avait surgi pour lui apporter l'analyse qui lui manquait pour articuler une pensée politique qu'il n'avait fait que pressentir. Auparavant, Ed n'avait fait que «tenter de comprendre la vie», dit-il lui-même. Ensuite, ajoute-t-il, il ne pourra faire autrement que de «tenter d'agir dans la vie». Dans l'oeuvre de Macpherson, il puisera les éléments d'une manière d'accomplissement intellectuel et spirituel, les racines nourricières qui le soutiendront tout au long des luttes politiques à venir.

Dans la maison qu'il occupait à Toronto sur Boswell Avenue, rien n'a été touché du bureau du troisième étage où Brough Macpherson travaillait avant sa mort, survenue le 21 juillet 1987, alors qu'il était âgé de soixante-quinze ans. L'ocre des murs, les couleurs passées du tapis d'Orient étendu sur le parquet, le tabouret disposé près d'un confortable fauteuil, le petit lit de repos, les rayonnages garnis de livres — sur lesquels voisinent les *Oeuvres choisies de Karl Marx et Frederick Engels*, en trois volumes, les romans de Disraeli, le *Journal* de Pepy, *L'Origine des espèces* de Darwin et *La Petite Fille au tambour* de John Le Carré — font régner dans la pièce une atmosphère d'austère sérénité. Pêle-mêle sur une étagère, une profusion de ses propres oeuvres traduites, entre autres langues, en japonais, en italien, en français, en allemand et en espagnol.

Au-dessus de son bureau de bois massif, trois gravures anciennes: les portraits de deux philosophes anglais du dix-septième siècle, Hobbes et Locke, et une représentation de la bibliothèque Bodléienne, à l'Université d'Oxford, où Macpherson a fait ses études et plus tard enseigné. Sur le bureau, une lettre reçue peu de temps avant sa mort. Kay, sa veuve, me la montre. Elle vient de Bangkok et porte la signature du ministre thaïlandais de l'Éducation. «Nous avons le plaisir de vous annoncer que *The Real World of Democracy* vient d'être publié en thaï, et que nous nous proposons de le diffuser gratuitement dans nos établissements d'enseignement, nos bibliothèques et autres organismes intéressés.»

Au-dessus des rayonnages figure en bonne place la reproduction d'une toile de Picasso que Macpherson chérissait entre toutes, me dit Kay. Le tableau représente l'image tendre et poignante d'un petit enfant tenant entre ses dents un oiseau blanc. La même reproduction est accrochée à l'un des murs de l'appartement de Ted Maidman, l'ancien chef de patrouille de Ed, à Oshawa. «Brough était profondément épris de paix, m'explique Kay. Un homme très doux.»

Profil d'aigle, dégingandé, Macpherson était professeur de sciences politiques à l'Université de Toronto depuis 1935. Il était né dans cette même ville, mais son renom grandissant d'année en année l'avait appelé à dispenser épisodiquement son enseignement dans la plupart des grandes universités du monde. Membre de la gauche socialiste canadienne, il était célèbre, respecté, et, par la force des choses, quelque peu imbu de sa personne, mais cette attitude était dépourvue de toute infatuation. Jusqu'à sa retraite en 1977, il avait continué d'enseigner dans les classes de premier cycle, car il n'aimait rien tant que stimuler l'éveil des jeunes esprits et les amener à remettre en question le monde environnant. Ed avait maintenant derrière lui cinq années d'études supérieures de philosophie, mais il prit l'habitude d'assister aux cours que Macpherson donnait aux étudiants de premier cycle, afin de voir le maître à l'oeuvre, et surtout se mettre au niveau requis pour préparer lui-même un doctorat en sciences politiques. «Seule une poignée d'étudiants suivaient les séminaires de théorie politique de Macpherson», raconte-t-il. Cette expérience lui fut des plus profitables. Macpherson atteignait aux sommets de son art. «Je me passionnais pour l'interprétation qu'il donnait des fondements de la notion de démocratie, dit-il, et je consacrais de plus en plus de temps à suivre ses cours.» Pour Ed, Macpherson devint un modèle d'indentification intellectuelle.

«Il tenait pour principe... que son rôle consistait à ouvrir l'esprit de ses étudiants pour qu'ils soient en mesure d'entreprendre la tâche la plus déterminante: la pensée critique, écrira Ed dans *This Magazine* en novembre 1987. Il traquait partout les idées reçues, les postulats, formulés ou non: sur la nature de l'homme, sur l'économie, sur l'histoire. Il analysait et proposait des conclusions. Jamais il ne tombait dans l'intellectualisme stérile, et il ne manquait pas de porter des jugements critiques appréciateurs sur l'oeuvre des grands penseurs à qui nous devons notre héritage commun. L'effet final avait la majesté d'une variation thématique de Bach.

«À l'exemple de tous les grands théoriciens de la politique, il ne se donnait pas pour seule et unique finalité de comprendre, mais aussi d'instituer le changement. Il s'efforçait d'influencer nos décisions à propos du futur en nous contraignant à porter des jugements critiques sur le passé et le présent, en les examinant à la lumière des considérations morales... Il appelait de tous ses voeux l'avènement d'une société dans laquelle hommes et femmes, sans distinction, auraient les mêmes chances non pas de s'élever dans l'échelle hiérarchisée des classes sociales, mais d'exercer leur potentiel créateur... À ses yeux, l'élément essentiel d'une société socialiste était représenté avant tout par la liberté individuelle et le libéralisme des institutions politiques.»

Avec cette description qu'il donne de Macpherson, on jurerait que Broadbent dessine son autoportrait. Il n'était pas le seul à recevoir de plein fouet l'onde de choc résultant de l'exceptionnel pouvoir du professeur de sciences politiques. L'ascendant qu'exerçait Macpherson était inoubliable. À chacun de ses exposés accouraient des étudiants qui assimilaient en silence chacune de ses paroles et, à la fin — phénomène inhabituel à l'université — l'applaudissaient à tout rompre.

«Quand nous écoutions Macpherson, nous restions assis sur le bord de nos chaises, captivés, grisés par le sentiment de la découverte intellectuelle», m'a rapporté Lynn King, qui elle aussi suivait les cours du maître dans les années soixante avant de faire carrière dans la magistrature de l'Ontario. «Même les examens écrits qu'il nous faisait passer avaient quelque chose de régénérant pour l'esprit, si vous pouvez me comprendre, car nous savions que nous pouvions développer le fond de notre pensée au lieu d'avoir à régurgiter tel quel ce que le correcteur avait envie d'entendre.»

Les étudiants de Macpherson ne se méprenaient nullement sur ses positions politiques. «Ce sont ses cours qui m'ont appris en quoi consistait le socialisme, raconte King. Il nous présentait cette doctrine de la façon la plus simple, nous la décrivait comme quelque chose de positif et de souhaitable. Le capitalisme, nous expliquait-il, présuppose l'avidité de l'homme et considère la consommation comme le moteur de la société. Le socialisme mise au contraire sur la coopération entre les hommes et sur leur esprit créateur.» Le message de Macpherson s'accordait parfaitement à l'idéalisme qui prévalait dans les années soixante, et ce n'est donc pas un hasard si l'enseignant faisait des militants de bon nombre de ses élèves.

Rosemary Brown, une ex-député de Vancouver qui, en 1975, entrera en concurrence avec Ed pour briguer la direction du Parti, était une amie très proche des Macpherson. Quand elle venait à Toronto, c'était chez eux qu'elle se logeait. «Brough venait frapper à ma porte à sept heures et demie le matin, me dit-elle. Il savait parfaitement préparer le petit déjeuner et il aimait beaucoup bavarder devant une tasse de café en fumant une cigarette.» Échangiez-vous des idées? «Bien sûr, mais il n'était pas de ceux qui vous incitent à vous faire l'avocat du féminisme ou de l'égalité. Pour lui, ces notions allaient d'elles-mêmes. Il était convaincu de l'égalité intrinsèque des êtres humains. Il se préoccupait surtout des grands problèmes du jour. Il me parlait de la Constitution, de l'accord du lac Meech et des modifications notables apportées à la Constitution par une seule poignée d'individus.» Il entretenait aussi son invitée de la guerre et de la paix. «Kay et lui prenaient une part active au mouvement pacifiste. Il défendait aussi avec ardeur l'environnement, et il était très préoccupé par les dégradations que lui faisait subir notre égoïsme. Qu'un grand nombre de petits États soient entraînés dans la course aux armements nucléaires le révoltait. Il me parlait aussi de la misère et du Tiers-Monde. Il abordait un peu tous les sujets.»

The Political Theory of Possessive Individualism: Hobbes to Locke, l'ouvrage majeur de Macpherson, fut publié en 1962 et connut un succès immédiat dans le monde entier. «Il est rare qu'un livre transforme le paysage intellectuel, écrivait le critique du *New Statesman*, et plus inhabituel encore quand il traite d'un sujet que des générations ont creusé... jusqu'à la publication de l'oeuvre du professeur Macpherson, il semblait inimaginable qu'un jour un auteur apporte quoi que ce soit de radicalement neuf à une question mille fois débattue. Pourtant l'impossible s'est produit, et l'onde de choc n'a pas fini de s'apaiser.»

Cet ouvrage, dans lequel Macpherson analyse l'évolution de l'état démocratique et libéral, est l'un de ses nombreux livres traduits en plus de dix langues. Il y démontre que Hobbes et Locke, les pères fondateurs du libéralisme occidental, ont fondé leur pensée sur une prémisse qu'il convient de remettre en question, à savoir que l'homme est naturellement égoïste, avide, et porté à l'appropriation. À cette conception Macpherson en oppose une autre, selon laquelle la société pourrait être organisée de telle sorte que l'esprit de coopération sociale soit stimulé. En un mot comme en cent, commente Peter Russell, un politicologue de l'Université de Toronto qui connaît parfaitement l'oeuvre de Macpherson et a eu bien des occasions de s'entretenir avec lui: «Brough croyait que la nature humaine n'était pas fixée une fois pour toutes. Mais sur ce point je ne suis pas d'accord avec lui. Les enseignements de l'histoire me rendent beaucoup plus pessimiste, ce qui fait de moi un libéral. Le libéralisme, pourrait-on dire, nous oblige à croire au péché originel, à croire que l'homme obéit à de vilains penchants. Les marxistes, eux — et je dirai de Brough que c'était un intellectuel marxiste — sont des optimistes.» Russell prend la précaution de définir soigneusement le mot marxisme, qui selon lui fait l'objet de bien des méprises. «Être marxiste, explique-t-il, cela ne consiste pas à prôner un gouvernement totalitaire ou à encenser l'Union soviétique. Brough formulait des critiques très sévères à l'égard de l'URSS. Non, pour les marxistes, ce sont fondamentalement les relations économiques propres à telle ou telle société qui déterminent les chances de l'individu. À partir du moment où la richesse et le pouvoir sont inégalement répartis, les travailleurs ne peuvent pleinement s'accomplir.» À l'exemple de l'économiste John Kenneth Galbraith, Macpherson soutenait que l'État moderne, démocratique et libéral, détenait le pouvoir politique en dépit du suffrage universel. Il appartenait aux démocrates, affirmait-il, de débloquer cette impasse.»

Brough n'était pas de ces idéologues qui estiment détenir la science infuse. Après que Peter Russell eut écrit une critique de *The Political Theory of Possessive Individualism*, Macpherson convient que l'analyse de son collègue soulevait «divers points intéressants, et qu'il souhaitait en débattre avec lui». Avant tout raconte Russell, il était un homme ouvert aux idées des autres. «C'était là sa grande distinction, affirme-t-il. Libéral convaincu, il le prouvait par l'intérêt qu'il apportait à prendre en considération les convictions qui n'étaient pas les siennes. Pendant quinze ans nous avons donné le même cours à l'université, et nous soutenions chacun notre point de vue devant nos étudiants. C'était extraordinairement fécond.»

Bien qu'il ne fût pas membre du NPD, Brough s'intéressait vivement à sa ligne politique. Quelques années avant sa mort, il organisa chez lui une soirée dont Ed fut l'invité d'honneur. «Ce qui inquiétait mon mari, me dit Kay, c'était de voir le NPD faire un virage vers la droite.» Tel est du moins le sentiment de Kay, qui appartient aujourd'hui à la tendance extrémiste du Parti et s'irrite de voir la direction s'engager dans une voie modérée. Quoi qu'il en soit, cette soirée fut intéressante à bien des égards: Ed, l'ancien disciple de Brough devenu chef du Parti, mis en fâcheuse posture par son ancien maître... «Une discussion extraordinaire», rapporte Dorothy Inglis, une néo-démocrate de Terre-Neuve qui elle aussi comptait parmi les invités. «Brough insistait comme il le faisait toujours sur l'intégrité du Parti, la nécessité de nous en tenir à nos objectifs socialistes, de ne pas succomber à la tentation de faire des concessions par opportunisme... et Ed qui l'écoutait attentivement, totalement accaparé. Brough croyait très fermement que l'attitude à adopter ne consistait pas pour le Parti à dévier vers le libéralisme, mis à mettre en application les principes socialistes pour changer le système. C'est cela qui fait notre originalité, disait-il, c'est cela qui attire les gens vers nous.»

En formulant ces observations, Macpherson reprochait implicitement au Parti de sacrifier ses convictions socialistes au nom du pouvoir. Mais Ed ne se laissait pas le moins du monde démonter. Au contraire, il affirmait qu'un homme politique se recommandant du socialisme doit tenir compte du monde tel qu'il est et s'efforcer de persuader les gens de changer les choses. Il exposa les problèmes concrets que devait résoudre le NPD, mais il «semblait», selon Dorothy Inglis, «ne pas être indifférent aux vérités contenues dans les propos de Brough. En écoutant Ed, ajoute-t-elle, j'avais l'impression que s'il n'avait pas à se plier aux contraintes de sa charge, il se rallierait au point de vue de Brough. Ed était très attentif à ce que lui disait son ancien professeur, et de toute évidence il lui vouait un immense respect. Mais nous savions tous que de retour à Ottawa Ed serait entouré de certaines personnes assurément moins bien disposées que lui à mettre en pratique les enseignements de Brough.» Ed n'en percevait que trop bien la profondeur du fossé qui sépare le théoricien du politicien, mais d'autre part il était sincèrement convaincu de ne pas avoir trahi la pensée de Macpherson. Kay, pour sa part, n'en était pas si sûre.

Mais Brough ne vivait pas exclusivement pour faire triompher son idéologie. Herbert Whittaker, critique théâtral au *Globe and Mail* pendant un quart de siècle (aujourd'hui à la retraite), a entretenu des liens d'amitié avec les Macpherson depuis 1949. «Jamais Brough et moi n'avons parlé politique, absolument jamais», affirme-t-il. Dans son appartement de Rosedale où partout s'accumulent souvenirs de théâtre, oeuvres d'art, livres et plantes vertes, Whittaker garde de Macpherson le souvenir d'un homme qui, jusque dans les dernières années de sa vie, avait «l'esprit ouvert d'un adolescent. Jamais il ne s'est pris pour une sommité intouchable. Je faisais littéralement partie de la famille et nous faisions mille choses ensemble. Kay m'accompagnait au théâtre — Brough, lui, préférait la musique —, et c'était elle qui était le fer de lance.» Féministe convaincue, puis adhérente active du Nouveau Parti démocratique à partir des années soixante-dix, Kay Macpherson était la compagne militante d'un époux intellectuel. «Brough pouvait vivre heureux au milieu d'une tornade de revendications féministes, raconte Whittaker. Il approuvait le mouvement de libération de la femme, il le soutenait, il le laissait le submerger, l'envahir tout en poursuivant de son côté une oeuvre tout aussi importante.» Kay s'en prenait violemment au système phallocrate qui la mettait dans des rages folles. «J'ai bien peur qu'avec moi Brough n'ait pas toujours eu la vie rose. Pas souvent, en tout cas, avoue-t-elle. Indignée devant une injustice, je m'en prenais à lui.» Mais sur le fond ils étaient d'accord, même si, les rares fois où elle assistait à ses cours, ajoute-t-elle en plaisantant, elle ne comprenait rien à ce qu'il racontait. Herbert Whittaker n'était pas davantage capable de suivre les savants développements de la pensée de Brough.

«Si je comprenais toutes les subtilités de sa démarche? me répond Whittaker. Écoutez, un jour il m'a offert un exemplaire dédicacé de *The Political Theory of Possessive Individualism*, et je n'ai jamais pu aller plus loin que la première page... bien que je lui aie proposé de lui dessiner une première de couverture on ne peut plus criarde pour l'édition de poche.»

C'est pourtant à Whittaker qu'on demanda, en une bien triste occasion, de résumer la pensée politique de Macpherson. «Quand Brough est mort en juillet 1987, je me trouvais à l'étranger. Mais sitôt que je l'ai appris j'ai voulu faire insérer une nécrologie dans le *Times* de Londres, ce qui n'est pas une petite affaire. J'ai rédigé le texte de cette nécrologie et l'ai téléphoné au journal. On m'a rappelé pour vérifier et me poser diverses questions supplémentaires, entre autres: Peut-on le considérer comme un intellectuel de droite? J'ai répondu: «Non, je ne le crois pas. Je dirais même que c'était tout le contraire. On disait parfois de lui qu'il était marxiste.»

Et c'est ainsi que dans la nécrologie publiée le 25 août 1987 par le *Times*, on pouvait lire que Macpherson avait été «un érudit de réputation internationale, auteur de théories que certains considéraient comme marxistes, mais qui en réalité tendaient à conclure

116

que le salut du socialisme résidait dans l'ensemble de ses valeurs libérales et démocratiques».

Ed considérait-il, du temps de ses études, que Macpherson était marxiste? «Comme tous les grands penseurs, Macpherson échappait aux classifications, déclare Ed. Il est certain que Marx l'avait profondément influencé, mais il allait plus loin que Marx, tout comme l'aurait probablement fait Marx lui-même. C.B. Macpherson vivait au vingtième siècle et c'était un théoricien de son temps. Il croyait fermement aux Droits de l'homme, à la perfectibilité de la personnalité humaine et à la liberté, indispensable à l'accomplissement de l'individu. Il a construit un socialisme théorique associant droits individuels et nécessités collectives. Si vous voulez, il gardait du libéralisme et du socialisme ce qu'il y avait de meilleur en eux.» C'est précisément ce mélange qui séduisait si profondément Ed, et qui aussi le démarquait à tout jamais des socialistes canadiens de la génération antérieure à la sienne. «Je crois que David Lewis et Tommy Douglas voyaient la libre concurrence comme un mal nécessaire, déclare Ed. Alors que pour moi la libre concurrence est une chose qu'il faut encourager. Je crois aussi que certaines activités — l'enseignement, la santé publique, l'aide à l'enfance — doivent échapper à la libre concurrence, ne pas donner lieu à une compétition.»

À l'Université de Toronto, lors de l'hommage rendu à Macpherson le 30 septembre 1987, deux de ses anciens étudiants, Ed Broadbent et Bob Rae, le chef du NPD de l'Ontario, seront assis au premier rang dans Convocation Hall pour écouter des personnalités telles que le scientifique John Polanyi, Prix Nobel, exprimer les sentiments de profonde affection qu'ils nourrissaient pour le grand homme. Polanyi et Macpherson avaient oeuvré l'un et l'autre avec la même ardeur pour la cause de la paix. «Pendant plus de trente ans Brough a été mon collègue, déclarera Polanyi. C'est dans son amour de la vie qu'il puisait ses ambitions. Il était bien plus qu'un universitaire accompli. Un profond souci du genre humain l'animait.»

Le mot de la fin, c'est Brough en personne qui le formulera en 1965, lors de l'enregistrement par CBC de sa série de conférences intitulée «The Real World of Democracy», destinées à un programme radio avant d'être réunies en un livre. À la fin de l'enregistrement, on fit repasser la bande et Macpherson ajouta quelques mots. «Si vous voulez une conclusion qui ne soit pas de pure forme, la voici: dites à vos hommes politiques que nos chances de vivre libres reposent, bien plus qu'ils ne l'ont jamais imaginé, sur la volonté dont feront preuve les nations occidentales de remédier aux inégalités qu'on observe en matière de droits de la personne humaine entre nous-mêmes et les nations pauvres. Seule une aide massive donnant à ces nations les moyens d'accéder à une égalité significative permettra aux démocraties libérales de conserver leur autorité morale et leur puissance.» Tel était, au sens le plus vaste, le message de Macpherson: l'appétit égoïste finit par entraîner la ruine. Seul le partage des richesses nous garantira le salut.

À l'automne 1961, Macpherson conseilla vivement à Ed de partir pour l'Angleterre et de s'inscrire à la prestigieuse School of Economics de Londres. Ed en était à sa sixième année d'études à l'Université de Toronto, préparant son doctorat, et la perspective de changer de décor était bien loin de lui déplaire. Sa femme avait la même envie que lui d'aller vivre pour un temps dans la capitale culturelle du monde anglophone.

Mais avant de partir Ed s'engagea dans les rangs du Nouveau Parti démocratique, trempant précautionneusement les orteils dans les eaux troubles des luttes politiques partisanes. Cet engagement était sans panache. Diefenbaker avait fait son temps, les libéraux de Lester Pearson gagnaient du terrain et le NPD luttait pour élargir sa base. Aiguillonné par la fougue oratoire et la ligne pragmatique de Tommy Douglas, son chef, épaulé par l'énergie de tous les instants déployée en arrière-plan par David Lewis, le Parti n'en avait pas moins besoin de mobiliser toutes les bonnes volontés. Durant la campagne précédant les élections fédérales de 1962, «alors que Pearson et Diefenbaker voyageaient d'un bout à l'autre du pays, accompagnés de leur état-major et des journalistes, à bord d'avions spécialement affrétés, écrit l'historien Desmond Morton, Douglas et un ou deux de ses collaborateurs attendaient aux aéroports le départ des vols réguliers, ou bien se déplaçaient en voiture, véhiculés par des sympathisants...» En Saskatchewan, où le corps médical avait ouvert les hostilités contre le régime d'assurance maladie préconisé par le NPD, Tommy Douglas perdra son siège de Regina. De timides lueurs d'espoir brillaient cependant ici et là: Gerry Caplan et Stephen Lewis avaient conjugué leurs efforts pour organiser la campagne de David Lewis dans York-South et ils réussirent à le faire élire pour la première fois. Il s'en alla donc rejoindre les rangs des dix-huit néo-démocrates siégeant à la Chambre des communes. Pourtant, note Desmond Morton, le sentiment général était que «la tentative du Nouveau Parti s'était soldé par un échec. Le NPD avait perdu le soutien des agriculteurs sans pour autant gagner les voix des travailleurs. Un sondage Gallup effectué après les élections révélera que les suffrages des ouvriers syndiqués étaient allés pour 23 p. 100 au NPD, pour 25 p. 100 aux conservateurs et pour 38 p. 100 — la proportion était écrasante — pour les libéraux.»

John Valleau, qui habitait à deux pas de chez Ed dans Collier Street, m'a raconté combien la situation était alors peu brillante pour les néo-démocrates: «Ed et moi avons commencé à militer à peu près à la même époque. En 62, nous travaillions pour le NPD à Rosedale.» S'il a jamais existé une cause perdue, c'était bien celle-là. Très peu de gens savaient même que le NPD présentait un candidat dans le comté. «Par une journée morne et lugubre, me dit Valleau, je me trouvais dans ma cuisine, vaquant à mes occupations, quand soudain j'ai entendu dans la rue tout un vacarme. Je suis sorti pour aller voir ce qui se passait, et là j'ai aperçu un type assez petit, très mince, tout seul, qui s'égosillait dans un porte-voix pour faire un discours très théorique, très intellectuel, destiné aux habitants de Collier Street. C'était le candidat NPD. J'avais tant de peine pour ce pauvre gars que personne, absolument personne n'écoutait, que je suis allé lui demander ce que je pouvais faire pour lui venir en aide.»

Ce franc-tireur émérite du NPD était un Anglais du nom de Des Sparham. Volubile, charmant mais ennuyeux comme la pluie, il s'activait sans relâche à organiser le Nouveau Parti, trimant comme un damné pour tout le pays pour regrouper de petits noyaux de sympathisants qu'il recrutait pour la plupart parmi les jeunes cadres des classes moyennes urbaines, lesquels n'avaient parfois jamais entendu parler de la CCF mais s'intéressaient à un programme progressiste. Ses interlocuteurs ne connaissaient généralement rien de la politique, mais l'inlassable Sparham était capable de s'accrocher aux basques de quiconque voulait bien l'écouter. Sa campagne à Rosedale fut organisée par «ce petit groupe d'illuminés» — pour reprendre le propre qualificatif de Valleau — composé de Valleau lui-même et de sa femme Liz, de Lyla Barclay (Ed et elle s'étaient connus du temps de la coop), de son mari, Tony Barclay, d'un autre Anglais et de Ed Broadbent. De temps à autre sa soeur Velma venait leur prêter main-forte pour faire du porte à porte et solliciter des voix en faveur du candidat. «Mon baptême en politique», dira-t-elle plus tard, rappelant aussi que son frère fut élu président du comité de soutien électoral, promotion sans grand éclat, eu regard au nombre très restreint des membres de leur groupe. Mais Ed noua en la circonstance des liens qui se révéleront durables.

Dans le réseau des relations de Ed, Valleau est un important maillon. Titulaire d'un doctorat de l'Université de Cambridge, il est aujourd'hui professeur de physio-chimie théorique au laboratoire Lash Miller de l'Université de Toronto, le quartier général de John Polanyi. Valleau partage bien plus qu'un local avec le Prix Nobel. Tous deux sont membres de Science et paix (*Science for Peace*), une organisation que Polanyi a contribué à fonder. C'est dans les rangs du mouvement pacifiste que se recrutent nombre de cercles de néo-démocrates et Ed, par le biais de solides relations personnelles, entretient d'étroits rapports avec ce mouvement.

«Les armements de destruction massive qui menacent la survie de la civilisation, et peut-être celle de la race humaine, sont le fruit d'une technologie ultraperfectionnée, déclare une brochure de Science et paix. Eu égard au rôle joué par la science en mettant cette technologie destructive aux mains de l'homme, l'image de la science, que l'on considérait naguère comme une pourvoyeuse d'abondance, de bien-être et de santé, a été ternie. Science et paix est une organisation qui se propose d'étudier les moyens de mettre la science au service de la paix et non pas de la guerre.»

S'étirant au soleil dans son bureau de l'Université de Toronto, sa table de travail envahie de courrier adressé à Science et paix, Valleau ressemble à un gentil hippy qui a pris de l'âge. «Mon père était conservateur, mais il avait conscience des inégalités sociales, de sorte qu'il n'a pas eu à franchir un pas de géant pour voter CCF, me dit-il. Lors de la fondation du NPD en 1961, les Valleau étaient si enthousiasmés par la création du nouveau parti qu'ils se souviennent encore d'avoir regagné en toute hâte leur domicile, en revenant de l'hôpital où Liz Valleau venait de mettre au monde leur second enfant, et d'être arrivés chez eux juste à temps pour écouter à la radio le discours prononcé par Tommy Douglas, lequel venait d'être élu à la tête du parti nouvellement baptisé NPD.

Les Valleau et les Broadbent, qui habitaient à peu de distance les uns des autres dans Collier Street, s'étaient liés d'amitié et très souvent se rendaient visite. «Liz et moi avions perçu une certaine tension entre Yvonne et Ed, raconte Valleau, mais la même tension régnait entre Liz et moi.» En fait, les deux couples se sépareront. «Notre génération a connu bien des grandes premières, reprend Valleau, et le divorce compte parmi les nouveautés que nous avons inaugurées.» Mais les liens d'amitié qui s'étaient tissés entre les deux couples — que rapprochaient encore l'identité de leurs options politiques et un commun amour pour la musique et la littérature — se révélèrent solides et durables. Ils ne se relâchèrent pas lorsque le couple Broadbent quitta Collier Street pour gagner Londres durant l'été 1962.

Pour un jeune socialiste canadien, aller poursuivre ses études à la London School of Economics, c'était véritablement partir en pèlerinage pour La Mecque. «Pour nous, c'était un lieu mythique, raconte Gerry Caplan. Là se trouvait le foyer de la Fabian Society, des Webb et de Harold Laski. Aller là-bas, c'était retrouver ses racines spirituelles.»

Quand vint l'automne 1962, Ed s'inscrivit à la LSE, laquelle relevait de l'Université de Londres. L'établissement est situé dans Houghton Street, à proximité du Strand. Les Broadbent étaient toujours aussi impécunieux, mais Yvonne trouva un emploi d'urbaniste. Ils louèrent un modeste appartement, dépourvu de chauffage, à Chiswick, et tous les matins ils enfourchaient leur Lambretta pour se rendre en pétaradant, par Oxford Circus, au London County Council, où travaillait Yvonne. «Elle cognait son casque contre le mien et me faisait sans cesse remarquer que je ne prenais pas le bon itinéraire», raconte Ed. Grâce à sa bourse et au salaire de sa femme, ils pouvaient cependant écouter des concerts, aller au théâtre et ne pas rester à l'écart des manifestations culturelles. Ils formaient un couple avide de tout connaître, heureux en dépit des nuages qui assombrissaient leur vie conjugale.

Ed s'absorbait totalement dans la préparation de sa thèse de doctorat sur John Stuart Mill, le philosophe anglais qui au siècle dernier s'est détourné du libéralisme pour se rallier à un socialisme non marxiste. Réfléchissant sur la démarche suivie par Mill pour trouver un juste équilibre entre libertés individuelles et justice sociale, intégrant dans cette pensée l'enseignement qu'il avait reçu de Macpherson, Ed peaufinait les thèmes sur lesquels il fondera plus tard sa carrière politique. Au milieu d'une masse estudiantine parlant les langues les plus diverses — la London School of Economics attire quantité d'étudiants africains et asiatiques venus des pays du Tiers-Monde, et aussi des Américains et des Australiens — il se grisait du sentiment d'être au coeur d'un vaste réseau. On le voyait régulièrement aussi dans les pubs proches du British Museum sur Bloomsbury, où il retrouvait Gerry Caplan, Giles Endicott et les autres Canadiens expatriés qui constituaient en quelque sorte une section londonienne de soutien au nouveau parti. Comme les groupes de même nature qui s'étaient créés un peu partout au Canada, celui des étudiants de la LSE suivait de près l'évolution du NPD. Le terne et apathique Canada colonial allait se métamorphoser — à tout le moins dans les esprits — en une nation dynamique et indépendante.

«Nous savions tous que nous reviendrions au Canada», raconte Giles Endicott, un militant CCF de la première heure du temps qu'il étudiait à l'Université de Toronto, et qui plus tard sera l'un des fondateurs du mouvement Waffle. «Nous savions qu'un jour nous serions appelés à jouer un rôle sur la scène politique. J'étais bien décidé à me présenter aux élections, mais Ed, autant que je m'en souvienne, ne nous a jamais dit qu'il ambitionnait de le faire lui aussi. Il semblait davantage se considérer comme un théoricien ou un conseiller. Il attachait le plus grand sérieux aux questions politiques, mais il ne comptait pas parmi ceux qui voulaient monter en première ligne. Il n'était pas né là-dedans, comme Stephen Lewis.»

Non, Ed ne rêvait pas de devenir Premier ministre. Bien qu'il ait laissé à ses camarades le souvenir d'un jeune intellectuel studieux, il profita de son séjour à Londres pour prendre un peu de bon temps en Europe. Sa femme et lui firent une excursion en scooter à travers la Scandinavie, et pendant les vacances d'hiver ils gagnèrent l'Espagne en voiture, accompagnés de Gerry Caplan et de sa femme, Ann. Gerry préparait un doctorat à la London School of Oriental and African Studies. Velma et Barry vinrent rejoindre les deux couples à Barcelone. Mais le voyage tourna au fiasco. À tout instant Ed se chamaillait à propos de l'itinéraire, chacun prétendant proposer le meilleur. Quand ils arrivèrent à Barcelone, il neigeait, et plus tard Gerry provoqua un grave accident. «J'ai bien failli tuer Velma et ses enfants, reconnaît-il, quand j'ai dérapé et quitté la route.» Velma considérait que Gerry s'était comporté comme un dangereux fou du volant. Tout le monde dut passer une semaine à Valence en attendant que la voiture soit réparée, et l'humeur générale s'en ressentit fâcheusement.

De retour en Angleterre après l'équipée espagnole, Caplan fut appelé au Canada pour y diriger la campagne de David Lewis qui se présentait de nouveau à l'élection fédérale de 1963. Les résultats furent pour Caplan une très amère déception: Lewis perdit son siège et, ce qui venait encore assombrir les choses, Lester Pearson fut élu Premier ministre, à la tête d'un gouvernement minoritaire. Effondré, Caplan regagna Londres et peu de temps après se sépara de sa femme. «Un jour Ed est venu me voir, raconte-t-il, et il m'a trouvé assis tout seul à la cuisine en train de manger des fèves au lard à même la boîte en buvant du gin au goulot. Je me sentais au fond du trou.»

Caplan partira ensuite pour la Rhodésie et la Zambie, et à l'âge de vingt-cinq ans il se retrouvera inscrit à l'Université de Rhodésie pour y poursuivre ses études de doctorat «tout en enseignant l'histoire africaine à des Africains», explique-t-il avec des intonations ironiques. En quittant Ed, ajoute-t-il, jamais il ne se serait imaginé que celui-ci deviendrait un jour un homme politique. Aujourd'hui encore Gerry Caplan ne lasse pas de s'étonner de la carrière de son ancien compagnon de Londres.

L'empreinte la plus marquante que garde Ed de son passage à la LSE, il la doit à l'influence de Michael Oakeshott, un philosophe de tendance réactionnaire qui s'attirera une certaine célébrité quand, en pleine période de manifestations estudiantines, il refusera de se plier à un mot d'ordre de grève lancé par les étudiants gauchistes. Quand il rend hommage aujourd'hui aux brillants exposés et aux analyses lumineuses d'Oakeshott, Ed est conscient de ce qu'il y avait de paradoxal pour lui à suivre l'enseignement d'un théoricien d'extrême droite dans un des conservatoires mondiaux du socialisme. «Oakeshott était épouvantablement réactionnaire», déclare John Wilson, un politicologue diplômé du Trinity College, et qui lui aussi a été l'élève et de Macpherson et d'Oakeshott. «Mais c'était un enseignant hors pair, ajoute-t-il, et bien entendu Ed, qui souhaitait mieux comprendre l'idéologie conservatrice, n'a pas dû manquer de s'intéresser vivement aux cours d'Oakeshott. Avec lui on apprenait mille choses. Sa pensée était claire et très articulée.»

De l'enseignement d'Oakeshott, Ed dérivera au moins une application pratique. «C'est lui qui m'a amené à comprendre qu'il faut persuader les gens de la nécessité de changer les choses, dit-il. Oakeshott soutenait que la politique est par définition une entreprise conservatrice, et qu'en politique il ne s'agit pas de poursuivre des fins prédéfinies, mais de tenir le navire à flot. Être chef d'État, énonçait-il, c'est être le capitaine d'un navire qu'il faut faire naviguer sans cartes marines. Pas de port nulle part.» Ed n'adhérait pas à cette assimilation de la politique à la navigation sans cartes. Il croyait aux buts que s'assignait le socialisme, à une société meilleure. «Mais Oakeshott m'a obligé à réfléchir sur la nature conservatrice de l'être humain, reconnaît-il. Les gens sont lents à se décider à changer l'ordre établi. À partir du moment où on est comme moi démocrate et socialiste, il faut aller au-devant des gens pour les rencontrer à mi-chemin. Il est indispensable de respecter les convictions des autres, de respecter leur identité et de se garder de les dénigrer si les valeurs auxquelles ils croient ne sont pas les vôtres. J'ai appris qui si on veut exercer une certaine influence, c'est par la persuasion qu'on peut amener les autres à faire un pas en avant eux aussi. Si vous ne leur témoignez aucun respect, ils ne vous écouteront pas.»

Sa stratégie de base, c'est donc Oakeshott qui la lui a enseignée. Pendant un certain temps, Ed envisagea de prolonger son séjour à Londres pour y soutenir sa thèse de doctorat. Mais tout bien pesé, il préféra revenir au Canada, décision que vingt ans plus tard il ne regrette assurément pas d'avoir prise. «Si je suis rentré, c'était pour travailler sous la direction de Macpherson. C'était lui le meilleur au monde, voilà tout. Ce que nous avions ici pouvait amplement rivaliser avec tout ce qu'on pouvait bien aller chercher ailleurs. J'appartiens à une génération chanceuse. Nous n'avions pas connu la Dépression, nous n'avions pas livré de guerre... nous ne faisions rien que récolter les fruits de la prospérité économique. En grandissant nous avions pris confiance en nous-mêmes. J'écoute Glenn Gould interpréter Bach, je lis Margaret Atwood, Alice Munro, Richler, Ondaatje... En peinture, en architecture, en enseignement universitaire, nous ne cédons notre place à personne. Nous sommes une génération assurée d'elle-même. Nous ne faisons pas de courbettes devant les Britanniques et ne nous sentons pas inférieurs aux Américains. Nous sommes Canadiens et nous sommes capables d'accomplir nos tâches sans prendre de leçons d'excellence de personne. Le drame, c'est qu'à l'époque où précisément nous sommes pleinement en mesure de reprendre les rênes de notre économie, la direction politique suprême du pays entend nous faire absorber par les États-Unis.»

À l'automne 1963, Ed retrouva donc l'Université de Toronto pour se consacrer à sa thèse sur John Stuart Mill et préparer son doctorat sous la direction de celui qu'il considérait comme le meilleur, Brough Macpherson. Leurs routes se sépareront après qu'on lui aura officiellement remis son diplôme en 1966. Parmi les sept membres du jury qui avait questionné Ed — la soutenance d'une thèse se déroule sur deux heures nerveusement éprouvantes et consiste pour le candidat à exposer oralement son sujet, puis à répondre aux questions que lui posent les examinateurs pour défendre le point de vue qu'il soutient — figurait Peter Russell, un professeur de sciences politiques de l'Université de Toronto. Mais la présence de son directeur de thèse, Brough Macpherson, lui avait été d'un grand réconfort. La renommée et l'influence de Macpherson atteignaient alors leur apogée, et il avait d'ores et déjà marqué du sceau de son approbation le travail de son élève, lequel avait appliqué à John Stuart Mill les critiques formulées par son maître à l'encontre de Hobbes et Locke. «Ed soutenait que le libéralisme de Mill était fondé sur une conception de la nature humaine tout aussi fallacieuse que celle de Hobbes et de Locke», dit Russell. Ed reprenait au contraire à son compte le point de vue optimiste de Macpherson, à savoir que la nature humaine n'est pas vouée à une fatale malédiction. Bien que la démarche de Ed fût pour une bonne part calquée sur celle de Macpherson, le candidat avait fait preuve d'une «excellente érudition», déclare Russell.

Ed avait toutes les raisons d'être satisfait de son succès universitaire, mais il ne songeait pas encore sérieusement à faire carrière dans la politique. De son côté, le NPD marquait sombrement le pas: en 1964 en Saskatchewan, où Tommy Douglas ne s'était pas présenté à l'élection provinciale, le vénérable gouvernement NPD était passé aux mains de Ross Thatcher, un ancien député de la CCF qui avait conduit les libéraux à la victoire. Le coup était rude. «Le Nouveau Parti démocratique titubait, vacillait sur ses bases et même se scindait dans le reste du Canada, écrit Desmond Morton, mais il lui restait la Saskatchewan, où il régnait en maître, efficace, un peu imbu de lui-même, sans doute, mais animé d'une générosité de tous les instants et de la volonté de rayonner hors de ses propres frontières.» Et pourtant, bien que le Parti eût perdu «moins de un pour cent des suffrages populaires, il avait du même coup perdu le pouvoir. Le NPD était au creux de la vague.» Un an plus tard, Pierre Elliott Trudeau, candidat libéral de Montréal qui avait soutenu le NPD lors de précédentes élections, sera élu à la Chambre des communes. L'ère de la trudeaumanie n'allait guère tarder à s'ouvrir. Quant à l'existence de Ed Broadbent, elle allait changer du tout au tout. Mais cela, il ne le savait pas encore.

Chapitre quatre

La carrière politique

> *C'est une bonne chose pour nous d'être représen-*
> *tés par un gaillard de son calibre. Il peut parler deux*
> *langages, selon qu'il a affaire aux gros bonnets qui se*
> *situent intellectuellement sur le même plan que lui, ou*
> *au contraire à l'homme de la rue. Il sort d'une famille*
> *d'ouvriers. Il sait très bien ce que son père et sa mère*
> *ont enduré. Il connaît la vie.*

Abe Taylor, ex-président du Local 222

Rien de ce que touchait Ed depuis qu'il prenait ses responsabilités d'adulte, et en cela sa carrière d'enseignant ne faisait pas exception à la règle, ne se transmutait sur-le-champ en or. En termes de
hippisme, disons qu'il ne prenait pas dès le départ la tête de la
course, mais qu'il remontait inexorablement dans la dernière longueur. En 1965, il se mit à enseigner les sciences politiques à
l'Université York qui, à cette époque, sortait de terre. Elle comptait
trois mille étudiants (y compris ceux qui suivaient les cours du
soir), et son corps enseignant se composait de cent vingt-huit professeurs. La toute nouvelle université avait un trait en commun avec
Central Collegiate, l'établissement scolaire qu'avait fréquenté Ed à
Oshawa; Central se posait en rival de O'Neill, et l'Université York
entendait bien prendre l'avantage sur celle de Toronto.

Le lieu de rassemblement de la population estudiantine, c'était
le verdoyant campus Glendon, qui se prolongeait au nord par des
terres arides jusqu'au-delà de la route 401, où le nouveau campus

tentaculaire était en construction au milieu d'un océan de terres agricoles boueuses. York avait été créée pour soulager l'Université de Toronto, incapable désormais d'absorber un effectif de plus en plus nombreux. La nouvelle université se voulait «accessible», et elle accueillait une véritable cohue d'étudiants issus du baby-boom, parmi lesquels bon nombre étaient des fils et des filles d'ouvriers et d'immigrants. De nos jours, York est devenue une institution gigantesque, puisqu'elle compte quarante mille étudiants et deux mille enseignants. Broadbent n'est d'ailleurs pas le seul personnage politique qui soit sorti de cette ruche. Ed était «l'un des éléments du groupe de jeunes et brillants politicologues que nous avions recrutés», raconte Murray Ross, le premier en date des présidents de l'université, aujourd'hui en retraite. Mais, apparemment, la direction ne le considérait pas comme une future vedette. «Celui que nous remarquions, reprend Murray Ross, c'était Thomas Hockin. Et aussi un étudiant de gauche du nom de John Bosley.» Bien qu'aujourd'hui Hockin ne soit pas à proprement parler une figure de premier plan, il détient un portefeuille ministériel dans le cabinet tory. Quant à Bosley, lui aussi député conservateur, il a été président de la Chambre.

À cette époque, le département des sciences politiques était dirigé par un Américain, Robert Presthus. Quand on lui apprendra que l'un de ses collaborateurs songeait à se présenter aux élections fédérales, Presthus fera à Ed la réflexion suivante: «Faites au moins quelque chose d'utile. Puisque vous voulez vous lancer dans la politique, pourquoi perdre votre temps à vous occuper de la politique canadienne?»

Jusque-là Ed s'était contenté d'oeuvrer pour le comité électoral à l'échelon provincial (celui de St. David, à Rosedale, où il vivait). Après avoir fait du porte à porte pour l'invisible candidat NPD de Rosedale aux élections fédérales de 1962, il avait décidé à son retour de Londres de s'engager activement, ce qui semblait somme toute assez naturel. Plusieurs de ses anciens camarades de l'Université de Toronto, Giles Endicott, par exemple, militaient activement dans l'association. Un jour on appela Ed pour qu'il vienne prêter mainforte. C'est ainsi qu'il prit part aux réunions du comité et qu'il se chargea d'un certain nombre de tâches de routine dans un comté dont le moins qu'on puisse dire est que les néo-démocrates n'y déchaînaient pas de folles sympathies. (Alors qu'il sonnait à la porte d'une maison cossue de Rosedale pour y distribuer des pamphlets, un militant du NPD s'entendit répondre par le propriétaire: «Vous voulez frapper à l'entrée des domestiques, je suppose.»

Le Parti avait beau ne dénombrer que peu de gens dont il pouvait faire des candidats, Ed ne fut pas pressenti et nul ne semblait le considérer comme une future vedette. Et puis, il était absorbé par sa carrière universitaire. On lui avait solennellement remis son diplôme en 1966, et enfin les années qu'il avait consacrées au travail assidu portaient leurs fruits. Il aimait la vie universitaire et entretenait de bonnes relations avec ses étudiants. Il les traitait comme des êtres doués d'intelligence, et ils lui en étaient reconnaissants. Il n'était pas vieux jeu. Alors que la plupart de ses collègues arboraient la cravate, il portait des chandails à col roulé. Il ne lui déplaisait pas d'aller boire une bière au Jolly Miller après ses cours, et il prenait un vif plaisir à enseigner. Mais il ne passait pas pour avoir le charisme de celui qui avait été son maître, C.B. Macpherson. Devant un amphithéâtre bourré à craquer, il ne faisait pas merveille. Il sortait des plaisanteries qui bien souvent tombaient à plat et les étudiants somnolaient tandis qu'il faisait son cours en s'aidant de notes. Personne ne l'applaudissait quand il avait terminé. C'était au milieu d'un groupe restreint qu'il reprenait vie. Là où il donnait toute la mesure de lui-même, c'était durant ses séminaires. Il s'y sentait plus détendu, baissait sa garde et laissait percer son humour. Il avait le don de stimuler de passionnants débats et tirait orgueil d'exiger beaucoup de ses étudiants. «Je leur menais la vie dure», dit-il.

Nombre d'entre eux n'hésitent pas à le confirmer. «Il était strict, sévère. Il nous obligeait à lire un livre par semaine et à rédiger à tout bout de champ des dissertations», raconte Richard Keshen, qui plus tard décrochera un doctorat à l'Université d'Oxford. Keshen, qui a suivi les séminaires de philosophie politique de Ed en 1966-67, enseigne aujourd'hui la philosophie au collège universitaire du Cap-Breton. Ses étudiants savaient que leur professeur se réclamait du socialisme, «mais jamais il ne cherchait à nous imposer ses idées, ajoute Keshen. Il ne faisait preuve d'aucune discrimination vis-à-vis des étudiants d'allégeance conservatrice ou libérale que nous comptions parmi nous. Il n'essayait jamais de faire prévaloir une idéologie. Il nous parlait avec passion de John Stuart Mill et nous exposait le jugement critique formulé par Marx à propos de l'oeuvre de Mill. Mais Ed appartenait à cette école de pensée libérale qui met l'accent sur les libertés individuelles. Un marxiste aurait au contraire taxé la pensée de Mill d'imposture bourgeoise. Avec le recul du temps je me rends compte de l'influence exercée par Macpherson sur Ed. C'est elle, je pense, qui l'amenait à essayer de concilier tradition libérale et socialisme.»

«C'était un piètre conférencier mais un excellent directeur de séminaires», déclare Paul Grayson qui, aujourd'hui, enseigne la sociologie à York. «Le séminaire de Broadbent sur la théorie politique reste pour moi l'un des cours les plus instructifs auxquels il m'a été donné d'assister. Ce jour-là, il a passé en revue les théoriciens modernes, de Mill à Macpherson et Oakeshott en passant par Marx et Lénine, et ensuite il en est venu à faire l'analyse critique des fondements et de la logique de leur pensée. Il reprochait à Marx et Lénine de ne pas avoir tenu compte de l'individu. Il attachait une importance toute particulière à *La Liberté*, l'essai de Mill et insistait sur le fait que l'État a le devoir de respecter les libertés individuelles de ses citoyens. Il était exigeant, permettez-moi de le dire. Mais nous avons tout particulièrement apprécié ce séminaire de trois heures. Il est vrai que, lors de cette soirée, nous ne voyions pas le temps passer.» Grayson avait une raison supplémentaire d'aimer Broadbent. «Il était l'un des rares universitaires qui comprenaient que le Canada était un pays distinct. Les grands problèmes dont les étudiants discutaient sur le campus étaient tous liés aux États-Unis... le Viêt-nam, la révolte des Noirs... L'essentiel pour nous n'était pourtant pas là. Quelque chose était en train de se produire au Canada.»

Grayson avait raison. C'était une époque fiévreuse. En 1965, le nationalisme canadien avait atteint un sommet. George Grant avait publié *Lament for a Nation*, Walter Gordon avait démissionné du cabinet Pearson et usait de tout son pouvoir de conviction, de tout son crédit pour dénoncer la vulnérabilité d'une économie dominée par des multinationales aux mains d'étrangers. Sous la direction de John Robarts, son Premier ministre, le gouvernement de l'Ontario maintenait le *statu quo*, se contentant de faire quelques concessions mineures pour museler l'opposition. Mais à l'est de la province, de l'autre côté de sa frontière, l'appétit de changement s'exacerbait. Dans les quinze années qui suivront, le Québec connaîtra une véritable mutation sous la direction de Lesage et de Lévesque, et cette province imprimera son sceau à la politique nationale sous l'impulsion de Trudeau, Marchand et Pelletier, les trois Québécois sagaces qui, en 1965, s'étaient présentés aux élections fédérales sous la bannière du Parti libéral. Dans ses mémoires, Gérard Pelletier écrira plus tard que tous les trois considéraient le NPD comme un parti dont le programme était assurément plus réaliste, mais que, pour instituer des changements significatifs à Ottawa, il n'avait pas d'autre choix que de se rallier aux libéraux.

Au Québec, le «climat d'urgence», pour reprendre une expression de René Lévesque, était encore aggravé par le Rapport Parent sur l'éducation, lequel avait révélé qu'en 1964 «les quatre cinquièmes de la population adulte avaient arrêté leurs études à la fin de l'école primaire, et que beaucoup n'étaient pas même allés jusque- là!» Mais la Révolution tranquille allait tout changer, et le Québec aller de l'avant, par bonds successifs, pour prendre résolument en main ses propres destinées. Robert Cliche, un brillant avocat originaire de la Beauce, ami intime très proche de René Lévesque, avait été porté à la tête du NPD québécois en 1965, mais les efforts qu'il avait déployés pour construire le Parti avaient été contrecarrés par la ligne social-démocrate suivie par le gouvernement Lesage. En cette même année 1965, le Québec avait refusé de s'associer au plan de retraite institué par le gouvernement fédéral, préférant créer la Caisse de dépôt et placement autonome pour gérer les fonds de pension et les investir dans l'économie québécoise. En vingt ans, la Caisse de dépôt deviendra un organisme gigantesque dont l'avoir atteindra vingt-huit milliards de dollars, et qui aura largement fait la preuve de son efficacité en matière de développement industriel.

En 1965, aux États-Unis, la guerre au Viêt-nam s'était intensifiée sous la présidence de Lyndon Johnson, et une vague de protestation avait déferlé d'un bout à l'autre de l'Amérique du Nord sur les campus universitaires. La violence américaine ne désarmait pas: deux ans après l'assassinat de Kennedy, le militant noir Malcolm X était tué par balle à l'âge de quarante ans. Trois ans plus tard, Martin Luther King, le plus jeune des lauréats à qui on ait jamais décerné le prix Nobel de la paix, était supprimé à son tour dans la ville de Memphis et deux mois plus tard encore disparaissait, victime d'un meurtre, Robert Kennedy, âgé de quarante-deux ans, alors qu'il briguait l'investiture du Parti démocrate en vue de l'élection présidentielle.

Divers militants canadiens livraient aussi des combats de francs-tireurs. En 1965, par exemple, par un petit matin chaud et humide en Rhodésie, Gerry Caplan fut arrêté et jeté en prison pour avoir approuvé une manifestation d'étudiants dirigée contre le régime raciste de Ian Smith. Sept jours après, Caplan sera expulsé en Zambie, et un peu plus tard il regagna le Canada, où on l'accueillera en héros. Attentif aux événements qui se déroulaient, Ed participait à sa façon, dans le cadre de ses activités universitaires, aux changements radicaux qui faisaient aller de l'avant sa génération. Plus de vingt ans après, il sera pour le moins risible de lire le gros titre que lui consacrera en première page le *New York Times* en date de 8 novembre 1987: «Un dirigeant gauchiste s'affirme au Canada.» L'image qui était donnée de lui — celle d'un rebelle passant à l'offensive en dévalant des hauteurs de Gatineau — trahissait singulièrement la réalité, à savoir que Ed avait mûri à l'époque la plus contestataire de l'histoire moderne sans jamais avoir fait l'objet de la moindre arrestation, ce qui en ce temps-là semblait presque déshonorant.

En 1965, un jeune avocat du nom de Brian Mulroney s'inscrivait au barreau de Montréal. Il se prévalait avantageusement de ses proches relations avec John Diefenbaker et se targuait auprès de ses amis de devenir un jour Premier ministre du Canada. Ed, lui, n'avait d'accointances avec aucun politicien de premier plan, et quand il songeait à l'évolution politique du pays — ce qu'il faisait constamment — c'était de façon purement théorique, en se référant aux grands problèmes de l'heure: démocratie, rôle du marché, droits de l'individu, besoins de la collectivité, développement économique... Si Mulroney se berçait de rêves de pouvoir, Broadbent s'absorbait dans la mise en forme de sa vision politique. Transmutés en fonction des exigences de la société moderne, les trois buts que s'était assignés la Révolution française — Liberté, Égalité, Fraternité — hantaient son esprit. (Plus tard, ses détracteurs l'accuseront de ne pas avoir eu de coeur au ventre et de ne jamais s'être révélé assez courageux pour monter en première ligne. Quant à lui, il ne voit pas du tout les choses sous le même angle.)

Telle était donc pour lui la situation au milieu des années soixante: il tenait bon alors que son mariage partait à vau-l'eau, il enseignait et il allait boire une bière et parler politique au Jolly Miller, un pub situé à North-York, en compagnie de Harvey Simmons. Fils d'un détective privé de Boston — profession qui intriguait énormément Ed —, Simmons était titulaire d'un doctorat en sciences politiques et travaillait pour le gouvernement. Il était arrivé à York en 1965. À la différence de certains de ses collègues, nationalistes à tous crins, Ed ne fut nullement offusqué de la nationalité américaine de Simmons. (En dépit de ses revendications d'autonomie nationale, Ed est assurément pro-américain pour ce qui concerne la littérature et la pensée de gauche, apparent paradoxe qu'un reporter du *Wall Street Journal* ne manquera pas de signaler. La première question qu'il posera au sujet de Ed sera: «Il est anti-américain, n'est-ce pas?»

Les Simmons et les Broadbent se recevaient fréquemment. Le couple Simmons avait une petite fille, Erica, dont Ed partageait les jeux. Il lui apprit, ce qu'elle n'a pas oublié, à faire des ballons avec du chewing-gum, et il gardait pour elle les tubes d'aluminium de ses cigares. Mais dans son foyer Ed ne faisait pas merveille. «Ed aurait eu grand besoin de prendre des leçons du mouvement de libération de la femme, et Harvey aussi, déclare Eileen Simmons. Il n'y a pas longtemps que les hommes ont appris à faire la cuisine et à promener le bébé. Dans les années soixante, l'homme se consacrait uniquement à son métier, et la femme se dévouait à son mari. Voyons donc! Yvonne n'était pas comme ça. Elle avait elle aussi un métier.» Par ailleurs, Yvonne ne souhaitait pas avoir d'enfants.

Eileen et Harvey n'étaient pas conscients des dissensions internes du couple Broadbent, qui pourtant était sur le point de se dissoudre. Harvey avait cependant remarqué qu'Yvonne ne prisait guère l'humour de son mari. «Ed pouvait faire des plaisanteries volontairement stupides, dit-il. Il adorait faire marcher les gens. Mais à partir du moment où une femme répugne à entrer dans le jeu de son mari, le fossé se creuse.»

Ed et Harvey avaient un tas de choses en commun. «Nous étions toujours d'accord sur l'essentiel, rapporte Harvey. J'étais à l'époque ce qu'on peut appeler un démocrate libéral, un homme de gauche, bien qu'aujourd'hui je me considère davantage comme un socialiste. La différence entre les deux, explique-t-il, c'est que les démocrates libéraux estiment que tout le monde dispose de chances égales et livre le match en terrain plat. La conception des socialistes est plus complexe. Ils pensent qu'il faut commencer par créer le terrain plat sur lequel tout le monde jouera à chances égales, et que l'État doit user de son pouvoir d'une façon plus autoritaire pour rétrécir le fossé qui sépare les riches des pauvres.» Simmons considère cependant qu'entre les deux tendances existe une zone dont les contours sont assez flous. «Les socialistes ont fait un pas vers la droite et se montrent moins rigides en matière d'intervention de l'État, alors que de leur côté les démocrates libéraux se sont rapprochés de la gauche et admettent que l'État exerce un certain dirigisme. Ed, dit-il, est un socialiste qui tient compte des réalités concrètes. Je me considère aujourd'hui comme un socialiste à la Broadbent.»

Le message qu'il était le plus difficile de faire passer à York dans ce temps-là, explique encore Grayson, consistait à persuader les gens que le Canada était une entité bien distincte des États-Unis. «À l'université, c'étaient les Américains et les intérêts américains qui alimentaient toutes les discussions et prenaient le pas sur quoi que ce soit d'autre.» Du temps de ses études, la condescendance avec laquelle la plupart de ses camarades traitaient des affaires proprement canadiennes mettait Grayson hors de lui. «Ed, lui, discutait avec les étudiants NPD du campus et les entretenait de l'avenir du

Canada. Il était l'un des rares à s'intéresser au Canada. Il était beaucoup plus facile à cette époque de parler de Selma et de ce qui se passait en Alabama. L'attitude générale consistait à soutenir que l'extrémisme était inexistant au Canada. Seigneur! Alors qu'il suffisait de tourner les yeux vers le Québec. René Lévesque commençait à parler de séparatisme, Trudeau était ministre de la Justice, Walter Gordon s'efforçait de susciter un courant d'intérêt pour les affaires du pays...»

Les dirigeants de l'université confirment en tout point ces jugements portés sur Ed par Grayson. Harold Kaplan, l'homme qui, alors qu'il dirigeait le département des sciences politiques à York, avait donné son accord pour que soit octroyé un congé sans solde à Ed quand il s'était présenté à l'élection fédérale de 1968, était un Américain originaire du New Jersey. «Le département de sciences politiques était bourré d'enseignants américains, raconte Kaplan, alors que les étudiants, pour la plupart épris de nationalisme, adhéraient au mouvement général de contestation de la fin des années soixante.» Robin Matthews, un professeur de Carleton, qui avait encore fait monter la fièvre en rendant public un rapport sur l'américanisation des universités canadiennes, tirait bruyamment le signal d'alarme et voyageait d'un bout à l'autre du pays pour garder les esprits à sa cause. Ed affirme aujourd'hui qu'il «partageait les inquiétudes» de Matthews, mais qu'il ne ressentait aucune antipathie pour ses amis américains. Il se refusait à personnaliser les conflits qui s'élevaient. Même quand il lui arrivait de s'engager dans des discussions animées sur diverses questions avec ses collègues, relevait Simmons, il le faisait en gardant tout son calme. «J'étais plutôt tenté de m'emporter, mais Ed ne se départissait jamais de son sang-froid.» Simmons devait véritablement prendre sur lui-même pour ne pas exploser en présence des étudiants de droite. «Ils me faisaient sortir de mes gonds, dit-il, mais Ed ne bronchait pas, ce qui m'impressionnait beaucoup.»

Pourtant, Ed aurait eu de bonnes raisons de s'emporter contre celui qui avait précédé Kaplan à la tête du département de sciences politiques, Robert Presthus. «Un Américain de la pire espèce, estime Kaplan. Il jouissait d'une certaine notoriété, avait d'excellentes références et comptait de nombreuses publications à son actif, mais il ne cessait de rabâcher que tout ce qui pouvait bien exister au nord de la frontière des États-Unis ne valait même pas la peine qu'on s'y arrête. Pour Presthus, rien de ce qui était canadien n'avait la moindre valeur.» John Saywell, le premier doyen des facultés des lettres et des sciences, défend au contraire l'attitude de Presthus. «Il n'était pas le seul à se dire que les sciences politiques canadiennes n'avaient pas évolué. Il y a vingt-cinq ans, nous n'avions encore ni personnel enseignant qualifié ni technologie intellectuelle. Mais les choses ont totalement changé.»

Ed considère que Presthus «ne se rendait absolument pas compte du sentiment que nous avions d'être envahis, menacés, alors que dans sa grande majorité le corps enseignant n'était pas canadien. Toute université a, entre autres fonctions, de transmettre les valeurs culturelles nationales, et pour nous la situation était difficile à supporter. Mais en même temps nous étions entourés d'un bon nombre d'Américains d'une toute autre espèce. Des gens comme Kaplan et Simmons qui, eux, acceptaient la culture canadienne.»

Et c'était vrai. En 1968, par exemple, on proposa à Kaplan un poste aux États-Unis, et quand il retourna passer quelques jours dans son New Jersey natal, ce fut pour constater qu'il réagissait désormais comme un Canadien. «Pour des raisons politiques, il m'était impossible de repartir pour les États-Unis, dit-il. Je ne pouvais plus m'y faire. J'avais l'impression d'être encaserné. Épouvantable. Le Viêt-nam intoxiquait littéralement le pays, déchaînant un chauvinisme qu'on ne verra réapparaître qu'avec Reagan au moment des événements du Nicaragua. Cela me dégoûtait. Je ne peux pas supporter les rapaces américains. Ils me font peur.»

À cette époque, Ed était davantage affligé par la détérioration de son couple. Yvonne et lui se séparèrent, puis ils tentèrent à nouveau de vivre ensemble, faisant de leur mieux pour arranger les choses. Ils eurent beau consulter un conseiller conjugal, toutes leurs tentatives furent vaines. «Ed était anéanti par l'échec de son mariage», raconte Harvey Simmons. Et pourtant ce fut Ed qui prit la décision de rompre définitivement en 1967. «Il nous a téléphoné le jour où il a annoncé à sa femme qu'il voulait divorcer. Il en était littéralement brisé.» Yvonne aussi. Elle fit une dépression nerveuse.

Selon une amie d'Yvonne, si cette dernière ressentait tant d'amertume en voyant se dégrader ses relations avec Ed, c'est qu'elle était persuadée que son mari s'était épris de Lucille Munroe. «Je savais pourquoi leur mariage s'écroulait, déclare Setsu Weldon, la soeur d'Yvonne. À cette époque déjà, Ed ressentait bien plus qu'un penchant pour Lucille, et sa passion pour Yvonne avait bien faibli. Personne n'aurait rien pu y faire. Ce sont des choses qui arrivent. Mais je crois qu'en définitive c'était une bonne chose. Je ne crois pas qu'Yvonne aurait pu se faire à la politique, et Ed a agi comme il le fallait.» Mais les deux familles exercèrent d'énormes pressions pour engager les époux à ne pas divorcer. «J'en étais bouleversée», raconte Setsu, qui s'est convertie au christianisme et considère que «le mariage est une chose sacrée». Le choc fut tout aussi difficile à surmonter pour la famille de Ed, et surtout pour ses parents, qui adoraient Yvonne. «C'était une femme admirable, rapporte David, le frère de Ed. J'étais catastrophé. Jamais plus je ne l'ai revue. Pour moi, c'était comme si elle était morte. Il m'a fallu je ne sais combien de temps pour m'en remettre.» Des années s'écouleront avant que David ne puisse embrasser Lucille sans arrière-pensées.

Entre-temps, Lucille Munroe était allée s'installer à Kanata, une banlieue d'Ottawa, où elle louait une maison pour y vivre avec son fils Paul et enseignait le français dans l'école élémentaire qu'il fréquentait. Louis, son mari, était décédé le 16 février 1965, et dans les trois ans qui avaient suivi elle avait également perdu son père et sa mère. Ed, qui était resté proche de Lucille et de Louis depuis qu'il avait fait leur connaissance à Oshawa en 1959, avait fait de son mieux pour réconforter la veuve dans cette pénible épreuve. Et si, à cette époque, il ressentait déjà de l'amour pour elle, elle n'était assurément pas en état de le lui rendre. «J'avais été très heureuse avec mon mari, dit-elle, et j'avais le sentiment de ne jamais pouvoir surmonter un si horrible chagrin, une si horrible perte.» Peu à peu son mal s'atténuait depuis qu'elle était revenue vivre à Ottawa auprès de sa parenté francophone.

Toute sa vie Lucille avait été partagée entre deux cultures. Son père, John Charles Allen, était un anglophone de Port Colborne, dans l'Ontario et sa mère, Stella Brunelle, était une franco-ontarienne originaire de Lafontaine, un village proche de Penetanguishene, une région à majorité francophone. Les six enfants Allen avaient grandi à Ottawa et tous étaient bilingues. Toute la journée ils parlaient français avec leur mère, et quand le soir leur père rentrait à la maison, la maisonnée s'exprimait dans la langue paternelle. J.C. Allen travaillait pour Guaranty Trust, une compagnie d'assurances, il était membre de l'Ordre Catholique des Forestiers, des Chevaliers de Colomb, et il comptait parmi les militants notoires du Parti libéral. (Keith Davey se souvient d'avoir vu un soir Ed et Lucille à l'opéra dans les années soixante-dix et d'avoir sursauté en les reconnaissant. «Mais c'est la fille de J.C. Allen, s'était-il dit. Elle a épousé Ed Broadbent!)

J.C. Allen s'était présenté sans succès comme candidat libéral, et vers la fin des années cinquante il avait été nommé président de l'Association libérale de l'Ontario. Mais il n'était pas ennemi du socialisme, selon Lucille. «Il appelait les gens de la CCF des libéraux qui veulent aller vite en besogne.» Pour sa part, ce n'était pas sous l'influence de Ed qu'elle s'était détournée des libéraux pour soutenir les néo-démocrates. Cette conversion s'était accomplie en 1963, quand le Premier ministre Lester Pearson avait décidé d'accorder aux États-Unis l'autorisation de stocker des armements nucléaires sur le territoire canadien, et depuis elle n'a jamais cessé de militer pour le NPD. «Je crois bien avoir été de tout temps socialiste», dit-elle.

Une tragédie devait marquer la rencontre de Lucille et de Ed. Elle avait été élevée dans la religion catholique, au couvent des Soeurs Grises de la rue Rideau à Ottawa. Puis elle avait fait des études d'infirmière à l'Hôpital général de la même ville, une vieille bâtisse lugubre située rue Bruyère, tenu également par les Soeurs Grises.

Elle avait ensuite connu Louis Munroe, ou plutôt la soeur de Louis, quand celle-ci avait été soignée à l'Hôpital général, et cette dernière lui avait fait rencontrer son frère. Louis était canadien-français, scolarisé dans une école anglaise, et à l'époque où il avait connu Lucille il enseignait au collège d'Arnprior, dans la vallée de l'Outaouais. Lucille et Louis avaient vécu deux années ensemble avant de se marier le 29 décembre 1956. «Louis était un homme adorable, très affectueux et d'un grand dévouement à l'égard de ses étudiants», me dit Lucille avec un sourire, en me fixant de ses yeux bleus et lumineux. Elle l'aimait.

En 1960 ils avaient adopté un petit garçon de deux ans et demi, Paul. Mais déjà le mal qui devait emporter Louis projetait son ombre sinistre. On venait de découvrir qu'il était atteint de sclérose en plaques, une maladie évolutive caractérisée par une dégénérescence progressive du système neuromusculaire. «Ses symptômes se marquaient par la fatigue, des nausées, et parfois aussi des troubles de la vision», me dit Lucille. Petit à petit Louis déclinait. Ses doigts perdirent leur sens tactile, il se mit à claudiquer, ce qui l'obligeait à marcher en s'aidant d'une canne. Il devenait de plus en plus dépendant de sa femme, et l'un comme l'autre en éprouvaient une atroce angoisse. «Ses amis lui disaient en plaisantant que j'étais aux petits soins pour lui. Tout le monde ignorait qu'il était si malade.»

En décembre 65 Paul attrapa la varicelle. «Louis ne l'avait pas eue quand il était enfant, m'explique Lucille, et il l'a contractée pour de bon, sous une forme grave. Il a fallu le faire hospitaliser; quand il est revenu à la maison il n'arrivait plus à récupérer. Un jour il s'est levé et s'est mis à vomir sur le lit. On l'a de nouveau hospitalisé, puis dirigé sur Toronto. Les médecins m'ont alors appris qu'il avait une tumeur au cerveau. On l'a opéré et il n'a plus re-

137

pris connaissance.» Ed assista aux funérailles. En vieil ami, il fit ce qu'il put pour Lucille.

Moins d'un an après avoir rompu avec Yvonne, Ed apprit à Simmons qu'on l'avait pressenti pour se présenter à Oshawa sous la bannière du NPD. (Ce n'était pas à lui que le Parti avait songé en premier lieu, mais cela, Ed ne le savait pas.) Les néo-démocrates se préparaient en effet, dans la perspective des élections de 1968, et ils souhaitaient présenter à Oshawa, fief tory, un candidat de poids. «Ed voulait savoir ce que j'en pensais, raconte Simmons, et je lui dis à peu de chose près: «Ne te présente pas. Tu ne gagneras pas, et à supposer que tu le fasses, tu deviendras un politicien aussi pourri que les autres. Tu n'es pas fait pour ça.» Je croyais sincèrement que Ed était avant tout un intellectuel et que la politique l'ennuierait. À présent je pense au contraire qu'il est plus heureux dans la peau d'un homme politique qu'il ne l'aurait été dans celle d'un universitaire. La vie d'un enseignant est parfois bien effacée. Il aime la rudesse et le remue-ménage de l'activité politique. Il aime la foule, les choses qui bougent, et je crois qu'il est ravi d'être à la tête d'une vaste organisation. Il aime être le grand patron.»

L'historien Jack Saywell se souvient lui aussi de la visite que lui rendit Ed pour l'entretenir de la proposition qui lui avait été faite d'être candidat du NPD aux prochaines élections. «C'était pour lui un réel dilemme, raconte Saywell. Il était partagé. Il aimait l'enseignement et il voulait savoir s'il était possible qu'on lui accorde un congé sans solde pour lui laisser sa chance, avec la possibilité de reprendre ses fonctions d'enseignement dans le cas d'une défaite électorale. Ce qui me surprenait le plus, c'est qu'il songe réellement à se présenter. Je ne le voyais pas du tout s'engageant dans la politique militante.» Saywell avait enseigné à l'Université de Toronto de 1954 à 1963, à l'époque où Ed y commençait ses études. Saywell comptait parmi les plus influents de la nouvelle génération des historiens de l'après-guerre, et il connaissait bien Gerry Caplan, Stephen Lewis et John Brewin. «Ceux-là ne vivaient que pour la politique, dit-il. Mais Ed était un personnage très différent.»

Passionné par l'évolution de la politique québécoise, Saywell avait rencontré «Mulroney et sa bande à Montréal, pendus aux basques de l'Union nationale (le parti de Maurice Duplessis). Mulroney était un jeune loup aux dents longues et faisait parler de lui. Je ne dirai même pas que ses tendances sont de droite. Il n'a aucune tendance. Ce qui le motivait, c'était toujours l'ambition pure et simple, exempte de principes. Ed, en revanche, était un théoricien de la politique de gauche. Ce qui le poussait à agir, je crois, c'était son besoin de participation et ses convictions égalitaires.»

Sans tenir compte de l'avis de ses proches et de sa famille — sa mère redoutait de le voir renoncer à la sécurité d'une carrière universitaire et ses collègues pensaient qu'il perdait son temps, que jamais il ne battrait un tory sur son propre terrain — Ed prit la décision de solliciter l'investiture du NPD à Oshawa-Whitby. Il avait alors trente-deux ans et soudain, pour la première fois de sa vie, il se retrouva en première ligne. Renonçant au havre réconfortant de l'université, il prit la route pour Oshawa sur sa motocyclette. Son existence ne devait plus jamais être la même.

Sa carrière politique débuta plutôt mal. Pour son discours d'investiture le dimanche 5 mai 1968, il prononça au Carousel Inn d'Oshawa une conférence sur le concept de liberté chez John Stuart Mill devant une assemblée de deux cent cinquante personnes environ, composée pour une bonne part d'ouvriers syndiqués venus des chaînes de montage de General Motors pour l'écouter parler. Son allocution ne leur sembla pas follement amusante. Même s'il avait grandi à Oshawa, à présent qu'il y revenait bardé de diplômes, il n'était plus des leurs. À leurs yeux il n'était qu'un «intellectuel prétentieux», qualificatif qui lui collera à la peau pendant les premières années de sa carrière politique. Abe Taylor, un solide et rude gaillard rompu à l'activité syndicale qui avait cautionné l'investiture de Ed, était assis dans la salle, se tenant de désespoir la tête à deux mains en songeant: «Mais qu'est-ce j'ai fait là!» Taylor envisagea pendant quelque temps de revenir sur sa décision et de retirer à l'orateur l'aval du Parti, mais il était trop tard. John Valleau et Harvey Simmons étaient là eux aussi, souffrant le martyre pour leur ami. J'étais consterné, raconte Simmons, qui se disait: «Seigneur! jamais il ne gagnera s'il continue à faire la leçon de cette façon-là.»

«C'était comique», raconte aujourd'hui Valleau, qui est doué d'un sens de l'humour particulier. Abe Taylor, lui, ne jugeait pas la situation le moins du monde comique. Il comprenait parfaitement que c'était à lui qu'il appartiendrait d'apprendre à Ed comment parler aux «gens ordinaires». Mais Ed était un Broadbent, et ce nom-là plaidait en sa faveur. Tous ses oncles étaient fort connus à Oshawa, et à cela venait s'ajouter la réputation de dévouement que s'était attirée sa mère en se consacrant aux bonnes oeuvres. Ed attirait les sympathies. Il emporte aisément l'investiture devant l'autre candidat, un administrateur d'un établissement scolaire de la région. «Les délégués du NPD désignent Broadbent», titrait le lendemain à la une l'*Oshawa Times*. En première page aussi figurait une photographie sur laquelle Ed, vêtu d'une veste de sport et d'une cravate, ressemblait à un jeune garçon endimanché.

Ed avait la chance d'être patronné par Abe Taylor. S'il avait recueilli l'investiture du Parti en dépit de la déplorable allocution qu'il avait prononcée, c'était à Taylor qu'il le devait essentiellement. Toute sa vie durant Ed semble avoir eu le don de trouver à point nommé les gens les mieux capables de l'épauler. Ted Maidman, le chef de patrouille chez les scouts, C.B. Macpherson, et plus tard David Lewis, tous lui auront prodigué les conseils et le soutien qui lui étaient indispensables. «Il y avait en lui quelque chose que les gens décelaient, explique sa soeur Velma. Rien n'a été acquis d'avance pour Ed, mais il a toujours bénéficié d'aide et de soutien. Voilà pourquoi il est devenu ce qu'il est. C'est une personnalité très complexe. Il a ses lacunes, ses défauts, et les autres lui ont épargné un tas de choses, mais c'*est* un être à part... Cela ne veut pas dire qu'il ne m'est jamais arrivé d'avoir envie de lui botter les fesses.»

Abe Taylor, lui, ne s'était pas privé de le faire, et Ed a toutes les raisons de s'en féliciter. À la Motors, Abe était l'*homme clé*, le parrain du syndicat. Ses talents d'habile négociateur portaient invariablement leurs fruits. «C'est grâce à lui qu'on a pu ouvrir une clinique dentaire dans le sous-sol du local du syndicat, puis un centre d'ophtalmologie, et qu'ensuite nous avons acheté un édifice qui sert de centre pour les retraités, et qui est devenu le plus important de cette nature en Amérique du Nord», déclare David Broadbent qui, pendant dix ans, a siégé au comité exécutif de l'Union des Travailleurs de l'Automobile aux côtés de Taylor.

Abe, entré à la Motors en 1947, prendra sa retraite en 1978. «J'ai vu nombre de mes amis se faire prendre dans cet engrenage et travailler sept jours par semaine, déclare-t-il. C'est à cause de cela qu'aujourd'hui certains sont morts. Ils travaillaient comme des somnambules. Quand les acheteurs réclament à cor et à cri des voitures, les revendeurs en réclament davantage à General Motors et la compagnie impose aux ouvriers des cadences de production plus rapides en leur tenant ce langage: «Si vous ne travaillez pas pendant le nombre d'heures que nous exigeons de vous, alors nous embaucherons des gens qui sont prêts à le faire.» GM n'attache pas la moindre importance à l'aspect humain ou familial des choses. La seule préoccupation de la direction, c'est de satisfaire ses propres intérêts économiques. Et bien sûr, un ouvrier qu'on surmène finit par devenir un poids mort pour la compagnie, car il ne travaille plus à son plein rendement. On cherche alors à se débarrasser de lui.»

Cela, Ed le savait pour ainsi dire par osmose — son père avait exercé simultanément deux professions, son oncle Reuben s'était lui aussi laissé prendre dans l'engrenage des heures supplémentaires, et les hommes de la famille Broadbent totalisaient deux cent cinquante années de labeur au service de la Motors — et il connaissait bien sa ville natale. Malgré cela, la lutte électorale s'annonçait serrée. Jamais encore le comté fédéral d'Oshawa-Whitby n'avait élu un député néo-démocrate, et Ed avait pour adversaire un tory qui se battait sur son propre terrain, très populaire de surcroît, ancien ministre du Travail, Michael Starr, et qui jusqu'à ce jour s'est refusé à toute déclaration à propos de Ed Broadbent. («Mike a l'impression d'avoir été volé, dira un ami de Starr. Jamais il n'a digéré sa défaite.») Mais pour Ed, le principal obstacle à surmonter tenait au groupe même qui était censé constituer sa base électorale: le Local 222. Le syndicat était en effet déchiré par une guerre intérieure qui opposait des factions rivales, et cet état de choses menaçait de broyer le candidat néophyte. D'entrée de jeu Ed apprit ainsi une leçon de première importance pour un homme politique: entre l'arbre et l'écorce il ne faut pas mettre le doigt.

À Oshawa, l'UTA était alors partagée entre deux tendances — les Travailleurs de l'automobile (Autoworkers) et les Démocrates — qui depuis le début des années cinquante se livraient une guerre incessante. Abe Taylor, qui a présidé la section locale de 1963 à 1978, explique ainsi la situation: «L'International (le quartier général, dont le siège se trouvait aux États-Unis) soutenait un «comité électoral de droite», les Travailleurs de l'automobile, qui représentaient la force principale à l'intérieur du syndicat. Impossible de se faire élire si votre nom ne figurait pas sur leur liste. Leur machine vous écrasait tout bonnement. Mais je ne voulais pas me rallier à eux. En 1950 ils avaient négocié une entente valable pendant cinq ans — jusqu'en 55 — à une époque où l'économie était en plein essor. Les voitures se vendaient alors comme des petits pains, mais les adhérents ont perdu de l'argent pendant tout le temps où l'accord a été appliqué. C'est ce qui a provoqué la grève de 55. Nous avions un retard considérable à rattraper.»

Un premier mouvement de rébellion ouverte contre la domination américaine avait été dirigé en 1952 par Cliff Pilkey, un jeune ouvrier du service d'entretien qui s'opposait à l'attitude adoptée par la direction syndicale, laquelle «prenait ses ordres» auprès de l'état-major siégeant aux États-Unis. «Nous revendiquions une plus grande autonomie pour les travailleurs canadiens», explique Pilkey, qui plus tard sera placé à la tête de la Fédération du Travail

141

de l'Ontario (Ontario Federation of Labour). Pilkey, Taylor et quelques autres avaient alors constitué un «groupe de pression» pour tenir tête à la direction syndicale en place. «On nous a tout d'abord surnommés les Jeunes-Turcs, puis les Démocrates de droite, raconte Taylor. Ils acceptaient cette appellation de droite, eux qui étaient aussi traités de communistes. L'adoption de cette étiquette, pensaient-ils, sèmerait probablement la confusion dans les rangs de l'opposition.»

En 1957, Pilkey devint président du Local et les Démocrates battirent à plate couture les Travailleurs de l'automobile. «Nous étions déjà entrés dans l'ère McCarthy, explique Pilkey. Mais Dieu qu'ils étaient vicieux, ceux qui avaient déclenché la chasse aux sorcières! C'est l'International qui l'a introduite au Canada pour essayer de nous éliminer. Il y avait un petit noyau de communistes à l'intérieur du syndicat. Si vous vouliez vous débarrasser de quelqu'un, c'était tout simple: il suffisait de le déclarer communiste. Cela suffisait. En un rien de temps tout le monde prenait ses distances. On nous a donc tous traités de communistes. Quantité de gens parfaitement innocents en ont subi les conséquences. Mais nous avons pu riposter en faisant valoir que nos opposants de droite obéissaient au doigt et à l'oeil aux instructions qu'ils recevaient de la direction de l'International et ne prenaient pas la moindre initiative de leur propre chef.»

En 1959, Pilkey invita Walter Reuther, le légendaire chef syndicaliste américain, à venir animer un débat sur le contrôle du syndicat. «Reuther ne m'a même pas regardé tandis que nous étions assis à la tribune, alors que j'étais le président de la section locale», raconte Pilkey, qui vouait pourtant une admiration sans bornes au syndicaliste américain. Les deux hommes animèrent deux débats: le premier à dix-neuf heures trente, le second à deux heures trente du matin pour la seconde équipe, celle des ouvriers qui finissaient leur travail au milieu de la nuit. «Il fallait voir les gars qui se pressaient dans les rues à trois heures du matin, dit Pilkey. Cela bruissait comme un essaim.» Apportant la contradiction à Dennis McDermott, le chef canadien de l'UTA, Pilkey déclara que les ouvriers revendiquaient davantage de contrôle sur les décisions qui engageaient leur avenir. «Nous voulions ne plus nous soumettre au modèle imposé par les Américains — c'est exactement le même langage que tient aujourd'hui Bob White — et la nature de nos revendications n'était pas la même que celle des Américains. Nous voulions négocier librement, en fonction de notre propre situation.» Ce que Pilkey soupçonnait encore à peine, c'est qu'il était en train de jeter les bases d'une rupture qui s'accomplira vingt-cinq ans plus tard avec l'accord des deux factions rivales, coalisées provisoirement derrière Bob White pour fonder en 1985 l'Union canadienne des travailleurs de l'automobile. Passé ce rapprochement de circonstance, UCTA et Démocrates s'opposeront de nouveau. Ce qui pèche aujourd'hui chez les Travailleurs de l'automobile, selon Taylor, c'est qu'ils ne sont rien d'autre que les pantins de Bob White. «Ils sont d'accord avec tout ce qu'il programme. Je ne pense pas ainsi. Je tiens à conserver mon indépendance. Bob White est... vraiment trop ambitieux. Tant que cela ne lui monte pas à la tête, c'est encore acceptable, parce qu'il ne perd pas trop de vue ce qu'on attend de lui. Voilà le danger quand on a le pouvoir. Il faut tenir à l'oeil ces gens-là.» Et Broadbent, alors? «Avec lui, pas de danger. À mon avis, il a les pieds sur terre.»

Et en 1968, comment Abe Taylor pensait-il que Ed devait s'y prendre à l'égard du Local 222? «Il ne fallait surtout pas qu'il mette les pieds dans le plat et vienne demander crûment aux gens: «Vous êtes Démocrates ou Travailleurs de l'automobile?» Il fallait qu'il évite à tout prix de se placer entre les deux tendances. Cela n'aurait pu que lui nuire. La seule façon pour lui de s'en sortir, c'était de se tenir à l'écart de ces querelles internes.» Ce conseil d'Abe Taylor se révélera remarquablement judicieux. Mais il était plus facile de le formuler que de le mettre en application.

Porté à la tête du Parti libéral au mois d'avril, le Premier ministre Pierre Elliott Trudeau annonça que des élections auraient lieu le 25 juin. L'année 68 connut un été chaud. Partout dans le monde la révolte grondait. À Paris, à Berlin, à Francfort, à Londres, à Rome, partout éclataient des émeutes d'étudiants et on fermait des universités. Martin Luther King avait été assassiné à Memphis. À Chicago, où se tenait la convention du Parti démocrate, l'armée patrouillait dans les artères principales à bord de jeeps que protégeaient des treillis de barbelés. «Le monde était en pleine effervescence», comme le rappelle Gerry Caplan.

L'élection fédérale canadienne se déroula devant une toile de fond faite de révolution culturelle, d'Expo 67, et de l'infâme proclamation — «Vive le Québec libre» — du Président français Charles de Gaulle. Le nationalisme québécois s'exacerbait: démissionnaire du Parti libéral, René Lévesque avait fondé le Parti québécois, dont il prendra la tête au mois d'octobre 68.

De son côté le NPD avait dû tenir compte dans son programme de l'évolution de la politique québécoise. En 1967 à Toronto, où le Parti tenait son congrès, Claude Ryan, le rédacteur en chef du journal *Le Devoir*, avait recommandé au NPD de faire des ouvertures aux nationalistes du Québec. «Bien que Ryan n'en eût pas fait état, écrit Desmond Morton, le congrès avait déjà entériné une résolution constitutionnelle spécifique que son propre journal avait pris depuis peu pour cheval de bataille: l'adoption d'un statut spécial.» La reconnaissance formelle de la spécificité culturelle du Québec sera contenue dans l'Accord signé en 1987 au lac Meech par Mulroney. Mais en 1967 pareille proposition prêtait vivement à controverse et fit du NPD la cible d'une grêle d'attaques. Eugene Forsey, un ex-directeur de la recherche au Congrès du travail du Canada, démissionna du Parti pour témoigner de son désaccord sur ce point de son programme et pour soutenir l'intransigeance de Trudeau, hostile à toute concession en faveur du Québec. Trudeau était fermement persuadé que le Québec devait demeurer un partenaire à part égale à l'intérieur d'un Canada bilingue. À Oshawa, Ed se prononça en faveur du bilinguisme et afficha sa sympathie pour la cause francophone, mais il était loin, selon Lucille, de comprendre réellement la lutte des Québécois.

Dans sa campagne, Ed était épaulé et soutenu par une escouade haute en couleurs composée d'étudiants hippies et d'universitaires bien mis qui avaient fait le voyage de York à Oshawa pour venir prêter main-forte à l'équipe formée de cow-boys, d'agriculteurs et d'ouvriers syndiqués d'Oshawa, lesquels ne savaient trop que penser de cette horde venue de Toronto. Après les dures journées passées à faire du porte à porte, ils se retrouvaient tous dans un pub pour y boire quelques bières et bavarder, et petit à petit des relations de camaraderie s'établirent entre les uns et les autres. Ed se souvient encore d'avoir surpris un jour une de ses étudiantes, une intellectuelle en mini-jupe qu'au départ les gars de l'UTA regardaient un peu comme un phénomène, en grande conversation avec un vieil ouvrier pansu. «Ils découvraient qu'ils avaient des choses à se dire», raconte Ed, qui sans l'avoir voulu avait mis en présence l'un de l'autre deux groupes sociaux disparates qui par la suite lui fournirent une base électorale fidèle.

Bien qu'il ne fût pas encore pleinement conscient de l'évolution de la situation, au bout d'un certain temps Ed commença à sentir se fortifier en lui la fibre politicienne. Il était convaincu de faire un excellent parlementaire, du fait que depuis des années il réfléchissait assidûment aux principes fondamentaux de la démocratie. Ses déclarations un peu professorales avaient beau être ennuyeuses, en vérité ses compatriotes d'Oshawa aimaient bien sa gentillesse, sa chaleur, et se sentaient secrètement flattés de constater qu'un petit gars de chez eux était devenu si savant. En leur for intérieur, tous auraient souhaité voir leurs enfants suivre ses traces. «À Oshawa, raconte Mike Breaugh, chacun faisait le même voeu: «Si seulement mon fils pouvait s'instruire comme jamais je n'ai pu le faire, il ne serait pas forcé de passer quarante années de sa vie à l'usine.» Ed était la consécration vivante de ce voeu. Son père n'était qu'un modeste employé de General Motors, et Ed avait prouvé qu'on peut sortir de sa condition, enfreindre les barrières sociales.»

Pourtant, Ed avait encore bien des handicaps à surmonter. Il lui faudra par exemple des années pour perdre l'habitude de se lancer dans ses tortueuses digressions philosophiques — «On ne comprenait rien à ce qu'il disait», déclare un de ses amis d'Oshawa — mais au fur et à mesure que Abe Taylor le rappelait à l'ordre en lui disant de ne pas employer tant de mots savants, il se départissait peu à peu de ses habitudes de langage contractées à l'université. Quand il devait prendre la parole devant un public nombreux, Ed ne faisait guère preuve d'un grand talent d'orateur (cette carence persistera tout au long de sa carrière politique), mais très vite il fit merveille au cours de sa campagne, car sa chaleur et sa simplicité étaient convaincantes, et il savait admirablement s'attirer la sympathie des électeurs, dont il devint en un rien de temps l'enfant chéri. «À présent qu'on a fait son éducation, il sait se mettre à la portée des gens, déclare Taylor. C'est une bonne chose pour nous d'être représentés par un gaillard de son calibre. Il peut parler deux langages, selon qu'il a affaire aux gros bonnets qui se situent intellectuellement sur le même plan que lui, ou au contraire à l'homme de la rue. Il sort d'une famille d'ouvriers. Il sait très bien ce que son père et sa mère ont enduré. Il connaît la vie.»

L'élection de 1968 fut celle de la trudeaumanie. Arborant un sourire radieux, acceptant les baisers d'une interminable cohorte de femmes extasiées que son pouvoir de séduction subjuguait, affichant une assurance parfaitement calculée, Pierre Elliott Trudeau anesthésia le pays et le conquit, en dépit des rumeurs haineuses répandues par ses adversaires de droite, selon lesquelles il était selon les uns communiste, homosexuel selon les autres, quand ce n'était pas les deux à la fois. Pour preuves de ses «dangereuses tendances», on n'en finira pas de gloser plus tard sur ses voyages à Cuba et en Chine. En tant qu'intellectuel francophone de gauche, Trudeau attirera sur lui des attaques perfides que d'ordinaire on réserve aux néo-démocrates, mais il préférera les ignorer, comme le fera d'ailleurs le reste du Canada.

Robert Stanfield, le chef tory, ne pouvait pas lutter à armes égales contre Trudeau. Avec son crâne osseux, ses yeux de chien battu, Stanfield apparaissait un peu comme une relique morne et figée surgie du temps passé. Il avait beau être charmant, large d'idées et appartenir à la faction la plus progressiste de son parti, Stanfield passait mal à la télévision, et c'était la première fois, précisément, que la télévision jouait un rôle prépondérant dans la perception par le grand public des réalités politiques lors d'une élection. Tommy Douglas, le chef du NPD, dont les envolées oratoires d'un autre âge avaient par le passé fait trembler le plafond de tant de salles, avait lui aussi le même handicap: une piètre image médiatique. Stanfield et Douglas «furent décrits par la plupart des commentateurs comme des hommes politiques d'hier, des survivants d'une époque révolue, écrit Christina McCall. L'homme de demain, c'était Trudeau.» En tout état de cause, ce fut lui qui bénéficia d'une volonté de changement qui soufflait sur tout le pays, et qui jusque-là n'avait pas trouvé de voie d'expression.

Tommy Douglas tenta de détourner de Trudeau les projecteurs de l'actualité pour les braquer sur deux questions essentielles de l'économie qui aujourd'hui encore, vingt années après, demeurent posées et sont appelées à constituer un enjeu majeur lors de la prochaine bataille électorale: le contrôle exercé sur l'économie canadienne par des intérêts étrangers et la réforme fiscale. Ces questions, Ed les soulèvera lui aussi lors de sa première élection. Quoi qu'il en soit, il faut bien constater qu'au coeur même du débat sur le libre-échange ouvert dans les années quatre-vingt on retrouve la même interrogation qui a dominé le calendrier politique des années soixante: le Canada peut-il exercer les prérogatives d'une nation indépendante tant qu'il n'aura pas les moyens de contrôler l'investissement étranger et qu'il devra se soumettre à la volonté du législateur américain?

Alors qu'il livrait bataille lors de la campagne électorale de 68, Tommy Douglas fondait son argumentation sur deux études extrêmement révélatrices. Sous la direction de Mel Watkins, un économiste que bientôt rencontrera Ed dans le cadre du Waffle, le rapport Watkins avait été entrepris à l'initiative de Walter Gordon. Rendu public en 68, ce rapport extrêmement précis démontrait qu'en matière d'économie le Canada n'était ni plus ni moins qu'une succursale des États-Unis. Sa publication déchaîna une véritable fureur. «Ce n'était pas un document extrémiste, déclarera Watkins, mais tout simplement une revendication nationaliste. Il concluait que nous devons faire ce que des pays comme le Japon et l'Allemagne de l'Ouest ont fait bien avant nous: négocier plus fermement avec les

146

multinationales, et d'autre part limiter et contrôler l'investissement étranger.»

D'une toute autre veine, la Commission Carter dénonçait le régime fiscal qui avantageait les riches et défavorisait les pauvres. Par son livre intitulé *Behind Closed Doors: How the Rich Won Control of Canada's Tax System... And Ended Up Richer*, Linda McQuaig, une journaliste du *Globe and Mail*, s'attirait les foudres de ses confrères. Nommée par Diefenbaker, la Commission Carter communiquait en 1967 le résultat de son enquête à Pearson... qui à son tour léguera le dossier à Trudeau. Carter, écrit McQuaig, avait mis en évidence le fait «que de puissants groupes d'intérêts avaient obtenu des concessions leur octroyant des exonérations fiscales tout à fait inéquitables au détriment des classes moyennes et des couches sociales les plus défavorisées. Carter recommandait la suppression de ces exorbitants privilèges.»

Le NPD enfourcha pour chevaux de bataille les conclusions de Carter et de Watkins, alors que de leur côté libéraux et conservateurs, face à la férocité de l'opposition du monde des affaires, refusèrent de s'engager. Trudeau, que n'intéressaient pas particulièrement les questions économiques, s'appliquait à répandre son charisme. Citant les propos tenus par Keith Davey sur la stratégie électorale de Trudeau, Christina McCall écrit dans *Grits*: «Tout ce qu'il avait à faire consistait à montrer son visage et à y aller de son couplet sur la société juste, la démocratie de participation et autres rengaines. Il n'avait pas besoin du Parti libéral pour l'emporter, et il ne savait pas très bien d'ailleurs ce qu'était le Parti libéral.»

Le NPD, lui, s'en tenait aux questions économiques, sachant fort bien qu'il allait dans le sens des voeux de ses candidats représentant une nouvelle génération de dirigeants politiques: à Toronto, les deux journalistes Doug Fisher et Bruce Rogers, ainsi que John Harney, le secrétaire bilingue du Parti provincial; au Québec, le philosophe Charles Taylor, un ami personnel de Trudeau, Robert Cliche, un avocat spécialisé dans le droit du travail et qui avait l'appui de René Lévesque, et Laurier LaPierre, qui s'était fait un nom en tant que coanimateur de l'émission télévisée de CBC *This Hour Has Seven Days*, et que d'ores et déjà le magazine *MacLean's* donnait pour un éventuel Premier ministre du Canada.

Aucune prédiction de cette nature n'était formulée à propos du candidat moins prestigieux d'Oshawa-Whitby. Les conservateurs, et d'une façon plus générale l'opinion presque unanime, considérait que Mike Starr était invincible. Ancien maire d'Oshawa, il avait pour la première fois été élu lors de l'élection partielle de 1952, et il s'occupait assidûment de son comté. Il avait brigué en 1967 la direction du parti tory, mais c'était Stanfield qui l'avait emporté. En tout état de cause, il jouissait à Oshawa d'une grande popularité. «Starr tenait son électorat dans sa main», déclare Cliff Pilkey qui, en 1967, avait remporté l'élection provinciale sous l'étendard néo-démocrate. Mais Broadbent avait pour lui la machine Pilkey, dont le véritable moteur était Vi Pilkey, la femme de Cliff. C'était elle qui avait en grande partie mis sur pied l'organisation qui comptait dans ses rangs des gens de la région, des étudiants de Ed qui s'étaient mobilisés pour le soutenir, ainsi que plusieurs de ses collègues universitaires et les membres de sa famille: sa soeur Velma, son beau-frère Barry Cornish, son frère David, sa belle-soeur Sharon, son père et sa mère, et aussi divers amis et connaissances comme Lucille Munroe et son fils Paul, qui avait alors huit ans. «Nous faisions le voyage d'Ottawa à Oshawa pratiquement chaque fin de semaine, raconte Paul, qui garde un souvenir très précis de cette campagne, car ma mère faisait du porte à porte pour Ed.» Lucille et Paul logeaient alors chez la mère de Ed, et Paul allait avec David disposer partout des pancartes appelant à voter Broadbent.

Le mouvement de soutien créé par l'équipe de Ed commençait maintenant à inquiéter les partisans de Starr. Le seul espoir du candidat tory, c'était que son concurrent soit pris en tenaille entre les Travailleurs de l'automobile et les Démocrates, ou que ses discours fastidieux finissent par lasser ceux qui avaient l'intention de voter pour lui. Pour le discréditer et persuader les gens qu'il n'était qu'un universitaire fumeux, les partisans de Starr ne l'appelaient plus que «Dr Broadbent», ce qui, à Oshawa, équivalait à un baiser de Judas.

«Pour Ed, la pire des épreuves, ce fut d'apprendre à déjouer les traquenards du Local 222, dit Mike Breaugh qui, depuis 1975, est député provincial d'Oshawa. Dans telle ou telle réunion, il s'adressait à quelqu'un appartenant à l'une des factions, et ensuite il était pris à partie par quelqu'un de l'autre faction.» Cliff Pilkey avait aidé Ed à manoeuvrer. Ils se rendaient ensemble à l'entrée de l'usine à cinq heures et demie le matin, puis ils prenaient le café dans l'un des petits restaurants fréquentés par les chauffeurs de camions. Ed apprit très vite à prendre le pouls des électeurs. «Ces gens-là vous disent tel quel ce qu'ils pensent et ils ne mettent pas de gants pour vous envoyer sur les roses s'ils considèrent que vous ne faites pas le poids, affirme Breaugh. Oshawa est une excellente école. Rien à voir avec Toronto. Les gens sont directs. Il faut savoir encaisser, car ils ne vous ménagent pas.»

Là où Ed marquait des points, selon Breaugh, «c'était quand les électeurs l'invitaient à entrer chez eux pour discuter autour de la table de la cuisine. Sa grande force. Dans les tête-à-tête il était imbattable. Il en aurait remontré à n'importe quel autre homme politique. Les gens adoraient s'entretenir avec lui.» Mais le porte à porte ne l'avantageait guère, car il pouvait discuter à n'en plus finir et «passer toute une matinée avec un électeur si celui-ci était réceptif, alors qu'il était censé prospecter tout le quartier». Le soir, il faisait un discours en public, ou pour mieux dire prononçait une conférence sur son programme économique et la redistribution du pouvoir, exposé en première ligne, alors qu'à l'arrière son père vendait des billets de loterie au profit de la Légion canadienne, sans perdre une occasion d'interrompre le débit de l'orateur en chuchotant avec orgueil: «Vous savez, c'est mon fils Ed.» À cette époque Percy était devenu un personnage que tout le monde connaissait, et dont les déboires n'étaient somme toute pas plus catastrophiques que ceux de quantité d'autres gens. «La ville était remplie de gens qui eux aussi avaient subi des revers de fortune, dit Breaugh. La situation dans laquelle se trouvait la famille de Ed n'avait rien d'exceptionnel. Mary (sa mère) avait l'air d'une femme très douce, toujours extrêmement polie, chaleureuse, mais elle avait une volonté de fer. Elle n'aurait pas survécu sans cela. Quantité d'autres femmes, comme elle, avaient soutenu à bout de bras leur famille à travers les pires épreuves.»

En un certain sens, la première campagne de son fils était pour Mary Broadbent une heure de gloire, la justification et la récompense de tout ce qu'elle avait enduré. Elle s'était lancée corps et âme dans l'aventure électorale, cachetant des enveloppes et recrutant par téléphone des bénévoles (tandis que Percy fabriquait des pancartes qu'il chargeait ensuite dans la voiture pour aller les planter avec David et Paul sur les pelouses des habitants du voisinage). Le soir du mardi 25 juin 1968, Mary était dans tous ses états en apprenant que son fils avait gagné d'extrême justesse. Plusieurs milliers de sympathisants se bousculaient dans la salle des congrès de l'Union des travailleurs de l'automobile, et l'atmosphère était à la fièvre. Mary serrait dans la sienne la main de la femme de l'oncle Aubrey et ne voulait pas la lâcher. En voyant son fils monter à la tribune, ses yeux brillaient. Elle vivait un instant d'intense griserie.

«La confusion était indescriptible, raconte Velma. Selon les premiers résultats, nous avions gagné avec une avance de sept voix. Il avait plu à torrents toute la journée, et pendant la soirée, au fur et à mesure que nous arrivaient les résultats des différents bureaux de vote, les chiffres changeaient, si bien que nous ne savions pas à coup sûr si le Parti l'avait emporté.» Le lendemain, le *Globe and Mail* annonça que «le sympathique Michael Starr, membre de la Chambre des communes depuis seize ans, avait été battu de cent treize voix par Edward Broadbent, candidat du Nouveau Parti démocratique, un professeur de sciences politiques à l'allure décontractée.» Ce résultat était dû à la trudeaumanie, selon Cliff Pilkey, car «le candidat libéral avait pris suffisamment de voix aux conservateurs pour que Ed puisse se faufiler entre les deux et l'emporter». En tout cas, si Ed était reconnaissant de sa victoire à Trudeau, il ne l'exprimera jamais publiquement.

Mais Mike Starr refusa de se déclarer vaincu et on procéda à un recomptage des bulletins de vote, de sorte que, pendant quasiment un mois, Ed vécu sur des charbons ardents, se demandant si à l'automne il allait retourner enseigner à York ou s'il allait siéger aux Communes à Ottawa. Finalement, le 13 juillet, les résultats du nouveau dépouillement furent proclamés: Ed Broadbent était bien le nouvel élu d'Oshawa-Whitby. Il avait gagné avec un écart de quinze voix à son avantage. Entre-temps, les quatre brillants espoirs sur lesquels misait l'état-major du NPD — Fisher, Harney, Rogers et LaPierre — avaient tous été battus.

Doug Fisher, qui aujourd'hui est éditorialiste d'un quotidien de tendance conservatrice, estime que Ed a été servi par la chance. Au début de l'année 68, Stephen Lewis avait en effet demandé à Fisher d'envisager de se présenter à Oshawa. Mais Fisher avait décliné la proposition. «Je préférais une circonscription urbaine dans laquelle il n'y a pas grand-chose à faire quand on est élu, dit-il. Et c'est pourquoi j'ai choisi Toronto [où il se fit battre]. Mais j'ai demandé à Stephen à qui d'autre il songeait pour Oshawa, et il m'a parlé d'un professeur à York dont les parents vivaient là-bas. «Qu'est-ce qui le désavantage?» ai-je demandé. Et Stephen m'a répondu: «Tu vois, c'est un élève de Brough Macpherson.» Pour les Lewis, cela voulait dire que Ed était marxiste, et ils avaient une dent contre les marxistes.» Pour sa part, Lewis conteste formellement cette interprétation de Fisher. «J'étais au contraire séduit par les analyses de Macpherson, affirme-t-il. J'ai lu ses livres, j'ai suivi ses cours à l'Université de Toronto. Ses idées marxistes ne m'effrayaient certainement pas et je ne savais absolument rien de Ed Broadbent. La seule chose qui me préoccupait, c'était de trouver un candidat capable de plaire aux ouvriers de General Motors à Oshawa.» En d'autres termes, sa réputation d'orateur ennuyeux l'avait précédé.

Ce n'est donc pas pour des raisons idéologiques que les Lewis avaient eu des réticences à l'égard de Ed, mais parce qu'il était un fort piètre tribun. De fait, sa première intervention à la Chambre des communes «était si affreusement besogneuse et académique, raconte Fisher, qu'elle vous aurait presque donné une indigestion. Et puis, il a commis tellement de fautes... comme de signer le manifeste Waffle sans y réfléchir, et ensuite de tergiverser et de se renier... À sa place je me serais éclipsé par la petite porte et me serais fait oublier. Tout ce qu'il avait pour lui, c'était un doctorat et un visage avenant. Mais il s'est trouvé qu'il a tenu le coup, qu'il s'est révélé solide à l'usage. Un tas de gens l'ont mis en selle et il a été assez coriace pour se cramponner. Ce n'est pas un géant, mais il a grandi. Ce n'est pas tout le monde qui réussit en politique. Et Dieu sait qu'il a réussi!»

Partagé entre le trac et la surexcitation, Ed fit ses adieux à son bureau de l'université, empaqueta ses livres et ses affaires, rendit les clés de son appartement et partit pour Ottawa. Il ne savait pas encore que ce qu'il entreprenait allait engager sa vie entière. «J'étais bien décidé à ne pas passer là-bas toute mon existence si je découvrais que cela ne me plaisait pas», raconte-t-il. À Ottawa, il s'installa dans un appartement situé au coin de Bronson et de Laurier, il invitait Lucille Munroe à souper, et il faisait de son mieux pour s'adapter à son nouveau milieu.

Dans la splendeur verdoyante de la fin de l'été, alors qu'il se promenait le long du canal en compagnie de Lucille, Ed ne savait pas encore très bien où il en était. Il se rendait à bicyclette sur la Colline. Dans sa majesté gothique, le parlement s'y dresse au sommet de la falaise qui surplombe l'Outaouais, d'où la vue embrasse au nord les splendides paysages du Québec et les hauteurs de Gatineau. Tandis qu'il siégeait sous les vitraux au plomb de la Chambre des communes, dans une atmosphère chargée de tout le poids de l'histoire, il se sentait profondément ému. Si tant est que la politique est la religion séculière de notre temps, il était le novice qui vient de prononcer ses voeux. Il avait étudié avec passion l'évolution de l'idée de démocratie et passé plus de dix ans à explorer un univers intellectuel dont la création la plus achevée, et malheureusement avortée, se résumait en un système de gouvernement fondé sur une vision d'égalité, de justice et d'exercice de la loi. Il faisait maintenant partie intégrante de ce système. Mais ces sentiments, il ne les livrait pas en public. La première fois qu'il prit parole à la Chambre, il s'exprima sur le ton de la facétie. Un autre élu du NPD, John Gilbert — il est aujourd'hui magistrat — en a gardé un très vif souvenir. «Il n'y avait à peu près personne, tout juste le quorum requis, raconte-t-il. Ed s'est levé pour proclamer: «Je me réjouis de

constater que la galerie est comble. On se bouscule au balcon...»
C'était tout à fait Ed.»

De son sens de l'humour, il avait grand besoin. Entrer dans les
rangs du groupe parlementaire NPD en 1968, c'était pour lui comme
si on l'intégrait dans une équipe d'élite composée de formidables
pros, comme s'il descendait sur la patinoire pour jouer avec les Canadiens de Montréal du temps où Jean Béliveau en était le capitaine.
De la même façon que Guy Lafleur avait tâtonné pendant un an ou
deux quand on l'avait sorti de son équipe junior pour l'incorporer
aux Canadiens, Ed passait par une étape de malhabile transition depuis qu'il avait quitté l'enseignement à l'université pour assimiler
les moeurs parlementaires, faire équipe avec trois des grands
maîtres de la politique canadienne — leurs pairs du Parti libéral et
du Parti conservateur le reconnaissent volontiers —, à savoir Stanley Knowles, Tommy Douglas et David Lewis. Les saints.

Stanley Knowles, personnage longiligne, d'une maigreur cada-
vérique et qui faisait l'objet d'une véritable vénération, avait pris
Ed sous son aile osseuse et puissante. «Stanley connaissait toutes les
ficelles», raconte Eugene Forsey, qui connaît remarquablement bien
les procédures parlementaires. «Personne à la Chambre n'en savait
autant que lui, sauf peut-être Arthur Meighen (l'ancien Premier ministre tory). Non seulement Stanley connaissait à fond les règles,
mais il savait d'expérience tout le parti qu'on peut en tirer. Il était
capable de relever toutes les fautes de Beauchesne. (En faisant allusion à l'ouvrage de 900 pages de cet auteur, intitulé *Règles et usages.*
Condensé des pratiques parlementaires canadiennes, la voix de Forsey
monte d'un ton pour exprimer sa stupéfaction.) Oui, il corrigeait
Beauchesne lui-même! Et Beauchesne faisait autorité en la matière.
Je dois dire que j'avais moi-même relevé une erreur dans son livre.
Mais Stanley, lui, connaissait si bien le texte qu'il pouvait feuilleter
l'ouvrage et me signaler toutes ses lacunes, une ici, une là, une
autre là encore...»

Knowles avait été élu pour la première fois sous l'étiquette de la
CCF en 1942 dans le comté de Winnipeg North Centre, où il avait
succédé au père fondateur du socialisme canadien, J.S. Woodsworth,
un ministre du culte méthodiste diplômé d'Oxford, et qui comptait à
son palmarès, entre autres choses, une arrestation sous l'inculpation
de trahison séditieuse au cours de la grève générale déclenchée à
Winnipeg en 1919. Woodsworth, pour qui le Parti travailliste anglais constituait le modèle politique le plus achevé, appartenait au
principal courant de la social-démocratie. Le Premier ministre Mackenzie King le redoutait, mais lui vouait une profonde admiration et

lui avait proposé un portefeuille dans son cabinet. Woodsworth l'avait refusé, préférant «user de sa position privilégiée face à un gouvernement minoritaire pour obtenir la première en date des législations instituant une pension pour les personnes âgées», écrit Desmond Morton.

En 1942, alors qu'il était mourant, Woodsworth avait souhaité qu'on le transportât en train à Winnipeg pour y parler une dernière fois à ses électeurs. «Il faut que nous conservions ce comté», leur avait-il déclaré. «Naturellement», lui avait-on répondu. «Le candidat doit être choisi de façon tout à fait démocratique», avait-il ajouté. «Cela va sans dire.» Et lui de poursuivre: «Ce candidat, il faut que ce soit Stanley Knowles.»

Knowles avait soixante ans quand Ed fit sa connaissance. C'était un ministre de l'Église Unie, et durant sa carrière parlementaire il avait connu cinq Premiers ministres en exercice: Mackenzie King, Louis Saint-Laurent, Lester Pearson, John Diefenbaker, et à présent Pierre Elliott Trudeau, qu'il affectionnait tout particulièrement. (Il avait toujours regretté que le NPD n'ait pas réussi à persuader Trudeau d'entrer dans ses rangs.) Knowles avait livré et remporté bien des batailles décisives en matière d'avantages sociaux. Il avait été en particulier l'artisan de la réforme du système des pensions. Max Saltsman, un autre député fédéral du NPD, raconta un jour que pour se faire élire à Waterloo, en Ontario, il lui avait suffi de promener en voiture Stanley en lui demandant de saluer du geste les personnes âgées qui les regardaient passer. «Quand je serai mort, lui avait dit Stanley ce jour-là, installe-moi dans ta voiture et balade-moi si tu veux conserver ton siège.» Stanley savait combien il est important de témoigner de la sollicitude à une clientèle électorale fidèle. Depuis 1942, chaque fois qu'il était réélu, il se rendait dans la galerie marchande du Canadien National pour remercier ses électeurs d'avoir voté pour lui. Ed nourrissait pour lui une admiration sans bornes. Et puis il y avait aussi Tommy et David.

Tommy Douglas et David Lewis: il eût été difficile d'imaginer personnalités plus chaleureuses et plus différentes l'une de l'autre. Tommy-le-charmeur et David-l'implacable. Ils formaient un duo stéréotypé. C'était Lewis, le policier avec qui on ne badine pas, qui prenait les décisions radicales, laissant à Douglas le soin de déployer toute sa séduction. Ils avaient beau ne pas très bien s'entendre, ils n'auraient pu en venir à leurs fins comme ils le faisaient l'un sans l'autre. «Entre eux il y avait souvent de l'orage, déclare un observateur qui les connaissait bien, mais cela n'allait jamais jusqu'au coup de tonnerre. Chacun avait son propre domaine d'activité.» Ed, faut-il le rappeler, ne connaissait pas ces gens. Il n'appartenait pas à leur cénacle. Tout était nouveau pour lui.

En dépit de l'image d'homme affable qu'il projetait, et tout menu qu'il était, Tommy était un orateur passionné, un politicien à poigne qui avait dirigé le premier gouvernement social-démocrate de l'Amérique du Nord. En tant que chef du NPD, c'était lui qui avait donné à Ed ses chances de faire ses premières armes en politique, et il exerçait sur le novice d'Oshawa une énorme influence. Tommy n'avait rien d'une mauviette. Adolescent, il avait remporté le championnat de boxe du Manitoba, catégorie poids légers (il pesait alors soixante et un kilos), et pour s'initier à l'art de parler en public il avait pris des cours d'élocution et récité en y mettant les intonations dramatiques appropriées les oeuvres du poète écossais Robbie Burns. Il passait pour avoir une mémoire d'éléphant. Du temps qu'il préparait son doctorat, il avait vécu dans un ghetto de Chicago, où il avait découvert, disait-il, que tout ce qui le distinguait des sans-logis du quartier, c'est qu'eux n'avaient pas de travail. Devenu ministre du culte baptiste, il était ambitieux, accrocheur et bien résolu à s'imposer. «Je ne sais pas si la lutte politique accroît ma sécrétion d'adrénaline, avait-il déclaré un jour, mais le fait est que je me sens toujours mieux quand je dois combattre.» Peu enclin à la conciliation, il ne croyait pas aux bienfaits d'une idéologie rigide. «Je crains de ne pas être un intellectuel, disait-il, mais un pragmatiste.»

Il désapprouvait les censeurs: «Ce n'est pas en prohibant et en interdisant qu'on rend un homme ou une femme vertueux, affirmait-il. Sur ce continent nous avons hérité des moeurs et du conformisme social des puritains, qui voulaient contraindre par la loi l'homme à devenir bon. Définir la longueur que doivent avoir les jupes, la surface de tissu qu'il faut utiliser pour faire un maillot de bain, décider que dans une pièce de théâtre certains mots sont obscènes, ou qu'on ne doit ni boire ni fumer ni sacrer, n'a jamais abouti à rien. Je ne me fierai pas le moins du monde à un individu qui est devenu vertueux pour l'unique raison qu'on l'a forcé à ne pas faire le mal. On ne peut pas se fier aux réussites de ce genre.»

Le 15 juin 1944 il avait conduit la CCF à la victoire en Saskatchewan, la Fédération remportant quarante-sept sièges sur cinquante-deux, et cinquante-trois pour cent des suffrages exprimés. Quand il avait été élu à la tête du gouvernement de la Saskatchewan, Mackenzie King l'avait invité à dîner. Tommy Douglas s'attendait à une réception, mais il avait eu la surprise de se retrouver à table en tête-à-tête avec le Premier ministre vieillissant dans le décor lugubre et suranné de Laurier House, où King vivait seul, au milieu d'une profusion de meubles rococo et d'un bric-à-brac de vieilleries hétéroclites, parmi lesquelles une affiche portant la mention «Recherché, mort ou vif» suivie du nom de son grand-père, William Lyon Mackenzie, un hors-la-loi qui, en 1837, avait fomenté en Ontario une rébellion dirigée contre le «Family Compact». Entouré d'un tel fatras, le pauvre Tommy était abasourdi. Les deux hommes étaient assis sous le portrait de la mère de King. Elle était décédée depuis un certain temps, mais son fils «communiquait» avec elle au cours de séances de spiritisme. Douglas s'était senti totalement déconcerté par ces «vibrations surnaturelles» dont lui parlait King, et par les stupéfiantes confidences qu'il lui faisait. Le Premier ministre lui avait parlé sans la moindre retenue des traits de caractère des membres de son cabinet et révélé à son invité des secrets que celui-ci rougissait presque d'entendre. Tommy avait pris congé en se demandant avec un peu d'inquiétude si King ne l'avait pas choisi pour héritier spirituel.

Douglas avait exercé pendant dix-sept ans les fonctions de Premier ministre de la Saskatchewan, et de cette province reculée qui végétait il avait fait une région prospère et aussi, selon le *Toronto Star*, «le vaisseau amiral du changement social au Canada». Et cela malgré des obstacles terribles: les libéraux étaient non seulement partis en laissant les caisses vides, mais ils avaient également emporté tous les dossiers indispensables à la bonne marche des affaires courantes. À cela s'était ajouté une incessante campagne de dénigrement inspirée de l'anticommunisme le plus pernicieux. Mais chaque fois que l'opposition accusait les hordes socialistes de Douglas de vouloir faire de la province une dictature soviétique, Tommy leur rétorquait qu'ils faisaient insulte à l'intelligence des gens de la Saskatchewan. Il voyait dans le socialisme un christianisme à l'oeuvre et pour lui les besoins élémentaires de ses concitoyens devaient passer avant tout le reste. C'était un habile politicien: une des premières mesures législatives qu'il avait fait adopter, la «Farm Security Act», interdisait aux banques de saisir les locaux d'habitation des cultivateurs aux prises avec des difficultés financières. Il avait aussi institué un régime d'assurances gouvernemental couvrant l'ensemble des édifices urbains et ruraux, des bâtiments liés à l'exploitation agricole et des véhicules automobiles. C'est encore lui qui avait fait installer partout le système d'aqueduc et l'électricité. En quatorze ans, soixante mille fermes seront électrifiées grâce à la CCF. Or, toutes ces réalisations n'avaient entraîné aucun déficit des finances publiques «dans une province qui ne possède ni le pétrole de l'Alberta ni les ressources hydro-électriques de l'Ontario», fait observer Cliff Scotton qui, à la demande de Tommy Douglas, deviendra secrétaire fédéral en 1965.

À la barre du navire provincial, Tommy devait naviguer au plus près, équilibrant le budget et mettant au service de ses administrés les infrastructures qui jusque-là avaient fait défaut. Au sein de son équipe, il s'était assuré la collaboration d'Al Johnson, son trésorier délégué, que plus tard il appellera à Ottawa pour diriger la mise en place du programme d'assurance maladie, et de Tommy Shoyama, conseiller économique en chef, qui deviendra ministre fédéral des Finances. Douglas avait également institué un groupement de coopératives et de compagnies de la Couronne administrées comme des entreprises commerciales. Sous son mandat la Saskatchewan connut une ère de prospérité. L'argument qui plaide le mieux en faveur de la social-démocratie, affirmait-il, «c'est de faire d'elle une réussite». Il s'y était employé. Après quoi il avait fait son entrée sur la scène nationale en 1961, pour prendre la direction du Nouveau Parti démocratique encore en herbe, et la conserver pendant les dix années suivantes.

Tout le monde était subjugué par son talent oratoire. «La première fois que je l'ai entendu prendre la parole en public, rapporte Les Benjamin, un député fédéral du NPD, c'était en 1944 à Yorkton, en Saskatchewan. Je me promenais sans but précis ce jour-là, quand j'ai vu partout des affiches annonçant que Tommy Douglas tenait une réunion publique au centre sportif. C'était comme si une étoile du rock arrivait dans la ville. Alors j'y suis allé avec quelques amis. Une véritable cohue. Pas une place de vide. Son discours a déchaîné des hurlements. Il aurait réussi à faire pleurer un jury de banquiers. La dernière fois que j'ai vu la même chose se produire, c'était en 83, au congrès de Regina, réuni à l'occasion du cinquantième anniversaire du Parti. Tommy a fait le récapitulatif des progrès que nous avions institués, rappelé que nous avions obligé le gouvernement à prendre le train en marche, et il s'en est pris à la droite et aux tentatives grossières qu'elle faisait pour flatter l'égoïsme et la cupidité. Bref, jamais je n'ai vu personne recueillir autant d'applaudissements. Pendant vingt minutes, très exactement. Dans la salle les gens pleuraient. Un jour je lui ai dit que tout ce que j'avais appris en politique, c'était de lui que je le tenais. À chaque année d'élection, on apprenait aux candidats la stratégie qu'il convenait d'adopter, et Tommy venait nous enseigner la conduite à tenir quand nous aurions à prendre la parole en public. Il avait trois principes: se lever, dire ce qu'on avait à dire et se taire.»

Si Tommy Douglas était un hypnotiseur, David Lewis était tout aussi fascinant, et son pouvoir tout aussi étendu. Tommy et David. Tout un chacun parlait d'eux, vous expliquait ce qui les distinguait l'un de l'autre. D'origine écossaise, évangéliste des Prairies, Tommy était un affairiste épris de justice sociale. De souche polonaise, David était un intellectuel de la grande ville. Avocat spécialisé dans le droit du travail, c'était avant tout un organisateur travaillant dans la coulisse.

Tommy pouvait se comporter comme un rude maître d'oeuvre, se révéler impatient, irritable, alors que David se montrait parfois hautain, têtu et capable de manipuler les gens. Certains les jugeaient l'un comme l'autre chaleureux, affables. «Tommy avait une perception pour ainsi dire viscérale de la chose politique, dit Terry Grier. Il n'affectionnait guère les stratégies savantes. C'était ce qu'on pourrait appeler un politicien par instinct. David, lui, était beaucoup plus alambiqué. Ses décisions n'avaient rien de naturel, comme celles de Tommy. David avait une sensibilité à fleur de peau — j'avais pour lui une véritable adoration, je dois vous le confesser — et peu de gens s'en rendaient compte. Il n'avait pas la rudesse de Tommy, qui parfois rendait les choses intenables à ses collaborateurs et quelquefois les harcelait, les mortifiait. David était infiniment plus agréable.» Mais interrogez d'autres membres du NPD et vous obtiendrez un son de cloche totalement différent: c'était Tommy la douceur même et David la brute. Mais tous s'accordent sur un point: leur égal dévouement pour le Parti leur valait à l'un comme à l'autre un profond respect. Tommy était l'image publique du NPD, David son principe organisateur.

David Lewis était né en 1909 à Svislok, dans la région de la Russie tsariste devenue à présent territoire polonais. Il avait huit ans quand avait éclaté la révolution russe en 1917. Deux ans plus tard, les bolchevistes avaient occupé pendant six mois Svislok et arrêté le père de David, menaçant de l'exécuter. «Ce fut pour moi une expérience que jamais je n'oublierai, écrira plus tard Lewis, et elle a fait naître en moi une profonde et définitive animosité vis-à-vis de tous les communistes.» Toute sa vie durant, l'une des tâches qu'il assignera au Canada sera de lutter contre l'idéologie communiste. Une autre consistera à construire un parti social-démocrate qui puisse un jour diriger le pays.

La famille Lewis avait émigré et gagné Montréal en 1921.

David — alors âgé de douze ans — avait été inscrit en première année, aux côtés d'enfants de six ans. Tel fut le sort d'innombrables enfants d'immigrants. Humilié, il décida d'apprendre l'anglais tout seul en s'aidant d'un roman qu'il avait acheté chez un marchand de livres d'occasion. C'est ainsi que *Old Curiosity Shop* («Le Magasin d'antiquités»), de Charles Dickens, lui servit de premières leçons d'anglais.

Brillant élève, six ans plus tard il était entré à l'Université McGill pour y entreprendre des études de sciences politiques. Là, il s'était lié d'amitié avec Eugene Forsey, un professeur de sciences politiques, King Gordon, qui enseignait la morale chrétienne, et F.R. Scott, un poète et professeur de droit. Forsey, Gordon et Scott, qui tous avaient été boursiers de la Fondation Rhodes — comme le sera lui-même David —, étaient les trois mousquetaires du socialisme canadien naissant. Frank Scott n'allait pas tarder à devenir le plus en vue des juristes constitutionnels et des défenseurs des droits civiques. David s'était senti très honoré quand tous les trois lui avaient demandé de participer à un groupe d'étude qui, par la suite, se constituera en League for Social Reconstruction (Ligue pour la Reconstruction Sociale), laquelle contribuera à l'élaboration du manifeste de la CCF. Des liens historiques unissaient donc Tommy et David, qui tous les deux appartenaient aux manuels d'histoire. Ils formaient en quelque sorte un duo de légende.

Ed se sentait bousculé par cette immersion. Entre l'existence relativement sereine qui avait été la sienne lorsqu'il enseignait les sciences politiques et les impératifs accaparants et souvent incontrôlables de la politique, la transition était brutale. Il lui fallut un certain temps pour se retrouver sur ses pieds. Comme durant ses premières années d'études à l'Université de Toronto, il resta dans l'ombre de l'anonymat. À l'époque, il ne connaissait de près ou de loin aucun dirigeant du Parti, et il n'était pas de ceux qui se mettent en avant pour imposer leur présence. «Il semblait être honnête», raconte Tony Penikett, le chef du gouvernement NPD du Yukon, qui a connu Ed au début des années soixante-dix, «mais il avait cette fâcheuse tendance propre aux universitaires à tourner dans tous les sens ses déclarations quand il les formulait. On ne peut vraiment pas dire qu'il s'imposait d'emblée à son public.»

Pour garder les pieds sur terre, Ed revenait passer toutes les fins de semaine auprès de ses parents à Oshawa. «Le samedi, je recevais là-bas dans mon bureau des gens qui venaient m'exposer des problèmes bien concrets, me dit-il. Des problèmes qui n'avaient rien de théorique. Cet aspect de mon mandat de député m'apportait de grandes satisfactions.» Ce faisant, il apprenait à mieux connaître son électorat et augmentait sa popularité.

La personne qui passait le plus de temps avec lui à cette époque était sa secrétaire personnelle, May Gretton. Elle connaissait tout de lui. C'était elle qu'il appelait au secours pour qu'elle vienne le chercher quand sa Volvo était en panne, et elle l'était continuellement. C'était à elle qu'il sortait ses grosses plaisanteries. Elle encore qu'il appelait en se faisant passer pour un électeur indigné. «Comment? Qu'est-ce que vous me racontez? Ed Broadbent n'est pas encore dans son bureau! À neuf heures et demie du matin! Mais alors, on les paie pourquoi, ces fainéants?» L'interlocuteur anonyme se répandait en imprécations et May prenait la défense de son patron — «J'énumérais les mille et une tâches auxquelles sont astreints les députés en plus de leur travail de bureau», raconte-t-elle — jusqu'à ce que celui-ci éclate de rire à l'autre bout du fil. «Alors je comprenais qu'il m'avait fait marcher une fois de plus», dit May.

Ed avait eu de la chance de tomber sur May Gretton. C'est en néophyte qu'il était arrivé sur la Colline, et s'il ne commit pas d'innombrables bourdes, ce fut bien grâce à elle. May a aujourd'hui près de soixante-dix ans et rien n'a changé dans son caractère. Elle entretient toujours d'excellentes relations avec Ed et Lucille et rien, dans son apparence et sa manière d'être, ne laisserait supposer son âge. Vêtue d'une élégante robe de laine brune sur laquelle elle porte une rangée de perles, ses cheveux blonds tirant discrètement sur le roux, admirablement soignés, elle parle librement des hommes politiques qu'elle a connus pendant les trente ans qu'elle a passés sur la Colline.

Native d'Ottawa, May avait commencé à travailler aux Communes en 1947. Elle ne perd pas de temps pour me décrire les péripéties de sa carrière. «J'ai été la secrétaire de George Cruickshank, de Fraser Valley. C'était un libéral, et à l'époque j'avais davantage de sympathie pour les libéraux. Mais je détestais travailler avec lui. J'avais alors vingt-cinq ans, j'étais timide, et je n'arrivais pas à me faire à son ivrognerie. Je ne pouvais pas m'approcher de lui. Parfois j'allais sur la galerie [dans la Chambre des communes] pour voir le vieux Mackenzie King. Il était si malade que c'est tout juste s'il avait la force de garder la tête droite. Quoi qu'il en soit, j'ai quitté le bureau de Cruickshank. J'ai déclaré que je voulais travailler avec un homme bien élevé, de préférence un peu âgé, et qui ne me pourchassait pas à travers le bureau. On m'a attribué Joe Noseworthy.» C'est ainsi que Noseworthy, le bagarreur de la CCF qui avait fait tomber le Premier ministre tory Arthur Meighen, était devenu son patron pour une durée de dix années. Après quoi elle avait travaillé pour J.M. Coldwell, le chef du Parti. Noseworthy et Coldwell étaient tous deux des hommes de la vieille époque, courtois, réservés, et elle avait tout lieu de se féliciter d'être leur secrétaire, raconte-t-elle. Mais elle était aux premières loges pour observer ce qui se passait derrière les feux de la rampe politique. «J'aimais bien Pearson, dit-elle, mais sa femme buvait. Il s'asseyait dans son bureau pour regarder le base-ball à la télévision et elle s'ennuyait. Alors elle allait déambuler dans les couloirs et elle se perdait. Quand les gens du service de sécurité la découvraient, ils étaient obligés de lui montrer le chemin pour qu'elle retrouve le bureau du Premier ministre. Mais cela ne dérangeait pas du tout Pearson.»

Pendant les élections de 1968, May s'était demandé quel serait le résultat du scrutin, et qui serait son nouveau patron. Elle se souvient fort bien de la première impression que lui fit Ed. «Le jour où il est arrivé à la Chambre des communes, jeune, bronzé, séduisant, il portait un costume beige clair. Il n'était pas marié. Je lui ai dit «Prenez donc une secrétaire de votre âge. Vous êtes jeune, bel homme, et moi je suis trop vieille.» Mais il m'a répondu que c'était avec moi qu'il voulait travailler, et c'est ce que nous avons fait.» May ne tarda guère à observer que si Ed était volontiers galant avec les femmes, ce n'était pas un coureur de jupons. «Je voyais les femmes lui courir après, oui certes, mais il n'en profitait pas.» Et puis, il y avait Lucille. Ed et Lucille «se fréquentaient». Ils n'étaient pas officiellement fiancés, mais on les considérait comme un couple.

May fit rapidement la connaissance des parents de Ed, car ils vinrent à Ottawa pour assister à la cérémonie d'investiture de leur fils à la Chambre des communes, et pour l'occasion Stanley Knowles leur serra la main. «Ils rayonnaient de fierté, raconte May. Bien entendu, certains de leurs parents en éprouvaient de la jalousie, et ils se sont mis à appeler Mme Broadbent «Madame Ottawa... Tiens, voilà Madame Ottawa!» Elle enrageait, mais cela se passe dans toutes les familles sitôt qu'un des membres s'élève au-dessus des autres.»

May releva encore que son patron travaillait avec méticulosité. «Précis et ordonné», dit-elle, formulant les mêmes adjectifs dont usait Joe Levitt, le camarade d'études de Ed, pour décrire la minutie avec laquelle ce dernier travaillait à la bibliothèque de l'Université de Toronto. De fait, Ed s'acquittait de ses obligations parlementaires avec une rigueur égale à celle qui avait été la sienne du temps où il prenait ses notes quand il était étudiant. «Tous les jours des messages et des documents s'amoncelaient sur son bureau, et il s'empressait de ne rien laisser traîner, afin de tout mettre à jour avant d'attaquer la journée du lendemain. Il a le sens de l'organisation. Il est du genre à faire tout de suite son travail, laisser place nette sur son bureau pour rentrer chez lui le soir en pensant à autre chose.»

Méticuleux, il l'était de nature, et il soignait tout particulièrement sa tenue. «Sa mère affirmait qu'il avait toujours été comme ça», dit May. Invariablement ses chaussures étaient bien cirées, et il choisissait ses vêtements avec un soin tatillon. «En ce temps-là il y avait un tailleur à la Chambre des communes, et Ed le faisait venir pour faire l'ourlet du pantalon chaque fois qu'il achetait un costume. Si par malheur le pantalon tombait trop court ou trop long d'un demi-centimètre, Ed le renvoyait pour qu'on le lui réajuste.» Mais en dépit de toute l'attention qu'il portait à sa tenue vestimentaire, on lui reprochait d'avoir l'air d'un prof avec ses vestes de tweed pourvues de pièces de cuir aux coudes, qu'il affectionnait particulièrement. Il est vrai que dans son costume brun de velours côtelé, qu'il aimait tant porter, il paraissait passablement terne à côté d'un Pierre Elliott Trudeau, toujours d'une élégance raffinée, à qui ses escarpins, ses cravates et ses cheveux de plus en plus longs donnaient l'apparence d'un hippy de luxe devenu Premier ministre. Mais ce dernier n'impressionnait pas Ed. «Pierre Elliott Trudeau, écrira-t-il en 1970 dans le *Toronto Star*, est le chéri de tous ceux qui préfèrent l'illusion du changement à sa réalité.» Il était consterné de voir que Trudeau, qui «détenait plus d'influence et de pouvoir que n'importe quel autre chef d'État dans l'histoire du Canada, n'en ait pas du tout tiré parti». Tout ce qu'on pouvait dire de lui, ajoutait-il, c'est qu'il était «une sorte de Mackenzie King qui aimait les filles».

Pourtant, raconte May, «Trudeau était un ensorceleur. Ed ne possède pas le même pouvoir de séduction que lui. Cela, on l'a ou on ne l'a pas. Ed a des qualités tout à fait différentes. Il est gentil, chaleureux, on peut se fier à lui, mais disons honnêtement la vérité, ce n'est pas un orateur. Quand il parle en public, sa voix s'élève d'un ton, un peu comme quelqu'un qui crie au téléphone quand il croit qu'à l'autre bout du fil on ne l'entend pas. Il n'est pas captivant comme l'était Trudeau. Après tout, Ed vient de l'Ontario. Il est l'image même de l'Ontario. Trudeau, lui, personnifiait le Québec. Ce sont deux cultures très différentes.»

Solide, fiable, modéré, trois qualificatifs qui s'appliquent parfaitement à Ed. Mais d'autres traits de son caractère frappaient ceux qui l'approchaient. «Ce qui m'attirait en lui, c'était son idéalisme», déclare Lucille Munroe. Leur relation était fondée sur une commune passion pour les «principes moraux» comme elle le dit. Au fur et à mesure que les années passeront, Lucille s'inquiétera, me dit-elle, de constater «que l'idéalisme de Ed subira une corrosion... peut-être le mot est-il trop fort... par les compromissions de la vie politique.» Plus l'ambition grandira chez lui, moins elle acceptera facilement de la voir sacrifier à «sa quête de pouvoir».

Il avait aussi son côté joyeux farceur. La tension inhérente à ses fonctions de député s'accompagnait d'une véritable avalanche de facéties. Derrière le parlementaire consciencieux se cachait le pince-sans-rire, et May Gretton dut apprendre très vite à déceler si son patron était sérieux ou bien plaisantait. «Je prenais mon travail très à coeur, me dit-elle, et souvent, quand il me dictait une lettre — c'était moi qui répondais à la plus grande part de son courrier, et il ne me dictait que les détails techniques — il s'arrêtait au beau milieu pour me plonger dans l'embarras en me disant quelque chose qui n'avait rien à voir avec le texte. Un jour il m'a raconté qu'il était allé au mariage d'un membre des Communes. Tout le monde savait que le marié était très grand et sa femme très petite. Ed m'a regardé droit dans les yeux en me disant: «D'après vous, comment vont-ils bien pouvoir se débrouiller au lit?» Il ne cillait pas du tout en me posant la question. Je me suis dit: «Il essaie de me décontenancer. Il veut me faire rougir et bégayer. Mais je ne tomberai pas dans le panneau.» Alors je me suis contentée de lui répondre: «Bah, ils s'arrangeront bien.»

Une autre fois, alors que May venait de s'acheter une décapotable jaune, Ed lui fit encore une farce. «Il savait que j'étais très contente de ma voiture, raconte-t-elle. Un jour, un employé de Bell Téléphone m'a appelée pour me dire qu'en survolant mon quartier il avait vu une décapotable, une jaune, qui tombait du haut de la falaise. (J'habitais au bord de la rivière.) Il voulait savoir si je connaissais le propriétaire de la voiture. Mon sang n'a fait qu'un tour et je me suis précipitée à l'extérieur... et bien entendu ma voiture était sagement stationnée à sa place. C'était un coup de Ed.»

Presque tous ses amis et connaissances furent un jour ou l'autre les victimes de ce genre de farces. C'était pour lui une façon de faire retomber sa tension, laquelle était constante. «Si on ne peut pas faire de blagues, on devient fou», affirme Willy Parasiuk, l'ex-ministre de la Santé du Manitoba, qui comptait parmi les amis de Ed. «On se souvient davantage des moments de rigolade que des épisodes pénibles, ajoute-t-il. Sinon, on penserait continuellement à la même chose... Le Parti va s'effondrer... Le gouvernement va s'effondrer... C'est insupportable.» Dans ces conditions, on ne comptait plus les hommes politiques qui s'adonnaient à la boisson, avaient des aventures avec les secrétaires, contractaient un ulcère à l'estomac, faisaient une dépression nerveuse, ou dont le mariage était en train de craquer. Ed relâchait la pression par des pitreries. Il se taillait un franc succès aux réceptions de Noël organisées par le Parti. Une année il joua le rôle de Blanche-Neige, alors que Stanley Knowles était le Prince Charmant et les sept nains interprétés par sept députés de petite taille, parmi lesquels Tommy Douglas et David Lewis. Une autre année Ed se déguisa en papa et, tiré sur un chariot de déménagement, aspergea d'eau bénite ses collègues des Communes. «Pour Noël, c'était notre groupe parlementaire qui organisait les réceptions les plus animées», raconte Les Benjamin, lequel n'a jamais oublié le numéro comique exécuté par Ed, qui pour jouer le rôle de Blanche-Neige portait un costume du Centre National des Arts et une moppe en guise de perruque.

Mais le consciencieux Ed ne se départissait jamais de ses préoccupations pendant bien longtemps, et souvent ses amis s'étonnaient de la rapidité avec laquelle il reprenait tout son sérieux pour exposer en long et en large les détails du sujet qui lui tenait le plus à coeur, la démocratisation du monde industriel. «Démocratiser l'activité industrielle par une participation accrue des travailleurs à la politique de l'entreprise... (May secoue la tête.) Il avait des piles et des piles de dossiers sur la question. Il ne voulait parler que de cela. Sur ce chapitre il était intarissable. Personne n'y prêtait la moindre attention, mais il continuait à vous asséner ses arguments. Je suppose qu'il y songe toujours. Il y croyait fermement. C'était chez lui une véritable obsession. C'est dans sa nature.» May ne se trompe pas. «Je crois toujours en la perspective d'une démocratie industrielle», déclarera-t-il au printemps 1988.

Cette notion de démocratie industrielle reprend en effet toute son actualité. Dans les années soixante, ce sont les progressistes américains et européens qui, les premiers, ont embouché la trompette de la participation des travailleurs à la marche de l'entreprise. En Scandivanie et en Allemagne de l'Ouest, par exemple, les socialistes ont accordé aux ouvriers une plus grande marge de décision touchant à leurs conditions professionnelles, rompant par là avec la tradition déshumanisante du travail à la chaîne qui jusque-là avait prévalu dans la production de masse. Les Japonais ont généralisé cette formule, tout spécialement dans la construction automobile, et ont fait la preuve que les ouvriers qui tiraient orgueil de leur travail augmentaient aussi leur rendement, et par là même accroissaient la prospérité financière des entreprises. Mais en Amérique du Nord le terrain se prêtait mal à une évolution dans le même sens, eu égard à l'antagonisme qui opposait les syndicats au patronat. Habitués qu'ils étaient à conquérir de haute lutte les droits de leurs adhérents, les premiers redoutaient de perdre leurs prérogatives pour devenir de simples courroies de transmission dans des négociations à l'amiable, et le second, craignant de partager son pouvoir, refusait d'envisager la possibilité de faire entrer des ouvriers dans les conseils de direction. Aucune des deux parties n'était prête à accepter pareil changement.

Et pourtant Ed s'accrochait à cette idée. «C'est à son crédit qu'il faut porter le travail accompli en matière de participation ouvrière, déclare Jim Laxer. C'est dans ce domaine qu'il a le mieux aidé le Parti; la notion d'égalitarisme est maintenant fondamentale chez lui.» Cette notion, il ne perdait pas une occasion de l'affirmer en d'innombrables écrits. Dans un article publié le 13 août 1969 par le *Toronto Star*, par exemple — il ne s'était pas encore débarrassé de ses tics d'universitaire —, il affirmait: «Nous inspirant de notre tradition socialiste et du libéralisme d'auteurs tels que John Stuart Mill, nous autres, les néo-démocrates, avons pour devoir de proposer aux Canadiens une vision plus vaste de la démocratie.» Il ne cessait de revendiquer l'égalité des chances pour tous — l'un des chevaux de bataille de Macpherson —, de plaider pour l'avènement de la démocratie au sein des entreprises et une plus juste distribution non seulement des richesses, mais aussi du pouvoir. Le NPD, déclarait-il, avait d'ores et déjà rempli sa mission primordiale: faire accepter l'idée que l'État est responsable du bien-être de ses citoyens. Le Parti devait à présent s'engager plus avant dans la voie tracée, assuré qu'il était de voir les autres partis lui emboîter le pas tôt ou tard. Bien sûr, cela n'allait pas sans risques au plan électoral, reconnaissait-il, «mais si nous, les néo-démocrates, ne prenons pas ces risques, nous avons toutes les chances d'être obligés de céder le terrain aux politiciens cyniques qui sont passés maîtres dans l'art de l'expédient. Nous ne devons pas succomber à la tentation utopiste d'élaborer un programme dont le message serait: le socialisme tout de suite. Pas plus que nous ne devons céder à celle de croire que les choses se feront nécessairement d'elles-mêmes. La voie qui est la nôtre manque de romantisme et se situe à mi-distance de ces deux extrêmes. C'est une voie que les Canadiens respectent.»

Il n'aurait pu écrire épitaphe qui s'appliquât mieux à sa propre carrière politique, et cette épitaphe, Dennis McDermott — en 1969 il dirigeait la section canadienne de l'Union des travailleurs de l'automobile — aurait assurément aimé la prononcer en personne. «Aux yeux de McDermott, Ed n'était qu'un doux rêveur, un intellectuel dans les nuages qui n'a pas la moindre idée de ce qui se passe sur terre, raconte un commentateur très introduit auprès du NPD. Ed allait prêchant la participation des travailleurs alors que McDermott l'accusait de ne même pas savoir à quoi une usine peut bien ressembler.» C'est dire qu'à cette époque Ed n'était guère dans les bonnes grâces des chefs syndicalistes qui pourtant travaillaient en étroite collaboration avec David Lewis. De son côté, la direction du Parti ne se réjouissait pas de voir que l'un des siens, représentant un comté ouvrier, s'était si rapidement mis à dos son électorat. Ed devint la cible d'attaques féroces, et cela lui était très pénible. «Ed n'aime pas faire l'objet de critiques, me dit May. Il les supporte mal.»

Mais il avait des alliés, entre autres Jim Laxer. «C'est vrai qu'à cette époque la notion de «pouvoir des travailleurs» semblait une pure utopie, raconte-t-il. Les gens n'arrivaient pas à imaginer cela. Maintenant les choses ont changé. Beaucoup d'autres pays ont appliqué cette formule et c'est vrai qu'on ne peut pas gérer intelligemment l'économie sans participation des travailleurs. Ed était tout simplement en avance sur son temps.» Presque vingt ans plus tard à Oshawa, General Motors dépensera des millions de dollars pour instituer dans ses ateliers des mesures démocratiques en assouplissant grandement les normes de production sur les chaînes de montage, en associant les ouvriers à la définition de leurs conditions de travail et en apprenant aux contremaîtres à exercer moins de contraintes sur le personnel.

Ed reconnaît aujourd'hui avoir commis une erreur tactique dans sa façon d'aborder la question. «C'est avec les principaux intéressés que j'aurais dû élaborer ce programme de réformes, déclare-t-il. Avec ceux qui seraient appelés à en vivre les conséquences tous les jours. Mais j'ai appris une grande leçon. Ce n'est pas demain que je proposerai des mesures en faveur de l'agriculture sans consulter les cultivateurs, ou des mesures féministes sans en parler d'avance aux femmes... J'avais beau être encouragé par Cliff Pilkey, je passais complètement à côté de la question. J'étais plein de bonne volonté, oui, mais à côté de la question. Plus tard, Olof Palme (Premier ministre suédois) m'a parlé des mesures prises dans son pays pour accroître la participation des ouvriers à la vie des entreprises. Pour y réussir, et cela semble aujourd'hui l'évidence même, ils ont amené là-bas les directions des centrales syndicales à prendre l'initiative et à élaborer le programme de la réforme. C'est la seule façon de procéder. C'est de là que tout doit partir, et non pas du sommet vers la base.»

Mais en juin 1969, quand il présenta au conseil fédéral du NPD un programme en cinq points sur la «démocratie industrielle», il fut stupéfait des violentes attaques dont il faisait l'objet par les dirigeants syndicaux. Publiée la même année dans le *Canadian Forum*, sa proposition ambitionnait de modifier radicalement la nature de la relation employeur-employé. Sourd aux protestations qui s'élevaient de part et d'autre, il s'obstina, menant de bien tardives discussions avec des syndicalistes, jusqu'à ce qu'enfin il modifie son programme, dont il présenta une version édulcorée au NPD à l'occasion du congrès de Winnipeg en 1969. Il appelait les syndicats à prendre part à diverses négociations qui jusque-là avaient toujours été considérées comme des prérogatives du patronat: progrès technologiques, production, tarification, répartition des bénéfices. En d'autres termes, affirma-t-il, les entreprises devraient à l'avenir ouvrir leurs livres de comptes et en révéler davantage sur leurs profits, leurs investissements et leurs programmes de recherches appliquées à de nouveaux produits.

Sa vision d'une société dans laquelle l'objectif premier n'était plus d'instituer le bien-être social, mais la démocratie de participation au sein de l'entreprise, fit l'objet d'attaques de tous les bords. Mais déjà il s'était engagé sur un autre front et pour une cause perdue: le Waffle. Né de l'esprit contestataire des années soixante, ce mouvement qui se proposait d'insuffler de la vigueur au NPD dans les années soixante-dix, le Waffle aura la même existence éphémère et suivra la même trajectoire que la nouvelle gauche américaine formée au sein du SDS. Coupée du Parti démocrate, la gauche américaine suivra elle aussi sa propre voie pour livrer des combats solitaires — pour les droits civiques, le féminisme, la paix au Viêtnam —, de la même façon que le Waffle attirera les extrémistes au Nouveau Parti démocratique, puis implosera. Ed l'idéaliste apprendra alors une autre cuisante leçon: «Si le parti se polarise, personne n'est satisfait. Si aucun compromis n'est possible, vous êtes en fâcheuse posture.»

Chapitre cinq

Les périls de la politique

Le manque de maturité politique que Ed manifesta en 1971, alors qu'il était candidat à la direction du Parti, aurait pu détruire sa carrière s'il ne s'était pas jeté tête baissée dans le travail... Ed est doté d'une ténacité, d'une endurance qui à mon avis sont chez lui les traits les plus marquants. Il n'avait pas le brio intellectuel de David Lewis, mais je me rendais compte que sa connaissance de la vie canadienne était plus approfondie que celle de David Lewis.

Murray Weppler, chef du cabinet de David Lewis

Par une journée ensoleillée du mois d'octobre 1987, Stephen Lewis, alors ambassadeur du Canada à l'O.N.U., déjeune dans un restaurant grec de New York, face aux drapeaux des Nations Unies qui flottent au vent. Il se remémore les souvenirs de la période Waffle, à la fin des années soixante, quand il était l'un des principaux adversaires du groupe. À la tête du NPD de l'Ontario de 1970 à 1978, il avait mené son parti jusqu'à l'opposition officielle. Bel homme, passionné, Lewis apprécie pleinement cette nouvelle vie dégagée des contraintes de la politique. Après tout, c'est un enfant de la balle et il a fait son entrée dans l'arène politique sitôt qu'il a été en âge de serrer des mains, milité dès l'adolescence et sillonné à partir de 1961 le pays de long en large en qualité de directeur administratif en chef du NPD à l'échelon national. Il n'avait alors guère plus de vingt ans.

Bien qu'il se ronge toujours les ongles jusqu'au sang, il apprend désormais à se détendre. Il lui arrive de se réveiller en nage au beau milieu de la nuit après avoir rêvé que son père lui intime l'ordre de redescendre dans l'arène et de se battre pour le Parti. Mais dans son rêve Stephen ne cède pas aux injonctions paternelles. Et quand Ed Broadbent s'est rendu à New York pour le persuader de se présenter aux prochaines élections fédérales, Stephen a promis à Ed qu'il ferait n'importe quoi pour lui, mais que pour rien au monde il ne serait candidat. En cela, il est pleinement approuvé par sa femme, Michele Landsberg. En 1978, miné par le travail, Stephen n'en pouvait plus. Dix ans plus tard, rajeuni, mais dégagé de toute responsabilité au sein du Parti, il exerce une grande séduction à la Garbo. Sa carrière internationale a encore accru son charme, et ses admirateurs meurent d'envie de le voir retourner sur la scène politique.

Son séjour aux Nations Unies ne lui laisse pas que d'excellents souvenirs. «Je suis de plus en plus critique vis-à-vis de l'idéologie, déclare Lewis. Mais j'insiste toujours sur la distinction entre socialisme démocratique et communisme.» Cette distinction se trouvait, bien sûr, au coeur même de la passion qui animait son père dans ce continent saturé d'anti-communisme. Conjuguée à l'hystérie de la chasse aux sorcières rouges du maccarthysme, la brutalité du régime stalinien en Union soviétique traînait sans distinction dans la boue les sympathisants de la gauche, toutes tendances confondues.

La social-démocratie n'a rien à voir avec le communisme, on ne le répétera jamais assez, affirme Lewis. En Suède, en Norvège, dans l'Europe de l'Ouest, au Royaume-Uni, en Australie, en Nouvelle-Zélande et même au Canada, la social-démocratie et ses adeptes constituent des forces majeures. Dans le monde, ce sont les pays scandinaves qui sont à la pointe du progrès en matière d'égalitarisme, de protection de l'enfance et de sécurité d'emploi, alors que pourtant leurs gouvernements socialistes coexistent avec des entreprises nationales capitalistes telles que Volvo, Saab et Ikea, le plus grand marchand de meubles au détail du monde. «Tout dépend des conditions de la cohabitation, dit Lewis. Le succès des Scandinaves tient à ce que leurs leaders socialistes travaillent avec de grandes entreprises, mais ce sont eux qui dirigent le pays.»

La social-démocratie, selon l'optique mondialiste de Lewis, se situe à mi-chemin entre le capitalisme de Reagan ou de Thatcher à droite et le totalitarisme soviétique ou chinois à gauche. «L'extrême gauche et l'extrême droite ont tendance à se rejoindre, ce qui me rappelle le Waffle. Le Waffle n'avait rien de commun avec la social-démocratie. C'était ni plus ni moins qu'une démarche dictée par une agressivité pathologique.»

Le Waffle était la réplique canadienne de la nouvelle gauche américaine; le meilleur ami de Stephen, Gerry Caplan, en était l'un des instigateurs. Ed fut lui aussi pour quelque chose dans sa création, bien qu'il ne tardât guère à prendre ses distances par la suite.

Produit d'une génération formée dans l'ombre de la guerre du Viêt-nam, bien décidé à défier l'hypocrisie de l'establishment, le Waffle «poursuivait une tradition d'opposition tumultueuse sur l'aile gauche du Parti, tradition qui remontait au congrès de Regina en 1933», écrivaient les McLeod dans leur biographie de Tommy Douglas. Le mouvement Waffle s'inscrivait dans le droit fil d'une tradition révolutionnaire datant des années cinquante et représentée à cette époque par la «Socialist Fellowship» née en Colombie-Britannique. M.J. Coldwell, chef de la CCF, et tenant de la vieille école, avait évincé le groupe du Parti, déclarant qu'il constituait «une menace pour la liberté au Canada». Vingt ans plus tard, l'existence du Waffle sera tout aussi mouvementée, et presque aussi brève. Des deux côtés de la frontière américano-canadienne, la nouvelle gauche — à la fois source d'idées nouvelles et réactivatrice de vieux conflits — connaîtra le même sort: affrontement, désillusion, fragmentation, dissolution.

Le Waffle vit le jour en 1969, au tout début du printemps, lorsque Gerry Caplan et Jim Laxer, au cours d'un déjeuner à Ottawa, estimèrent d'un commun accord que le NPD piétinait sur place. «Il fallait faire quelque chose pour l'avenir du Parti», raconte Laxer. En collaboration avec Mel Watkins — celui qui avait dénoncé l'asservissement de l'économie canadienne par les États-Unis et souligné sa vulnérabilité de «succursale» —, ils mirent au point un programme d'action.

Voyons d'un peu plus près les deux protagonistes de l'affaire. Laxer, d'abord — il est aujourd'hui doyen du département de sciences politiques au Collège Atkinson de l'Université York, un homme séduisant, respirant la santé —, était assistant en histoire à l'Université Queens. À vingt-neuf ans, il avait un rien d'embonpoint, se vêtait de façon négligée et portait les cheveux longs. Il était marié à la féministe militante Krista Maeots, et tous deux étaient considérés comme le modèle du couple égalitaire moderne. Caplan, ensuite. Maigre et nerveux, passionné, connu pour ses traits d'esprit et ses tendances hypocondriaques, il enseignait à l'Ontario Institute for Studies in Education (OISE), où il donnait des cours sur le développement du Tiers-Monde et la culture politique canadienne. En matière d'économie, ils avaient pour maître à penser Mel Watkins. Le rapport que celui-ci avait rendu public en 1968 révélait la mainmise de l'étranger sur l'économie nationale. Watkins, leur aîné de presque dix ans, était un brillant économiste, maigrelet et lunatique. Plus que quiconque il avait réfléchi très sérieusement à ce que pourrait être un Canada indépendant. Indépendance, tel était le maître-mot pour le Waffle. Et aussi pour le Québec, où bouillonnaient des revendications qui plus tard placeront la province à deux doigts du séparatisme.

Laxer était un romantique passionné qui adorait son pays, Caplan un activiste crispé par la suffisance canadienne, Watkins un spécialiste capable de maîtriser ce langage technique révélateur des dessous économiques de la tutelle étrangère. Le Canada était en train de se faire saigner à blanc par l'empire américain, tous les trois en étaient fermement convaincus. Il fallait agir de toute urgence, raconte Laxer. «J'étais indigné. J'avais l'impression que le Canada allait peut-être cesser d'exister. La mentalité coloniale avait fait de nous des infirmes. Nous ne pouvions ni agir ni vivre comme des êtres humains à part entière parce que les centres dotés du pouvoir, les lieux où se prenaient les vraies décisions, ne se trouvaient pas ici. Nous étions au bout de la queue de la cafétéria. Dans notre propre pays, nous n'avions droit qu'aux miettes.»

Enflammés par la mission dont ils se sentaient investis, Caplan et Laxer allèrent rendre visite à Broadbent dans son bureau de la Colline. Il leur fallait s'allier un député qui les rendit crédibles dans le Parti, et avec Ed tous les espoirs étaient permis. Effectivement il les écouta avec beaucoup d'intérêt. Élu moins d'un an plus tôt, Broadbent représentait un visage nouveau, une nouvelle espérance pour la génération montante, même s'il était encore néophyte en matière de politique. «Ed nous a invités à venir assister à une réunion du groupe parlementaire, raconte Laxer. Nous ne pensions pas qu'ils accepteraient notre présence, mais selon Ed il n'y aurait pas de problème. Et ce qui devait arriver arriva. À l'heure prévue, alors que nous attendions dehors, Ed est apparu, rouge comme une pivoine. «Ils ne veulent pas vous laisser entrer», nous a-t-il annoncé. Alors Gerry et moi sommes allés au Sparks Street Mall prendre un café et réviser notre plan d'action.»

Caplan organisa une réunion à son domicile de Boswell Avenue à Toronto, à laquelle assistèrent Broadbent, ainsi que Watkins, Laxer, Krista Maeots, Giles Endicott et quelques autres. Ed était le seul député du groupe, et Endicott le seul membre du conseil fédéral du Parti. Installés dans le salon de Caplan, entourés par les saisissantes sculptures africaines que ce dernier avait ramenées de ses voyages, ils discutèrent de leurs idées, rêvant de s'allier au Québec et de proposer au Parti — et à la nation — une vision du Canada qui transformerait le pays.

Selon Giles Endicott, ils s'efforçaient surtout de travailler dans le sens des voeux de la génération montante, cette nouvelle génération qui entendait bien se faire les dents, prendre de la force et acquérir du pouvoir. «Pour nous, la vieille garde — David Lewis, Donald MacDonald [chef du NPD en Ontario] — se situait à droite. Nous estimions qu'elle ne s'inquiétait pas suffisamment de l'américanisation du Canada.» Pourtant, un comité politique du Parti étudiait l'emprise de l'étranger sur l'économie. Tommy Douglas y faisait souvent allusion dans ses discours, et des syndicalistes comme Cliff Pilkey avaient déjà dénoncé le contrôle exercé par les syndicats américains sur leurs satellites canadiens. Mais Cliff Scotton, secrétaire fédéral du Parti, assimilait les membres du mouvement Waffle à «des dissidents prêts à chausser les bottes des dirigeants en place». Pourtant, reconnaît Endicott, ce n'étaient pas «les petits génies du Waffle qui avaient inventé les problèmes». Ils avaient tiré le nom de leur mouvement d'une analogie à vrai dire facile: puisque le Parti donnait dans le blablabla de droite, se perdait en propos oiseux (en anglais: *to waffle*), autant en rajouter en sens contraire, faire de la surenchère à gauche. Ce serait Ed, affirme-t-on, qui aurait prononcé cet aphorisme d'où le groupe tira son appellation. Mais cette version des faits est contestée. Quoi qu'il en soit, le nom Waffle est resté. «Qu'un mouvement d'extrémistes à tous crins puisse avoir envie de s'affubler d'un nom aussi malencontreux que Waffle au lieu de se baptiser Panthères du Nord ou autre dénomination du même genre, cela ne peut guère se produire qu'au Canada», écrivait Norman Snider dans un portrait de Broadbent publié par *Toronto Life*.

Il leur fallut plusieurs semaines pour élaborer le manifeste Waffle, «Towards an Independant Socialist Canada» («Vers un Canada socialiste indépendant»). Ce manifeste s'articulait autour de trois grands axes: la mainmise de l'étranger sur l'économie (spécialité de Watkins), le Québec (domaine de Laxer) et la participation démocratique dans l'entreprise (chère à Ed). La passion de Laxer pour Henri Bourassa s'était muée en une fascination pour la Révolution tranquille du Québec et il s'identifiait totalement aux Québécois qui luttaient pour être les maîtres chez eux. Publié en 1968, le livre de Pierre Vallières qui connut un si grand succès *(Nègres blancs d'Amérique: Autobiographie précoce d'un «terroriste» québécois)* illustre bien l'intransigeance de l'époque. Écrit en prison après une grève de la faim de vingt-neuf jours, le livre bouillonnait de colère et d'espoir. Malgré sa brève mais brutale expérience de la vie, Vallières était habité par l'absolue conviction qu'il est possible de bâtir un monde meilleur «aujourd'hui», pour peu que nous soyons solidaires, que nous retroussions nos manches et nous nous mettions au travail. «Tout, en ce monde, nous appartient.» Certaines des transformations qu'il envisageait se retrouvaient dans la présentation que faisait Ed de la «démocratie industrielle» — accorder du pouvoir aux ouvriers en les faisant participer au plus haut niveau aux décisions engageant leur existence —, dont il empruntait le modèle à l'Europe et au Japon.

Ce fut surtout Laxer qui rédigea la première version du manifeste Waffle, et Watkins la seconde. Leur tâche les enthousiasmait. «Nous étions animés par l'esprit de la nouvelle gauche, déclare Laxer. Le manifeste était l'expression du radicalisme qu'on trouvait chez les jeunes de l'époque, mais c'est Watkins qui en a fait un document percutant. Watkins était mon idole. Je le plaçais au-dessus de tous les autres. J'étais enthousiasmé par les valeurs qu'il défendait. Je le respectais. J'aurais tout donné pour le faire élire à la tête du Parti.»

Mais la rhétorique de Watkins alarmait passablement Ed. Au point qu'un jour il appela Laxer. «Je suis inquiet de la tournure que ça prend», lui dit-il. Puis Ed montra le manifeste à Marc Eliesen, le responsable de la recherche au Parti. Économiste originaire de Montréal, Eliesen avait travaillé pour le ministère fédéral des Finances à Ottawa. Son premier patron avait été Simon Reisman, alors secrétaire d'État aux Finances. Tous deux étaient appelés à réaliser de grandes choses: Eliesen deviendra président de la Manitoba Energy Authority, et à ce titre supervisera la mise en place du programme hydro-électrique Limestone au Manitoba, une entreprise de trois milliards de dollars. «Tout l'art de gouverner, dit-il aujourd'hui qu'il sait bien de quoi il parle, consiste à choisir, parmi des impératifs concurrents, lesquels ont un caractère prioritaire.» Même du temps de sa jeunesse gauchiste, Eliesen était pragmatiste. Il ne fut pas autrement impressionné par le manifeste. «Ils étaient à fond pour «la destruction du capitalisme», expression qui revenait huit cent trente-deux fois dans le texte», déclare-t-il en exagérant quelque peu. «Le manifeste ne pouvait prêcher qu'aux convertis. En tant qu'outil de propagande, son effet était nul.» Ed ne fit pas non plus grosse impression à Eliesen lors de leur première rencontre en 1968. «Ed était un intellectuel introverti, vraiment peu communicatif. C'était curieux qu'un type comme ça représente un comté ouvrier. Mais quand je l'ai mieux connu, il a baissé sa garde et s'est ouvert.»

En collaboration, Broadbent et Eliesen rédigèrent à nouveau le manifeste, qu'ils présentèrent à Laxer. Laxer en fut consterné. «Vous en avez ôté tout le mordant, protesta-t-il. Tel qu'il est maintenant, il est complètement châtré.»

Ed tenta bien de convaincre Laxer qu'un document plus modéré toucherait davantage de gens. Seul homme politique élu du groupe, Ed connaissait bien, pour l'avoir appris à ses dépens, le genre de propos qui rebute un auditoire. Mais ses collègues du Waffle ne voulaient rien savoir de ces considérations. Laxer estimait que Ed manquait d'imagination et faisait un bien piètre écrivain. Quant à lui, Ed pensait que Laxer passait complètement à côté des réalités du Parti. En politique comme dans la vie courante, il n'est pas toujours facile d'éviter les malentendus: les deux hommes s'estimaient beaucoup, ils avaient nombre d'intérêts communs, mais ils ne purent tomber d'accord sur la tactique à adopter. (Ils essaieront à nouveau de travailler ensemble au début des années quatre-vingt, l'un comme chef du Parti, l'autre comme directeur de la recherche, mais leurs dissensions seront encore plus accusées.)

Lors des réunions suivantes, Ed essaya de persuader le Waffle de soutenir la version du manifeste réécrite par Eliesen et lui-même. Endicott, lui, approuvait les modifications apportées au manifeste: «Je crois qu'en adoptant un ton moins virulent, Ed améliorait le texte.» Ed s'en explique ainsi: «J'ai changé quelque peu ce que j'estimais être de la réthorique délirante, remanié des passages sur l'impérialisme américain qui risquaient de rebuter les familles de la classe ouvrière. Je persiste à croire que si le manifeste avait été réécrit, non seulement je serais resté [au Waffle], mais nous aurions probablement pu le faire accepter au congrès du Parti.» Mais le mouvement Waffle ne voulait pas entendre parler d'un texte moins agressif, jugé insipide. De son côté, Ed n'approuvait pas leur tactique: «Ce qu'ils voulaient, c'était l'éclatement du Parti. C'était la grande idée de la gauche. Telle n'était pas du tout la mienne. Ce que je voulais, c'était amener le Parti à évoluer globalement. Nous étions divisés sur les moyens, pas sur le fond. Je n'étais pas amer. Je me suis retiré, voilà tout.»

Ed ne fut pas le seul à quitter le Waffle: moins de six mois plus tard, Endicott lui aussi s'était retiré. «J'étais un pilier du Parti, explique Endicott. Ma vie tout entière était étroitement liée au NPD. J'avais essayé de dissuader Laxer et Watkins de vouloir créer un parti à l'intérieur du Parti. Ils ne donnaient pas l'impression de se rendre compte à quel point ils allaient nuire à l'organisation. C'est que ni l'un ni l'autre n'appartenait au NPD, et en fait, ils ne s'en souciaient pas le moins du monde. Jim venait de la nouvelle gauche et Mel des libéraux. Ils déclaraient la guerre au NPD, celui-ci ne pouvait pas ne pas riposter. C'était la guerre.»

De retour au sein du groupe parlementaire, Ed mit la main à une déclaration officielle du Parti, lequel reprenait à son compte bien des points du manifeste du Waffle, mais rejetait la notion de «propriété publique des moyens de production» et se gardait de tout effet de rhétorique. Ce document moins radical, intitulé «For a United and Independant Canada» («Pour un Canada Uni et Indépendant»), n'eut pas une grande audience. Tommy Douglas le défendit, expliquant que la nationalisation «peut être un instrument à double tranchant, susceptible d'accroître considérablement la bureaucratie sans forcément résoudre les problèmes économiques auxquels on tente de porter remède». Mais sa voix fut étouffée par le feu d'artifice du Waffle.

«L'accueil réservé au manifeste dépassa de loin notre attente», dit Watkins, et il ne ment pas. «Franchement, c'était un document exceptionnel, ajouta-t-il. Il présentait les problèmes de façon vraiment inédite — pas seulement le nationalisme, mais le droit du Québec à l'autodétermination, le féminisme, l'environnement et l'indépendance des syndicats canadiens. Et surtout, il touchait la corde très sensible du nationalisme. Pourtant, être un nationaliste canadien était encore perçu à l'époque comme une aberration, une attitude dictée par l'anti-américanisme. L'amusant de l'histoire, c'est que sur tous les autres points nous singions les Américains, qui sont épris d'un profond nationalisme.»

Les controverses et les passions provoquées par le Waffle s'étaient étendues à tout le pays, et en particulier à la Saskatchewan, où le mouvement avait trouvé un appui considérable. Mais, reconnaît Laxer, il attira aussi des cinglés. «Il y avait dans le Waffle des trotskystes et d'autres dingues du même acabit. Mais c'était inévitable, comme les moustiques en pleine campagne. Mais quelle importance? Ce n'étaient pas ceux-là qui contrôlaient le Waffle. Watkins et moi avions toujours tenu les rênes du mouvement, et je puis vous dire franchement que j'ai été choqué par la réaction de David Lewis. Nous nous considérions comme des gens honorables. Nous respections David. Nous avons été étonnés de constater que les dirigeants du Parti ne nous aimaient pas.»

Le Nouveau Parti démocratique se réunit à Winnipeg en octobre 1969. Lors de ce congrès, Tommy Douglas occupait pour la dernière fois le poste de leader. Les délégués arrivaient à la porte historique du Canada occidental, bien décidés à fêter l'événement. À l'Assemblée du Manitoba, deux énormes buffles de bronze flanquaient la magnifique entrée de marbre: le Golden Boy étincelait de tout son éclat au sommet du dôme le plus élevé. On l'avait installé là-haut, car quand on l'avait disposé sur la pelouse de l'Assemblée après son arrivée à Winnipeg en 1918, sa nudité avait été jugée indécente. Un demi-siècle plus tard, les espoirs des néo-démocrates grandissaient, et certains citoyens du Manitoba trouvaient leur présence dans le cabinet du Premier ministre presque aussi choquante que l'avait été jadis la nudité du Golden Boy.

Cet été-là, après avoir été élu à la tête du NPD du Manitoba, Ed Schreyer, député de trente-trois ans qui parlait cinq langues, avait aussitôt déclenché une élection provinciale. Sa victoire sensasionnelle advenue peu avant le congrès n'était pas du goût de tout le monde. En sirotant leur scotch dans les salons très sélects du Manitoba Club, les représentants de la classe dirigeante provinciale étaient troublés. Dans la victoire de Schreyer, explique Val Werier, journaliste au *Winnipeg Free Press*, le noeud du débat «n'était pas que Schreyer fut un soi-disant socialiste, mais qu'il n'appartenait pas au Manitoba Club. Ce n'était pas la tendance radicale marquée du NPD, qui blessait, c'était que ce parti représentait une autre assise du pouvoir. Pour la première fois on avait un Premier ministre et un cabinet qui n'étaient pas au diapason de l'élite blanche protestante.» L'événement en fit tiquer plus d'un. Le nom du président de la Chambre — l'Honorable B. Hanuschak, fils de la regrettée Anna Bartikw, époux de Nadia Stechkewich — était «imprononçable dans certains milieux», fait remarquer Werier, un sourire en coin.

La patrie spirituelle du Parti se trouvait ici, au Manitoba, et dans la province voisine, la Saskatchewan, terre aux cieux immenses et aux sols fertiles, aux fleuves puissants et aux hivers glacials, ainsi que dans les communautés ukrainiennes, françaises, scandinaves et indiennes qui parsemaient les Prairies et défloraient quelque peu l'image que les étrangers se faisaient de la région: celle d'un conservatoire de culture britannique. «N'allez surtout pas croire que les groupes du Manitoba sont semblables à ceux de la Saskatchewan», déclare Michael Decter, un économiste diplômé de Harvard, qui deviendra plus tard un proche collaborateur de Broadbent. «La CCF était le parti de la Saskatchewan, née du mouvement rural populiste, explique-t-il. Alors que le pivot de la gauche du Manitoba, c'était le mouvement syndical radical qui, dans l'esprit, était plus proche du parti de la Colombie-Britannique, allié à des intellectuels de la classe moyenne. Le mariage du parti du Manitoba et des fermiers de la Saskatchewan a donné naissance au NPD.» Cette version de Decter reflète le point de vue des provinces de l'Ouest. Après tout, c'est David Lewis qui a organisé l'alliance du nouveau parti avec les syndicats à l'échelon national. Mais dans l'Ouest les néo-démocrates considèrent qu'il détiennent la clé; et la clé c'est le pouvoir. Les Canadiens du Centre, habitués à considérer le NPD comme un acteur de second plan, n'ont jamais pris clairement conscience de la puissance de ce parti dans les provinces de l'Ouest.

Quand Jeffrey Simpson comparait dans le *Globe and Mail* les néo-démocrates à «des classes bavardes qui ne dirigent rien mais font des commentaires sur tout», il trahissait son préjugé [d'homme] de l'Est. «C'est peut-être la seule et unique critique qu'on ne peut en aucun cas décrocher contre le Parti», écrivait Robert Bott dans *Saturday Night* en janvier 1988, car «pendant plus d'un demi-siècle le NPD et son précurseur, la CCF, ont accumulé les expériences à la tête de plusieurs gouvernements».

À Winnipeg, au coeur des Prairies, le radicalisme joue cartes sur table. Il n'y a que dans cette ville où on vous distribue un dépliant touristique publié par le gouvernement où on vous invite à visiter les hauts lieux de la grève générale de 1919, et en particulier celui qui fut le théâtre du Samedi sanglant. Quant au passé de la ville, il est partout présent, à commencer par le vieux quartier industriel près de Portage et de Main Street, qui jadis abritait les syndicats du blé, les banques et les gares de transport dans de magnifiques bâtiments début de siècle évoquant encore la fièvre des temps héroïques.

Les délégués qui se rendirent à Winnipeg en 1969 composaient un ensemble hétéroclite: les dirigeants des provinces de l'Est, avec à leur tête, David Lewis et le leader syndical Dennis McDermott; les radicaux de l'Ontario, c'est-à-dire le Waffle, avec Jim Laxer, Gerry Caplan, Mel Watkins et le sympathisant Ed Broadbent; les dirigeants de l'Ouest, conduits par le chef du NPD, Tommy Douglas; le ministre de la Saskatchewan, Allan Blakeney (qui allait bientôt devenir Premier ministre); le Premier ministre du Manitoba Ed Schreyer; Dave Barrett (lequel l'emportera sur le Crédit social en Colombie-Britannique en 1972); sans oublier l'élite socialiste du Canada: à savoir les militants de la Saskatchewan. Cela faisait longtemps qu'ils avaient porté leur parti au pouvoir dans leur province, qu'ils avaient réussi à implanter un régime d'assurance hospitalisation et maladie. Ils avaient été témoins du revirement des politiciens de l'Est, qui s'étaient d'abord écriés que l'assurance maladie allait détruire l'éthique de la nation, puis qui proclamaient le lendemain qu'il s'agissait là de la plus belle victoire de la démocratie.

C'étaient des gens ouverts, pragmatiques, tenaces — l'équivalent, dans l'Ouest, selon l'enfant du pays Bill Knight (à présent secrétaire fédéral du NPD), de la nouvelle génération de militants du Québec engendrée par la Révolution tranquille et le Parti québécois. Comme leurs homologues du Québec, ils n'aimaient guère qu'on vînt d'ailleurs (et surtout pas de l'Ontario) leur expliquer ce qu'ils avaient à faire.

Il n'est pas étonnant que le congrès ait tourné au «cauchemar», comme l'écrit Desmond Morton. Pour Ed, ce fut le baptême du feu. Malgré le discours inaugural de Tommy Douglas, qui rappela le premier soir aux délégués que «nous ne sommes pas une société philosophique mais un parti politique», des forces s'y déchaînèrent, qui ne purent être maîtrisées, des disputes y naquirent, auxquelles il fut impossible de mettre fin. David Lewis, qui avait oeuvré si tenacement pendant des années pour faire du Parti une entité vivante — empruntant d'innombrables trains poussifs pour aller prêcher la bonne parole dans les coins les plus perdus à une poignée de recrues de la CCF et du NPD, — ressemblait à un taureau mis à mort. «David Lewis avait le sentiment d'incarner le Parti, explique un délégué. La moindre critique devenait une attaque personnelle.» Il est exact qu'il y avait de «l'État-c'est-Moi» dans l'attitude de Lewis, reconnaît Terry Grier, lequel a commencé à travailler pour le Parti en 1960 à l'âge de vingt-quatre ans et fait ses premières armes sous l'égide de Lewis, qu'il respectait profondément. Mais la conception du pouvoir personnel de David choquait nombre de délégués de l'Ouest, qui supportaient mal de voir la direction du Parti ne pas tolérer la moindre critique. L'autoritarisme intransigeant de David était à leurs yeux en grande partie responsable de la crise qui s'ouvrait, et pour sa part David était convaincu que les délégués de l'Ouest s'acharnaient à vouloir démanteler le NPD.

Bien des alliés de Lewis considéraient les membres du Waffle comme des destructeurs irresponsables, hystériques, voire antisémites. Jim Laxer, qui est à demi juif, affirme que David se croyait la cible, bien à tort, d'un ennemi plus familier et plus redouté. «David Lewis avait passé des dizaines d'années à combattre les communistes, explique Laxer, et quand il nous a vu arrrriver, il s'est dit «les revoilà!» Mon père avait été communiste, et c'est sans doute pourquoi il me soupçonnait d'en être un moi aussi. Pourtant il s'est montré très cordial avec moi par la suite. Il ne s'agissait pas du tout d'une conspiration communiste. Je n'avais jamais milité pour un parti de gauche auparavant. Jamais je n'avais été membre du Parti communiste. J'avais horreur de ce parti.» Ce qu'il y a de vraiment paradoxal dans l'histoire du NPD, c'est qu'on y a combattu avec acharnement le communisme de l'intérieur — si bien qu'on s'est aliéné le soutien de milliers de marxistes bien intentionnés qui n'avaient pas la moindre envie de reproduire le modèle soviétique au Canada — alors que de l'extérieur on reprochait à ce même Parti ses soi-disant sympathies procommunistes. Il n'y avait pourtant pas pire ennemi des communistes que David Lewis.

Les deux jours suivants, le Waffle gagna du terrain. Il ralliait de plus en plus de délégués à sa cause, et si les médias le présentaient le plus souvent de façon dépréciative, ils ne lui en prêtaient pas moins beaucoup d'attention. Le Waffle réussit à polariser le débat. Les délégués «ergotaient sur des termes comme «impérialisme, exploitation et socialisme», écrivent les McLeod. Ed était consterné. Il jugeait ces altercations totalement vaines. Il n'aimait pas non plus entendre les partisans du Waffle «faire insulte à de braves gens qui pendant toute leur vie avaient travaillé et fait de gros sacrifices pour le socialisme».

Gerry Caplan était l'image même du militant de choc. «Il était très violent et ne faisait rien pour arrondir les angles», rapporte Norm Simon, qui aujourd'hui compte parmi ses bons amis. Simon était alors directeur des relations publiques du syndicat des fonctionnaires canadiens, et on l'avait chargé de s'occuper du service de presse. Le Waffle n'emportait pas son enthousiasme. Simon réagissait exactement comme Ed: «Je suis un nationaliste, dit-il, mais je considérais que ces gens-là n'avaient pas le moindre sens politique. Ce qui me choquait chez eux, ce n'était pas tant ce qu'ils disaient que la façon dont ils s'exprimaient, la véhémence de leur langage. Ils s'étaient mis à dos une bonne partie des délégués.»

Dépourvu de tout soutien réel en dehors de sa circonscription, dépourvu tout autant de relations puissantes, le jeune politicien qu'était Ed s'en tient aux résolutions de neutralité qu'il avait prises même si grandes étaient les pressions exercées sur lui pour l'attirer à droite dans le camp des dirigeants, ou à gauche dans l'enclave du Waffle. Les plus extrémistes croyaient qu'il n'avait pas le cran de prendre nettement position pour l'une ou l'autre des parties en présence. Les modérés pensaient tout simplement qu'il ne savait plus où il en était. Mais par-delà différences et différends, Ed était bien résolu à rester en bons termes avec tout le monde. Et si en fin de compte il donnait l'impression d'être un peu la tête de Turc de ce congrès, c'était parce qu'il avait tiré la leçon de l'enseignement que lui avait donné Abe Taylor à Oshawa. Son attitude politique, il l'avait forgée avec le Local 222, où il avait toujours vu les deux factions se battre à tous propos, et les divisions du Parti dont il était à présent le témoin ne le tracassaient pas outre mesure. S'il manquait de finesse, il savait en revanche fort bien s'y prendre pour protéger ses arrières. Règle numéro un: quand deux camps s'affrontent, prendre ses distances. Règle numéro deux: rester en bons termes avec les pugilistes des deux bords.

Un autre facteur lui conseillait cette prudence: l'influence *a contrario* exercée sur lui par son père. Il semble bien en effet que Percy Broadbent ait légué à son fils une prédisposition marquée à ne pas suivre son exemple. Contrairement à certains extrémistes bourgeois qui se sentent obligés de rompre à tout prix avec le confort étouffant, hypocrite, dont ils ont été entourés dans leur enfance, Ed ne ressentait nullement le besoin pervers de détruire, car il avait été le témoin naguère des fureurs paternelles provoquées par l'alcool et qui avaient bien failli conduire la famille au désastre.

Ed comprenait la peur viscérale que ressentait David Lewis à l'idée que le Waffle puisse faire éclater le Parti. Mais en même temps, il approuvait les objectifs politiques du Waffle. Selon certains observateurs, c'était cette contradiction, que plus tard il essaiera de résoudre, qui le paralysait.

Le Waffle disposait d'une salle de réunion pendant le congrès, raconte Carol Sigurdson (elle était elle-même membre du Waffle de la Saskatchewan) et je reverrai toujours Ed Broadbent debout à la porte, un pied à l'intérieur de la pièce et un pied dehors, comme s'il se demandait: «De quel côté vais-je aller?» Dave Barrett était dans la même situation que lui.» Fred Gudmundson, le mari de Carol, ajoute le commentaire suivant: «Barrett et Broadbent me semblaient l'un comme l'autre totalement dépourvus de motivation purement idéologique. Ce qui les déterminait c'étaient les considérations humanitaires et l'instinct grégaire.»

Jugement sévère, mais Sigurdson et Gudmundson, qui n'avaient alors guère plus de trente ans, étaient des extrémistes parfaitement représentatifs de la Saskatchewan. Ils venaient du comté de Mozart. «Tout le monde y faisait de la politique, raconte Fred. C'est ainsi qu'on passait le temps quand on ne travaillait pas à la ferme. En Saskatchewan, on ne connaît pas les grandes réunions politiques. Tout se passe dans la pénombre.» Mais aussi au grand jour, et continuellement, s'il faut en croire Lorne Nystrom — un député fédéral originaire de Wynyard, près de Mozart — puisqu'il raconte qu'à l'époque c'étaient les opinions politiques qui dictaient aux familles le choix de leur épicerie, de leur banque et du point de vente de leurs céréales. «Les libéraux faisaient leurs achats au magasin

OK Economy, dit Nystrom, et il n'était pas question pour eux d'aller à la coop ni à la caisse de crédit ou encore à la coopérative céréalière, que fréquentaient toutes les familles de la CCF. Il a fallu que j'aille à l'université pour mettre les pieds dans un grand magasin appartenant à une chaîne privée. Nous grandissions tous en assistant à des réunions politiques. Ça faisait partie de la vie.»

Les activistes de la Saskatchewan et la plupart des membres du Waffle n'étaient pas tendres pour Ed, qui pourtant ne nourrissait aucune animosité à leur égard. «Les gens du Waffle soutenaient qu'ils étaient les seuls vrais socialistes et que quiconque ne partageait pas leur point de vue était un traître passé à la bourgeoisie, un vendu», explique un délégué. Ed était lui aussi taxé de vendu. On ne le considérait pas comme authentiquement de gauche. Ce n'était pas un «pur». C'était un fils d'ouvrier avec un vernis universitaire qui vous assénait des discours grandiloquents et indigestes, qui s'était entiché de John Stuart Mill (ricanement) et qui n'avait même pas le courage d'être marxiste. Quant à sa fameuse participation des travailleurs dans l'entreprise, les syndicats estimaient que Ed ne savait pas de quoi il parlait, raconte Giles Endicott. «Il avait chaussé les guêtres de la nouvelle gauche — aux États-Unis, Tom Hayden s'en prenait à l'immobilisme des syndicats américains — et cela suffisait à faire de lui un ennemi au même titre que Hayden. Les syndicats avaient peur de perdre toute raison d'être si les idées de Ed aboutissaient. L'UTA est tombée à bras raccourcis sur Ed.»

Son grand dessein avait été réduit à néant, et pour certains délégués, Ed avait tout l'air d'un gamin qui traverse un champ en posant le pied sur toutes les bouses de vache. Dennis McDermott était de plus en plus agacé de voir le député d'Oshawa s'accrocher «à des idées ridicules». Par ailleurs, David Lewis se montrait de plus en plus dubitatif face à l'attitude de Ed. Pour David, les lignes qui séparaient les combattants avaient été tracées, et bien tracées. Qui n'était pas dans son camp était son ennemi. Et comme Ed refusait de prendre parti, sa démarche semblait parfaitement vaine.

Fred Gudmundson et Carol Sigurdson approuvaient la prise de position sans équivoque de Lewis, même s'ils n'étaient pas d'accord avec lui. Mais que Tommy Douglas ne prenne pas leur défense les décevait grandement. Carol s'en explique: «Tommy croyait en la justesse de ce que proclamait le Waffle — que les richesses de notre sol devaient faire prospérer les Canadiens et non pas les Américains — et il savait que l'action du Waffle servait la cause. Mais il n'a pas voulu nous défendre. C'est pourquoi j'avais davantage de respect pour David Lewis. Je n'étais pas d'accord avec lui, mais au moins, sa position était claire et nette. Elle ne me mettait pas mal à l'aise. Ce sont les faux-fuyants que je ne supporte pas.»

Pourtant, parmi les personnalités influentes du Parti, Tommy Douglas portait sur le Waffle des jugements d'une extrême sévérité. Bill Knight, qui allait bientôt être élu député de la Saskatchewan à la Chambre de communes, savait que Tommy en dépit de son amabilité de façade avait une sérieuse dent contre les dissidents. «Dans son opposition au Waffle, Douglas était tout aussi résolu que Lewis, confie Knight aux McLeod. S'il était resté, il les aurait tous passés à la baïonnette, exactement comme Lewis.» (Nul n'aurait pu prévoir alors que moins de dix ans plus tard, Ed Broadbent tenterait de ramener au bercail les brebis égarées.)

Quand tout fut terminé, bien des questions restaient en suspens. Mel Watkins fut élu vice-président du Parti, le Waffle gagna sept sièges au Conseil national, et la ligne politique s'infléchit vers la gauche. Mais l'harmonie ne régnait pas. Carol Sigurdson jugeait répugnante cette volonté de composer avec les principes. «Que les libéraux fassent des compromissions, pour ça, ils sont champions.» Et Fred Gudmundson d'ajouter: «Quand on veut affaiblir le capitalisme, qui est fondé sur l'exploitation, alors on se tourne vers le socialisme. Mais si on souhaite vraiment un gouvernement socialiste, on ne commence pas par sacrifier les principes de base. Ce qu'il faut, c'est éduquer les gens. Si la CCF a été élue en 1944, c'est parce que pendant quarante ans on les avait éduqués. Le Waffle représentait notre dernière chance.»

Cette façon de voir les choses semble quelque peu simpliste à Les Benjamin, député de la Saskatchewan: «Notre Parti existe depuis 1933. Il est né dans la Saskatchewan radicale, et notre tradition de radicalisme est toujours bien vivante. C'est d'ailleurs une excellente chose, qui garantit que nous ne nous écarterons pas de l'essentiel. Nos partisans ne veulent pas que nous nous laissions guider par l'opportunisme. Ils tiennent à ce que toutes nos entreprises nous soient dictées par des raisons idéologiquement fondées. Il n'est pas toujours facile de ne pas les trahir. D'aucuns prétendent que nous ne sommes plus d'authentiques socialistes. Mais ce n'est pas nous qui avons changé. Ce sont les autres partis. Ce sont nos adversaires les plus coriaces qui ont bel et bien tiré avantage de tout ce pour quoi nous nous sommes battus: les pensions, l'assurance-chômage, l'hospitalisation gratuite, l'assurance maladie, l'assurance-automobile... Tout parti qui essaierait de revenir sur ces acquis commettrait un suicide politique. Le droit à la propriété... bon, il y a des gens pour affirmer que nous ne croyons pas à la propriété privée. Et moi je leur réponds: «Mais bon sang, où donc étiez-vous quand on a confisqué les biens des Nippo-Canadiens? Et qui a pris leur défense? Et pourtant, on nous a considérés comme des traîtres à l'époque. Qui encore s'est opposé à la Loi des mesures de guerre? Alors que vous, vous avez dit amen. Vous avez laissé le gouvernement s'emparer de propriétés privées.» Plus que tout autre parti nous avons modifié la physionomie politique de ce pays, il ne faudrait tout de même pas l'oublier.»

Entre le congrès «Waffle» de 1969 et celui de 1971, la crise s'était déchaînée au Québec. Ce mois d'octobre 1970 s'annonçait clément et ensoleillé, écrira John Gray dans le *Globe and Mail*. «Le pays était encore imprégné de la douce euphorie de l'année du centenaire (1967), et toujours sous le charme de cet étonnant phénomène de la trudeaumanie qui en 1968 avait envoûté les esprits.» Mais le charme fut brutalement rompu par l'abominable crise d'octobre 1970, lorsque le cinq de ce même mois, James Cross, l'attaché commercial britannique, fut kidnappé à Montréal par des membres du Front de Libération du Québec. Cinq jours plus tard, Pierre Laporte, le ministre du Travail de la province, connaîtra le même sort. Le 16 octobre — «jour de honte» selon les propres termes de René Lévesque — le Premier ministre Trudeau décrète la Loi des mesures de guerre et fait occuper la province par l'armée. Soutenu par le ministre de la Justice, John Turner, le Premier ministre du Québec, Robert Bourassa et le maire de Montréal, Jean Drapeau, Trudeau brandit (sans la moindre preuve à l'appui) le spectre d'une insurrection armée et d'un bain de sang terroriste. Quatre cent cinquante personnes sont mises en état d'arrestation. Bon nombre d'entre elles seront détenues sans qu'on puisse retenir contre elles de chef d'accusation. Le lendemain, on retrouve le cadavre de Laporte dans un coffre de voiture. «En vrac, écrira Lévesque dans ses mémoires, syndicalistes, artistes, écrivains, quiconque a osé mettre en doute les vérités officielles ou dont la tête ne revient simplement pas aux limiers déchaînés, sont jetés dans les paniers à salade et mis à l'ombre. Privés de tous leurs droits, à commencer par l'habeas corpus, une foule d'entre eux y resteront des jours, des semaines... le Québec est tout entier derrière ces barreaux que MM. Trudeau et Cie s'efforcent maintenant de justifier devant un parlement dont ils viennent de se rappeler l'existence.»

Le 19 octobre, la Chambre des communes entérina le recours à la Loi des mesures de guerre. La majorité qui se dégagea en faveur de cette loi était composée de cent vingt-huit libéraux, cinquante-deux conservateurs, six créditistes et quatre néo-démocrates. La seule opposition à cette loi était réduite à seize néo-démocrates, parmi lesquels Ed Broadbent. Alors que l'ensemble du pays approuvait les mesures expéditives que prenait Trudeau pour s'attaquer à la question du Québec, Ed était consterné à l'idée que le gouvernement puisse suspendre les droits civiques d'une province toute entière, et avec le recul du temps nombre d'observateurs s'accorderont à penser que Trudeau était vraiment allé trop loin. John Gray fera remarquer que quelques années après l'événement, James Cross résumait la crise en affirmant qu'elle avait été le fait de «six jeunes qui jouaient à la révolution».

Quoi qu'il en ait été, les néo-démocrates furent les seuls qui s'opposèrent à la Loi des mesures de guerre. «David Lewis estima que c'était là une faute grave et que nous devions la combattre», déclare Ed, qui rappelle que «le Parti fut alors réduit à six ou sept pour cent des intentions de vote selon les sondages, car pratiquement tous les Canadiens se réjouissaient de la bonne correction qu'on administrait au Québec». Les résultats d'un sondage Gallup, publiés le 12 décembre 1970, montrèrent en effet que quatre-vingt-sept pour cent des citoyens approuvaient les mesures prises par le gouvernement fédéral, même si quelques éditoriaux de presse défendaient le point de vue inverse. Le 17 octobre 1970, le *Globe and Mail* déclarait que «non seulement [ces mesures] étaient trop sévères et dangereuses, mais qu'elles allaient à l'encontre même des droits qu'exaltait naguère M. Trudeau et qu'il prétendait vouloir à tout prix inclure dans le texte de la Constitution».

L'opposition des néo-démocrates déclencha un phénomène classique: en restant fidèle à ses convictions, le Parti se retrouvait isolé dans l'arène politique et perdait des voix. Appelant à Oshawa son frère David pour s'informer de l'état d'esprit qui régnait à la Motors, Ed apprit que dans sa ville natale «une majorité de gens donne raison au gouvernement d'avoir agi comme il l'a fait et désapprouve l'attitude du NPD». Mais David, lui, se rangeait à l'avis de son frère. «La Loi des mesures de guerre me rappelait ce qu'on avait fait aux Nippo-Canadiens et je lui étais résolument hostile», rapporte David.

Les sondages avaient beau accuser la chute de popularité du NPD, David Lewis demeurait imperturbable. La condamnation immédiate et maintes fois réitérée qu'il avait prononcée contre l'initiative du gouvernement lui valut même l'admiration de ses adversaires du Waffle. Mais les Québécois, semble-t-il, ne prirent pas conscience de cette lutte de franc-tireur qu'il était le seul à livrer pour leur défense.

Que les Québécois refusent de se rallier aux néo-démocrates affligeait fort Lewis. Il savait que ses rêves de victoire ne seraient jamais que vaines chimères si le Québec n'était pas à ses côtés, et cette conviction, il allait la graver dans l'esprit de Ed. Probablement parce que Lucille était francophone, Ed comprenait de mieux en mieux les aspirations du Québec, même si, comme le fait remarquer sa femme, «cela ne s'est pas fait tout seul». Ed était tout à fait d'accord avec David pour envoyer des fonds au Québec. Mais là encore, il fallut se battre pour faire accepter cette initiative: d'abord, le Parti n'avait jamais été très fortuné, et quand il y avait dans les caisses un peu d'argent liquide, ou quand on pouvait libérer de ses tâches un organisateur du Parti, on les envoyait habituellement dans des régions où le NPD, estimait-on, avait des chances de l'emporter, et tel n'était pas le cas du Québec. David voulut pourtant à tout prix appliquer ces mêmes mesures à la Belle Province. Parfaitement bilingue, il avait conservé des attaches avec ses amis d'enfance de Montréal. Mais il eut beau essayer d'abattre les barrières, il n'obtint guère de résultats.

Le NPD occupait une position si marginale au Québec qu'aux élections provinciales de 1970, rapporte Desmond Morton, les treize candidats présentés par le Parti recueillirent le nombre dérisoire de 4130 voix, c'est-à-dire 0,15 pour cent du total des suffrages exprimés. «Le NPD québécois, écrit encore Morton, était l'image même du village Potemkine», autrement dit une façade en trompe-l'oeil. Depuis que René Lévesque avait démissionné du gouvernement libéral pour fonder le Parti québécois en 1968, le nationalisme provincial s'était exacerbé, ce qui avait abouti à amoindrir la popularité des grands partis nationaux, y compris le Parti conservateur et le NPD.

Des lueurs d'espoir brillaient pourtant sur d'autres fronts. En Saskatchewan par exemple, Allan Blakeney — un avocat de la Nouvelle-Écosse qui avait servi dans le cabinet provincial de Tommy Douglas — mena les néo-démocrates à une victoire éclatante lors des élections provinciales de 1971. Dans l'Alberta voisine, Grant Notley, le leader du NPD, fut élu alors que Lougheed, porté par une vague de fond, mit un terme à l'hégémonie du Crédit social. Lougheed entreprit de forger un gouvernement interventionniste — société de la Couronne et compagnies aériennes furent placées sous son contrôle — qui alla beaucoup plus loin que ce qu'un gouvernement socialiste aurait jamais réalisé. Lougheed, qui était conservateur, justifia sa politique non pas au nom du socialisme, mais en disant que l'intervention de l'État «était bonne pour l'Alberta». On relevait pourtant des signes plus inquiétants puisque la même année Bill

Davis, qui remplaçait le Premier ministre conservateur John Robarts, remporta une victoire haut la main en Ontario, inaugurant un règne qui allait durer dix ans. Stephen Lewis, le chef du NPD de l'Ontario — dont la campagne avait été menée par Gerry Caplan —, comprit que la victoire n'était pas pour demain.

Entre-temps, les néo-démocrates devaient se trouver un nouveau leader fédéral, car Tommy Douglas se retirait. Il avait dirigé le Parti pendant quelques années de plus que prévu, et à soixante et un ans David Lewis brûlait de prendre sa succession et d'occuper un poste qui par principe lui revenait de droit. Mais ce fut Ed Broadbent qui le premier se mit sur les rangs. Lewis jugea son attitude présomptueuse. De la part du jeune candidat qui n'avait pas remporté un grand succès lors du précédent congrès, pareille initiative pouvait surprendre. En tout état de cause ce fut la première occasion que Ed Broadbent saisissait pour afficher clairement ses ambitions.

Eu égard au peu de soutien dont il bénéficiait à cette époque, les raisons qui poussèrent Ed à entrer en lice demeurent quelque peu mystérieuses. C'étaient Jim Renwick, un député provincial de Toronto qui prônait le rajeunissement de la direction du parti, raconte Ed, et aussi John Gilbert, un autre député de Toronto, qui lui avaient soufflé de présenter sa candidature. «Tommy Douglas m'encourageait discrètement lui aussi. Il souhaitait être remplacé par un chef issu de la nouvelle génération. Cette initiative était une erreur de ma part, mais je n'en rejette rétrospectivement les responsabilités ni sur Jim ni sur Tommy. Si j'avais pu prévoir les conséquences de ma décision, mais sur le moment je n'étais pas en mesure de le faire, jamais je ne me serais porté candidat.» Les amis et connaissances de Ed semblent partager ce jugement. «Trop imbu de sa personne, Ed n'avait aucune chance», écrit Desmond Morton. Et Gerry Caplan de faire observer: «Eddie courait droit au désastre. Il s'est ridiculisé. Sa candidature était beaucoup trop prématurée.» Murray Weppler, qui à l'époque était l'un des proches collaborateurs de David Lewis, estime de son côté que Ed ne possédait pas la maturité politique requise. «Il ne comprenait rien au Parti. Absolument rien.» Un délégué anonyme qu'on ne saurait ranger parmi les inconditionnels de Ed affirme quant à lui: «Au lieu de prendre clairement position — le Québec était alors une question brûlante et le programme économique proposé par le Waffle l'était tout autant —, Broadbent a essayé de s'immiscer entre les deux positions extrêmes. Au lieu de montrer qu'il était capable de rapprocher les deux bords, il n'a réussi qu'à se mettre tout le monde à dos.»

Pourtant, un éditorial du *Globe and Mail* en date du 22 avril 1971, c'est-à-dire à la veille de l'ouverture du congrès d'Ottawa, laissait à entendre que pour Ed l'avenir était des plus prometteurs. Dans ses premières lignes l'éditorial en question soulignait la puissance du Parti, laquelle «pourrait-on dire a toujours été plus morale que politique. Les néo-démocrates ont bien souvent été capables de percevoir bien avant les autres les besoins élémentaires du peuple, et ce qui a déterminé leur action c'est plus souvent aussi la sollicitude que la soif du pouvoir. Respect des principes et philosophie sont entrés pour une grande part dans la définition de leur ligne politique...» Abordant ensuite la question de la direction du Parti, l'éditorialiste poursuivait: «Voilà deux ans et demi environ, M. Lewis a prononcé la condamnation la plus logique qui soit de sa propre candidature puisqu'il a annoncé que «le prochain chef du Parti devra sortir des rangs de la nouvelle génération, représenté à l'intérieur comme à l'extérieur de la Chambre des communes»... Ed Broadbent se détache nettement du lot des jeunes prétendants. Il est capable de remporter une élection et il en a fait la preuve en battant le ministre du Travail conservateur Michael Starr, qu'on donnait pourtant favori. Dans l'esprit de Ed Broadbent, le parti doit être soudé derrière sa direction, et s'il n'est pas question pour lui de rejoindre une quelconque coalition dirigée contre le Waffle, il n'en rejette pas moins les positions extrémistes de cette tendance. La ligne d'action qu'il préconise est précise et claire... il se propose de nationaliser l'industrie pétrolière, du fait qu'elle est presque exclusivement aux mains de l'étranger, ce qui se traduit pour le Canada par un énorme manque à gagner, du fait aussi que cette industrie prend une part de plus en plus importante dans l'économie mondiale et que sa nationalisation nous permettrait de développer notre propre recherche, et donc d'affirmer notre propre indépendance dans le commerce international. Enfin, héritier spirituel de ce qu'il y a de meilleur dans la tradition du Nouveau Parti démocratique, Ed Broadbent reste à l'écoute des citoyens...»

Cette analyse rationnelle formulée par un observateur impartial n'avançait aucun pronostic sur la suite des événements. Alors à l'apogée de sa puissance, le Waffle réussit une fois de plus à provoquer la division entre les deux tendances du congrès. David Lewis et Jim Laxer s'affrontèrent plus violemment que jamais. «Il est difficile d'imaginer le climat effroyable qui régnait lors de ce congrès, raconte Liz Valleau, qui avait été la voisine de Ed à l'époque de Collier Street. Pour les candidats chefs de file, toutes les basses manoeuvres, tous les coups étaient permis. Ils se poignardaient dans le dos avec une sorte de fureur. Tout le monde était terrorisé. C'est la violence des passions, je crois, qui faisait peur.» Dans un premier temps, Liz avait été attirée par le Waffle. «L'aventure semblait séduisante, mais dangereuse pour le Parti.» Elle finit pourtant par soutenir Ed, en qui elle voyait un bon compromis entre Jim Laxer et David Lewis. Mais le congrès n'était pas d'humeur à faire des compromis.

Pourtant, les choses avaient commencé tambour battant lorsque Tommy Douglas avait prononcé son allocution d'adieu comme chef de Parti. «À quoi bon élaborer des programmes qui ne séduisent que nous, avait-il déclaré avec son sens ordinaire du réalisme, en faisant ainsi allusion aux extrémistes du NPD. Tant qu'une large fraction de la population ne se ralliera pas à nos idées, nous n'aurons rien à gagner.» Il s'en prit également à l'anti-américanisme du Waffle. «Ce n'est pas avec les Américains que nous avons un litige à régler, mais avec les gouvernements canadiens qui se sont succédés en avalisant tacitement l'érosion progressive de notre indépendance économique.»

Mais il en avait à peine fini de son allocution que déjà le conflit éclatait. Au cours d'un débat sur une proposition, Terry Grier, qui contestait les thèses présentées par le Waffle, fut hué et conspué par une horde de jeunes congressistes que personne n'avait jamais vus jusque-là et que personne ne reverrait plus lors des congrès ultérieurs. «Je n'étais pas très âgé à l'époque, raconte-t-il — je n'avais que trente-cinq ans — et ils me mettaient véritablement hors de moi. J'avais adhéré au Parti quand j'avais leur âge et depuis cette époque j'avais toujours oeuvré à le construire. Je me préparais à me présenter aux élections de 72 et je craignais de voir mes relations avec mes électeurs empoisonnées par leur micmac.» Les élus du Parti avaient beau craindre pour leur carrière, ils étaient loin de se douter que le Waffle allait manquer de peu la victoire ce jour-là.

Laxer souhaitait que Watkins présente sa candidature à la direction du Parti, mais celui-ci ne se sentait pas à la hauteur de la situation — il manquait pour cela de la stabilité caractérielle indispensable — de sorte que le flambeau de l'opposition échut à Laxer. Carol Sigurdson, une déléguée de la Saskatchewan, briguait la présidence du Parti sous la bannière du Waffle, et elle espérait encore que Tommy Douglas encouragerait quelque peu cette démarche. Mais elle dut encore déchanter. Lors d'une réunion tenue dans les coulisses du congrès, elle s'entretint avec Tommy qui joua en effet cartes sur table. «Il tenait à ce que la gauche ne fasse pas dissidence, sachant que c'était dans les rangs de la gauche qu'on élaborait les idées novatrices. Mais cette gauche, il la voulait soumise», raconte-t-elle. Pourtant, au grand déplaisir de Lewis, Tommy soutenait que les gens du Waffle avaient parfaitement le droit d'exposer au grand jour leur point de vue. La tension qui régnait entre les deux figures saintes du Parti était manifeste.

Réélu avec une très faible majorité à York South en 1968, David Lewis espérait qu'on rendrait hommage au dévouement qu'il avait manifesté pour la cause. Nul ne pouvait nier que durant plusieurs dizaines d'années c'était lui qui avait conservé au Parti sa cohésion. La solidité des fondations du Parti, c'était à lui aussi qu'on la devait. À lui et à tout le travail obscur qu'il avait accompli loin des feux de la rampe. Il éprouvait donc, c'était inévitable, une amère déception, en constatant que le congrès était empoisonné par ce conflit que le Waffle avait ouvert, car il espérait bien être porté à la tête du Parti, ce qui pour lui eut été le couronnement de sa carrière.

Mais en dépit de tout, Lewis partait nettement favori devant Laxer. Les pronostics plaçaient juste derrière Broadbent, John Harney, lequel était appuyé par «des modérés qui jugeaient Lewis trop âgé, Broadbent trop confus, et qui considéraient que porter Laxer à la tête du Parti était tout bonnement un suicide politique», écrit Desmond Morton. Le cinquième candidat, Frank Howard, un député de la Colombie-Britannique, n'avait de l'avis général aucune chance.

Le Parti misait sur John Harney pour augmenter son impact au Québec. D'origine irlandaise et francophone, il était né non loin de la vieille capitale; par sa mère, Jean-Paul (comme on l'appelait chez lui) descendait de colons français arrivés au Canada au cours du dix-septième siècle. Il était passé par l'Université Queen de Kingston avant d'enseigner l'histoire de l'évolution des idées politiques à l'Université York. Mais malgré son charisme et ses talents d'orateur, il ne s'était pas imposé. Sans doute les années qu'il avait passées en Ontario l'avaient-elles coupé de ses racines québécoises et, pour une raison assez peu explicable, jamais il ne lui avait été accordé de donner pleinement toute sa mesure. Question de chance et de moment, peut-être, car si Ed Broadbent avait remporté son siège avec quinze voix d'avance en 1968, Harney, lui, avait essuyé une sévère défaite. De sorte qu'en 1971, nonobstant son charme et sa valeur, Harney ne comptait pas parmi les élus du Parti, et cela jouait en sa défaveur dans l'esprit des délégués.

Sur l'un des points les plus controversés — les destinées du Québec —, Ed proposait «des responsabilités accrues au sein du fédéralisme», ainsi que la reconnaissance du droit de la province à l'autodétermination. Cette position, il la défend aujourd'hui avec la même ardeur. «Je souhaitais que le Québec dispose du droit de décider de son propre destin, affirme-t-il, mais je voulais aussi préserver la notion de fédéralisme et encourager le Québec à ne pas se séparer. Sur le fond, c'est l'attitude que le Parti a maintenant adoptée. Mais David était contre. Il pensait que ma position apporterait de l'eau au moulin des séparatistes.»

«Ed fit vraiment tout son possible pour ne pas dissocier les deux aspects du problème», reconnaît Watkins. Lors du débat sur le Québec devant l'assemblée des délégués, Watkins et Charles Taylor, respectivement responsables du groupe Laxer et du groupe Lewis, se mirent d'accord pour qu'on use de deux microphones, l'un destiné à ceux qui se prononçaient pour le droit à l'indépendance, l'autre à ceux qui se prononçaient contre. «Ed ne voulut s'exprimer ni dans l'un ni dans l'autre, rapporte Watkins. Il en exigeait un troisième pour présenter sa propre conception des choses. Ce n'était peut-être pas une si mauvaise idée, mais sur cette question québécoise, aucun compromis ne fut possible.» Ceux qui soutenaient la candidature de Ed n'étaient pas non plus unanimes. Terry Grier raconte qu'un soir où il s'était rendu au siège de l'organisation Broadbent, il avait trouvé les conseillés de ce dernier «engagés dans une violente discussion de dernière heure à propos des prochaines déclarations que Ed devrait faire». Certains délégués désapprouvaient sa position, affirmant qu'il n'était pas crédible, qu'il accordait une importance démesurée à sa personne, et qu'il déblatérait un charabia prêchant à la fois le pour et le contre. On peut proclamer des contre-vérités, certes, mais à la condition de se faire convaincant, fait observer Gordon Brigden, un organisateur chevronné du Parti. Mais Ed ne l'était même pas.»

Pourtant, Ed était persuadé qu'il représentait le juste milieu, et ses partisans partageaient ce point de vue. John Gilbert, un député qui soutenait Broadbent, plaçait en celui-ci de grands espoirs. Gilbert prédisait à Ed «une assez bonne chance» de devenir Premier ministre en 1976 et «une excellente chance» en 1980. Quant à l'intéressé, il nourrissait des ambitions plus modestes. Il confia au *Toronto Star* qu'il espérait bien «arriver en seconde position dans la course au leadership».

Il en alla tout autrement. Le 24 avril, jour où le congrès vota, les résultats du premier tour de scrutin firent l'effet d'un véritable choc: Lewis, comme on pouvait s'y attendre, arrivait bon premier avec 661 voix, suivi de Laxer (378 voix) et de Harney (299 voix), alors que Ed ne recueillait que 236 suffrages, se plaçant ainsi en quatrième et avant-dernière position devant Frank Howard (124 voix). Howard se retira. Au second tour, Ed dégringolait à 223, Harney remontait à 347 et Laxer à 407, tandis que Lewis, toujours en tête, recueillait 715 voix. Ed abandonna la partie. Au troisième tour, la moitié de ses partisans votèrent pour Laxer.

À l'annonce des résultats du troisième tour, rapportait le *Globe*, des hourras frénétiques retentirent dans les rangs du groupe Laxer, car M. Lewis n'avait amélioré son score que de 27 voix alors que M. Laxer avait bénéficié de 101 voix supplémentaires dues au report partiel des suffrages de la tendance Broadbent... «C'est dans un climat tendu que s'est déroulé le dépouillement du dernier scrutin... À la proclamation du résultat final, une forêt de pancartes à l'effigie de Lewis s'est dressée dans la salle... Tandis que M. Lewis était congratulé par les siens, on percevait nettement le slogan «Le pouvoir au peuple» scandé par la faction Laxer.»

Lewis l'emportait finalement avec 1046 voix, contre 612 pour Laxer. Ce dernier s'inclina courtoisement devant la victoire de son concurrent et Lewis s'engagea à faire preuve d'esprit de coopération avec la tendance extrémiste. Carol Sigurdson n'obtint pas la présidence du Parti, ce fut Donald MacDonald qui l'emporta, mais elle avait tout de même recueilli trente-trois pour cent des suffrages. Liz Valleau était démoralisée. «J'avais l'impression d'avoir été poignardée dans le dos, dit-elle. L'attitude observée par la faction de Lewis vis-à-vis du Waffle m'indignait. J'avais le sentiment que le Parti était imperméable aux idées neuves, et à partir de ce jour, le NPD n'a plus jamais représenté la même chose à mes yeux. Il reste bien sûr le seul parti avec lequel je puisse collaborer, mais dorénavant je suis beaucoup plus critique à son égard. Seul point positif de ce congrès de 1971: Ed affirmait sa maturité politique. Il ne dérogeait pas à ses principes moraux et ne cherchait à écraser personne pour en venir à ses fins.»

L'examen des comptes de dépenses des candidats montra que c'était Laxer qui avait réuni le plus de fonds (8346,49 $), mais que les frais de sa campagne (10 308,94 $) étaient inférieurs à ceux de Lewis (11 108 $), lequel accusait un déficit de 3416,15 $. Exception faite de Howard, qui n'avait pu se procurer que 1891 $, c'était Broadbent qui avait disposé au départ de la somme la plus modeste (2531,30 $) et qui à la fin avait contracté la dette la plus importante (6913,52 $).

Ed quitta le congrès plus pauvre qu'il n'y était venu, mais aussi plus sage. Son amour-propre en avait pris un coup mais il repartait nanti d'articles de presse qui lui étaient favorables, et surtout avec le sentiment d'avoir vécu une expérience bien fâcheuse qu'il se jurait de ne jamais répéter. Liz Valleau rapporte que les derniers propos qu'il tint avant de quitter les lieux furent les suivants: «Jamais plus», et dans *Toronto Life* Norman Sneider notait qu'à l'issue de ce congrès Ed laissait «l'impression d'un opportuniste ambitieux qui avait laissé pas mal de plumes dans l'aventure. Mais, et c'est bien là Broadbent, ajoutait le journaliste, il a su en tirer des enseignements.»

Giles Endicott était du nombre des partisans de Ed, et il ne doutait pas de l'avenir de son favori. «J'avais toujours pensé que c'était David Lewis qui l'emporterait en 1971, dit Endicott, mais j'ai soutenu Ed parce que je me disais que ce serait une excellente idée de porter un modéré au pouvoir quand viendrait le temps de désigner un successeur à David. Ed s'inscrit parfaitement dans la tendance majoritaire du Parti. Il est l'expression de la ligne du Parti à un point étonnant.»

Six mois plus tard, Ed, complètement remis de son échec, faisait sa demande à Lucille Munroe, à l'arrière d'un taxi de Toronto. Elle en fut fort surprise, s'il faut l'en croire. Voilà trois ans qu'ils se fréquentaient, c'est-à-dire depuis l'époque où Ed avait été élu député à Ottawa en 1968, mais Lucille n'était pas sûre de vouloir se remarier. Elle avait mis longtemps à se remettre de la triple disparition, en l'espace de quelques années, de son mari, de son père et de sa mère. «J'ai répondu à Ed que j'allais y réfléchir», dit-elle.

J'ai fait la connaissance de Lucille à Ottawa durant l'automne 1987, quand elle me reçut dans la grande maison de style Tudor qu'elle partage avec Ed et leur fille Christine, à présent adolescente. Des petits muffins sortant du four refroidissaient sur le plan de travail de la cuisine, et Lucille avait moulu du café, qu'elle tenait prêt à passer. Elle portait ce jour-là un tailleur Alfred Sung très élégant. Cinquante-trois ans — un an de plus que son mari —, élancée, Lucille a des cheveux châtain ondulés, de grands yeux bleus, et elle s'exprime avec un léger accent français. Sous sa simplicité, on sent une main de fer dans un gant de velours. Et si elle exprime volontiers ses sentiments et ses opinions et toute liberté, elle n'en assigne pas moins à la conversation des limites bien précises qu'aucun journaliste n'enfreindra jamais.

Elle se déplaçait sans chaussures dans la maison, irradiant la vivacité et la chaleur, pour veiller à ce que rien ne manque, ni le café ni les cigarettes ni les muffins. Quand tout fut prêt, elle se cala confortablement dans un fauteuil de cuir bleu. Nous étions installées dans le salon, décoré de bleu et de blanc. Des fleurs exotiques fraîches — strelitzia, gingembre incendiaire — décoraient la pièce avec goût. Tout brillait: le piano, le système de son, les petites tables.

Sur les rayonnages de la bibliothèque, des livres rangés en ordre alphabétique, par noms d'auteurs. Par-delà la somptueuse cheminée et les vitrages au plomb des fenêtres surplombant Laurier Avenue, on entendait le grondement assourdi de la circulation.

Il est inutile d'interroger Lucille sur la vie personnelle de son mari. Elle dit simplement de lui qu'il se livre très peu. «Il ne parle jamais à quiconque, pas même à moi, de certains épisodes de sa vie, son divorce, par exemple, et c'est très bien ainsi. Je comprends parfaitement ce besoin qu'il ressent de préserver sa vie privée, et pour rien au monde je ne voudrais me mêler de ce qui ne me regarde pas.» Sous-entendu: faites preuve de la même discrétion vous aussi. Elle m'a cependant révélé que depuis leur première rencontre à Oshawa en 1959, elle avait été le témoin de toute l'évolution de la pensée politique de Ed. «Il voulait tout apprendre, dit-elle. Ce qui le passionnait, c'était de mettre de l'ordre dans ses idées en les confrontant à celles des autres. Il souhaitait l'avènement d'une société dans laquelle chacun pourrait développer ses potentialités. Je n'ai donc pas été étonnée de le voir se faire élire aux Communes à Ottawa.» Lucille voulait elle aussi apprendre. Au début des années soixante-dix, alors qu'elle vivait à Kanata, une banlieue d'Ottawa, elle enseignait pendant la journée dans l'école que fréquentait son fils Paul, et le soir elle allait suivre des cours de sciences politiques et de sociologie à l'université. Ses études la passionnaient.

Elle avait également pris l'habitude d'accompagner Ed à toutes sortes de manifestations politiques et de faire campagne pour lui à Oshawa, activité dont elle s'acquittait avec tant d'efficacité que bientôt les journalistes la qualifiaient d'«atout caché» dans leurs articles. Comme Ed, elle est très sociable, très liante, et la plupart du temps son rôle de faire-valoir politique ne la gêne en rien, sauf quand elle doit se contenter de «rester assise à ne rien faire». Pendant plusieurs années elle avait été infirmière et institutrice, et elle avait des goûts bien à elle. Comme Ed, elle adore la lecture et la musique. «L'une des rares choses qui m'émeut aux larmes, c'est l'opéra.» Ce qui frappe le plus chez elle, c'est la fermeté de ses convictions. En règle générale, toute conversation avec Lucille tourne à la discussion serrée sur des points de morale complexes. Elle a l'esprit d'un philosophe, mais rien d'une intellectuelle désincarnée. Elle prend la vie à bras-le-corps. «Lucille a un sens très développé de sa propre intégrité», affirme Ed. May Gretton est bien de cet avis elle aussi: «Elle se sent en tous points son égale, dit-elle. Jamais elle n'a été à la traîne.»

Il ne fallut guère longtemps à Lucille pour se décider à épouser

Ed. Le 29 octobre 1971 (jour anniversaire du mariage de Mary et de Percy Broadbent), quelques semaines après la proposition qu'il lui avait faite dans le taxi, elle se présenta avec Ed devant un juge de paix d'Ottawa qui les unit devant la loi. Elle s'était débrouillée pour obtenir un jour de congé de son directeur d'école. Ensuite, les deux époux s'en allèrent manger un chien-chaud en banlieue, au centre commercial Saint-Laurent, avant de se rendre chez un bijoutier pour acheter deux alliances et de s'arrêter chez le frère de Lucille pour y boire une coupe de champagne. Sur une photo où les nouveaux mariés lèvent leur verre, Lucille, avec sa sveltesse, ses grands yeux et ses cheveux bruns coupés courts, ressemble à Leslie Caron dans *Gigi*. Elle porte la robe de fille d'honneur qu'elle avait achetée pour le mariage de sa soeur et qu'elle a transformée à l'occasion du sien. À côté d'elle, rayonnant, se tient son prince charmant, au sourire un peu niais, ses cheveux longs retombant en désordre sur les oreilles. Ce soir-là, ils prirent la route pour Oshawa, où on les attendait pour souper. Après quoi ils allèrent danser au Polish Club. Il n'y eut point de voyage de noces. Ed emménagea chez Lucille à Kanata, dans la maison qu'elle partageait avec son fils Paul, alors âgé de douze ans, et un boxer du nom de Hamlet. (Ed n'aimait pas le chien.) Le lundi, Lucille retrouvait ses élèves et Ed reprenait le chemin de la Chambre des communes.

Si Ed s'était jamais leurré sur ce qu'est l'existence d'un député, le travail exigé de lui eût suffi à lui ôter toutes ses illusions. «Quand je suis arrivé à Ottawa, je n'ai guère tardé à comprendre pourquoi les politiciens semblent si abrutis, déclarera-t-il au *Globe and Mail* en octobre 1972. Ils consacrent absolument tout leur temps à la politique. Vous rendez-vous compte que nous travaillons tous les jours jusqu'à dix heures le soir, à l'exception du mercredi?» Il s'adaptait aussi à sa vie de famille, faisant de son mieux pour partager équitablement son temps entre les impératifs de son mandat et son foyer, où sa femme et l'enfant requéraient sa présence.

Pour Paul, qui avait toujours connu une existence d'enfant unique, la tradition avait été difficile même s'il connaissait Ed depuis qu'il était tout petit. Il avait dû soudain partager sa mère avec un autre beau-père installé au domicile en permanence, et, moins d'un an plus tard, avec une petite soeur. Christine avait un an quand les Broadbent l'adoptèrent en 1972. Angoissée par une enfance perturbée, elle avait le plus grand besoin d'attention et de tendresse. Lucille avait pleinement conscience de ses énormes responsabilités envers sa fille et, comme le stipulaient les conditions de l'adoption, elle avait cessé de travailler pour rester chez elle un minimum de six mois. Lucille suivait alors des cours du soir pour préparer son baccalauréat tandis que son mari, préoccupé par l'élection de 1972 toute proche, faisait la navette entre Ottawa et sa ville natale. Souvent ils emmenaient les deux enfants chez les parents de Ed à Oshawa, où Ed multipliait les contacts avec ses électeurs, recevant ceux qui venaient lui exposer leurs problèmes et prononçant ici et là une allocution. Les Broadbent connaissaient toutes les difficultés qui affligent les couples dont l'un des conjoints fait de la politique, et ils s'efforçaient d'assurer à leurs enfants une vie familiale stable tout en faisant face à mille et une sollicitations. Lucille décida de faire passer au second plan ses ambitions professionnelles, choisissant de mener une vie normale et régulière dans l'intérêt de ses enfants. Elle cessa donc d'enseigner, mais décrocha avec fierté son baccalauréat.

La famille Broadbent comprenait aussi la parenté de Lucille à Ottawa ainsi que May Gretton, la secrétaire de Ed. May et Richard, son mari, emmenaient souvent Paul naviguer sur leur voilier et camper en leur compagnie en fin de semaine. Ed faisait de son mieux pour rester proche de Paul, et quand il le pouvait il allait avec lui voir de vieux films dans les cinémas de répertoire, mais le garçon entrait dans l'adolescence et comme tous ceux de son âge s'intéressait davantage à la musique et aux bagnoles.

«Paul était beau garçon. Il lisait beaucoup, s'intéressait aux nouvelles et à l'actualité. Il voulait donner une bonne opinion de lui à son père, raconte un ami de la famille. C'était un bon élève, mais sans qu'on sache trop pourquoi au juste, il s'est désintéressé des ses études quand son père adoptif est devenu célèbre. Il n'est donc pas entré à l'université, mais s'est engagé dans l'armée, ce qui je pense, a fort déçu Ed et Lucille. Il avait grandi en voyant son père à la télévision, et ce n'est pas toujours une chose facile pour un enfant. Il voulait se montrer digne de son père, s'attirer sa compréhension, mais en fin de compte il était indispensable que les liens soient rompus. La meilleure chose qui pouvait lui arriver, je pense, c'était de prendre ses distances, et l'armée lui en a fourni le prétexte.»

Paul Broadbent — il approche maintenant la trentaine et vit dans le nord de l'Angleterre avec sa femme Eileen, qui est médecin — conteste en partie cette interprétation. «Quand j'étais jeune, dit-il, Ed n'était pas encore célèbre. Dans les années soixante-dix, on ne parlait pas tellement de lui. Jusqu'en 1974, l'année où il est devenu chef du Parti par intérim, il faisait partie de la troupe parlementaire. Ce n'était qu'un député parmi d'autres, plutôt effacé.» Paul passait-il beaucoup de temps avec son père? «Cela dépendait.

Tout ce passait de façon cyclique. Une fois que les élections étaient finies, il disposait de plus de temps et nous allions passer une semaine au chalet avec une pile de livres, ou bien on allait faire du ski au Québec pendant les fêtes de Pâques. Mais la machine politique se remettait doucement en marche pour l'élection suivante et il était reparti.» Paul considérait-il son père comme un bourreau de travail? «Ce n'est pas exactement le mot qui convient. Il se jetait dans tout ce qu'il entreprenait avec un débordement d'enthousiasme et il avait tendance à exiger des autres un égal dynamisme. Mais bien entendu tout le monde ne s'attèle pas à la besogne avec autant de vigueur. Il est bien certain que c'est là une cause de heurts. J'étais le type même de l'élève qui ne donne pas toute sa mesure. L'école m'ennuyait. Je suppose qu'il devait s'agir d'une crise classique de rébellion juvénile. Perfectionniste comme il l'est, Ed ne se contentait pas de l'à-peu-près, et si je n'ai obtenu que des résultats médiocres, ce devait être pour prendre le contre-pied de ce qu'il attendait de moi.»

Bilingue parfait, Paul s'exprime avec aisance. C'est quelqu'un de réfléchi, de cultivé, mais il donne l'impression d'avoir été un peu écrasé par son père encore que les deux hommes se ressemblent à bien des égards. «Nous avons le même sens de l'humour et nous aimons lire les mêmes choses», déclare Paul. Autre trait commun: ils étaient tous les deux amateurs de cinéma et le sport ne leur disait rien. En revanche, si Paul était très doué pour la mécanique — il savait démonter et remonter un moteur de voiture –, Ed était incapable de se servir d'un outil. Paul se souvient encore des efforts déployés par Ed pour assembler des éléments de bibliothèque Ikea dans la chambre de Christine. «Il n'arrivait pas à suivre le plan de montage, et ça l'a complètement découragé.» Finalement, ce fut Christine qui monta elle-même ses étagères.

Quand il était adolescent, il arrivait souvent à Paul de travailler le soir jusqu'à une heure tardive pour remettre en état de vieilles voitures. «Ed me demandait de rentrer à la maison à dix heures, et je n'étais pas de retour avant minuit, le réservoir vide. Il piquait de ces crises!» Quelle attitude prend-il quand il se met en colère? «Il roule des yeux furibonds et a une façon bien à lui de vous fixer pour vous faire comprendre que vous êtes vraiment au-dessous de tout, pour ne pas dire autre chose de plus désobligeant encore. Il a l'art de vous donner des remords: «Tu as laissé tomber la famille, le Parti, le pays...» Ses dernières années d'études secondaires, il les a terminées péniblement dans un collège français, avant de s'engager dans l'armée en 1980, où pendant cinq ans il a servi dans les transmissions. Revenu ensuite à la vie civile, Paul est allé se fixer en Angleterre avec sa femme, qu'il a épousée en novembre 1985. Il s'occupe aujourd'hui de la gestion informatisée d'un cabinet médical regroupant cinq praticiens.

Christine — la petite fille blonde aux yeux bleus —, a grandi dans le tourbillon de la politique et, contrairement à Paul, n'a jamais connu d'autres modes d'existence. Gâtée par sa mère — «Jamais je n'ai rencontré quelqu'un d'aussi adorable que Lucille, affirme May. Elle est incapable de punir un enfant» —, Christine est devenue une adolescente énergique, à l'esprit vif et ouvert, qui sait ce qu'elle veut et adore le sport et l'équitation. Elle passait elle aussi de l'anglais au français avec une facilité si déconcertante qu'elle faisait l'admiration de son grand-père, lequel ne se faisait pas faute d'épater ses voisins d'Oshawa en exhibant les talents linguistiques de sa petite-fille. Mais du temps qu'elle fréquentait une école française d'Ottawa, Christine ne passait pas toujours pour un modèle d'application auprès de ses professeurs, car souvent elle négligeait de faire ses devoirs à la maison, ce qui plus d'une fois lui valut des remontrances paternelles.

Dans le couple Broadbent, c'est invariablement Lucille qui va droit au fait et ne se dérobe pas. «On dit parfois de moi que je ne mâche pas mes mots, que je suis brusque, dit-elle. Je préférerais qu'on dise de moi que je suis franche.» Du temps où elle était la femme de Louis Munroe, elle était plus soupe au lait. «Je me revois encore claquant les portes de placards de la cuisine, en réaction à des propos de Louis. Mais cela ne se produit pas avec Ed. Les frictions entre nous sont vraiment très rares.» Leur grande joie, c'est de se retrouver tous les trois le dimanche matin autour du petit déjeuner préparé par Ed. Quand le temps le permet, ils grimpent sur la terrasse pour s'étendre au soleil en lisant le *New York Times* du dimanche et en écoutant de la musique classique.

Selon Paul, Ed et Lucille ont toujours formé un couple harmonieux. «Ils s'entendent très bien, et ce qui est agréable, c'est que sur bien des sujets ils pensent différemment sans que cela crée pour autant le moindre conflit. Ils ont beau être totalement différents l'un de l'autre, ils s'accordent parfaitement. Mon père est un homme très honnête, très sensible, et il essaie de traiter tout le monde avec la même chaleur et le même enthousiasme. Il n'a pas à faire d'efforts particuliers pour sourire aux gens et distribuer des poignées de mains quand il fait campagne. Parfois ma mère trouve ça un peu difficile; elle est plus réservée, plus posée. Mais à sa manière, elle est tout aussi dynamique que lui. Mon père est devenu un personnage très entreprenant et ma mère a quelquefois du mal à accepter son besoin d'aller de l'avant, encore de l'avant, toujours de l'avant. Plus il rencontre d'obstacles, plus il fonce et au fil des années il n'a rien perdu de sa force, bien au contraire. Il n'a fait que prendre de la vitesse, de l'élan.»

La période d'intense activité politique des années soixante-dix a donné le ton de la vie privée des Broadbent. «On est parfois mis en demeure de faire des choix difficiles», dit Lucille, faisant allusion par là à sa décision de s'occuper toute seule de la maison et des enfants. «Il faut bien que quelqu'un assiste aux réunions entre parents et enseignants, fasse les courses, dégage la neige de l'entrée. Si vous pouvez faire tout cela le soir après le travail, alors bravo. Je connais certaines épouses d'hommes politiques qui travaillent à plein temps, mais cela représente pour elles une charge énorme parce qu'elles ont aussi les responsabilités de la maison et des enfants.» Demander à un conjoint qui fait de la politique de s'occuper aussi des tâches domestiques est à son avis quasiment impossible. «Un politicien se sent au premier chef responsable devant ses électeurs. C'est cela qui passe toujours en premier et il faut savoir accepter cela.» Ce qui a quelque peu facilité la décision de Lucille, c'est de savoir que «si Ed ne faisait pas de politique, les corvées seraient équitablement réparties à la maison». Certains faits semblent bien lui donner raison. «Je voyais bien comment il se comportait du temps où il était le mari d'Yvonne, quand nous allions le voir, Louis et moi. À l'époque, il préparait sa thèse et Yvonne travaillait. C'était lui qui faisait la lessive et préparait les repas. Ils se partageaient les tâches, et Ed y tenait.» Robin Sears, qui plus tard travaillera en étroite collaboration avec Ed pendant sept ans, fait remarquer que Lucille a en horreur cette attitude servile qui consiste à être aux petits soins pour le chef. «Il lui est arrivé de s'en prendre brusquement à moi ou à d'autres, quand elle voyait qu'on dorlotait son mari, ou qu'on se précipitait pour porter ses valises. À mon avis, c'est sa façon à elle de signaler qu'il ne faut tout de même pas aller trop loin.»

L'hiver 1971, celui qui suivit le mariage de Ed et Lucille, fut particulièrement pénible. Comme à l'ordinaire l'orage grondait dans le syndicat, opposant les uns aux autres les Travailleurs de l'automobile et les Démocrates. David Broadbent, qui pour la première fois avait été élu en 1968 à un poste de responsabilité au Local 222, était un démocrate. «Mais Ed et moi avons commencé à recevoir des menaces des deux comités électoraux du fait de mon engagement syndical. On me reprochait de me prévaloir du nom de mon frère pour me faire élire, et on me faisait clairement comprendre que si je ne me retirais pas, les adhérents ne soutiendraient pas Ed et ne voteraient pas NPD.» Ed apprit très rapidement, tout comme le fit d'ailleurs son frère, à déjouer ce genre de pressions. Les deux frères examinèrent ensemble la situation, «et j'ai dit à Ed, raconte David, que je tenais à mener ma vie comme je l'entendais, indépendamment de lui, et que je souhaitais continuer à exercer mes responsabilités syndicales. Il a accepté ma décision. Pour lui c'était un coup dur, car cela lui compliquait les choses, mais il a trouvé naturel que je mène mon existence à ma guise.» (Après vingt ans de militantisme syndical, David Broadbent exerce à présent des fonctions à un niveau très élevé au sein du bureau national de l'Union canadienne des travailleurs de l'automobile.)

D'autres questions encore mettaient à rude épreuve le jugement de Ed. Mike Breaugh, qui aujourd'hui est député provincial d'Oshawa, était alors membre du bureau de l'Association des professeurs catholiques anglophones de l'Ontario. Lors d'un de leurs congrès réuni à Ottawa, les enseignants protestèrent vivement contre le fait qu'ils ne pouvaient bénéficier de l'assurance-chômage alors que pourtant ils versaient des cotisations. Ils décidèrent donc de faire pression sur leurs élus fédéraux, et Breaugh alla exposer leurs doléances à Ed. Celui-ci fit une réponse qui n'était certes pas celle que son interlocuteur, qui n'a rien oublié de cette entrevue, souhaitait entendre. «Ed m'a dit qu'il comprenait très bien la gravité de notre problème, mais il ajouta aussitôt que le fonds d'assurance-chômage connaissait des difficultés financières et que nos cotisations lui étaient indispensables.» Breaugh en était écoeuré. «Je me disais que ce n'était pas mon affaire, mais il me fallait bien reconnaître qu'il avait été franc avec moi.» Au contraire, d'autres députés passèrent de la pommade aux enseignants, leur laissant à entendre qu'ils soutiendraient leurs revendications, pour finalement se dérober sans même avoir levé le petit doigt. «On a eu du mal à digérer ce que nous a dit Ed, mais au moins, il ne nous a pas menés en bateau», raconte Breaugh, qui apprit une leçon dont il allait tirer profit plus tard quand il fera lui-même de la politique. «Cela fait partie de la mentalité d'Oshawa, affirme-t-il. On préfère un non catégorique à une promesse tordue.»

Encore plus dangereuse était la menace qui pesait sur le Pacte de l'automobile. Ed déclara que le gouvernement libéral s'apprêtait à ne tenir aucun compte des garanties du pacte, lesquelles protégeaient la production canadienne. Ces déclarations soulevèrent à Oshawa une intense émotion. Avec le maire de la ville, il mit sur pied un comité chargé de faire circuler une pétition et de recueillir trente mille signatures, répandant ainsi la nouvelle de Windsor à Sainte-Thérèse, au Québec, en passant par St. Catharines et Oakville. Le but recherché fut atteint: les garanties furent appliquées... et les citoyens d'Oshawa furent sensibles à cette victoire remportée par leur député fédéral qui venait de gagner sa première épreuve de force.

En revanche, ses tentatives de médiation dans le conflit qui opposait toujours David Lewis au Waffle se terminèrent par un fiasco. «À l'époque, je ne voyais pas d'issues possibles, et aujourd'hui encore je ne vois pas comment on aurait pu éviter la rupture, dit Watkins. Il y avait des gens — et une fois de plus, Ed était des leurs — qui s'efforçaient de trouver une solution de conciliation. Mais les deux partis faisaient preuve de la même intransigeance. Notre plus grande victoire, et c'est d'ailleurs ce qui devait causer notre perte, avait été la démonstration de force de Laxer lors du congrès de Winnipeg, car nous étions trop puissants pour qu'on nous tolère, mais pas assez pour prendre le dessus. Si bien que nous avons quitté le Parti, ce qui valait mieux que de nous en faire expulser.» C'est ainsi que Watkins partit pour Yellowknife où pendant quelques années il travaillera pour la cause de la Nation indienne, celle des Dene, qui revendiquait ses terres dans les Territoires du Nord-Ouest. Ensuite, Watkins retournera enseigner l'économie à l'Université de Toronto. «Je ne regrette rien de l'aventure du Waffle, déclare-t-il. Elle venait à point nommé, compte tenu de l'époque et du lieu.» Absolvant les néo-démocrates de l'avoir désillusionné, il rejoindra leurs rangs au début des années quatre-vingt, car c'était un luxe de garder ses distances, explique-t-il, et le NPD a changé. «Il est plus nationaliste que par le passé. J'aime à croire que le Waffle y a été pour quelque chose.»

Évoquant le rôle joué par Ed dans cette affaire du Waffle, Watkins formule encore cette considération: «Ed est quelqu'un de très bien, et pour un homme comme lui, l'époque n'était guère propice. Les initiatives politiques qui sont les siennes sont généralement opérantes, mais cette fois-là elles ont échoué.»

Si, à l'approche de l'élection de 1972, le NPD était déchiré et démoralisé, le Parti libéral ne valait guère mieux. Trudeau était incapable de prendre le pouls de la réalité politique canadienne, écrit Christina McCall dans *Grits*. «Il n'avait pas compris que les deux plus vieux partis canadiens n'étaient que des agrégats effrités composés de gens que ne rassemblaient guère que l'ambition personnelle — favorisée par le système du patronage électoral —, un certain esprit de corps, et la griserie par procuration que l'on tire de la proximité du pouvoir...» Étant donné qu'il n'avait pas fait beaucoup d'efforts pour dorloter l'appareil du Parti, Trudeau était bien loin d'être en faveur auprès de la vieille garde libérale, sans parler du grand public, qui ne tombait plus en pâmoison devant lui. «Pas besoin de faire preuve de cynisme pour constater que l'exercice du pouvoir lui avait modifier le caractère, écrit McCall. Désormais, ses exquises réticences s'étaient évanouies pour laisser place à une arrogance sans retenue qui étonnait jusqu'à ses vieux amis.»

À cinquante-deux ans — il avait épousé l'année précédente une jeune femme qui en avait vingt-deux, Margaret Sinclair —, Trudeau se lança dans la campagne électorale de 1972 avec une suffisance hautaine qui rafraîchit les électeurs et aussi un slogan («Un pays fort») qui provoquaient bien des ricanements. L'inflation grimpait en flèche. Alimentée par la hausse du prix du pétrole décrétée par l'OPEP, la récession économique semblait imminente. Jamais encore la dépendance du pays par rapport aux multinationales pétrolières n'était apparue de façon plus manifeste: tout comme en 1971, le secteur énergétique du Canada était contrôlé à quatre-vingt-dix pour cent par l'étranger.

David Lewis partit en campagne tambour battant. La victoire surprise de Dave Barrett sur le gouvernement de Crédit social de Bennett en Colombie-Britannique en août 1972 lui avait subitement remonté le moral. La mise en place d'un gouvernement NPD à Victoria apportait en effet un troisième fleuron à la couronne du Parti, puisqu'à présent celui-ci tenait le pouvoir dans trois provinces de l'ouest: le Manitoba, la Saskatchewan et la Colombie-Britannique. Radieux, Lewis mena la campagne fédérale la plus réussie de toute l'histoire du Parti. Reprochant à John Turner, le ministre des Finances, les dégrèvements fiscaux qu'il avait accordés au grand capital, Lewis s'en prit aux «compagnies qui vivent du Bien-être social», formule qui fit la une des quotidiens et donna un vigoureux coup de fouet à sa campagne. Robert Stanfield, le chef du Parti conservateur, qui pour la seconde fois cherchait à battre Trudeau, «écourta la formule pour s'en servir comme d'une arme hélas efficace contre les pauvres et les chômeurs, appuyant lourdement sur le fait que ces gens-là vivaient aux crochets du gouvernement», écrit Desmond Morton. Stanfield provoqua également une levée de boucliers en annonçant que pour juguler l'inflation il imposerait s'il était élu le contrôle des salaires et des prix. Les libéraux crièrent bien entendu au scandale... mais ils adoptèrent eux-mêmes ces mesures peu de temps après.

Stanfield avait fort à faire pour améliorer une image de marque médiatique déplorable. «Aux yeux du public, Stanfield passe pour aussi joyeux qu'un croque-mort et aussi attrayant qu'un lundi matin quand on a trop bu la veille», écrit Jeoffrey Stevens dans la biographie qu'il lui consacre. Pourtant, c'était bien le même homme qu'on avait vu en 1971, à une fête de Noël, «évoluer sur l'estrade vêtu d'une armure étincelante pour sauver la belle Guenièvre d'un sort pire que la mort, et déclamant ces strophes inoubliables: «Je suis l'espoir des sans espoir, le recours des sans recours et le soutien des sans soutien-gorge.» De plus, il avait confié aux membres du NPD présents ce soir-là: «C'est pour moi l'occasion de faire le point sur ces quatre années que je viens de passer à la tête de l'opposition. Quatre années qui m'ont permis d'évoluer considérablement. Il y a quatre ans, rendez-vous compte, j'aurais eu bien du mal à me faire passer pour le don juan national et, comme beaucoup d'entre vous ne l'ont certainement pas oublié, je ne passais pas non plus pour le roi de la réplique irrésistible que je suis devenu aujourd'hui, si j'en crois mes collaborateurs et autres conseillers grassement payés. Que de chemin parcouru! Je suis maintenant capable de baragouiner le français et de parler couramment l'anglais.»

Mais ce personnage-là, ce n'était pas le Stanfield officiel. En public, même si les conservateurs étaient fin prêts pour mener campagne, même s'ils disposaient de fonds en abondance et de leur propre DC-9, comme les libéraux, Stanfield ne soulevait pas l'enthousiasme comme savait le faire David Lewis. En dépit des moyens financiers plus limités, le NPD, lui, ne pouvait pas se permettre de noliser un jet. Lewis «a fait la campagne la plus efficace de tous les chefs de partis, en concentrant presque exclusivement son argumentation sur une seule et unique question», écrivait Stevens. Mais paradoxalement, sa dénonciation des «combines du grand capital» a servi bien davantage les intérêts des conservateurs que ceux du NPD. «Lewis a fait perdre des milliers de suffrages au parti au pouvoir, en obligeant les partisans libéraux à se poser de sérieuses questions sur la politique gouvernementale, poursuivait Stevens, et toutes ces voix perdues, ce sont les conservateurs qui les ont récupérées...» Doublement ironique: des électeurs qui pourtant désapprouvaient la politique fiscale du gouvernement se sont tournés vers les conservateurs, alors que ces derniers ne feront qu'augmenter les exonérations fiscales des grandes compagnies et renforcer d'autres iniquités du système qui constituent toujours, en 1988, la cible du NPD... et du Parti libéral, aujourd'hui dans l'opposition. C'était à se demander si les Canadiens en auraient un jour assez de voir toujours jouer la même pièce sans surprise, dans laquelle libéraux et conservateurs gouvernaient à tour de rôle, tandis que les critiques s'accordaient à dire que les acteurs jouant les utilités étaient de loin les meilleurs.

À Oshawa, Ed devrait bientôt affronter à nouveau l'ancien député conservateur, Michael Starr, et la partie n'était pas gagnée d'avance. Convaincu de pouvoir reprendre le siège qu'ils avaient perdu avec seulement quinze voix d'écart, les conservateurs jetèrent toutes leurs forces vives dans la bataille, animés par un esprit de revanche auquel Ed ne s'attendait pas. Deux semaines après l'ouverture de la campagne, les néo-démocrates d'Oshawa étaient en plein désarroi. Leurs affiches électorales étaient lacérées, et Ed était harcelé par son concurrent. L'état-major du NPD, qui avait décidé de concentrer ses efforts sur les villes où la victoire semblait possible, avait inscrit Oshawa sur sa liste et dépêché là-bas Jo-Anne McNevin, l'un des spécialistes les mieux qualifiées pour organiser la promotion d'un candidat.

À son palmarès, McNevin pouvait inscrire les campagnes suivantes: la provinciale de 1969 en Colombie-Britannique, la partielle de l'Alberta la même année, la provinciale de 1972 en Colombie-Britannique et la fédérale (Broadbent) de 1972, la provinciale du Manitoba en 1973, la fédérale de 1974, la provinciale de l'Alberta en 1975, la campagne de Broadbent dans la course au leadership en 1975, la provinciale de l'Ontario la même année; en tant que directrice de l'organisation fédérale basée à Ottawa en 1976 et en 1982, elle travaille dans vingt-sept partielles, cinq provinciales (Ontario, Saskatchewan, Colombie-Britannique, Manitoba, Yukon) et deux élections fédérales également pendant cette même période. Viendront ensuite l'élection de 1982 en Saskatchewan, celle de 1983 en Colombie-Britannique, l'élection fédérale canadienne de 1984, les élections provinciales du Yukon et du Manitoba, respectivement en 1985 et en 1986, et la liste continue...

McNevin travaille aujourd'hui à Winnipeg. Elle est responsable de l'organisation du Parti dans l'Ouest du Canada. «J'étais fatiguée, dit-elle en évoquant cette campagne de 1972. Je ne voulais pas aller à Oshawa.» Elle venait tout juste d'en terminer avec l'élection provinciale de la Colombie-Britannique, où Dave Barrett avait taillé en pièces le régime de Crédit social de Bennett. (Dans cette province, elle était pour ainsi dire chez elle, puisqu'elle était née dans la banlieue ouest de Vancouver en 1939, l'année de la construction du Lions Gate Bridge.) Elle souhaitait donc souffler un peu et passer quelque temps en compagnie de son mari et de ses cinq enfants. L'activité politique de la Colombie-Britannique avait été son premier amour. «On nous affuble des qualificatifs les plus divers... Californiens du Canada, pays de farniente, champions de la chaise longue, une politique complètement folle... des gens à part, nous contre eux... et tout ça c'est vrai. Mais les néo-démocrates de Colombie-Britannique sont incroyablement coriaces et endurants. Pendant trente-cinq ans nous nous étions battus contre le phénomène Crédit social.»

Elle avait donc de bonnes raisons de vouloir fêter cette victoire. Mais on lui signifia qu'elle devait se rendre à Oshawa toute affaire cessante. «Jamais je n'oublierai cette campagne qui n'avait rien d'agréable. Nos comités faisaient l'objet d'un tas de menaces, de choses déplaisantes. Il faut dire que la bataille était très serrée.»

Son arrivée à Oshawa, le journaliste du *Globe* Jeffrey Simpson la décrit en ces termes dans son livre *Discipline of Power*: «McNevin, l'une des organisatrices politiques les plus douées et les plus combatives du Canada, examine soigneusement les listes électorales affichées sur les murs des salles des comités Broadbent, puis elle pose quelques questions avant de déclarer que «cette campagne est une catastrophe». Cela, Simpson le sait mieux que quiconque, puisqu'il est le secrétaire parlementaire de Ed. Quelques heures après son arrivée, c'est lui que McNevin désigne pour répondre au téléphone et remplir les enveloppes. «En moins de soixante-douze heures, elle a fait taire toutes les préventions chauvines qui se sont dressées contre elle à sa venue, donné des directives concernant tous les aspects de la campagne, réorganisé le travail et, d'une façon plus générale, par un habile mélange de gentillesse et d'ironie, galvanisé les désabusés et secoué les satisfaits pour redonner du coeur à l'équipe chargée de la campagne.» À son sujet les anecdotes abondent. Plus ou moins enjolivées. Ne dit-on pas qu'un jour elle sauta sur une table devant des douzaines, des centaines de durs des syndicats (les chiffres varient selon les conteurs), les couvrant d'injures — ô sacrilège, car une dame comme il faut ne jure pas — pour les sortir de leur torpeur et les pousser à l'action.

Elle avait pour mission de faire élire Ed. Était-elle vraiment si redoutable? «Mon père n'a pas aimé du tout que Jef Simpson me qualifie ainsi, mais c'est pourtant bien ce que beaucoup disaient de moi. Cela vient peut-être de cette confiance en soi qu'on ressent quand on sait exactement ce qu'on fait.» Mais que fait-elle, au juste? Elle hausse les épaules. «Le rôle des organisateurs c'est de donner aux autres suffisamment de confiance en eux-mêmes pour que ce qu'ils entreprennent aboutisse au succès. À présent, nous organisons dans tout le pays des ateliers d'information avant les élections. Rien de bien mystérieux. Organiser, c'est une affaire de bon sens. On étudie les statistiques et les données démographiques, on analyse le tout et on s'organise en fonction de ce qu'on a appris.» Elle éclate de rire. «Et puis, il faut s'arranger pour que tout le monde soit content.»

McNevin accomplit sa mission. Ed fut élu de justesse avec 824 voix de plus de Mike Starr. Cet exploit poussa Percy Broadbent à monter sur l'estrade pour prononcer quelques mots lors de la fête célébrant la victoire de son fils. Ed, sa soeur Velma, son beau-frère Barry Cornish et Mary, sa mère, n'en menaient pas large. «Percy était contre les syndicats et franchement de droite, explique Barry. Ed était dans ses petits souliers.» Il ne quittait pas des yeux son père. «Percy est monté sur l'estrade, raconte Barry, pour déclarer qu'il était très fier de son fils.» Velma avait elle aussi craint le pire. «Nous n'avions pas la moindre idée de ce qu'il allait bien pouvoir dire et nous étions terrorisés. Barry se tenait juste en contrebas, prêt à le rattraper au cas où il tomberait.» Mais Percy ne tomba pas, au grand soulagement de toute la famille. Quand on lui rappelle cette scène, Ed rougit. «C'est vrai, dit-il, j'étais extrêmement ému d'entendre mon père proclamer qu'il était fier de moi.»

Cette victoire remportée par Ed en 1972 «a cimenté son emprise sur Oshawa», écrit Simpson. Toutefois, le ciment ne deviendra véritablement compact qu'à l'élection suivante, en 1974, quand McNevin prendra en main sa campagne de bout en bout pour le conduire à un véritable triomphe, puisqu'il l'emportera cette fois avec une majorité de dix mille voix. Ed ne pourra plus se passer d'elle. En 1975, elle dirigea encore sa campagne pour l'élection à la tête du Parti. Un an plus tard, elle sera nommée directrice nationale de l'organisation. Trois années seulement séparaient la débâcle du congrès de 71 de l'accession à la tête du Parti. May Gretton doit avoir raison: «Au tréfonds de lui-même, Ed est un ambitieux, dit-elle. Seulement, il n'en laisse rien paraître.»

«Voyons les choses comme elles sont, déclare Paul Broadbent. Au début de sa carrière politique, quand pour la première fois il a brigué la direction du Parti, il n'affirmait pas encore sa vraie personnalité. Il lisait mot à mot ses discours et l'effet était plutôt médiocre. Et puis, il y a eu le grand tournant, quand il est devenu chef du Parti par intérim. On l'avait poussé à occuper ce poste comme un bouche-trou, et il s'est cramponné. Ensuite, rien n'a pu le freiner et il est allé de l'avant. Il a pour lui cette incroyable ténacité, cette ardeur. Rappelez-vous comment il a retourné la situation après le désastre de 1974.»

Chapitre six

Le patron:
la reconstruction du Parti

Croyez-le ou non, le meilleur moment pour Ed, il vous le dirait lui-même, c'est quand il mène une campagne électorale. On dirait une vedette du rock ravie de faire une tournée. Il a toujours nourri de grandes espérances, et de ce point de vue rien n'a changé. Il est convaincu que la victoire est là, à portée de la main.

Robin Sears

L'élection de 1972 avait donné 109 sièges aux libéraux de Pierre Elliott Trudeau, contre 107 aux tories de l'opposition. C'est dire qu'aux yeux du chef du Parti libéral les trente et un députés du Nouveau Parti démocratique de David Lewis prenaient soudain une importance considérable. Jamais encore le NPD n'avait disposé d'un groupe aussi puissant à la Chambre des communes et, les conservateurs se refusant à toute forme d'entente, Trudeau — ou plutôt son collègue libéral Allan MacEachen, principal artisan de la manoeuvre — avait les coudées franches pour contracter avec les néodémocrates une précaire alliance.

«Pour décider de l'attitude qu'il convenait d'adopter en pareille circonstance, écrit Desmond Morton, David Lewis et ses collègues pouvaient se référer à un précédent célèbre. Aucun document figurant aux archives du NPD ne leur était plus précieux que la lettre, datée de 1926, par laquelle William Lyon Mackenzie King engageait solennellement son gouvernement libéral minoritaire à insti-

tuer un régime de pension pour personnes âgées en échange du soutien du chef de la CCF, J.S. Woodsworth... Alors que sa carrière politique touchait à sa fin, David Lewis avait à son tour les atouts en
main pour infléchir de façon aussi radicale le cours de la législation, en guise de testament et de services rendus au peuple canadien.»

Et ces atouts, il sut les exploiter, puisque de 1972 à 1974 il obli-
gea le gouvernement minoritaire, écrit Christina McCall, à «adopter
en dix-huit mois plus de mesures législatives progressistes qu'il
n'en avait été prises durant les quatre années précédentes». Cette période fut en quelque sorte le creuset qui fit de Broadbent un homme
politique accompli. Cette fois encore, la chance lui sourit, puisqu'il
eut pour maître David Lewis.

Ed commença par se porter candidat à la présidence du groupe
NPD à la Chambre. Son rival, le président sortant Alf Gleave, était
un céréalier de la Saskatchewan. «Alf était un homme sympathique,
mais soupe au lait, raconte Ed. Je l'aimais beaucoup. Quand je me
suis présenté contre lui, il a très mal pris la chose... Une querelle de
famille, en somme...» (Gleave se défend au contraire d'en avoir
voulu à Ed de le défier. «C'est le jeu de la démocratie», conclut-il
pour couper court.) De nouveau Ed ne laissa pas passer sa chance. Il
fut élu. Mais David Lewis n'en fut pas enchanté.

Lewis formulait de sérieuses réserves quant à l'avenir politique de Ed. Là où les partisans de Ed voyaient en lui un diamant encore brut, Lewis le considérait comme un plaisantin immature qui
n'avait fait que folâtrer de mauvaise cause en mauvaise cause: le
manifeste Waffle, le programme de démocratie industrielle, la
course prématurée au leadership. «David m'a confié un jour qu'il
ne faisait pas le moins du monde confiance à Ed, raconte Marc Eliesen, le directeur de recherche du Parti. Il ne voyait pas du tout Ed
exercer des responsabilités.» L'attitude volontiers désinvolte de Ed
le desservait. Un vénérable député qui siégeait sur la Colline depuis
un quart de siècle le traitait d'«enfant gâté» du temps de ses premières années de mandat. Tout le monde ne goûtait pas ses facéties.
Les néo-démocrates les plus assagis le jugeaient trop turbulent. Pourtant, il était toujours porté à prononcer des allocutions philosophiques
et verbeuses qui faisaient sommeiller jusqu'à ses partisans. Rien
d'étonnant donc si le nouveau président du groupe NPD à la
Chambre donnait des inquiétudes à David Lewis.

Dans les souvenirs que Ed a gardés de cette époque, ce qui domine, ce sont ses relations avec Lewis. «Jusque-là je n'avais eu de
David qu'une image caricaturale, dit-il, et d'avoir pu découvrir toute

la complexité de cet homme a représenté une part très importante de ma vie. Tommy Douglas était aimé davantage, sans doute. David, lui, était respecté. C'était véritablement un passionné de démocratie, mais j'avais toujours considéré qu'il faisait partie de l'establishment et qu'il ne souhaitait pas voir les choses changer. J'en suis venu à comprendre pourquoi. C'était lui qui avait pris toutes les décisions pénibles à la place de Tommy. C'était à David qu'il incombait de mener les luttes internes.»

Ed me déclare qu'il avait pour attributions d'«établir un pont entre le chef du Parti et les députés». Il prend une profonde inspiration et plonge. «Je ne connaissais pas bien David et, en tant que président je devais expliquer sa pensée aux députés et inversement. Je devais concilier les points de vue des deux côtés.» Sa tâche la plus difficile: comprendre David. Pas toujours facile pour un parlementaire qui manquait d'expérience et avait pour habitude d'étaler tout de go ses propres conceptions avec une arrogance quelque peu juvénile. Tout se passait comme si, face à la stature de Lewis, la carrière de Ed marquait un brutal coup de frein. De la même façon que la plupart des libéraux se sentaient un peu amoindris en la présence de Pierre Elliott Trudeau, la plupart des néo-démocrates se sentaient intimidés par l'érudition raffinée de Lewis et ses dons intellectuels supérieurs. Il pouvait en effet se montrer distant, inapprochable. «Il ne livrait pas facilement le fond de sa pensée», raconte Alf Gleave. Pourtant, à l'étonnement de bon nombre d'observateurs, Ed se sentait de plus en plus à l'aise en présence de Lewis, qui de son côté se montrait de mieux en mieux disposé à son égard. Ils avaient des atomes crochus, et un lien s'établit entre eux. Ed se trouvait au bon moment là où il fallait. Il avait trouvé un nouveau mentor dont l'influence sera pour lui décisive. «C'est durant cette période que Ed a retrouvé ses chances de poursuivre sa carrière politique», déclare Murray Weppler, le chef de cabinet de Lewis. «L'immaturité politique dont il avait fait preuve durant la lutte qui s'était déroulée en 71 pour le leadership aurait pu ruiner ses chances s'il ne s'était pas incliné et remis au travail.» C'est ainsi que Ed rebâtit sa crédibilité.

John Harney, son rival, avait enfin réussi à se faire élire à la Chambre. Il avait suffisamment d'envergure pour détourner vers lui le projecteur qui pour l'instant était braqué sur Ed, mais il finit par s'aliéner les députés néo-démocrates de longue date. Andrew Brewin, député de Toronto durant les années 1962-1979, était particulièrement affligé par son inconsistance. «C'était Andrew Brewin qui avait fait Harney, déclare un observateur familier des arcanes du parti, mais Harney n'a pas tenu ses promesses, il s'acquittait de ses

fonctions avec désinvolture.» Et un autre observateur d'ajouter:
«Harney était un mordu de la voile.» Ed, par contre, était un bourreau de travail. Harney et Ed ne sympathisèrent jamais; jusqu'à ce
jour ils ont poliment évité de témoigner en public du peu d'estime
qu'ils ressentent l'un pour l'autre.

Ed s'attela à sa tâche avec une telle assiduité que Lewis, s'il
faut en croire Weppler, en vint à faire toute confiance au jeune député. «Ed avait quelque chose d'un bouledogue. Il faisait preuve d'une
opiniâtreté qui, je crois, est sa caractéristique majeure. Il n'avait
pas le brio intellectuel de David Lewis, mais j'ai fini par me rendre
compte qu'il connaissait mieux que ce dernier les réalités canadiennes. Les Lewis donnaient l'impression d'être des aristocrates
déchus. Leurs décisions politiques procédaient d'une analyse extrêmement subtile. David était entré à Oxford à l'âge de vingt-trois ans
et il avait été le premier Canadien à présider la société des débats de
cette université. Ed n'était rien de tout cela. Il ne brille pas par
l'éclat de son élocution. Jamais dans sa vie il n'a improvisé sa conduite d'un instant à l'autre. Mais David constatait que Ed était un
coriace, et c'est là une qualité indispensable pour un chef politique.
Il n'était pas capable, comme Trudeau, de se tirer d'affaire par un
habile tour de passe-passe. En revanche, il était assez pugnace pour
encaisser les emmerdements, il avait l'endurance physique et psychologique requise, une fermeté de caractère suffisante pour endurer
les pressions quotidiennes. Tout cela, Ed l'avait. Il l'avait depuis
son enfance, et Lewis en avait conscience. Alors il s'est mis à voir
en Ed son héritier politique. Ed a pour lui de tenir le coup quand il
essuie un revers. Il ne se laisse pas abattre pour autant, et par ailleurs il sait reconnaître ses erreurs.»

Mais le tribut que devait payer Lewis pour diriger le Parti était
lourd. «Pendant deux années et demie David a subi des pressions
inimaginables, raconte Jean-Guy Carrier, son attaché de presse.
Tous les jours il avait à justifier le soutien qu'il apportait aux libéraux en échange de contreparties législatives remarquables.» Pour
prix de son soutien, le NPD obtint en effet du gouvernement toute
une série de mesures telles que l'augmentation des pensions du troisième âge et des allocations familiales, l'institution du contrôle des
prix des denrées alimentaires, une nouvelle politique énergétique
qui aboutit à la création de Petro-Canada, la compagnie pétrolière
nationalisée, et l'ouverture d'une enquête de fond — que dirigeait le
juge Thomas Berger, un ancien député NPD de Colombie-Britannique — sur le projet du pipeline de la vallée de la Mackenzie. En outre, le NPD obtint que d'importantes modifications soient

apportées à la Loi sur les dépenses électorales et le financement des partis, laquelle permettait aux citoyens qui soutenaient financièrement un parti national de déduire une bonne part de leurs donations de leurs revenus imposables. Ces mesures étaient d'une grande importance pour le NPD dont les donateurs appartenaient aux catégories de revenus modestes, le NPD n'acceptant pas les donations provenant des grandes entreprises. En donnant à tous les partis les mêmes avantages, puisqu'en effet cette modification de la loi permettait d'élargir le soutien financier des classes populaires, le NPD se donnait les moyens de combattre plus équitablement contre ses rivaux mieux nantis lors des futures élections de 1979.

En dépit de ces avantages acquis de haute lutte, les députés néo-démocrates acceptaient mal de «partager le lit» des libéraux. À cet égard les élus des provinces de l'Ouest se montraient particulièrement chatouilleux, tandis que de leur côté les tories se répandaient en invectives — et en plaisanteries obscènes, l'image du lit appelant d'elle-même l'évocation d'inévitables coucheries à propos du soutien apporté à Trudeau par Lewis. «L'idée même que nous puissions pactiser avec les libéraux était sacrilège en Saskatchewan, rapporte Les Benjamin. Là-bas, la haine du libéral prenait l'ampleur d'un acte de foi. On peut donc imaginer combien les tories avaient la partie belle à nos dépens.»

Stephen Lewis, qui alors était à la tête du NPD ontarien, restait en liaison constante avec son père. Un bonne part de la tension à laquelle était soumis David, raconte son fils, provenait de la nature des sentiments qu'il éprouvait à l'égard de Trudeau. Si le chef du NPD ne comptait point parmi les rares personnes à qui Trudeau témoignait du respect, de son côté il n'avait pas la moindre sympathie pour le Premier ministre, déclare Stephen. «David détestait Trudeau. Il le considérait comme un fils de chienne qui n'avait aucun respect pour les travailleurs. Il préférait de beaucoup Stanfield et il reconnaissait les capacités intellectuelles de Trudeau, mais il ne pouvait supporter le mépris que celui-ci affichait pour l'opprimé. David en était véritablement outré. Il lui était très pénible de penser qu'à l'intérieur de son propre Parti on l'accusait de baisser pavillon, de maintenir Trudeau au pouvoir, mais la seule chose qui comptait à ses yeux, c'était d'arracher le plus possible de concessions au gouvernement minoritaire.»

La stratégie déployée par David, affirme Stephen, a prouvé d'évidence que les néo-démocrates pouvaient soutenir au mieux de leurs intérêts un gouvernement minoritaire. Cette question demeure de grande importance aujourd'hui, alors que la même situation risque de se reproduire au lendemain des prochaines élections. «La gloire du Parti tient à la force de ses principes, dit Stephen. Aussi longtemps que la gauche démocratique aura les moyens d'infléchir la ligne politique du gouvernement, le contrat sera rempli. Pas besoin pour cela d'exercer le pouvoir.» Mais David Lewis et le dirigeant encore en herbe qu'il préparait dans la coulisse à ses futures responsabilités se contentaient mal de n'être que «la bonne conscience de la nation». Car si Broadbent était le disciple de deux maîtres — Lewis et Douglas —, tous les deux avaient pour ambition de gouverner.

Le 25 octobre 1973, Tommy Douglas, le spécialiste des questions énergétiques au sein du Parti, prit la parole à la Chambre des communes pour formuler une résolution visant à la création d'«une compagnie pétrolière nationale à capitaux publics». Le moment était on ne peut plus opportun. «Au Moyen-Orient, la guerre vient d'éclater, écrivaient les McLeod. Les États arabes exportateurs de pétrole ont annoncé une réduction de vingt-cinq pour cent de la production et appelé au boycottage des deux principaux alliés d'Israël, les États-Unis et les Pays-Bas. Du fait que le Canada ne possédait pas de pipeline qui lui permît d'acheminer son pétrole d'ouest en est, il était lui aussi vulnérable, et le gouvernement prévoyait des mesures de rationnement et de ravitaillement d'urgence. Donald Macdonald, le ministre de l'Énergie, a évoqué l'éventualité d'une pénurie du système privé de l'approvisionnement.»

Mais les libéraux ne prirent aucune mesure, de sorte que les néo-démocrates menacèrent de leur retirer leur soutien et de provoquer ainsi de nouvelles élections. «La condition que nous posions pour continuer à les soutenir, lors du vote de confiance qui aurait lieu avant Noël, c'était qu'ils s'engagent publiquement à créer une compagnie pétrolière à l'aide de fonds publics», raconte Ed. Il fut alors chargé de rencontrer les libéraux pour élaborer un protocole d'entente acceptable pour les deux parties, et finalement Trudeau prononça la déclaration qui allait ensuite donner naissance à Petro-Canada. Terry Grier raconte que lors de la réunion des députés néo-démocrates consécutive à cette déclaration régnait l'allégresse la plus totale. «C'était la première fois que le gouvernement capitulait de façon claire, nette et totale, devant l'une de nos revendications.» Les temps étaient propices. Le prix du brut fixé par l'OPEP montait en flèche — et aussi le taux de l'inflation — pour passer de 2,50 $ à presque 30 $ le baril entre 1970 et 1980, l'année qui suivit la révolution iranienne, laquelle entraînera la destitution du chah et la venue au pouvoir de l'ayatollah Khomeiny. On formulait les prévisions les plus funestes. Il fut estimé — à tort — qu'en 1986 le prix du baril atteindrait 79 $. Le monde industrialisé, dont l'équilibre repose sur un approvisionnement constant en énergie, tremblait sur ses bases. Or, seul de tous les pays producteurs de pétrole, le Canada n'exerçait aucun contrôle sur cette source énergétique de première importance, pas plus qu'il n'avait adopté de programme qui permît une exploitation conforme à l'intérêt national. «Les compagnies pétrolières à capitaux étrangers produisaient environ quatre-vingt-dix pour cent du pétrole et du gaz naturel consommés au Canada, écrivaient les McLeod. À quelques exceptions près, c'était du matériel de conception et de fabrication étrangères qui était utilisé pour extraire le brut canadien. Le personnel de direction, de recherche et de main-d'oeuvre des raffineries était dans sa grande majorité non canadien, et on ne pouvait pas compter non plus, comme on l'avait cru dans le passé, sur une exploitation systématique des gisements nationaux, étant donné que bien souvent les compagnies étrangères retiraient les bénéfices réalisés sur place pour aller prospecter ailleurs.

«Les sept soeurs» — ainsi Anthony Sampson désignait-il les principales multinationales de la production pétrolière —, de par leur stature gigantesque et leur puissance, piétinaient littéralement l'intérêt national. En 1981, par exemple, Exxon, la plus puissante de toutes — elle était apparentée au Canada à Imperial Oil — avait des revenus de cent quinze milliards de dollars, soit plus du double du budget du gouvernement fédéral canadien la même année.

En 1976, quand une première «fenêtre» fut ouverte sur l'industrie pétrolière avec la création de Petro-Canada et le rachat pour 343,4 millions de dollars d'Atlantic-Richfield, Ed éprouva un immense sentiment de fierté. Ce n'était là qu'un humble jalon planté sur un terrain dont l'exploitation exige des capitaux autrement ambitieux, mais ce jalon affirmait la volonté canadienne de faire acte de présence. Petro-Canada grandit rapidement pour devenir une compagnie productrice d'énergie comptant parmi les plus importantes du pays, et par ricochet joua un rôle essentiel dans le développement d'industries annexes, l'amélioration des conditions de sécurité de travail. Mais «au fur et à mesure qu'elle mûrissait, écrivent les McLeod, la société Petro-Canada ressemblait de plus en plus à ses concurrents privés... Elle s'aligna passivement sur Esso et Texaco pour fixer ses prix de détail et adopta même leurs méthodes de marketing. Elle expédia de vastes quantités de sulfures en Afrique du Sud, bien qu'Ottawa fût censé avoir proclamé son opposition à la politique d'apartheid. Elle se livra comme les autres au saccage des terres de Lubicon Cree, dans l'Alberta, acte que le Conseil mondial des Églises qualifia de «génocide culturel» et condamna vigoureusement.» Les néo-démocrates auront l'impression de voir leur enfant chéri se transformer en un délinquant.

Mais à cette époque la carrière politique de David Lewis se sera achevée et il n'aura plus guère de temps à vivre. La besogne qu'il avait abattue durant tout le temps que le pays avait été dirigé par un gouvernement minoritaire lui avait coûté un immense effort, personnel et politique. «David était persuadé que le Parti se devait d'obliger le gouvernement à aller de l'avant en matière de lois sociales, et il se souciait beaucoup plus de marquer des points en faveur des Canadiens que de s'engager dans des luttes politiques partisanes. J'aime à croire qu'il a compris que ses efforts en valaient la peine», déclare Jean-Guy Carrier. David ne soupçonnait pas l'amère désillusion qui l'attendait.

Au cours du printemps 1974, ce fut le budget présenté par le ministre des Finances, John Turner, qui provoqua la chute du gouvernement. «Ce budget était un astucieux coup monté», raconte Robin Sears, qui attribue à Keith Davey et Jim Coutts, deux conseillers libéraux, la stratégie qui fit tomber dans le panneau les néo-démocrates à une époque où les caisses du Parti étaient vides et sa direction usée. David Lewis fut contraint de mettre Turner le dos au mur. Il accusa Turner, écrit Desmond Morton, de vouloir instituer un système d'exonérations fiscales qui étaient l'oeuvre d'un Robin des Bois à l'envers qui dépouillerait les pauvres pour donner aux riches... «Il y a des gens dans ce pays qui ne sont pas loin de penser que l'époque est mûre pour un gouvernement conservateur, déclara Lewis. Je voudrais dire aux membres de cette Chambre et au peuple du Canada qu'un gouvernement conservateur est d'ores et déjà au pouvoir.» La page était quasiment tournée. Il ne restait plus au Premier ministre qu'à tourner en ridicule les tirades belliqueuses de David et ses menaces d'élections anticipées. «David-la-marguerite, ironisa Trudeau, qui arracha un à un les pétales... Aura-t-on des élections? N'aura-t-on pas d'élections?»

On eut des élections. La date fut fixée au 8 juillet 1974. Cliff Scotton, secrétaire fédéral depuis bientôt dix ans, savait que le NPD était dans une mauvaise passe. «J'avais le Parti dans le sang. Il était pour moi une artère nourricière, un poumon. Je lui avais consacré toute mon existence. Je parcourais le pays en long et en large pour parler aux gens, et personne ne souhaitait d'élections, j'en étais persuadé. «Seigneur! Mais que me racontez-vous là? Des élections anticipées? C'est de la folie. Jamais nous ne nous en remettrons.»

Mais David s'obstinait. «J'ai fait faire des sondages un peu partout», disait-il, et il était convaincu d'avoir raison. C'était dans sa nature. «Il faut que nous cessions de donner l'impression que nous soutenons à bout de bras le gouvernement», proclamait-il. Il me disait qu'il avait besoin de mon aide. C'est la seule fois que je l'ai entendu dire qu'il avait besoin de quelque chose. J'avais les plus grandes craintes. Je ne voulais pas de ces élections. J'étais persuadé que pour nous les choses ne tourneraient pas bien, mais je lui ai emboîté le pas.»

«Une campagne politique nationale relève de la folie douce, écrivait Norman Webster dans le *Globe and Mail.* Tout le monde vous appelle au petit matin, on en oublie de s'alimenter, les gens se démènent dix-sept heures par jour et il faut vraiment jeter un coup d'oeil sur sa clé d'hôtel pour savoir dans quelle ville on se trouve. Un journaliste francophone qualifie tout ce remue-ménage de barbare.» Cette campagne 74 provoquait aussi un malaise caractérisé chez les électeurs de tout le pays et au sein des trois partis, un sentiment d'ambivalence et d'incertitude.

Pourtant, les initiatives prises par les néo-démocrates en matière énergétique avaient produit un changement notable dans l'attitude de leurs opposants. Lors d'un reportage effectué le 29 juin à Sault-Sainte-Marie, Norman Webster écrivait que «le Premier ministre Pierre Trudeau a promis hier soir que si le gouvernement libéral était réélu, il exigerait que le Canada participe pour au moins cinquante — et de préférence soixante — pour cent à tout nouveau projet d'exploitation des ressources naturelles... le programme du Parti conservateur en matière de richesses naturelles va plus loin encore puisqu'il propose que l'État détienne plus de cinquante pour cent des industries qui exploitent les ressources non renouvelables.» En fin de compte, il apparaissait que libéraux et tories se déclaraient prêts — à tout le moins tant que dura la campagne —, à considérer sérieusement la question de la mainmise étrangère sur l'économie canadienne, surtout si pareille manoeuvre aboutissait à couper l'herbe sous le pied des néo-démocrates.

David Lewis était épuisé par la politique de donnant, donnant qu'il avait dû appliquer en jouant serré lors des deux années qui venaient de s'écouler, lessivé par les dissensions internes du Parti, et aussi par les luttes qu'il avait dû soutenir sur d'autres fronts. En public, il se montrait aussi intransigeant et assuré qu'à l'ordinaire pour mener une campagne NPD de plus sur le thème «à qui appartient le Canada?» Mais les choses s'annonçaient mal. Les ressources financières du Parti frisaient l'indigence, et Lewis se soumettait à un calendrier exténuant, portant sans rien dire à quiconque le terrible fardeau du mal qui le rongeait. Il savait depuis peu qu'il était atteint de leucémie et que dans la majorité des cas l'évolution de cette altération pathologique du sang est fatale. À la requête de sa femme, il n'en avait rien dit non plus à ses enfants. Weppler, l'un de ses rares collègues dans le secret, se souvient du teint grisâtre et de l'extrême fatigue qu'en de rares occasions David affichait durant cette campagne qui fut sa dernière. «Je me sentais alors tellement proche de lui. Il émanait de lui tant de chaleur...»

À Oshawa, Ed menait sa troisième campagne. Il était inquiet, bien que Jo-Anne McNevin fût à la barre, «convaincue, raconte Michael Decter, de conduire Ed à une éclatante victoire». Decter était accouru de Harvard, où il terminait ses études en économie. Au beau milieu de la période d'examens, un jour qu'il était sous la douche, Ed l'avait appelé à la rescousse. «Je vais perdre l'élection, lui avait-il dit au téléphone. Je me présente contre Harvey Kirck (le journaliste) et j'ai besoin de ton aide.» Decter avait souri à l'idée que Ed puissse tant redouter le «vieux Harvey» — lequel décidera finalement de ne pas se présenter — mais il était accouru à Oshawa. En voyant débarquer ce jeune champion du socialisme qui avait tout du hippy (il deviendra plus tard chef du service de la fonction publique du Manitoba alors qu'il n'aura pas même vingt-huit ans), McNevin aura peine à réprimer un frisson. «Il avait des cheveux qui lui tombaient jusqu'au milieu du dos, raconte-t-elle. Je l'ai convaincu de se faire une queue de cheval. Je me demandais bien comment allaient réagir les gars de l'Union des travailleurs de l'automobile en le voyant.»

«Jo-Anne nous menait à la baguette», raconte Decter (c'est d'ailleurs le souvenir le plus marquant qu'il a gardé de cette campagne). «Elle avait organisé les choses de main de maître, et nous avons été stupéfaits par les résultats obtenus en dehors d'Oshawa.» Decter gagna le pari qu'il avait fait avec David Lewis — «David m'avait soutenu que si nous l'emportions, ce ne serait pas avec plus de deux mille voix d'avance» — car Ed l'emporta avec un écart de dix mille voix sur son adversaire. «Mais ce fut pour nous une véritable consternation, ajoute Decter, d'apprendre que non seulement une bonne partie des nôtres étaient battus, mais que David avait lui aussi perdu son siège.» En regardant les résultats à la télévision, écrira dans le *Globe* Stanley McDowell, «le moment le plus émouvant de la soirée survint quand on nous montra David Lewis, qui venait d'être battu à York South après avoir oeuvré pendant quarante années pour la CCF et le NPD, disant à ses partisans: «Ne soyez pas si tristes. Nous venons simplement de perdre une bataille. Beaucoup d'autres nous attendent.» Dennis McDermott était inconsolable. «C'est absolument ignoble, répugnant... on a envie de vomir», déclara-t-il aux journalistes. Conservateurs et libéraux exprimèrent leurs regrets, mais McDermott revint à la charge: «Cet homme aurait pu devenir l'un des avocats les plus célèbres et les plus prospères du Canada, mais il a décidé au contraire de se dévouer au peuple... Il est tragique de voir un homme d'une telle noblesse répudié par ses propres électeurs. Les gens de York South devraient avoir honte d'eux-mêmes.»

Bien que le Parti n'eût perdu que deux pour cent des suffrages par rapport au précédent vote — 17,2 p. 100 en 1972 contre 15,2 p. 100 en 1974 —, il était dépossédé de quinze sièges. Le NPD, qui comptait trente et un députés, n'en avait plus maintenant que seize. Lewis était un homme fini et les libéraux de Trudeau disposaient de la majorité absolue avec cent quarante et un sièges contre quatre-vingt-quinze aux conservateurs. David Lewis, écrit Morton, «avait ramené son Parti dans le désert, et de tous, il était celui qui avait le plus souffert de le voir ainsi humilié».

Au cours de l'année suivante, le Parti s'apprêta à se choisir un nouveau chef, mais aucun des candidats ne semblait avoir l'envergure requise. Dans un article du *Globe and Mail* rédigé un mois avant l'ouverture du congrès prévu pour le 7 juin 1975 à Sudbury, au cours duquel le Parti devait élire le successeur de David Lewis, Christina McCall écrivait: «Le NPD s'est révélé incapable de proposer une solution de rechange à quoi que ce soit. Il s'est laissé circonvenir par le brio avec lequel les libéraux, selon leur habitude, ont opté pour une position centriste en reprenant à leur compte ce qu'il y avait de meilleur dans le programme des socio-démocrates tout en se donnant pour chef Pierre Trudeau, lequel a raflé les voix de ceux qui normalement auraient dû voter pour les néo-démocrates. Meurtri par la lutte intestine féroce qu'il a dû livrer dans le début des années soixante-dix avec son aile gauche, la plus extrémiste constituée en mouvement Waffle, affaibli par la situation minoritaire des années 72-74, où il avait fait figure d'irresponsable et dû répondre à l'accusation de complicité [avec les libéraux] alors que toute son action consistait au contraire à faire preuve de responsabilité, le NPD faisait songer à un prédicateur fondamentaliste surpris alors qu'il distribue des pamphlets édifiants lors d'une descente de police dans un bordel clandestin.»

Aucun des quatre candidats à la direction du Parti, concluait-elle, «n'avait rien qui ressemblait à l'auréole d'autorité des quatre prophètes qui les avaient précédés». Elle voyait juste.

En cette journée de l'hiver 1987, le froid est mordant. À l'intérieur d'une maison de briques rouges semblable à toutes ses voisines de ce quartier central de Toronto, Robin Sears vient de rentrer après être allé chercher chez la gardienne d'enfants son fils Matthew. Sears prépare le souper de Matthew, trois ans, qui pour le moment se trouve au premier étage, en train de construire un train Lego. Dans le salon du rez-de-chaussée, le système de son diffuse de la musique classique. Au mur, des tableaux, et sur des rayonnages d'innombrables livres: *Collected Essays* de George Orwell, romans d'espionnage de John Le Carré, Eldridge Cleaver, et le I-Ching, le Livre du changement...

Après le repas, Sears se propose de retourner à Queen's Park, où il est premier secrétaire du chef du NPD ontarien, Bob Rae, pour y assister à une autre de ces interminables réunions qui ont tissé la trame de son existence. À trente-sept ans, cet homme de haute taille, toujours classiquement vêtu de costumes de flanelle et de chandails de shetland gris — il attache ses longs cheveux blonds en une queue de cheval qui lui descend jusqu'au milieu du dos — compte parmi les socio-démocrates les plus chevronnés du continent. En 1974, à l'âge précoce de vingt-trois ans, il a été appelé à Ottawa par Cliff Scotton, le secrétaire fédéral du Parti. Un vieux de la vieille. Un an plus tard, Sears prendra la suite de Scotton à ce poste et le conservera pendant sept ans. Rude époque.

Tandis qu'il prépare le repas, Sears évoque devant moi cette «expérience inoubliable», vieille de quatorze ans, qui a consisté pour lui à assister aux réunions des députés néo-démocrates au lendemain de l'élection du mois de juillet 74. «L'impression d'aller à un enterrement», dit-il. Il était alors néophyte, bien qu'il fût «né pour épouser la cause», puisqu'il est le petit-fils de Colin Cameron, le turbulent membre de la CCF en Colombie-Britannique. Mais bien que le sang de Cameron courût dans ses veines, il se sentait catastrophé par le désastre qui s'abattait sur son univers politique.

Recenser les forces du NPD durant cet été 74, c'était un peu contempler une terre ravagée par un incendie. On avait peine à y déceler la présence de pousses vertes sous la flore calcinée. Même s'il venait de l'emporter de façon éclatante, Ed n'avait guère lieu de se réjouir. Il comprenait à présent ce que son grand-père avait dû ressentir jadis, dans le nord de Parry Sound, quand sa concession forestière avait été réduite à néant par le feu. Pierre Trudeau était sorti avec tous les honneurs de l'aventure électorale alors que le Nouveau Parti démocratique, une fois de plus, n'avait retiré aucun bénéfice des mesures législatives palpables dont il avait été pourtant l'instigateur. Les fruits de l'opération, c'étaient les libéraux et non pas les néo-démocrates qui les avaient cueillis. Le même scénario se répétera treize ans plus tard en Ontario, quand le chef du Parti libéral de la province, David Peterson, qui jusque-là dirigeait un gouvernement minoritaire, se retrouvera à la tête d'un gouvernement majoritaire dans l'élan d'une dynamique législative dont l'artisan avait été Bob Rae, le chef du NPD. Même histoire là encore: les électeurs se montreront satisfaits des réformes instituées, mais ne voteront pas pour le parti qui les avait promues.

C'était là une leçon que Ed n'était pas prêt d'oublier. Détenir la balance des pouvoirs s'était accompagné tout à la fois d'enthousiasme et de désillusion. Les gains étaient bien réels si l'on considérait leur incidence sur le bien-être de la nation. Mais bien réelles aussi les pertes accusées par le Parti. David Lewis avait été battu. Comme avait été battu Terry Grier à Toronto, Bill Knight, le jeune élu du précédent scrutin en Saskatchewan, et John Harney, le vieux rival de Ed dans la course au leadership. Restaient bien sûr Stanley Knowles, Tommy Douglas et Andrew Brewin, mais ils approchaient les quatre-vingts ans. Comme le faisait observer Sandra Gwyn dans le magazine *Saturday Night*, «il est facile de repérer le secteur [de la Chambre des communes] où siègent les élus du NPD. On n'y voit que des cheveux blancs.» Parmi ceux de la jeune génération, Lorne Nystrom, député de la Saskatchewan, avait survécu et Bob Rae rejoindra les rangs du groupe parlementaire après l'élection partielle de 1978.

Pour Ed, que les députés avaient chargé d'assurer l'intérim, la perspective d'être à la tête d'un parti considérablement affaibli et démoralisé n'avait rien de bien grisant. Ce fut pourtant cette prise en charge provisoire qui, à bien des égards, lui donnera plus tard le pouvoir pour de bon. Qui doit reconstruire doit d'abord réorganiser. «Quelquefois je crois qu'il oublie que le Parti n'est pas à lui, dit son fils Paul. Il a une attitude qui en certaines occasions irrite quelques membres du NPD, mais il est facile de comprendre son sentiment de propriété. Il a reconstruit le Parti et c'est un homme de parti.» Mais la promotion de Ed s'accompagnera de bien des déboires. Seule lui permit de tenir bon ce que Murray Weppler appelait sa «ténacité d'âme».

Dans les six mois qui suivirent sa nomination par intérim à la tête du NPD, l'influence qu'il exerçait sur le Parti s'amenuisait de jour en jour. Ed se sentait désillusionné, déprimé. Il caressait l'idée de s'en retourner vers ce qu'il qualifiait avec un brin d'ironie de «monde réel de l'université». Rien ne s'accomplissait. Les grandes chances du NPD au Québec étaient réduites à néant par la montée du PQ de René Lévesque. À Ottawa, l'état d'esprit qui régnait au sein du groupe parlementaire ne poussait pas à l'optimisme. «Sous le gouvernement minoritaire nous avions connu un regain de vigueur, et à présent notre représentation était réduite, notre activité était réduite. Tout semblait avoir rapetissé», raconte un membre de l'état-major politique du Parti. «En tant que chef par intérim, Ed paraissait manquer de confiance. Dans nos rangs, certains se demandaient comment il allait se tirer d'affaire, quelle direction nous allions désormais prendre. Tommy et David avaient été pour nous un peu comme des pères spirituels. Tout le monde reconnaissait leur stature, l'ampleur de leur vision. Ed n'était qu'un néophyte en costume de velours brun chocolat avec des pièces aux coudes qui essayait désespérément d'apprendre à parler le français. Il avait un accent épouvantable.»

Ed éprouvait aussi de la difficulté à résoudre les délicats problèmes personnels que posaient ses fonctions de dirigeant. «Il était d'une trop grande gentillesse», déclare Michael Decter, qui durant plusieurs mois fut le secrétaire exécutif de Ed. «Il n'aimait pas congédier les gens. Nous étions à présent un parti d'opposition déclarée, et nous avions besoin de gens capables de définir des positions tranchées. Mais les choses piétinaient. Il aurait fallu nous débarrasser de certaines personnes au service de la recherche, mais Ed n'arrivait pas à s'y décider. Il a fallu que ce soit moi qui aille en parler à Lucille. Lucille est très réaliste et elle a mis Ed devant certaines évidences. Elle n'intervient jamais directement, mais elle sait faire preuve d'une grande fermeté.»

Ed avait encore un autre problème à régler. «En dehors d'Oshawa, personne ne savait très bien qui il était, raconte Decter. Il n'avait pas d'image nationale. Si bien que nous devions continuellement vivre avec nos valises, nous déplacer d'un bout à l'autre du pays pour qu'il prenne la parole un peu partout. J'étais un conseiller novice, Ed était un leader novice. C'est moi qui écrivais le texte de ses discours, lui qui les prononçait. Pas de grandiloquence, rien de pompeux. L'essentiel était de reconstruire le Parti. Quand nous revenions à Ottawa, Cliff nous convoquait pour que nous lui soumettions nos comptes de dépenses. Onze dollars pour le motel, six pour des hamburgers. Cliff nous conseillait de voyager dans des conditions un peu plus reluisantes.»

«Des conflits innombrables, des voyages à n'en plus finir, raconte Ed en évoquant ses souvenirs. Des voyages, des voyages... (Il lève les yeux au ciel en se remémorant cette époque.) Le Parti avait été balayé. Il fallait que nous allions partout. De Terre-Neuve à la Colombie-Britannique. On attendait interminablement dans des aéroports. On logeait dans des motels. On louait des voitures pour faire des kilomètres dans les poudreries et se rendre à des réunions auxquelles ne venaient qu'une poignée de personnes... Je venais de me marier, j'avais une petite fille et j'étais responsable d'un adolescent. Je souffrais de l'absence de ma famille, de mes amis... et tout cela pour quoi?»

Lui qui jusque-là ignorait tout du rôle de chef de parti, il découvrait soudain que la politique est un domaine plein d'embûches, un sol miné d'impératifs et d'espoirs de toute nature, et qu'à tout instant il pouvait trébucher, être éliminé. À présent qu'il était devenu le porte-parole du Parti, les flèches pleuvaient. On le comparait, défavorablement, à Tommy Douglas et à David Lewis. Des yeux sans complaisance découvraient soudain en lui des défauts qui ne gênaient personne du temps où il était simple député. Les «faiseurs d'image» — comme les appelait Anne Carroll, qui deviendra secrétaire de Ed en 1975 — s'étaient mis à l'oeuvre. «Je ne sais combien de gens se proposaient d'améliorer son image publique, raconte-t-elle. On lui disait de changer de costumes, de changer de coupe de cheveux, de se faire arranger les dents... Il a beaucoup évolué, c'est certain — qui donc n'évolue pas? — mais il est resté le même. Il porte toujours ses cos-tumes de velours.»

Ed n'était pas du genre pâte à modeler. Il ne se laissait pas aisément conditionner et refusait de laisser son entourage empiéter sur sa vie privée. Certains de ses collaborateurs lui attribuaient un caractère difficile. Il luttait simplement pour conserver son intégrité. Même son sens de l'humour lui valait des reproches. Il faisait des grimaces devant les caméras, sortait des avions à reculons, trouvant ainsi prétexte à se divertir. «Il se sent bien quand il se livre à des pitreries, dit Anne Carroll. Il a besoin de rire. C'est comme ça qu'il tient le coup.»

Pourtant ses conseillers — Robin Sears était du nombre — lui recommandaient de cesser ses facéties en public — recommandation que Sears déplore aujourd'hui, du fait qu'elle provoquait «une dissonance entre la façade digne et sévère qu'on lui demandait d'exhiber et sa personnalité vraie, faite d'humour, d'ironie et de charme».

Garder son sérieux lui était parfois bien difficile, surtout s'il se trouvait en compagnie de Tony Penikett, un de ses collaborateurs d'un certain âge qui lui aussi était un pince-sans-rire. Durant le congrès de Winnipeg en 1975, par exemple (le Parti devait élire un nouveau chef, et Rosemary Brown, qui était sur les rangs, faisait forte impression sur les délégués), Ed était tombé un soir dans le piège que lui tendait Penikett. Alors qu'ils entraient dans un restaurant, accompagnés de plusieurs membres de la direction du Parti, Penikett avait pris à part le maître d'hôtel pour lui dire que Ed Broadbent allait très certainement commander du steak avec des pommes de terre, mais qu'il ne fallait surtout pas les lui servir. Penikett, se faisant passer pour le médecin personnel de Ed, dit que celui-ci avait des ennuis digestifs. La seule chose qui lui convenait pour l'instant, avait expliqué Penikett, c'était un bol de soupe à l'orge. Rien d'autre. Penikett savait que Ed détestait la soupe à l'orge. Entre-temps, tout le monde était passé à table et consultait le menu. Ed adore se détendre en faisant un bon dîner arrosé d'une bouteille de vin. Et bien entendu il commanda un steak avec des pommes de terre. Quand était venu le moment du service, on avait disposé devant lui le bol de soupe à l'orge, et Penikett s'était hâté d'intervenir. «Tu sais, Ed, ce sont des délégués qui veulent voter pour toi qui t'ont fait envoyer ça. Ils sont là-bas, à l'autre bout de la salle. Fais-leur un sourire.» Ed avait donné dans le panneau — après tout, chaque voix allait compter au moment du vote, et compte tenu du battage que faisait Rosemary Brown... — et il avait adressé un pâle sourire à l'autre extrémité de la salle, puis avalé son bol d'horrible soupe à l'orge. Après quoi il avait demandé au serveur de lui apporter son steak avec pommes de terre. «Désolé, Monsieur, mais votre médecin nous a dit que vous ne pouviez pas en manger.» Ed avait explosé. «Mon médecin! Mais quel médecin?» On devine la suite.

Une autre fois, raconte Ed, alors que Tony et lui étaient en train de bavarder dans la salle de conférence d'un syndicat de Moose Jaw — cela se passait à l'époque où la presse ne cessait d'ironiser sur Robert Bourassa, le Premier ministre du Québec, parce qu'il se déplaçait avec son coiffeur et un garde du corps —, «chaque fois qu'on venait me demander qui était Tony, je répondais que je m'étais débarrassé de mon directeur de recherches pour engager à sa place un coiffeur-garde du corps». Et à ce moment-là Tony humectait langoureusement son index pour lisser ses sourcils. Ed hurlait de rire. Les histoires de ce genre faisaient verdir Robin Sears.

À l'époque où son entourage faisait de son mieux pour discipliner Ed et lui apprendre à garder son sérieux, raconte Sears, «nous avons essayé de lui faire adopter des attitudes théâtrales. «On ne te demande pas de t'indigner, lui disais-je, mais de donner l'impression que tu l'es.» Mais il prétendait que c'était au-dessus de ses forces. Il était vraiment très mal à l'aise quand il s'agissait de prendre une contenance.» Plus tard pourtant, Ed se révélera trop bon élève, puisqu'un jour il interviendra à la Chambre, pendant la période des questions, avec de tels éclats d'indignation dans la voix que Trudeau le qualifiera de «hyène». Sears jugeait aussi que Ed avait «des engouements intenses, mais éphémères, pour certains plats, certains auteurs, certains chanteurs». Il convenait donc de dompter pareille impulsivité. Sears raconte qu'il arrivait à Ed de l'appeler aux environs de minuit — «Désolé de t'appeler si tard, mais je viens de penser que...» — et de le rappeler à six heures le lendemain matin — «Désolé de t'appeler de si bonne heure, mais j'ai également pensé à...» Il convenait aussi de discipliner son énergie débridée. «Quand vous vous sentez épuisé après une journée de douze heures et qu'on vient encore vous relancer, ajoute Sears, vous avez envie de prendre une batte de base-ball.» Bill Knight rapporte que lorsqu'il quitta la Saskatchewan pour venir à Ottawa travailler aux côtés de Ed, il dut changer totalement de rythme de vie. «Auparavant, j'étais un nocturne. Mais ce maniaque est debout avant l'aube, la tête pleine de bonnes idées qu'il veut absolument vous faire partager tout de suite.»

Et puis, il y avait la question des discours. Ceux qui les écrivaient pour lui s'appliquaient à les construire minutieusement, mais bien souvent trouvaient Ed, une paire de ciseaux en main, en train de les découper prestement en tous sens pour redisposer ensuite les éléments à sa convenance. En dépit de tous les efforts qu'ils faisaient pour l'éduquer, ils désespéraient de lui faire entendre raison. Il ne connaissait rien à la culture populaire, non plus qu'en matière de sports. À cet égard pourtant, il aurait passé pour un fin connaisseur à côté de Trudeau. Christina McCall raconte qu'un jour Trudeau appela Keith Davey, et que celui-ci lui apprit qu'il était en train de regarder une partie de hockey à la télévision, ajoutant que les Sabres de Buffalo menaient la partie. Il y eut un silence gêné à l'autre bout de la ligne, et finalement Trudeau déclara: «Ah oui, je vois. À quelle manche en sont-ils?» (Pour ceux qui l'ignoreraient, le hockey se joue par périodes et le base-ball par manches.)

À l'exemple de Trudeau, Ed acceptait difficilement la critique. («Mais qui l'accepte?» fait remarquer Anne Carroll.) Encore qu'il ne soit probablement pas prêt à l'admettre et qu'en public il donne l'impression d'être bardé d'une cuirasse de tatou, ce n'est là qu'une invulnérabilité de façade. Les membres de son entourage comprenaient parfaitement qu'ils devaient y aller sur la pointe des pieds quand ils lui conseillaient de modifier son attitude ou encore —

Dieu les en garde — de changer sa façon de considérer les choses. Mais il demeure parfaitement évident qu'il avait besoin de conseils. «Pas un seul journaliste ne se ruait vers Broadbent quand il sortait de la Chambre des communes à la suite de la période des questions, écrivait Charlotte Gray dans *Saturday Night*. Ses commentaires étaient ou bien sans rapport direct avec la question posée, ou bien interminables. Ses conseillers l'avaient sermonné pour qu'il ne fasse plus de plaisanteries à la télévision depuis qu'un journaliste lui avait demandé quelle était sa religion et s'était entendu répondre que Ed était druide.»

Son entourage était bien près de renoncer à l'amender, et c'est alors qu'il fit la démonstration de ce dont il était capable quand il se frottait au monde bien réel. «Aucun des dirigeants du NPD que j'ai connus ne menait mieux que lui une campagne électorale, dit Sears. Quand il allait quelque part où il était censé de ne faire qu'une brève apparition, il s'y sentait tellement à l'aise et y prenait tant de plaisir qu'il pouvait s'y attarder pendant des heures à danser, à bavarder et à faire la connaissance de tout le monde. On ne pouvait plus l'en sortir. Il rendait littéralement fous ceux qui organisaient sa campagne et assuraient sa sécurité.» Un jour qu'un sympathisant du NPD quittait une réunion à motocyclette, Ed n'avait pu résister à l'envie de sauter derrière lui sur la selle pour aller faire un tour en sa compagnie.

Ce qui, chez lui, relevait de l'énigme, c'est qu'il se considérait comme un intellectuel alors que pourtant ses partisans attachaient moins d'importance à ses facultés mentales qu'à ses prédispositions au contact humain. Il ne semblait pas comprendre qu'il avait naturellement le don de se rendre populaire. Jo-Anne McNevin eut bien des occasions de constater sur le vif le pouvoir de ce don en 1972, l'année où elle organisa sa campagne à Oshawa. La meilleure façon d'opérer, elle s'en rendit compte, ne consistait pas à le hisser sur un podium pour qu'il prononce un discours-fleuve assorti de considérations philosophiques, mais de le promener dans les rues. Lors de la campagne de 1979, Murray Weppler fera lui aussi la même observation: «Ed n'avait pas conscience de son influence sur les gens.»

Reste encore à tenter d'expliquer chez lui une profonde contradiction: au tréfonds de lui-même, il souhaite sincèrement expliquer les vertus comparées du socialisme et du libéralisme. Il croit au pouvoir des idées. Mais peu à peu il en est venu à découvrir que la politique, dans le monde qui est le nôtre, est étroitement conditionnée par des clips télévisés de trente secondes, que le choix des électeurs leur est dicté par un assortiment composite d'impressions fugitives liées à l'aspect extérieur, à la démarche et au son de la voix des hommes politiques. Cette découverte le laissa décontenancé comme le serait un intellectuel participant à un concours de beauté.

Il lui fallait aussi se pénétrer de l'importance du rôle de chef. Comme le fait observer Jeffrey Simpson dans *Discipline of Power,* «toutes les études sur le comportement de l'électorat en viennent à la même conclusion: le facteur de motivation qui conditionne de la façon la plus marquante le succès d'un parti politique, c'est son chef. Étant donné qu'il personnifie le parti et qu'il en est le porte-parole, un leader joue un rôle électoral de première importance. S'il est porté au pouvoir, c'est sur lui que reposent les espoirs de la nation et les responsabilités des affaires de l'État... La mainmise de la télévision sur les campagnes électorales, et d'une façon plus générale sur la vie politique, n'ont fait qu'accroître l'importance que prend un chef de parti dans le résultat d'un scrutin... Souvent, la personnalité des candidats et leurs caractéristiques physiques prennent le pas sur les idées qu'ils expriment ou le point de vue qu'ils représentent. On les juge comme on juge des acteurs...»

À cet effet, voici ce qu'en dira Michel Gratton, l'ex-attaché de presse de Brian Mulroney. Ses propos ont été recueillis le 30 août 1987 par Joe O'Donnell du *Toronto Star,* après que Gratton eut démissionné du bureau du Premier ministre: «Je préfère discuter avec un passant plutôt que de le faire avec un politicien. Dans la rue au moins, on sait d'où l'autre vient. On sait où le situer. Alors qu'en politique c'est l'ignorance totale, pour la bonne raison que les politiciens ont une peur bleue de choquer les opinions des autres... Ils s'entourent d'experts dans tous les domaines, de gens qui leur disent comment s'habiller, comment s'exprimer, comment marcher, quelles déclarations ils doivent faire. Une véritable folie... Si j'ai un conseil tout simple à donner à Mulroney ou à n'importe quel autre homme politique, c'est le suivant: soyez vous-même et dites ce que vous pensez sincèrement. Si vous croyez en ce que vous dites, si vous croyez en l'opinion que vous proclamez, vous avez toutes les chances de gagner. Et même si vous perdez, au moins vous ne vous serez pas renié. Finalement, c'est pour cela que j'ai tout plaqué. Je ne pouvais pas renier cette ultime part de moi-même. C'est l'effet que produit sur les gens le pouvoir, l'effet que produit la politique. Vous devez vous renier totalement, vous effacer devant le système.»

Si Ed ne s'est pas laissé engloutir par le système, c'est probablement que son franc-parler et sa sincérité un peu rustre l'en ont préservé. À supposer même qu'il eût voulu se faire doucereux comme un Mulroney ou raffiné comme un Trudeau, il en aurait été totalement incapable. Mais dans les rangs de son propre parti on attendait de lui davantage de fougue, et rares étaient les néo-démocrates qui le jugeaient exaltant.

Ed n'était certes pas le seul et unique homme politique canadien à ne pas avoir les talents d'un grand orateur. On considérait Ed Schreyer, le Premier ministre du Manitoba, comme un orateur abominablement soporifique, ainsi que Bill Davis, son homologue de l'Ontario, et pourtant l'un et l'autre jouissaient d'une cote d'amour extraordinaire. Mais sur la scène nationale, c'était à l'un des grands de la politique de tous les temps, Pierre Elliott Trudeau, que Ed était comparé. À cet égard, aucun anglophone ne pouvait se mesurer à Trudeau, dont les charmes troublants et le pouvoir de fascination recélaient tous les attributs de cette image télévisée «froide» et idéale, dira le grand maître de la science médiatique, Marshall McLuhan. Durant l'élection de 1974, écrit McCall, Jim Coutts et Keith Davey — les principaux conseillers du Premier ministre — conçurent pour lui une campagne dont le protagoniste, avec «l'expression impénétrable d'un mandarin chinois», s'était métamorphosé en un personnage sans façons, incompris, forçant la sympathie. «En acteur consommé», Trudeau jouait son rôle à la perfection.

Pour Ed, en revanche, rien n'allait sans encombre durant tout l'automne 1974. Sans argent dans les caisses, ne disposant que d'un nombre réduit de collaborateurs et soutenu dans son action par bien peu d'éloges, il s'efforçait de conserver au NPD sa cohésion, découvrant chaque jour davantage combien la tâche de dirigeant est exténuante, surtout quand le parti est au creux de la vague. Il était tiraillé de dix côtés à la fois. Jean-Guy Carrier, l'attaché de presse de Lewis, avait conservé ses fonctions et tentait d'amener Ed à se préoccuper davantage du Québec, qui demeurait pour le NPD une *terra incognita*. Mais on sollicitait l'intervention de Ed dans des territoires plus prometteurs, à savoir les provinces de l'Ouest et les Maritimes. À la même époque, on engagea un petit génie de Winnipeg, Michael Decter, pour effectuer des recherches démographiques de base sur la clientèle électorale du NPD. À l'Université de Harvard, Decter avait tiré leçon de l'oeuvre analytique de Patt Caddell, lequel deviendra plus tard l'un des conseillers de Jimmy Carter. Jamais encore le Parti n'avait eu les moyens financiers de procéder à une vaste enquête sur les citoyens qui lui apportaient ses suffrages. On découvrit ainsi que son électorat le plus fidèle se recrutait parmi les personnes âgées, et que leurs habitudes de vote, durables, étaient dues aux lois sur le régime des pensions dont Stanley Knowles avait été le promoteur. Compte tenu de l'importance proportionnelle du troisième âge dans la démographie canadienne, cette catégorie d'électeurs représentait un atout considérable. On découvrit aussi que la classe ouvrière comptait parmi les moins fidèles, et que dans leur grande majorité les travailleurs ne votaient pas NPD. Selon Desmond Morton, entre 1968 et 1974, «le soutien de la classe ouvrière avait chuté de vingt-huit à vingt-deux pour cent, et le mouvement ouvrier était bien près de tourner le dos au Parti». La réalité était loin de reproduire le mythe qui voulait que le NPD fût avant tout celui des syndicats ouvriers.

Songeant aux stratégies les plus fructueuses pour Ed, Decter en vint à se persuader que celui-ci pouvait raccommoder la cassure qui s'était produite entre Lewis et le Waffle. «Les opinions de Ed n'étaient pas très éloignées de celles de Jim Laxer, et il était proche de Lewis. Il avait appelé à Ottawa Jo-Anne McNevin, qui elle-même était un trait d'union entre le Parti et les syndicats en Colombie-Britannique. Il entretenait également d'excellentes relations avec Bill Knight, qui était retourné en Saskatchewan travailler pour le Parti.» Decter voyait très bien Ed regrouper sous son égide une coalition incluant le mouvement féministe, les écologistes, la Saskatchewan... Mais tandis que Decter rêvait de toutes les grandes choses que Ed était capable d'accomplir, ce dernier passait par une rude épreuve. L'optimisme qui d'ordinaire nourrissait son élan était singulièrement bas.

Ed apprit à Noël que son père était atteint d'un cancer. Les premiers symptômes s'étaient manifestés par un mal de gorge. Percy était un fumeur de cigares invétéré, tout comme son fils. Mary Broadbent était «pétrifiée», rapporte Velma. «Elle était plus effondrée que papa, qu'elle aimait toujours énormément.»

«C'est durant la maladie de mon père qu'en un certain sens lui et moi nous sommes sentis le plus proche l'un de l'autre, mais je préfère ne pas en parler», me dit Ed. Pour tout ce qui touche à sa vie privée et à ses affaires de famille, il s'enferme dans un mutisme à toute épreuve, mais il révèle que la perspective de voir mourir son père le bouleversait. Trop de choses n'avaient pas été dites entre les deux hommes et pourtant, bien qu'ils n'eussent jamais été des intimes, ils ressentaient un profond attachement l'un pour l'autre.

Le désespoir dans lequel la maladie de Percy plongeait Mary, Ed l'éprouvait lui aussi, tant il s'était toujours senti proche de sa mère. Elle était pour son fils le plus puissant des stimulants. Mary prenait à coeur le moindre commentaire dirigé contre lui, et à cette époque on lui tirait dessus d'un peu partout. Elle épluchait les journaux, surveillait les nouvelles à la télévision, et ne manquait jamais de l'appeler pour le réconforter sitôt qu'elle sentait qu'il avait encaissé un rude coup. Mais elle ignorait tout de ses véritables difficultés. En tout état de cause, la famille Broadbent ne s'attendait pas le moins du monde à voir Ed se retirer soudain de la course au leadership.

Ce retrait était pourtant dans la logique des choses: la direction de Ed ne donnait pas satisfaction aux néo-démocrates. Ed le savait et il préféra démissionner. À l'intérieur du Parti, les esprits n'étaient pas encore prêts à accepter qu'une ère s'achève pour en ouvrir une nouvelle. Pas prêts à accepter non plus qu'à trente-huit ans Ed Broadbent, qui était bien loin de faire l'objet d'une vénération comparable à celle qui auréolait David Lewis ou Tommy Douglas, puisse se substituer à des personnages sanctifiés par un dévouement à la cause dont l'origine se confondait avec la fondation de la CCF. De plus, même si Ed était député depuis 1968, il n'avait pas grandi dans les rangs du Parti. Il n'avait pas été membre de la CCF, pas plus qu'il n'était l'héritier spirituel des radicaux de la Saskatchewan ou du mouvement ouvrier, comme l'étaient respectivement Tommy et David. La preuve, c'est qu'il s'était aliéné la sympathie des uns comme de l'autre. Il n'était ni orateur passionné, ni intellectuel de renom. Bref, il n'était rien de grand. Et pour comble de malheur il n'avait pas d'alliés puissants pour l'épauler ou tirer les ficelles à sa place.

Tony Penikett, qui aujourd'hui dirige le gouvernement NPD du Yukon — il était alors membre du conseil fédéral du Parti —, exprime par la déclaration qui suit une attitude largement partagée à l'époque. «Je n'ai pas apporté immédiatement mon soutien à Ed, dit-il. Je voulais d'abord savoir si Schreyer souhaitait prendre les rênes. J'attendais que quelqu'un de plus compétent fasse acte de candidature.» Quasiment tout le monde attendait la même chose. Les édiles du Parti prospectaient tout le pays pour pressentir les éventuels candidats à la succession de David Lewis. On fit même des avances à Eric Kierans, un ex-ministre du gouvernement libéral québécois.

Sachant que cette chasse à l'homme providentiel courait bon train, Ed prit sa décision. Au mois de janvier 1975, à l'occasion d'une réunion du conseil fédéral, il annonça à ses collègues qu'il ne briguerait pas la direction du Parti. «Ce fut un choc pour tout le monde, rapporte Penikett. Brusquement, eh bien... voilà qu'on se demandait si on ne ferait pas mieux de le retenir.» Mais le démissionnaire s'en tint à sa décision, encore que Gerry Caplan, en son for intérieur, était quelque peu sceptique quand Ed lui racontait qu'enfin il allait pouvoir rester chez lui, en famille, pour écouter de la musique de Bach.

À l'issue de la réunion, Ed proposa à Penikett et à Wally Firth (député fédéral des Territoires du Nord-Ouest, il était aussi le premier citoyen originaire du grand Nord a être élu aux Communes, c'était Penikett qui avait organisé sa campagne) de monter avec lui dans sa voiture. Penikett se souvient fort bien de la lassitude qu'on pouvait lire ce jour-là sur le visage de Ed. «Il avait d'énormes poches sous les yeux. Il était complètement épuisé. Il m'a demandé de prendre le volant — la réunion avait eu lieu à Montréal et nous devions regagner Ottawa — et pendant le trajet du retour nous avons pour la première fois parlé à coeur ouvert d'une question fondamentale, c'est-à-dire de la difficulté d'expliquer aux autres ce qu'est la social-démocratie quand on vit dans une culture qui la tient pour subversive, dans un environnement nord-américain où il n'existe aucun parti de gauche. Sur ce terrain, Ed était imbattable. Il suffisait que vous émettiez une idée pour qu'il vous réponde. «Gramsci a réfléchi à la question dans les années vingt. Il a écrit un livre là-dessus. Tu devrais le lire.» Ed avait réfléchi lui aussi aux questions fondamentales. Les bases théoriques, il les a acquises.»

Le 16 janvier 1975, lendemain de la réunion de Montréal, la Presse canadienne annonçait que «Ed Broadbent, chef de l'aide parlementaire du Nouveau Parti démocratique, a déclaré hier qu'il ne briguerait pas la direction du Parti... On le considérait comme un favori dans la course au leadership qui s'achèvera en juillet lors du congrès de Winnipeg... Le communiqué diffusé par son bureau précise que M. Broadbent a expliqué sa décision par son désir de passer davantage de temps avec sa famille... À la tête d'un groupe réduit qui devait faire front à une écrasante majorité gouvernementale, M. Broadbent n'aura pas eu la tâche aisée aux Communes. Si son parti a pu maintenir la balance des pouvoirs sous le précédent gouvernement minoritaire, son impact n'aura pas été le même cette fois-ci. Bien que le chef [du NPD] par intérim ait continué à se faire le vigoureux défenseur de diverses réformes économiques, liées en particulier à l'industrie automobile, son action n'aura pas été si percutante et décisive que l'a été celle de M. Lewis, dont le soutien lors des votes [de le Chambre] a souvent été indispensable au précédent gouvernement.»

Le communiqué de presse ne mentionnait pas le fait que le retrait de Ed Broadbent avait été précipité par le peu d'enthousiasme manifesté par le Parti à son égard.

«Je ne me faisais pas d'illusions, raconte Ed. Je n'étais somme toute qu'un jeune élu sans grande influence sur la vie politique. J'en étais pleinement conscient. Venant comme je le faisais dans le sillage des grands du Parti, il ne m'étonnait pas outre mesure de constater que mes collègues ne m'adulaient pas. J'avais pour Tommy et David une grande admiration, mais j'étais un Canadien d'une autre génération. Je savais que ma contribution serait d'une tout autre nature. Leur éloquence était extraordinaire, mais leur rhétorique appartenait à une autre époque. Les plus extrémistes d'entre nous le savaient, mais ils persistaient à attendre un renouveau de la vieille ferveur messianique. Les anciens de la CCF avaient forgé leur doctrine dans les années trente et quarante, et dans les années soixante-dix et quatre-vingt ce genre de tirade oratoire enflammée tombait à plat. Nous étions à l'âge de la télévision. Je sais qu'un chef de parti se doit encore d'émouvoir son auditoire, mais je me rendais compte que la passion, la fièvre de Tommy et de David n'accrochaient pas les gens de ma génération. Pour les plus jeunes comme moi, ils faisaient un peu figure d'ancêtres. Je le dis d'autant plus aisément que dans les premiers temps personne ne m'a davantage exalté que Tommy, et que personne non plus ne m'en a appris davantage que David.»

De quelle façon pensait-il pouvoir faire évoluer les choses? «Je me proposais alors, et je me propose toujours, d'introduire dans le langage, concrètement, ce qui peut clarifier la notion de social-démocratie. Et cela sans plus de rhétorique, enlevant à nos discours ce qu'ils avaient de compassé. Les premiers socio-démocrates avaient un peu le sentiment d'être des sacrifiés, des étrangers qui n'ont pas tout à fait leur place dans le système. Alors que moi, je me sentais parfaitement à l'aise quand j'ai adhéré à un parti qui d'ores et déjà existait. Cela fait une profonde différence. En tant que socio-démocrate je me sens très bien dans ma peau, tout à fait à ma place dans mon pays. Grâce à Tommy et à David, la social-démocratie est devenue aujourd'hui une tradition qui s'est inconsciemment gravée dans la psyché des Canadiens. Je considère que mon rôle est de révéler cela, de le faire apparaître clairement, de le rendre conscient.»

Mais ce message, il n'avait pas trouvé le moyen de le faire entendre. En dehors d'Oshawa — où il n'avait pas eu d'autres choix que celui de rompre avec ses habitudes de conférencier universitaire —, il continuait à se comporter en public comme dans un séminaire de sciences politiques. Au fond de lui-même, il souhaitait sincèrement expliquer l'évolution de la société et démontrer que la social-démocratie mène à un mode de coexistence plus humanitaire. «Je pensais qu'il était important d'exposer les idées dont la justesse est évidente, explique-t-il. J'avais grandi avec George Orwell, Arthur Koestler et Albert Camus, imprégné du concept de l'anti-héros, et je me méfiais de la phraséologie.»

La cascade de mots jaillissant de la plume de ceux qui rédigeaient les discours lui donnait un sentiment de malaise. L'idée qu'il se faisait d'un discours était toute simple: «Voici les arguments à développer, ça, ça et ça. Voilà ce qui est injuste, et voilà ce que nous proposons pour y remédier.» Tout cela formulé, ajoute-t-il, en le dépouillant délibérément de toute rhétorique. «Mais j'ai découvert qu'un leader politique ne peut pas se contenter de dire la vérité. Il faut aussi qu'il amène ceux qui l'écoutent à se sentir directement concernés.» Ed reconnaît avoir été fortement ému par le feu oratoire de Tommy Douglas. «J'en suis venu ainsi à comprendre l'importance des passions en politique, et pourtant je m'en méfiais. Je me méfiais des excès émotifs.» Il était aussi, même s'il n'en avait pas conscience, un pur produit de l'Ontario: un rien de réserve de pruderie quand il s'agissait d'extérioriser ses sentiments, et cela en dépit de son humour volontiers turbulent, bref, l'exemple même de l'anglican élevé dans le respect de la probité, alors qu'il le prendrait certainement très mal si on lui affirmait qu'il recèle en lui toute la crispation rigide de l'Anglo-Saxon rigoriste. «Mais pas du tout!» protesterait-il, persuadé que son exubérance et sa «politique décontractée» se dégagent spontanément de son image publique. Pourtant encore — un autre trait de la tradition politique en Ontario — il a ressenti tout au long de sa carrière une aversion prononcée pour les extrémismes de tous bords. «Toute démarche politique doit se justifier rationnellement et moralement, déclare-t-il. Je pensais qu'il fallait convaincre les gens en faisant appel à leur raison, leur faire raisonnablement comprendre ce qui était souhaitable et possible. Aujourd'hui je sais qu'un leader doit faire bien davantage. Il doit émouvoir. À l'époque, je pensais que faire appel aux sentiments était une erreur. À présent, je ne pense plus la même chose.»

En 1974, c'était son propre parti qu'il ne pouvait émouvoir. Mais la décision qu'il prit de se retirer de la course au leadership n'était nullement un artifice conçu pour attirer sur lui l'attention. À ce propos, il est catégorique. «Certains ont pensé que j'avais bien mijoté mon coup et que j'avais une idée derrière la tête, dit-il. Une des caractéristiques de la vie politique, c'est qu'on prend rarement pour argent comptant les déclarations des politiciens. Mais j'étais absolument sincère. Auparavant, je n'avais pas soupçonné tout ce que signifiait le rôle de chef de parti, et soudain je me retrouvais en selle. C'était pour moi un véritable choc.»

Ce choc tenait davantage encore à l'attitude ambivalente observée par le Parti à son égard. «Ed était blessé de constater que l'état-major ne le soutenait pas, raconte Decter. Profondément meurtri. Au point qu'il en est devenu malade... ou qu'il ait été assez bon stratège... pour se retirer.» Selon Decter, Ed était tout à fait sincère en prenant cette décision. «J'étais pratiquement certain qu'au dernier moment il se présenterait, mais il a refusé de me donner la moindre assurance à ce sujet, si bien que je suis retourné à Winnipeg travailler pour le gouvernement provincial de Schreyer.» Quand plus tard Ed changera d'avis et annoncera sa candidature, Decter sera bien installé dans ses fonctions de conseiller au secrétariat de planification du cabinet Schreyer, apportant son soutien à Rosemary Brown, qui elle aussi briguait la direction du NPD. Selon Kay Macpherson, ce sera la campagne de Brown — lancée sous l'impulsion des féministes bien plus pour faire un coup d'éclat que dans l'espoir réel de prendre le pouvoir — qui plus tard poussera Ed à «prendre le taureau par les cornes» et à prendre en considération les revendications du mouvement féministe.

Soixante jours après qu'il eut rendu publique sa décision de ne pas faire acte de candidature — entre-temps, il avait été littéralement submergé par un déluge de témoignages d'affection émanant des sympathisants du Parti —, Ed était de retour dans la course. Le 27 mars 1975, le *Globe and Mail* annonçait: «Edward Broadbent a reconsidéré sa résolution prise voilà deux mois et a décidé de briguer la direction nationale du Nouveau Parti démocratique... Lors d'une conférence de presse tenue hier, il a déclaré avoir reçu des principaux dirigeants du Parti et des députés appuyant sa candidature l'assurance de pouvoir consacrer davantage de temps à sa vie privée s'il était élu.»

Ce même jour, le *Globe* publiait un article de Geoffrey Stevens intitulé «Le dilemme Broadbent»: «S'il pense pouvoir diriger à l'échelon national le Nouveau Parti démocratique tout en jouissant de ce que les autres considèrent comme étant une vie de famille normale, il se fait des illusions, écrivait Stevens. Supposons que le Parti présente un candidat plein de promesses à One Hill, en Saskatchewan. Supposons encore que le candidat en question ait des chances d'emporter le siège, il est bien évident qu'une visite à point nommé du numéro Un peut grandement contribuer à faire pencher la balance en sa faveur. Le chef refusera-t-il de faire le voyage sous prétexte qu'en fin de semaine il a promis à sa femme de magasiner avec elle?» En conclusion, Stevens avançait qu'entre le retrait de Ed en janvier et son retour en mars dans la compétition, les néo-démocrates l'avaient pressenti, non pas parce qu'il était le moins indésirable au milieu de la chétive moisson des chefs possibles, mais bien plutôt parce que c'était lui, Edward Broadbent, qu'on voulait pour chef. Cette décision plus positive, Stevens l'attribuait au fait que le Parti comprenait de plus en plus clairement que le passé était révolu, et révolu à tout jamais. «Le temps des saints portant la haire et le cilice n'est plus... La page est désormais tournée sur les J.S. Woodsworth, les M.J. Coldwell, les Tommy Douglas et les David Lewis. Dès lors que les néo-démocrates en ont pris conscience, ils ont été en mesure de considérer leurs cadets, et en particulier M. Broadbent, d'un oeil neuf et plus indulgent.»

Cette évolution de l'état d'esprit, Ed l'évoque de façon plus pragmatique. Il s'était entretenu personnellement avec les trois Premiers ministres néo-démocrates de l'Ouest canadien — Allan Blakeney, Ed Schreyer et Dave Barrett — pour savoir s'ils avaient l'intention de se présenter. «Je n'aurais pas posé ma candidature s'ils avaient été partants. Mais ils ne l'étaient pas.» Il avait également été pressenti par les notables du Parti, lesquels n'avaient pas trouvé d'homme fort à mettre sur les rangs. En désespoir de cause, ils s'étaient rabattus sur Ed. «Ils ont su me convaincre», dit-il.

S'il s'attendait à une cérémonie de couronnement, il fut déçu. Le congrès réuni pour choisir un chef de parti «n'eut rien de la flânerie vers la victoire assurée à laquelle on se serait attendu en la circonstance», écrira Norman Snider dans *Toronto Life*. Ed avait pour concurrents Lorne Nystrom; un député fédéral de la Saskatchewan, Rosemary Brown, une député provinciale de Colombie-Britannique, John Harney, un ancien membre des Communes, et un quatrième candidat, marginal, du nom de Douglas Campbell. Les trois postulants masculins furent surpris de constater que c'était la campagne au corps-à-corps menée par Rosemary Brown qui provoquait le plus d'effervescence.

Kay Macpherson était âgée à ce moment de soixante-deux ans. Elle avait adhéré au Parti en 1972, tenté sans succès de se faire élire deux ans plus tard et se déclarait terriblement choquée de constater combien les congrès du Parti étaient dominés par les hommes. «C'étaient les femmes qui se chargeaient de toute l'organisation, et ensuite on ne voyait plus que des hommes sur la tribune.»

Alors qu'à Winnipeg le congrès avait avancé une bonne partie de ses travaux, Hugh Winsor rapportait dans le *Globe and Mail* du 7 juillet 1975 que Ed Broadbent, «le candidat de l'establishment», comme on le surnommait, était soutenu par dix des seize députés aux Communes et par les trois Premiers ministres de l'Ouest. «Maniée par Jo-Anne McNevin, sa campagne a tous les attributs d'une organisation mise au point de main de maître. Sur d'immenses graphiques ont été répertoriés les noms de tous les délégués (1661 au total), et en regard de chaque nom figure celui du candidat ou de la candidate pour qui il votera vraisemblablement. Chacun des quinze responsables d'étage dispose du même répertoire sur un petit carnet, et tandis que discussions et offensives de persuasion se déroulent, l'état des intentions de vote est remis à jour toutes les trois heures [sur le graphique].» L'édifice du congrès est envahi d'affiches Broadbent, de banderoles, de pamphlets, tous conçus par des professionnels, et par un véritable océan de macarons orangés portant la mention «Ed».

La campagne de Rosemary Brown, elle, est davantage un mouvement qu'une organisation, écrivait Winsor. «Il s'agit d'un véhicule de propagation d'un certain nombre de revendications féministes telles que les garderies, le salaire minimal pour la femme au foyer et l'avortement.» Brown se ralliait également ce qu'il restait encore du Waffle et un certain nombre de délégués de l'Ouest qui ne voyaient en Ed «qu'un député ontarien de plus», selon les termes de Vic Schroeder, un avocat mennonite qui plus tard deviendra ministre dans le gouvernement manitobain, occupant le siège de Ed Schreyer. Schroeder raconte que lors de cette élection du chef du parti il se sentait indécis et partagé entre des sentiments contraires. «J'avais l'impression que Ed ne comprenait pas très bien la nécessité d'appliquer une politique ferme en matière de développement régional, dit-il. Je soutenais Rosemary, mais je ne suis pas certain que je l'aurais fait si j'avais pensé qu'elle allait l'emporter.» C'est dire que Rosemary Brown bénéficiait des voix des contestataires de l'Ouest. Stephen Lewis, le chef du NPD de l'Ontario, expliquait autrement le soutien que s'attirait la candidate: «Sa campagne est un mélange de fondamentalisme et de féminisme. Une mixture très efficace.» Desmond Morton voyait en Rosemary Brown «un second Jim Laxer, avec davantage de fougue, moins de réalisations à son actif et une propension à rabâcher les platitudes les plus éculées qui gênaient jusqu'à ses propres partisans». Pourtant, Ed ne formulait pas de jugements dépréciateurs sur la phraséologie socialisante de Brown. «C'était dans sa manière d'être, dit-il. Pas dans la mienne. Mais les propos qu'elle tenait étaient le plus souvent pleins de feu et de passion. Elle m'impressionnait beaucoup. Par la suite, elle m'a énormément aidé à résoudre des problèmes touchant à la condition de la femme. C'est elle qui a fait mon éducation en matière de féminisme.»

Dans cette course au leadership, beaucoup s'accordaient pour penser que Brown était la concurrente qui savait le mieux s'imposer aux congressistes et forcer leur sympathie. D'origine jamaïquaine, elle était pour la faction de gauche du Parti un porte-parole d'une éloquence vibrante. Christina McCall, qui l'avait vue à l'oeuvre lors de débats qui s'étaient déroulés avant le congrès, avait écrit (dans le *Globe* du 7 juin): «Ce qui retenait le plus l'attention, c'étaient les interventions courageuses et très souvent pleines d'éclat de Rosemary Brown, qui se comportait comme si elle se refusait à croire ce qu'avaient dit les sages du Parti depuis qu'elle avait fait acte de candidature à la mi-février, à savoir que face à un député fédéral une candidate de race noire et député provincial de Colombie-Britannique avait trop de choses contre elle pour avoir la moindre chance de l'emporter... Lors de ses discours, elle survole les questions propres au féminisme et insiste sur celles qui relèvent de l'économie; elle a souvent transformé les périodes de questions en triomphe personnel, déployant des facultés intellectuelles de premier plan et faisant preuve d'un profonde compréhension des facteurs humains mis en jeu dans quasiment chacune des questions soulevées.» En comparaison, Harney donnait l'impression d'avoir été dépossédé de sa confiance en lui et de son pouvoir de persuasion par sa défaite électorale de 1974. Lorne Nystrom était jugé trop jeune — il n'avait que vingt-neuf ans — et trop flegmatique. Quant à Ed, lorsqu'il montait à la tribune, «il se montrait tout bonnement pédant, aussi austère que l'était son blazer bleu marine, et plus morne qu'on ne l'est d'ordinaire à trente-neuf ans», écrivait McCall.

Expliquant pourquoi il soutenait la candidature de Ed, Stephen Lewis déclara: «... au cours de l'année qui vient de s'écouler, j'ai pu constater l'immense évolution qui s'est accomplie en lui tandis qu'il dirigeait l'aile parlementaire. En prononçant son allocution d'investiture à la tête du Parti, il a montré qu'il était capable, compte tenu des circonstances, de s'acquitter parfaitement de ses fonctions de chef.» (Cette caution apportée par Lewis sonnait comme un éloge mitigé.) Willy Parasiuk — il deviendra plus tard ministre de la Santé du Manitoba — appuyait Ed de façon beaucoup plus démonstrative. «J'étais pour Broadbent, raconte-t-il. À l'époque où il briguait la direction du Parti, il logeait chez moi et couchait dans la chambre de mon fils. J'aimais beaucoup Ed. De tous, il était le plus ouvert. Il avait continué d'entretenir des relations avec les gens du

Waffle. «Essayons de réconcilier tout le monde.» Telle était son attitude. Il ne voulait exclure personne.»

Kay Macpherson se disait cependant que «pas un seul des trois candidats masculins n'avait grand-chose de neuf à proposer». Elle se souvient encore de l'excitation croissante ressentie par le collectif de Rosemary Brown — dont les membres travaillaient sans obligations hiérarchiques, par libre consentement, en s'efforçant de mettre en pratique les principes féministes dont ils se réclamaient — au fur et à mesure que leur candidat gagnait du terrain. «La routine habituelle de la course au leadership était bouleversée», raconte Kay. Lors des séances plénières, «le langage n'était plus le même, et cela à cause de Rosemary. Personne n'avait osé jusque-là claironner le mot «socialisme», mais du fait que Rosemary ne cessait de l'employer, les autres candidats ne voulaient pas être en reste et se sont mis à en rajouter. Rosemary parlait d'action concrète, de revendications féministes. C'était pour eux un langage neuf, mais peu à peu ils l'ont adopté eux aussi. Nous avons réellement obligé le Parti à ne pas lever le nez des questions que nous soulevions. Les hommes avaient peur de faire figure d'imbéciles. Jamais il ne leur était venu à l'esprit qu'une chose pareille pourrait se produire un jour. Si bien que Rosemary est restée en piste, à notre grand étonnement, pour le dernier tour.»

Bien organisée et financée, l'équipe Broadbent ne s'attendait pas à une telle démonstration de force de la part de Rosemary Brown, et cela d'autant moins qu'elle ne disposait que d'une somme d'argent très réduite: 5454 $, alors que pour sa campagne Ed en avait dépensé 14 500. Mais chacun des dollars de Rosemary fut assurément plus payant, puisqu'au premier tour Ed recueillit 536 voix et Rosemary, 413. Au quatrième et dernier tour de scrutin, Ed l'emporta avec 948 voix contre 648 pour Brown. «Une authentique victoire! jubilait-elle après l'annonce du résultat final. Nous avons tout de même réussi à infléchir le Parti vers la gauche.» Telles furent aussi les conclusions tirées par les commentateurs de la presse. Mais les délégués des syndicats, qu'on s'attendait à voir voter massivement pour Ed, ne lui donnèrent leurs voix que dans une proportion de un sur trois.

Ed fut grandement réconforté par son succès. Le 8 juillet il rendit public le programme d'action qu'il proposait: «Un plan national d'investissement avec déblocage de nouveaux crédits alloués conformément aux priorités définies par le NPD... et effort soutenu pour remporter soixante sièges lors des [prochaines] élections», écrivait Hugh Winsor. Ed aura bien du mal quand il s'agira de tenir cet engagement sur le front électoral, mais pour l'instant l'occasion lui était enfin donnée d'amener le Parti à «dépasser ses limites traditionnelles». Quant au brio avec lequel il s'acquittait en public de son rôle d'acteur politique, Winsor, qui quinze ans plus tôt à Oshawa avait entretenu avec lui des relations amicales, faisait observer avec indulgence: «Bien qu'il ait toujours témoigné de beaucoup de chaleur dans les rapports de personne à personne, M. Broadbent n'apprend que très progressivement à devenir un personnage public... Incapable de puiser en lui l'indignation de commande qui fait souvent le succès d'un homme politique, il se garde timidement de tout soupçon de démagogie...» Geoffrey Stevens prononçait un jugement plus expéditif: «... il ne passionne pratiquement personne, ni dans le Parti, ni en dehors», écrivait-il, tout en considérant que «si Ed Broadbent a été porté à la tête du NPD, c'est qu'il était le plus solide candidat... Il ne lui sera guère facile d'imposer sa direction et son dessein politique à un parti las et affaibli. Il ne suscitera pas l'enthousiasme du peuple canadien. Mais il fera un dirigeant robuste, respectable et responsable. Il servira parfaitement son parti.»

Une déléguée féministe qui soutenait la candidature de Rosemary Brown fait observer pour sa part: «Quand Ed a été élu, la plupart d'entre nous avons vu en lui le leader scrupuleux, sincère, honnête qui ferait avancer pas à pas le Parti et lui garderait sa cohésion en attendant qu'un chef plus percutant ne se lève dans ses rangs. Nous n'avions pas l'impression que le public canadien en viendrait à rejeter un jour ou l'autre des numéros de grand style orchestrés par les médias; et voilà que Ed, avec son absence de charisme, son naturel et son honnêteté, devenait notre chef à une époque où précisément le public recherchait ces deux qualités chez les dirigeants...»

Le 9 juillet 1975, Ed pénétrait pour la première fois dans la Chambre des communes en qualité de chef de parti nouvellement élu. Le Premier ministre Pierre Elliott Trudeau lui offrit selon l'usage ses bons voeux de succès (mais pas trop, cependant) et Robert Stanfield, que minaient les dissensions du Parti conservateur, à la tête duquel il sera bientôt remplacé par Joe Clark, fit crouler l'assemblée sous les applaudissements quand il souhaita à Ed de trouver «auprès de ses députés la même loyauté et le même soutien dont j'ai toujours joui moi-même». Sarcasme prophétique, car cinq années plus tard le projet de réforme de la Constitution déchirera le NPD, et Ed, politiquement parlant, sera quasiment un homme mort.

Mais la législature 74-79 fut une période relativement paisible pour les néo-démocrates, ce qui aida grandement Ed à tirer profit de l'enseignement de ses conseillers et de prendre le Parti en main. Il gagnait la Colline à bicyclette — du condominium Sandy Hill, où il habitait, jusqu'aux Communes, le trajet durait huit minutes — et il s'efforçait de mettre de l'ordre dans les affaires du Parti. «Il savait qu'il ne pourrait faire ce que Douglas et Lewis avaient réussi: conserver au Parti sa cohésion par la seule force de leur personnalité, écrivait Charlotte Gray dans *Saturday Night*. Il fallait qu'il lui donne une structure.» Terry Grier, qui avait été nommé chef du comité de planification électorale en 1976, déclara alors à la journaliste que «l'une des contributions les plus significatives» de Ed tenait à sa volonté bien arrêtée de «procéder point par point, de façon méthodique».

Ed fit ses adieux à sa secrétaire particulière, May Gretton, qui lui avait été d'un grand secours durant les premières années qu'il avait passées sur la Colline. À présent retraitée, May voyage en compagnie de son mari. Elle fut remplacée par Anne Carroll, que les employés du Parti jugeaient «outrageusement dévouée» à son patron. Carroll ne se cache pas de ce dévouement extrême. «Le travail me passionne, raconte-t-elle. Alors on s'y donne corps et âme, on travaille, on travaille jusqu'à n'en plus pouvoir. Et c'est ce qui me réussit le mieux, c'est comme ça que je me sens bien dans ma peau.» Fille d'un employé des chemins de fer qui votait conservateur, Anne Carroll ne savait rien du programme NPD avant de faire du travail de sondage pour le Parti au début des années soixante-dix. À l'époque où elle commença à travailler dans le bureau de Ed, elle manquait totalement d'expérience professionnelle. Mais elle s'y mit très vite. «Notre rôle est d'épauler Ed, dit-elle, et ce n'est pas avec des compliments qu'on peut y réussir, mais en faisant de notre mieux pour que tout tourne rond. Lui arrondir les angles, c'est tout ce qu'il demande. Du calme et de l'efficacité. Il faut que son équipe soit homogène. Pas question de nous chamailler devant Ed.» Voilà maintenant une dizaine d'années que Anne Carroll travaille à ses côtés, et, devenue son assistante exécutive, elle exerce aujourd'hui une influence considérable dans le bureau du chef du Parti. «Le dragon qui garde sa porte», dit d'elle un ancien membre de l'entourage de Ed, qui ne la porte pas dans son coeur. De fait, elle est le cerbère veillant jalousement à la sérénité d'esprit de son patron, et malheur à vous si elle vous prend en grippe. (Lorsque George Nakitsas, le directeur de recherche du Parti, fut nommé chef de cabinet de Ed, la première réaction de Anne Carroll fut de proclamer: «Jamais, pour rien au monde!» et Ed dut user de toute sa diplomatie pour la contraindre à faire bon ménage avec George.)

Aux Communes, Ed continuait de faire une confiance totale à

Stanley Knowles. «Il traitait Stanley avec un immense respect», raconte Weppler. C'était Stanley qui le conseillait en matière de tactiques de procédure et le guidait dans le dédale des règlements parlementaires, que nul sur la Colline ne connaissait mieux que le vieux député. En 1977, quand la télévision fit son entrée aux Communes, la Chambre devint un forum de plus grande importance encore, à partir duquel le NPD pouvait transmettre ses messages au pays. «La notoriété nationale de Broadbent, véritable tigre dans les débats, a commencé à prendre de la consistance à dater du jour où les Canadiens ont pu être les témoins directs des confrontations parlementaires, faisait observer Norman Snider dans *Toronto Life*. La télévision se complaît dans le dramatique, et le spectacle de Broadbent se battant comme un diable est peu à peu devenu un morceau de choix dans les nouvelles nationales.» Mais que d'efforts dans les coulisses — et que de persuasion déployée avant que Ed ne reconnaisse la nécessité de faire appel à des conseillers médiatiques de talent — pour en arriver là.

Il lui fallut un certain temps pour s'adapter à son rôle. Il parlait de ce qui lui tenait à coeur: les questions économiques, la stratégie industrielle, la politique de plein emploi, la réforme fiscale. Tandis que Trudeau s'acharnait à faire aboutir son dessein le plus précieux, le rapatriement de la Constitution, Ed répétait inlassablement qu'il était urgent de rapatrier l'économie. Le 12 juillet 1975, il exposa le plan de redressement dont il faisait son enfant chéri: «Il faut que nous reprenions le contrôle de notre économie, et pour cela nous devons commencer par récupérer nos richesses naturelles. Si nous considérons ce secteur comme primordial, c'est parce que nous pourrons dans un second temps développer au Canada des industries secondaires de transformation.» Il dénonçait la concentration de la puissance entre les mains des grandes entreprises, et par ailleurs tirait la leçon de la réduction très sensible du soutien des syndicats officiels, laquelle s'était manifestée de façon évidente lors du congrès de leadership.

Dennis McDermott, le directeur canadien de l'Union des travailleurs de l'automobile, continuait de garder ses distances par rapport à Ed, et celui-ci n'en ignorait rien. «Dennis ne s'était jamais senti à l'aise avec les universitaires, raconte Ed. «Tous des grosses têtes pleines de vent», aurait-il dit.» Au cours de l'automne 76, McDermott claironnait que les syndicats envisageaient sérieusement de rompre leurs attaches avec le NPD. Courtisé par le gouvernement libéral, il fut invité à se joindre à la délégation du Premier ministre Trudeau, lequel se rendait en visite officielle à Washington pour s'y entretenir avec le président Carter. Inutile d'ajouter que Ed n'aurait pu lui offrir un tel voyage. Mais l'idylle amorcée entre libéraux et syndicats ne fut guère durable, car au milieu du mois d'octobre Trudeau sortit de sa manche le programme de contrôle des salaires et des prix qu'il avait tant dénoncé à l'époque où Robert Stanfield s'en était fait l'avocat lors de la précédente campagne électorale.

Ed passa lui aussi à l'attaque. Ces mesures de blocage étaient injustes, proclama-t-il, car s'il était facile de faire plafonner les salaires de façon inéquitable, les prix et les profits, eux, «échapperaient à tout contrôle du législateur». Les syndicats s'empressèrent d'emboîter le pas tandis que Ed accusait les libéraux de «renier leurs engagements moraux», et les grandes compagnies d'accumuler des profits sans cesse accrus sur le dos des consommateurs dont le pouvoir d'achat s'étiolait. Son argumentation eut un impact d'autant plus grand auprès du public qu'il rappelait que les bénéfices des banques augmentaient massivement en dépit de l'inflation galopante, et qu'il exigeait du gouvernement une intervention afin que ces bénéfices excédentaires soient utilisés pour créer des emplois. Le chômage allait bientôt frapper douze pour cent de la population active — c'est-à-dire plus d'un million de personnes — et en 1981 les taux d'intérêt étaient si élevés, déclara Ed devant une assemblée réunie le jour de la fête du Travail, que son propre frère craignait de perdre sa maison faute de pouvoir la payer. David Broadbent était marié et père de deux enfants; il travaillait depuis dix ans pour General Motors, et son salaire annuel était de 20 000 $. Il allait bientôt se trouver dans l'obligation de renouveler son hypothèque, et le taux d'intérêt risquait de passer de neuf et trois quarts pour cent à vingt-deux pour cent. «Je ne sais absolument pas comment je vais m'en tirer», déclarait David.

Gestion déplorable de l'économie par les libéraux, inefficacité des tories, telle était la toile de fond devant laquelle Ed avait été porté à la tête de son parti. Il avait vu comment les libéraux s'empressaient de réagir aux politiques proposées par le NPD, s'ils se sentaient acculés au mur. «Superprofits réinvestis pour créer des emplois, propose le Premier ministre». Tel était le gros titre qui s'étalait à la première page du *Toronto Star* le 8 février 1979. Quatre mois auparavant, «Réinvestir les superprofits» était un leitmotiv qui revenait dans tous les discours de Broadbent. Trudeau s'en était emparé après qu'on eut annoncé que les bénéfices des compagnies avaient augmenté de vingt et un pour cent au cours des neuf premiers mois de l'année 1978, alors que durant la même période l'augmentation des salaires n'avait été que de 6,2 p. 100. Trudeau n'en avait pas moins tenté de déconsidérer Broadbent en déclarant: «Je sais que les membres du NPD ne sont pas particulièrement ravis de savoir que le secteur privé réalise des bénéfices.» Une fois de plus, Trudeau essayait de tirer avantage de la situation. «J'irai jusqu'à dire que c'est en grande partie à l'action du gouvernement que sont dus ces bénéfices.» Mais le monde des affaires lui-même se refusait à tolérer l'arrogance déplacée du Premier ministre. En septembre 1976, un sondage Gallup révéla que la cote de popularité des libéraux était tombée à vingt-neuf pour cent, chiffre le plus bas que leur parti eût enregistré depuis plus de trente ans. Sous la direction de Joe Clark — élu chef des tories en février —, les conservateurs frisaient les cinquante pour cent, tandis que les néo-démocrates venaient toujours loin derrière, avec moins de vingt pour cent.

Contre vents et marées, Ed parcourait en tous sens le pays. L'examen de coupures de presse couvrant une période de un mois nous donne une idée de la fréquence de ses déplacements à cette époque: «Broadbent va se rendre à Terre-Neuve et en Nouvelle-Écosse pour s'informer sur place de la situation...» «Le chef du NPD veut aller en Colombie-Britannique pour constater par lui-même l'ampleur du chômage à Nanaimo, Powel River et Vancouver...» «Broadbent à Windsor et dans le sud de l'Ontario...» «Le leader du NPD à Québec.» Ses voyages au Québec l'épuisaient, car il faisait d'énormes d'efforts pour s'exprimer en français, mais ils étaient indispensables.

Cette province prenait l'ampleur d'une véritable obsession pour Trudeau et une bonne partie de la classe politique d'Ottawa. Le 15 novembre 1976, René Lévesque conduisait à la victoire le Parti québécois, constitué huit ans auparavant. «Nous avons soixante et onze sièges, les libéraux exactement le même nombre, écrivait Lévesque dans ses mémoires. Plus qu'une vague, c'est un raz-de-marée qui déferle de partout, jusque sur cette foule euphorique, d'adultes riant les larmes aux yeux, d'enfants juchés sur leurs épaules[...] le fleur de lisé qui ondule triomphe au-dessus de la marée, [...] cela fait plutôt penser à un très pur et chaud premier jour, ce «début d'un temps nouveau» que nous chantions sans oser y croire.»

Tandis que les Québécois en délire sautaient de joie, le Premier ministre du Canada tirait des plans. Une fois de plus, notait Keith Davey, Trudeau faisait figure «d'homme de la situation». Le lendemain de la victoire du Parti québécois, Davey déclarait: «Je sais que cela semblera stupide, anti-canadien félon et tout ce qu'on voudra, mais la victoire du Parti québécois représente ce qu'il pouvait arriver de mieux au Parti libéral national.» Mais cette victoire effrayait Davey. «Je savais d'instinct que l'écrasante majorité des canadiens anglophones étaient bien résolus à maintenir coûte que coûte le Québec dans la fédération canadienne. Cela signifiait inévitablement qu'une fois de plus il fallait se ranger sous la bannière de Pierre Elliott Trudeau. Et c'est exactement ce qui s'est produit.»

Pour Ed, tout cela n'augurait rien de bon. Il avait vu Trudeau confisquer à son profit l'esprit des années soixante et prendre le train en marche pour se saisir de ses commandes. À présent, huit ans plus tard, Trudeau apparaissait de nouveau comme l'homme providentiel. Les Canadiens anglais comptaient sur lui pour mener les francophones à la baguette. Sur leur écran de télévision, Ed et sa femme voyaient les Québécois célébrer leur victoire dans la liesse, et Lucille n'en comprenait que trop bien l'orgueil ressenti par ses compatriotes francophones.

Mais Ed était étreint par un autre sentiment, d'une profonde tristesse, car le mois précédent Percy (Ginger) Broadbent s'était éteint, victime d'un cancer, à l'Hôpital général d'Oshawa.

Dix années plus tard, alors qu'un jour Ed aidera sa fille à ramasser le contenu d'un tiroir qu'elle venait de faire tomber sur le plancher, il retrouvera un paquet de lettres. «La correspondance échangée avec mon père du temps qu'il se mourait. C'était une réconciliation. Deux jours avant sa mort, il m'écrivait pour me dire qu'il souhaitait qu'on lui retire l'appareillage qui le maintenait artificiellement en vie. Dans un mot que je lui envoyais, je lui disais combien je l'admirais pour avoir réussi à cesser de boire. Combien j'admirais l'immense courage qu'il lui avait fallu pour cela. Jamais je ne le lui avais encore dit. Jamais. Jamais non plus je ne lui avais manifesté le moindre témoignage d'admiration.» Le jour où Ed me confia cet épisode douloureux de son existence, dans son bureau sur la Colline, je le vis se renverser en arrière sur le sofa, s'enfouissant la tête entre les mains. «Il faut parfois que les êtres meurent, me dit-il, pour que ces sentiments-là s'extériorisent.»

Au cours de l'automne 1976, les vents de la politique commencèrent à tourner en sa faveur. Soudain la presse l'encensait, principalement parce que l'éclat de ses adversaires commençait à se ternir. Les relations de Pierre Trudeau avec les médias fraîchissaient et Joe Clark n'arrivait pas à imposer une image de lui qui accroche. La presse est parfois cruelle: le 24 avril 1976, un éditorialiste du *Globe and Mail* relatait que peu après l'annonce de la nomination de Joseph Clark à la tête des tories, deux membres du NPD qui assistaient au congrès conservateur étaient venus le trouver pour résumer d'une formule le verdict prononcé par le socialisme canadien sur le nouveau chef de l'opposition. «Joe Clark, ont-ils dit à l'unisson, est le seul homme au Canada auprès de qui Ed Broadbent passera pour un champion.»

Le chroniqueur du *Globe* exprimait sur ce point son désaccord avec les deux représentants du NPD et avançait une liste de noms — parmi lesquels figuraient ceux de divers ministres libéraux comme André Ouellet, Marc Lalonde, Jean Chrétien, et jusqu'à Soi-Même, Pierre Elliott Trudeau — qui selon lui pouvaient eux aussi «faire passer l'éternel laissé-pour-compte, l'Honnête Ed Broadbent, capable d'envoyer au tapis ses adversaires, sinon de les mettre K.-O. d'un seul coup de poing.» L'événement le plus notable tenait à l'attitude observée par Ed lors de «l'affaire des juges», comme on l'appela à l'époque, dans laquelle le *Globe and Mail* s'était procuré le courrier échangé entre le juge Mackay et le ministre de la Justice Ron Basford. «Dans une lettre, M. le juge Mackay affirmait avoir eu connaissance de deux cas où des ministres avaient tenté d'exercer des pressions sur des juges à propos d'affaires relevant de la Cour, et que dans un cas c'était le secrétaire principal de M. Trudeau [Marc Lalonde] qui était intervenu.» Prenant la tête de l'offensive lancée contre le gouvernement «dans cette affaire qui ternit l'image de notre magistrature et de nos hommes politiques, écrivait le journaliste, l'Honnête Ed est devenu l'authentique chef de l'opposition...»

Alors que durant des années on avait décrit Ed sous les traits d'un politicien terne et ennuyeux, à présent on le congratulait. Sous le titre: «Broadbent: Socialisme et bonne humeur», John King brossait dans le *Globe* du 13 septembre 1976 un portrait de Ed on ne peut plus flatteur. «Edward Broadbent, écrivait-il, se plaît dans son rôle de politicien. Tandis que la semaine passée à Oakville les ouvriers d'une usine de construction automobile l'acclamaient et le saluaient du geste au passage, son visage rayonnait, sa main n'en finissait plus de se tendre et tout le monde l'arrêtait pour lui dire quelques mots. Quand une association de comté du Nouveau Parti démocratique l'invite à prendre part à un débat à huis clos, il est dans son élément. Et quand encore, s'en tenant à son calendrier politique, il a dû revêtir une combinaison de peintre pour participer à un «événement médiatique» à Hamilton, il s'est révélé aussi bon acteur comique que n'importe quel autre politicien.»

Mais King rappelle ensuite qu'avant tout Ed s'acquittait d'une mission des plus sérieuses et qu'il était un «socialiste convaincu» dont la préoccupation première consistait à construire le NPD. «Responsable du troisième grand parti national, il ne ménage pas sa peine...» Ed déclara à King qu'il «se méfiait d'instinct» de ceux qui rêvent d'être un jour Premier ministre, tout en reconnaissant avoir rêvé de «voir le NPD en former un gouvernement national au Canada». Et d'ajouter qu'il espérait bien que cette venue au pouvoir se produirait pendant qu'il serait à la tête du Parti.

Il vivait dans un état de grâce qui sera brutalement rompu au début des années quatre-vingt. Mais pour l'instant sa qualité de chef du Nouveau Parti démocratique lui conférait un flamboyant prestige. Il fut reconfirmé en 1977 dans ses fonctions de dirigeant à Winnipeg, lors d'un nouveau congrès où, comme le notait John Honderich dans le *Star* de Toronto, «flottait le doux parfum de l'unité retrouvée». Ed avait en effet rétabli l'harmonie. Les factions insurgées étaient rentrées dans le rang, et l'aile gauche du Parti semblait satisfaite elle aussi. Jim Laxer faisait acte de présence, apparemment content de son sort lui aussi, et Rosemary Brown confia à Honderich que c'était à Ed qu'elle attribuait tout le mérite d'avoir «apaisé toutes les dissidences». Ed prononça une vibrante allocution de dix minutes, sur le thème de l'unité nationale, qui surprit les délégués, lesquels se mirent tous debout pour applaudir frénétiquement l'orateur. «C'est la première fois qu'on avait l'impression en l'écoutant qu'il surpassait David Lewis», affirma un délégué à Honderich, lequel se demanda pourtant si le public canadien daignerait lui prêter l'oreille.

«Deux années se sont écoulées depuis que Broadbent tient la barre, écrivait le journaliste, et le NPD occupe toujours la troisième place selon un sondage Gallup avec dix-sept à dix-neuf pour cent des intentions de vote. Le même sondage révèle que plus de la moitié des votants — cinquante-sept pour cent, très exactement — déclarent ne pas savoir si Broadbent représente ou non un atout majeur pour son Parti. Vingt-sept pour cent pensent que oui. C'est pourtant cet homme qui a gagné la bataille livrée par les chefs de l'opposition à la Chambre des communes lors du débat sur les activités récentes de la Gendarmerie Royale du Canada. Et cet homme aussi qui a détourné vers lui l'année dernière, au moment de «l'affaire des juges», les projecteurs qui jusque-là étaient braqués sur Joe Clark, le leader de l'opposition...» Non seulement on considérait désormais que Ed faisait excellente impression en public et qu'il s'était imposé à la Chambre des communes, mais aussi qu'il avait infléchi la ligne de son Parti. «Le NPD ne parle plus de nationaliser séance tenante les banques, les compagnies pétrolières et les ressources naturelles, écrivait Honderich. Les résolutions politiques adoptées en fin de semaine par le congrès — projet de nationalisation d'une compagnie pétrolière, réforme du système fiscal, taxation des superprofits des firmes pétrolières, nationalisation du Canadien Pacifique — pourraient fort bien nous être proposées par l'aile gauche du Parti libéral.» Ces résolutions résument parfaitement ce que la situation du NPD avait de critique, le grand coup de dés que voulait tenter Ed: transformer le parti en une organisation social-démocrate briguant la direction du pays sans pour autant abdiquer ses principes socialistes.

Murray Weppler, chef de cabinet et Peter O'Malley, l'attaché de presse de Ed, travaillaient ferme pour faire de ce dernier une figure médiatique. «Notre objectif était de lui construire une image et de l'imposer, raconte O'Malley. Nous sautions à pieds joints sur tout ce qui pouvait nous aider à en venir à nos fins et nous lui avons inventé un style de communication politique sur mesures. Nous imaginions par exemple David Lewis prononçant autrefois une allocution traitant du problème des pièces détachées dans l'industrie automobile et le communiqué de presse qui suivrait, et nous nous efforcions de penser aux éléments visuels qui pourraient ajouter de l'impact à ses déclarations à l'époque de la télévision. Il nous semblait que le plus efficace serait d'emmener Ed sur une chaîne de montage, où il aurait discuté avec les ouvriers — il est très doué pour ça — et de le faire parler ensuite du problème à l'intérieur de l'usine, devant les caméras.»

Au contact de Weppler, Ed apprit à s'exprimer avec des phrases plus brèves. Alors que Robin Sears s'efforçait d'édulcorer son discours, Weppler s'appliquait au contraire à le rendre plus percutant. O'Malley fit prendre conscience à Ed du pouvoir des images. Et pour appuyer ses dires il cite cet exemple: Ed avait gardé l'habitude de se rendre à bicyclette sur la Colline. O'Malley le fit photograpier «sur le vif», pédalant devant le Parlement, sa mallette attachée derrière la selle. Ce document représentait Ed «tel qu'il était dans la vie». L'impact de cette photo fut énorme, car elle fut expédiée partout par les services de presse et reproduite par les journaux à travers tout le pays.

«Tout ce dont je me souciais, explique encore O'Malley, c'était de tirer en quinze secondes la quintessence de nos messages.» Il constata que Ed apprenait vite la leçon. «Placez-le dans un décor approprié et il joue admirablement son rôle. Sans dérailler.» Selon les dires de O'Malley, Ed devint ici «un grand artiste. Un acteur de classe internationale.»

Comment s'y était-il pris pour arriver à ce résultat en si peu d'années? D'abord il avait cessé de refuser qu'on le maquille discrètement pour escamoter les cernes de ses yeux. Ensuite, il avait appris à s'exprimer de façon très concise, accordant son discours au format des clips. Ses messages, toujours mesurés, avaient acquis le pouvoir de conviction requis, son style s'était fait remarquablement persuasif, au point qu'en 1980 — et c'est bien là le plus étonnant — les sondages révéleront que de tous les leaders politiques c'est lui qui viendra en tête pour ce qui est de la cote de popularité. Les choses n'auront pas changé en 1988.

Dans un article de *Saturday Night* publié en 1978 sous le titre «Ed Broadbent sur sa lancée», Sandra Gwyn attaquait ainsi: «Les socialistes canadiens ne sont que trop nombreux à considérer que prendre un peu de bon temps est un horrible crime.» La journaliste prêtait ce propos à Ed, qui le jour de leur entrevue portait une tenue de safari et arborait au revers un macaron sur lequel on pouvait lire *Save Energy, Boogie in the Dark* (Économisez l'énergie, dansez à la noirceur). Alors qu'elle tournoyait avec lui sur la piste du club Loreley pendant le festival multiculturel qui se déroulait à Oshawa, Gwyn put constater que Ed était excellent danseur, aimait rire, pouvait imiter très convenablement Johnnie Ray interprétant *Cry*, adorait Liv Ullmann et Margaret Laurence, et «ne goûtait pas du tout la fin de *An Unmarried Woman*».

«Je suis déroutée», écrivait Gwyn. Elle n'était pas la seule. La plupart des gens étaient tout aussi étonnés qu'elle de découvrir les deux versants de la personnalité de Ed. Il n'était pas de ceux qui au premier abord vous font une impression époustouflante. «Le Broadbent qui peu à peu prenait forme dans mon carnet de notes, poursuivait Gwyn, ne cadrait pas du tout avec l'image de Broadbent qui était la mienne au départ. À Ottawa, il était posé, alors qu'ici, sur son sol natal, c'est un homme détendu, liant, et on découvre dans sa personnalité des facettes insoupçonnées.» Des facettes insoupçonnées: autrement dit un être tout aussi capable d'excentricités que de sentiments profonds. «Broadbent, dois-je dire, aime foncer sur la 401 à quarante kilomètres au-dessus de la vitesse maximum autorisée à bord de son coupé Monza huit cylindres, quatre vitesses au plancher, un cigare planté entre les dents, tel Jean-Louis Trintignant dans *Un Homme et une femme*. Je devais découvrir aussi que parmi les hommes politiques que j'ai approchés il est celui dont la vie de couple est la plus radieuse.» À cet égard, rien n'a changé en 1988: Ed et Lucille ont traversé sans coup férir les campagnes électorales, les efforts que coûte l'éducation des enfants, les séparations, et de toute évidence ils s'aiment toujours autant.

Gwyn relevait encore, avec un sentiment d'approbation manifeste, que Lucille «n'aime guère bavarder à perte de vue sur
«l'importance d'exprimer sa propre authenticité», ce qui n'était peut-
être qu'une pierre lancée dans le jardin de Margaret Trudeau et de
sa quête d'identité. «Pas plus qu'elle n'émet la prétention d'être
«cinquante pour cent de l'équipe», ajoute-t-elle, visant sans doute par
cette seconde flèche Maureen McTeer, qui affirmait prendre une
part active à la vie politique de son mari, Joe Clark.

Pourtant, ce qui semble avoir le plus étonné Gwyn, c'est d'avoir
vu en Ed un être humain qu'elle pouvait identifier à sa génération à
elle, un Canadien issu des classes moyennes qui était bien plus
qu'un personnage politique. C'est à peu près à cette époque que naquit cette rengaine qui s'est attachée à la carrière de Ed: «C'est pour
toi que je voudrais voter. Si tu étais tory ou libéral, tu serais Premier
ministre.»

Sa popularité croissante était le fruit d'un travail assidu, de sa
faculté d'évolution, de la collaboration d'une équipe bien rodée et
d'une stratégie médiatique bien pensée. Mais l'intensité des efforts
déployés — comparé aux autres partis, le NPD ne disposait que de
très peu de troupes et de fonds — risquait aussi de provoquer des
burn-out. Robin Sears a gardé un vif souvenir de l'incroyable fébri-
lité des années 1977-1980, durant lesquelles il mit au point et dirigea
coup sur coup deux campagnes électorales menées tambour battant.
«Un effroyable casse-tête qui nous pressurait jusqu'à la moelle», dit-
il. Il voyageait alors à travers tout le pays avec une telle fréquence
que ses relations avec Robin Harris — ils n'étaient pas encore mariés — se rompirent. (Ils ne renouèrent que plus tard.) Il était stupéfait des réactions de son chef à ce déferlement incessant de pressions. Car Ed semblait ravi de mener ce train d'enfer. «Croyez-le ou
non, raconte Sears, le meilleur moment pour Ed, il vous le dirait
lui-même, c'est quand il mène une campagne électorale. On dirait
une vedette du rock ravie de faire une tournée. Il nourrissait invariablement de grandes espérances et gardait le moral, et de ce point
de vue rien n'a changé.»

Il ne fallait pas grand-chose pour que Ed déploie toute sa combativité. Aux élections partielles d'octobre 1978, quinze sièges étaient
en jeu. Les tories en raflèrent dix, alors que les libéraux en perdirent cinq. Le Parti libéral n'emporta que deux sièges, le NPD deux
également, et le Crédit social, un. Les libéraux faisaient triste mine,
mais Ed exultait. À Toronto, son Parti avait gagné un siège avec
Bob Rae, un jeune avocat pugnace qui naguère avait été boursier de
la Fondation Rhodes, et à Terre-Neuve, dans un fief conservateur, le

candidat néo-démocrate, Fonse Faour, lui aussi avocat, avait remporté une fulgurante victoire. C'était la première fois que le NPD obtenait un siège dans cette province.

Le moral des troupes restait tout aussi conquérant lors des élections de 1979, durant lesquelles, raconte Murray Weppler «nous avons fondé notre campagne sur ce qui faisait la force principale de Ed: l'honnêteté. Les hommes politiques auraient vendu leur âme pour qu'on leur reconnaisse cette qualité. Nous voulions le mettre en avant, car chez lui la chaleur et la sincérité sont des traits dominants. Il est ouvert, n'importe qui peut l'approcher et se sentir à l'aise près de lui, et il exerce un charme irrésistible. Cela tient à sa taille, à l'impression de solidité qui se dégage de lui et à son visage avenant. Je me souviens d'un jour où nous sommes allés ensemble à l'usine Houdaille [une fabrique de pare-chocs d'Oshawa]. J'étais stupéfait de son savoir-faire. Il n'adressait la parole qu'à ceux qui souhaitaient échanger quelques mots avec lui et il ne tendait pas non plus la main systématiquement à tout le monde. Nous avons réussi à lui faire comprendre que c'était là un de ses principaux atouts politiques... sa chaleur, sa sensibilité, la faculté de sentir qu'à certains moments mieux vaut ne pas empiéter sur le territoire des autres. Mais il était toujours aussi mauvais orateur et c'était son point faible. Il n'arrivait pas à faire passer ses émotions devant une assemblée, alors qu'il savait remarquablement le faire dans les conversations de personne à personne.» Mike Breaugh, député provincial d'Oshawa, ne croyait pas pour sa part que Ed était réellement handicapé par ses piètres talents de tribun. «C'est la télévision qui a fait Ed Broadbent, dit Breaugh. Si la politique avait été ce qu'elle était jadis, alors là, oui, la question ne se serait même pas posée. Ed n'aurait jamais avancé d'un pas. Mais la télévision est un moyen de communication intimiste, et c'est là que Ed excelle... dans les échanges de propos en tête-à-tête, les contacts personnels. Les gens ont envie de se sentir proches de leurs hommes politiques, de les voir de plus près pour savoir qui ils sont. Sur le petit écran, on perçoit la personnalité de Ed.»

Grâce à la loi sur les dépenses électorales, pour la première fois le NPD fut à même de récolter des fonds, et l'image publique de Ed s'en trouva du même coup consolidée. Lors de l'élection de 1979, le Parti put dépenser plus d'un million de dollars en publicité (les conservateurs y consacrèrent deux millions et demi de dollars, et les libéraux un million huit cent mille). L'accent fut mis en priorité sur des messages publicitaires de trente secondes destinés à la télévision et Ed, sur le conseil insistant d'un publicitaire de renom engagé à prix d'or, devint une vedette du petit écran, au grand dam des puristes du Parti qui avaient espéré que le NPD resterait fidèle à sa tradition — c'est-à-dire à l'explication aux électeurs de la ligne politique définie — plutôt que de promouvoir à grand spectacle les charmes de son séduisant leader.

En quête d'une agence de publicité qui mènerait rondement l'affaire, Sears visionna «plus d'affreux commerciaux» qu'il ne pouvait en digérer, et il finit par arrêter son choix sur Lawrence Wolf, un astucieux Américain venu s'installer au Canada en 1970. De haute taille, le crâne déjà dégarni, pétillant d'humour, Wolf pasait pour un conseil en publicité de grand talent, mais «à part», du fait qu'il n'était attaché à aucun des réseaux canadiens à l'intérieur desquels il opère aujourd'hui. Il ne partageait pas non plus le conformisme et les préventions de ses homologues canadiens en matière de publicité politique. Comme son nouveau client, Wolf se lança dans l'aventure avec enthousiasme. (Mais à la différence de Broadbent, cette aventure lui rapportera une petite fortune.) Larry Wolf sonda attentivement Ed, dîna en sa compagnie à quelques bonnes tables, discuta politique avec lui et s'attela à l'élaboration d'une campagne en tous points digne d'éloges à l'effet de magnifier l'image d'un homme qui de jour en jour devenait à ses yeux le plus intéressant des candidats au leadership du Canada.

«De tous les publicitaires que nous avons employés, raconte Sears, Larry Wolf a été le premier à garder du recul, à observer la réserve professionnelle requise. Nos idées politiques n'emportaient pas sa conviction, mais je ne voulais pas d'un fidèle inconditionnel qui n'aurait fait que rabâcher les truismes qui guidaient notre action. Je voulais le conseil d'un professionnel qui restait hors du coup. Il en a donc été ainsi, mais au prix de bien des mécontentements dans nos rangs.»

Wolf jaugea la situation et annonça sans détours à Sears comment il voyait les choses: «Votre meilleure façade, c'est Ed Broadbent. Toute la campagne doit être axée sur lui.» Wolf s'était fait un nom dans la publicité en lançant sur un marché dominé par les firmes géantes des produits neufs ou «minoritaires». Il qualifiait sa stratégie de «positionnement ciblé». Sa première démarche consistait à identifier un créneau potentiel, puis à occuper ce créneau et à élargir l'aire d'expansion du produit dont la promotion lui était confiée. Il se proposa de faire de même avec les néo-démocrates et mit l'accent sur le fait qu'à ses yeux la première étape à franchir consistait à faire de Ed Broadbent un personnage national familier. Sears fut d'accord, mais plus tard on lui reprochera vivement d'avoir mené la campagne en adoptant les mêmes méthodes de personnalisation que les libéraux et les conservateurs.

Wolf conseilla d'abord à Ed de se faire couper les cheveux, et de renouveler sa garde-robe pour ne plus porter que d'élégants costumes sur mesure à six cents dollars. «C'était tout simple de l'amener à porter des costumes de luxe, raconte Wolf en riant. Ed aime les belles choses. C'est un gastronome et un amateur de bons vins. Je me souviens d'un jour où nous étions attablés au Gavroche [un restaurant français] et où il a découvert qu'il pouvait déboutonner les petits boutons qui ornaient le bas des manches de sa veste de costume, ce qui n'est pas le cas avec les costumes de confection. Il trouvait cela extraordinaire. Nous bavardions énormément. Il fallait absolument que je comprenne comment il raisonnait. Avec quelqu'un comme lui, la matière ne faisait pas défaut. Il a mille choses à dire. Un soir que nous mangions ensemble, nous avons discuté pendant trois heures sur le déclin de la Grande-Bretagne. Il soutenait que les syndicats n'y étaient absolument pour rien. Une autre fois, au Winston, Johnny Arena [le patron] nous a offert une authentique fine Napoléon — c'était la première fois que j'en buvais — que nous avons bue religieusement en fumant un Davidoff.» Wolf évoque cette anecdote avec ravissement, conscient de ce qu'il y avait de paradoxal dans cette situation qui les amenait, Ed Broadbent et lui, à se délecter au Winston, lieu de rencontre favori de l'aristocratie de Bay Street où John Turner se faisait réserver toute l'année une table. «C'est avec Ed que j'ai pris le plus de plaisir à exercer mon métier de publicitaire», affirme Wolf.

Ce que certains membres du Parti n'hésitaient pas à qualifier de «grossier mercantilisme» quand ils parlaient de la démarche suivie par Wolf ne gênait pas Ed. Il avait découvert à propos de la vie politique du monde moderne une impitoyable évidence, à savoir que s'il ne s'imposait pas à la télévision, il n'arriverait strictement à rien. Il ne semble pas avoir eu de scrupules excessifs à faire ce qu'il fallait pour se vendre — quelque chose en lui avait changé. En dix ans, le théoricien du socialisme qu'il avait été s'était transformé en un politicien réaliste. Le jeune député qui en 1968 se rangeait aux côtés des extrémistes et demandait au Parti de cesser d'avancer «par étapes progressives» procédait maintenant lui aussi par étapes méthodiques pour conquérir le pouvoir. Ses deux grands maîtres à penser, Tommy Douglas et David Lewis, lui avaient indiqué la direction à suivre, et l'expérience qu'ils lui avaient léguée avait été renforcée par les leçons qu'il avait lui-même tirées du socialisme international.

En se frottant à Willy Brandt et à Olof Palme, il avait été introduit dans un univers où la social-démocratie représentait une dynamique de premier plan. Remporter la victoire, il le pressentait à présent, ne consistait pas à se vendre bassement. Il avait également surmonté son ambivalence existentielle, imprégné comme il l'avait été du temps de ses études par l'esprit de Koestler et de Camus. Bien qu'il se méfiât toujours des effets de rhétorique, il savait reconnaître l'apport des hommes politiques. «Le SPD [le parti social-démocratie de l'Allemagne de l'Ouest] n'aurait jamais pris le pouvoir si Willy Brandt n'avait pas été à sa tête, estimait-il. La dimension personnelle est un impératif de l'existence politique. Pour une majorité de gens, la théorie est pure abstraction. Ce qui les détermine, c'est l'homme qui croit en ces abstractions. Il faut qu'ils soient mus par un peu de passion et d'humour. Si un leader ne provoque en eux rien de cela, il se résume lui aussi à un ensemble d'abstractions.»

Broadbent et Sears ne songeaient pas un seul instant que leur message politique passerait totalement inaperçu. Wolf produisit une série de messages publicitaires dans lesquels on voyait simplement Ed, fixant l'objectif de la caméra, parler des objectifs poursuivis par les néo-démocrates. Wolf lui faisait répéter ses phrases avant les enregistrements, l'encourageait, demandait dix fois qu'on refasse la même prise de vue. Jusqu'à trente fois dans certains cas se révélaient nécessaires pour saisir Ed sous son meilleur jour. Il s'exécutait, se prenant au jeu, transpirant sous les projecteurs, auxquels il s'habituait progressivement.

En 1987, alors qu'il ne travaillait plus pour les néo-démocrates, Larry Wolf résumait ainsi l'impression dominante que lui avait laissée Ed. «Je comprenais qu'on lui collait sur le dos une étiquette qui le desservait. Ed est un socio-démocrate qui s'inscrit dans la tradition de l'Europe de l'Ouest. Ce n'est absolument pas un socialiste au sens classique du terme, mais il n'empêche que dans les cocktails de Rosedale on ne comprend rien, absolument rien à sa doctrine. Le jugement porté sur lui par l'establishment est passablement primaire et totalement faussé. Il n'est pas anticapitaliste. C'est avant tout un Canadien nationaliste, et dans le meilleur sens du terme. Il est le seul qui ait parlé intelligemment d'une stratégie industrielle canadienne, proclamé que le Canada devait se comporter bien davantage comme le font le Japon, la Suède ou l'Allemagne fédérale, ce qui est le bon sens même. Cela implique une plus grande coopération entre le monde des affaires, l'État et les syndicats, et aussi un parti pris d'innovation... C'est de cela qu'il aime parler.»

Wolf en était venu à cette conclusion: «Ed est un homme pratique, pragmatique. Il sait faire la part des choses. Je ne suis pas d'accord avec sa position sur le libre-échange, et la réforme fiscale qu'il préconise est un peu trop radicale à mon goût. (Il sourit.) Mais j'estime qu'il ne peut faire que du bien à ce pays. Je crois fermement aussi que s'il sait adopter le ton qui convient aux prochaines élections, c'est lui qui sera élu Premier ministre.»

Sa popularité s'explique très simplement, ajoute Wolf. «Ce qui compte pour les électeurs, c'est la personnalité du chef. Considérez la crise de direction qui sévit en Amérique du Nord, les problèmes qui se posent avec Gary Hart, et au Canada avec Mulroney et Turner. L'image publique de l'un comme de l'autre est sérieusement égratignée. L'un comme l'autre manquent désormais de crédibilité.» Si Ed ne gagne pas, dit Wolf, ce ne sera pas de sa faute. «Ce sera parce que les gens auront voté contre son parti.»

Mais en 1979 l'enjeu primordial ne consistait pas à remporter une élection fédérale. Il était de redonner de la vigueur au Parti après les pertes désastreuses qu'il avait subies en 1974. Le 17 mai 1979, Geoffrey Stevens, que l'on considérait à l'époque comme le commentateur politique le plus influent — il est aujourd'hui directeur de la publication du *Globe and Mail* — écrivait dans ce même journal un long article élogieux sur la première campagne nationale de grande envergure conduite sous la direction de Broadbent. L'article débutait par une phrase de David Lewis: «Aucun chef ne nous a inspiré tant d'orgueil que ne l'a fait Ed Broadbent au cours de cette campagne.» Et cette fois, c'était avec de nouveaux moyens que le NPD menait son offensive. Désormais le parent pauvre ne poireautait plus dans les aéroports en attendant les vols réguliers tandis que libéraux et tories voyageaient dans des avions nolisés. Ed Broadbent — il avait maintenant quarante-trois ans — disposait à présent d'un jet particulier, se déplaçait avec une suite de collaborateurs, entouré de conseillers, d'une meute de journalistes et descendait dans une suite de luxe. S'il faut en croire Stevens, il fallut à Ed quelque temps pour s'y habituer. «Fini le temps des réunions familières dans un morne sous-sol d'église... Fini le temps des petits comités où l'on discutait à coeur ouvert avec «les camarades ouvriers et ouvrières» dans la salle enfumée d'un syndicat.»

Depuis qu'il avait cessé de prêcher les principes fondamentaux du socialisme, les accusations de trahison portées contre lui pleuvaient de plus belle, ce qui le rendait fou furieux. Les néo-démocrates étaient habitués à voir leurs opposants brandir la menace communiste pour les déconsidérer auprès de l'opinion. Cela durait depuis les années trente. Mais à présent c'était l'accusation inverse qui était portée contre Ed, et cette accusation s'élevait des rangs de ses propres troupes. On le taxait de libéral affublé en homme de gauche pour faire illusion, et on lui prêtait l'intention de noyer l'esprit du socialisme dans une sauce insipide.

Stevens ne semble pas avoir mordu à cet hameçon. Il faisait remarquer qu'«à la différence de certains néo-démocrates, [Ed] ne protestait nullement quand on lui décernait l'épithète de socialiste». Il affirmait au contraire qu'il défendait le point de vue d'«une gauche dont la nécessité s'imposait» et s'insurgeait catégoriquement contre l'allégation selon laquelle, sous sa direction, le NPD enterrait son radicalisme, se détournait des pauvres, des personnes âgées et de ceux que la société exploite...

Les positions agressives de Ed explique Mike Breaugh, tenaient essentiellement à ce qu'il avait été élu à Oshawa. «Les gens d'Oshawa ne s'encombrent pas des subtilités de l'idéologie. Ils attendent de leurs élus qu'ils agissent, un point c'est tout. Ici, la politique ne consiste pas à défendre des principes théoriques, mais à élire des gens pour qu'ils pèsent sur les leviers du pouvoir.» Cela, les électeurs de Ed le lui rappelaient à tout instant, et c'est ce qui avait forgé sa détermination politique. Chaque fois qu'il retournait à Oshawa et qu'il se rendait dans un centre commercial ou marchait dans une grande rue, des gens l'accostaient pour lui demander pouquoi il n'avait pas fait telle ou telle chose. «Ils commençaient par lui passer un savon, et ensuite seulement ils le félicitaient, raconte Breaugh. Ils pensaient qu'il devrait être Premier ministre, et ils voulaient savoir comment il se faisait qu'il ne le soit pas.»

Larry Wolf exploita cette rengaine qui courait sur le revirement de Ed pour en tirer à la télévision un effet de boomerang. «Beaucoup de libéraux et de conservateurs sont persuadés que Ed Broadbent ferait le meilleur des Premiers ministres», pouvait-on lire sur le petit écran, totalement muet. «Si Ed Broadbent était le chef de leur parti, affirment-ils, jamais personne encore n'aurait disposé d'une telle majorité dans toute l'histoire canadienne. Ed Broadbent ne soulève pas chez les gens les mêmes doutes lancinants que Trudeau ou Clark. Il est peut-être bien temps de dissiper les vieux mythes conservateur ou libéral et de voter tout simplement pour le meilleur. Si nous sommes suffisamment nombreux à le faire, Ed Broadbent sera le Premier ministre du Canada.»

Sur le point de perdre le pouvoir, les libéraux jouaient leurs dernières cartes en appliquant ce que Christina McCall appelle «la politique du désespoir», tandis que John Turner, l'ex-ministre des Finances, avait repris ses activités d'avocat-conseil à Toronto, attendant non sans inquiétude dans la coulisse la suite des événements. Les libéraux, qui en 1974 l'avaient emporté avec une majorité absolue, avaient donc gouverné sans l'appui du NPD; ils semblaient maintenant totalement à court d'idées. De plus, la campagne 79 de Trudeau ne semblait pas avoir été conçue avec beaucoup de brio. S'étant rendu impopulaire au Canada anglais, il menait sa campagne en s'appuyant sur un slogan — Un chef doit être un chef — qui l'exposait en première ligne assez démuni d'arguments convaincants. Son grand projet, le rapatriement de la Constitution, ne paraissait pas près d'aboutir et sa femme Margaret, dont il s'était séparé, publiait ses mémoires dont la parution (le fait du hasard, peut-être) coïncidait avec la période électorale. Elle faisait dans son livre des révélations croustillantes sur ses fugues avec des vedettes du rock, et cela gênait considérablement Trudeau. Le Premier ministre était à présent isolé, coupé de son électorat, usé par les luttes qu'il menait pour s'accrocher au pouvoir. Il proposa même de rétablir la peine de mort, perspective qui l'eût probablement horrifié dans ses années de jeunesse. Ses principaux collaborateurs, Jim Coutts et Keith Davey, se démenaient pour le maintenir en selle et se désolaient, déclare McCall, de sa récente «démonstration de candeur excessive». Citant un ami de Trudeau, elle ajoutait que ce dernier avait de la difficulté à rester maître de lui, comme s'il était «incapable de garder plus longtemps son masque et que son âme se sauvait en hurlant». Ce hurlement silencieux de politicien livrant une véritable guerre de maquis, trop longtemps isolé dans le labyrinthe du pouvoir, c'était la désespérante réalité que Coutts et Davey s'efforçaient de cacher. Mais il n'y avait plus rien à faire pour redresser la situation et redonner leur lustre aux libéraux, à présent que les Canadiens manifestaient leur intention de porter leurs suffrages vers Joe Clark, non point parce qu'ils étaient séduits par ses gaffes et ses faux-pas, mais tout simplement parce qu'ils en avaient par-dessus la tête de Trudeau. Toujours ce sempiternel jeu de bascule — libéraux-conservateurs, conservateurs-libéraux — avec le NPD qui faisait toujours bonne figure, même mieux que les vieux partis, mais qui était relégué à l'arrière-plan électoral. Ainsi, depuis 1957, le panorama politique se présentait de la façon suivante: les conservateurs de Diefenbaker avaient emporté un gouvernement minoritaire cette même année (vingt-cinq sièges à la CCF); en 1958 le parti de Diefenbaker l'avait emporté avec une majorité beaucoup plus confortable (huit sièges à la CCF); en 1962, autre gouvernement tory minoritaire (dix-neuf sièges au NPD); une minorité libérale conduite par Pearson en 1963 (dix-sept sièges au NPD); une seconde minorité libérale en 1965 (vingt et un sièges au NPD); la vague de fond qui avait porté en 1968 Trudeau au pouvoir (vingt-deux sièges au NPD); une autre minorité libérale en 1972 (trente et un sièges au NPD); une majorité libérale en 1974 (seize sièges au NPD); et possiblement un gouvernement minoritaire conservateur en 1979. Considérant ce jeu de bascule apparemment inexorable, Ed était bien davantage décidé à changer son fusil d'épaule.

Cette fois encore les critiques — et leur attitude s'inscrivait tout à fait dans la tradition électorale canadienne — réservèrent leurs louanges au chef du NPD. Comparant les attitudes des trois leaders en campagne, Richard Gwyn écrivait le 5 avril dans le *Toronto Star*: «Ces derniers temps, Pierre Trudeau est hargneux, Joe Clark tendu, alors que Ed Broadbent semble de bout en bout d'humeur enjouée... Broadbent dit ce qu'il entend dire, et de leur côté Trudeau et Clark ne déclarent que ce qu'ils estiment opportun de déclarer.» Quant à Broadbent, il confia à Gwyn: «Je suis réellement persuadé que nous sommes à un tournant de notre histoire. Il faut maintenant que le peuple canadien prenne en main les rênes de ses destinées, qu'il soit le maître chez lui, si vous préférez... Ce que je m'efforce de faire, c'est de raviver l'espoir en l'avenir à long terme de ce pays.»

Ses messages, il les faisait passer par le canal d'ingénieuses conférences de presse destinées à appâter les médias. «Rendons cette justice à Ed Broadbent, écrivait David Blaikie dans le *Star* de Saskatoon le 18 avril. Il se montre innovateur en matière de conférences de presse pré-électorales. La campagne n'en est pas encore à la moitié que déjà il en a tenu à peu près partout, sauf sur la face cachée de la lune.» Les caméras l'avaient suivi lors de sa visite aux installations portuaires de Vancouver, dans les entrailles des aciéries de Sydney et dans les salles de contrôle de haute technologie d'une mine de potasse de la Saskatchewan. «Au cours de ces derniers jours, faisait remarquer Mary Janigan dans le *Star*, Ed Broadbent ne parle guère des problèmes à résoudre. Il va s'enquérir d'eux sur place.» Tout cela pour rendre bien réel et tangible son «Évangile de la stratégie industrielle».

Le 13 mai, Ed accepta de participer à un débat télévisé avec Trudeau et Clark. Il en ressortit auréolé. Selon Janigan, «les téléspectateurs ont pu voir sur la chaîne nationale Broadbent rosser Clark, Broadbent rendre point pour point à Trudeau, et enfin Trudeau battre Clark à plate couture». Mais la journaliste relevait aussi le piège mortel que Trudeau tendait à Ed en s'efforçant d'adopter vis-à-vis de lui un ton des plus amicaux, amenant ainsi le public à se demander avec crainte si Ed n'allait pas apporter son soutien à Trudeau le honni pour lui permettre de prendre une fois de plus la tête d'un gouvernement minoritaire. Pour les néo-démocrates, cette cordialité affichée par Trudeau devant les caméras sentait le baiser de Judas. Pourtant, Ed semblait très à son aise.

«À mon point de vue, M. Broadbent s'est montré très supérieur à M. Trudeau et à M. Clark, estimait Geoffrey Stevens dans le *Globe* du 17 mai, cinq jours avant les élections. Il n'est peut-être pas passionnant, mais d'une façon générale il parle le langage du bon sens.» Pour la première fois, le *Toronto Star*, premier journal canadien par ordre d'importance, cautionna les néo-démocrates de Broadbent. Le Parti était aux anges. Dans deux éditoriaux successifs publiés peu de temps avant la consultation électorale, le *Star* déclara que ni les libéraux ni les tories n'attaquaient de front les questions économiques capitales pour le pays, alors que «Ed Broadbent a proposé une stratégie industrielle puissamment axée sur l'exploitation des richesses naturelles du Canada, sur le développement des technologies de l'avenir et sur la création d'entreprises placées sous le contrôle national qui aient à la fois vocation de conduire la recherche et de fabriquer les produits. Il propose également un programme comparable à ceux qu'ont déjà adoptés l'Allemagne de l'Ouest, la Norvège, la Suède, la France, les Pays-Bas et la Grande-Bretagne. De plus, il entend lier les avantages fiscaux et les subsides accordés aux entreprises à la création de nouveaux emplois, à la recherche, aux exportations et au réinvestissement. Dans cette élection, le NPD est le seul parti qui s'assigne un but réaliste pour satisfaire à ces impératifs.»

Tout semblait indiquer que le coup de poker joué par Ed commençait à porter ses fruits: d'un bout à l'autre de la campagne il avait clairement annoncé sa couleur et déclaré que son ambition était de drainer vers son parti les sympathies de l'électorat. Mais l'entreprise n'allait pas sans risques. «En s'efforçant d'attirer les voix flottantes des électeurs du centre de l'éventail politique et en adoptant les techniques de marketing politique des vieux partis, [le NPD] a terni l'image qui était la sienne: celle du seul parti fédéral authentiquement progressiste. Il a sans doute désenchanté ses sympathisants traditionnels sans pour autant s'imposer comme une solution de rechange dans l'esprit de la majorité de l'électorat», écrivait Stevens.

Chaque fois qu'on lui posait la question à savoir s'il était prêt à soutenir un nouveau gouvernement minoritaire, Ed proclamait invariablement que son ambition était de diriger le pays et non pas de servir de force politique d'appoint. Néanmoins, en dépit de tous ses efforts, le mur invisible qui séparait la masse des électeurs canadiens du Nouveau Parti démocratique demeurait intact. Le jeu de bascule amenant alternativement au pouvoir libéraux et tories ne prendrait fin, semblait-il, qu'à partir du moment où les habitudes de vote traditionnelles seraient modifiées par les votes de la génération issue du baby-boom, à moins que les vieux partis ne fassent un pas en avant en direction de la jeune génération.

«La victoire échappe à Ed», annonçait en gros titre le *Toronto Star*. Le 22 mai 1979, les tories conduits par Joe Clark emportaient l'élection et formaient un gouvernement minoritaire avec cent trente-six sièges. Ils avaient pris quelques suffrages aux libéraux, qui arrivaient en seconde position avec cent quatorze sièges. Avec vingt-six (dix de plus qu'aux précédentes élections), les néo-démocrates se classaient troisième, suivis des créditistes avec six sièges. Ed s'attendait à un gain plus appréciable. Son parti n'avait recueilli que dix-huit pour cent des suffrages (en hausse de seulement trois pour cent par rapport aux chiffres de 1974). Le NPD n'en restait pas moins très loin derrière ses concurrents, puisque les tories avaient recueilli trente-six pour cent des suffrages et les libéraux quarante pour cent. Ed se sentait écrasé, à tout le moins temporairement.

À deux heures du matin le lendemain des élections, il reçut les journalistes dans une salle des bureaux de l'Union des travailleurs de l'automobile d'Oshawa. Il était «usé et ne fit que très peu de commentaires», écrira David Blaikie dans le *Star*. Il n'en prononça pas moins quelques phrases en réponse aux questions qui lui étaient posées. «Nous avons mené cette campagne électorale en nous battant sur des points que je considérais de grande importance pour le peuple canadien...» Interrogé sur la stratégie que le NPD entendait déployer pour contrer le nouveau gouvernement tory minoritaire, il ne répondit pas. «Il disparut dans la nuit, visiblement reconnaissant à sa femme et à ses collaborateurs de l'entraîner à l'extérieur, n'ajoutant pas un mot de plus à l'intention des journalistes qui le talonnaient tandis qu'il s'échappait par un escalier de secours pour gagner la voiture qui l'attendait dans la rue.» Après avoir visé si haut et avoir vu s'effondrer ses espoirs, Ed se retrouvait aux prises avec une dure et amère réalité. Mais il reprendra vite le dessus. Pour une majorité de néo-démocrates, les résultats de ces élections représentaient un ressaisissement spectaculaire. Le NPD s'était attiré les voix de plus de deux millions d'électeurs et il continuait sur sa lancée. Les choses n'allaient donc pas si mal. De plus, les rivaux du parti étaient en mauvaise posture.

Les tories, qui n'avaient pas gouverné depuis la défaite de Diefenbaker en 1963, étaient bien décidés à se comporter comme s'ils disposaient de la majorité absolue. Mais pour eux un grave problème restait à résoudre, car si les conservateurs de Joe Clark «étaient passés maîtres dans la politique de l'opposition, il leur restait tout à apprendre de l'art défensif du compromis nécessaire quand on gouverne, écrit Jeffrey Simpson dans *Discipline of Power*. La défaite électorale répétitive engendre un désir quasiment désespéré de mener une politique capable de tout résoudre et de persuader l'électorat que l'opposition est prête à gouverner... Mais une fois que le parti d'opposition détient le pouvoir, alors la fonction publique et les groupes d'intérêts se chargent de lui démontrer que sa politique n'est pas la bonne. Le pouvoir ne fait qu'assombrir ce qui était si lumineux dans l'opposition.»

Tandis que la révolution iranienne précipitait une nouvelle flambée du prix du pétrole, le gouvernement nouvellement élu de Joe Clark passait l'été à «tâter des leviers du pouvoir», selon l'expression de Desmond Morton. Les taux d'intérêt se mirent à grimper en flèche. Les financiers — un peu plus tard — condamneraient les excès de prodigalité des promesses électorales de Clark. En Alberta, Peter Lougheed se montra tout aussi intransigeant sur la question des revenus pétroliers avec son collègue tory qu'il l'avait été avec les libéraux. Les concessions de Clark au bénéfice de l'Alberta ne firent qu'indisposer le gouvernement provincial de l'Ontario, tory lui aussi. Il s'en fallut de quelques semaines pour que l'état de grâce du nouveau gouvernement prenne fin. En septembre, les sondages prouvaient que la cote de popularité de Clark était retombée très au-dessous de celle des libéraux.» Mais ces derniers, abasourdis par leur défaite, ignorant tout de la situation d'un parti d'opposition, étaient étonnamment effacés. Même leur partisan le plus convaincu, Keith Davey, reconnaissait que l'opposition officielle était «conciliante, pour ne pas dire éteinte». Lors d'un congrès réuni à Toronto durant l'automne, écrivait Davey, «les libéraux, en bloc et individuellement, se jetaient la pierre et s'en voulaient à eux-mêmes comme à Pierre Trudeau».

Joe Clark continuait à tâtonner. Il avait été propulsé dans le fauteuil du Premier ministre non pas tant parce que sa politique avait séduit les électeurs que parce que Trudeau les désenchantait. Les premières initiatives de Clark se révélèrent impopulaires, et en particulier sa proposition de vendre Petro-Canada au secteur privé. Cette vente, Ed ne cessait de proclamer qu'il ne l'accepterait en aucun cas. Ce n'était pas pour rien que les néo-démocrates avaient pesé de tout leur poids dans la balance en 1973 et menacé de couper la branche sous le gouvernement minoritaire Trudeau s'il ne décrétait pas la création d'une compagnie pétrolière nationale. En tant que protagoniste de l'affaire, Ed était déterminé à sauver Petro-Canada. À la différence de Trudeau, Clark ne soupçonnait guère jusqu'où pouvait aller la détermination de Ed Broadbent. Ou sa capacité de rechercher l'épreuve de force, quitte à ce que celle-ci se termine en jeu de massacre.

Chapitre sept

Sur la corde raide: les batailles constitutionnelles

De 1980 à 1984, Ed a marché sur la corde raide et il est sorti de l'épreuve plus fort et plus réfléchi. Quand on passe par là où il est passé, on en sort aguerri... ou alors on est un homme fini.

Terry Grier

La poussée donnée par Ed pour faire culbuter un gouvernement conservateur chancelant apprit au monde que le chef du Nouveau Parti démocratique avait décidé de passer à l'action. Sa combativité était exacerbée par le délire progressif du gouvernement minoritaire de Joe Clark. À ses yeux, la débâcle des tories était complétée par le manque d'assurance des libéraux. Ed sentait l'occasion propice.

Le 21 novembre 1979, il assistait au congrès national du NPD, réuni à Toronto, quand il apprit que Trudeau venait d'annoncer qu'il se retirait de l'arène politique. Sans perdre un instant, Ed battit le rappel de ses collaborateurs pour les réunir dans sa chambre du Sheraton. «Il nous a dit de monter chez lui boire un verre, raconte l'un d'eux. Je lui ai demandé de quoi il désirait discuter. Il m'a fait une réponse évasive. Quand je suis arrivé dans sa chambre, il avait rassemblé à peu près vingt congressistes, c'est-à-dire ceux qui constituaient son état-major.» Terry Grier, le président du comité de planification électorale, était du nombre et il dressa la liste de ceux qui participaient à la réunion. Étaient présents: Ed; Robin Sears, secrétaire fédéral; Mary Ellen McQuay, secrétaire fédérale adjointe; Marc Eliesen, directeur de la recherche; Jo-Anne McNevin, organisatrice nationale; Dick Proctor, secrétaire principal; Peter O'Malley, attaché de presse; ainsi que trois organisateurs provinciaux, Penny Dickens (Toronto), Joyce Nash (Colombie-Britannique) et Cliff Scotton (ex-secrétaire fédéral).

Ed commença par «parler de choses et d'autres» avant de lâcher sa bombe. Dans ses notes, Grier consigna cette déclaration de Ed en lettres capitales: «MAINTENANT, ON FONCE!» Ed déclara aux membres de son entourage qu'il serait prudent de se préparer à la chute du gouvernement, raconte l'un de ses collaborateurs. «Il voulait savoir combien de temps il nous faudrait pour préparer d'autres élections. On aurait entendu une mouche voler. Nul ne soufflait mot. Pas le moindre commentaire. Nous restions cois. Nous étions abasourdis, vidés, glacés...»

«Une majorité de ceux qui étaient présents dans la chambre s'opposaient fermement à de nouvelles élections, raconte Terry Grier. J'étais d'avis que les libéraux l'emporteraient en Ontario, que dans l'affaire nous ne retirerions que des bénéfices marginaux. Ce qui me frappe aujourd'hui encore, c'est d'avoir été si perspicace. J'ai également déclaré ce jour-là que nous ne devions pas exclure l'hypothèse selon laquelle Trudeau resterait à la tête du Parti libéral en cas d'élections anticipées. Là encore, j'ai eu raison sur toute la ligne. Mais de toute façon je pensais que précipiter de nouvelles élections n'était certainement pas une bonne idée.»

Les néo-démocrates se félicitaient encore des résultats de la campagne 79, même si pour Ed ces résultats étaient passablement décevants. Il pensait gagner entre quarante et cinquante sièges, voire soixante, le chiffre qu'il avait publiquement assigné pour cible au Parti au milieu des années soixante-dix. Or, le NPD n'était passé que de seize à vingt-six élus fédéraux. Mais «nous pensions avoir fait du chemin et nous nous en réjouissions», rapporte Sears. Pourtant, après la réunion du 21 novembre, il se rallia au point de vue de Ed, mais non sans hésiter grandement: «Nous rêvions tous de voir tomber le gouvernement Clark, mais personne n'imaginait sérieusement que les relations entre tories et créditistes s'envenimeraient.» C'était là une situation explosive: le gouvernement minoritaire n'était pas assuré sur ses bases, et le Premier ministre incapable de manoeuvrer par mer agitée. «Clark ne faisait pas le poids, déclare Sears, et les libéraux partaient à la dérive. Avec ou sans Trudeau, ils étaient absolument inopérants à l'automne 79, à l'exception d'Allan MacEachen, un personnage d'une extraordinaire envergure.»

C'était Ed qui, le premier, avait flairé l'occasion propice, Ed qui avait hâte d'abattre d'une pichenette le château de cartes. «Je le sentais, raconte Sears, et j'en étais stupéfait. Ed croyait sincèrement les libéraux sur le déclin et Clark prêt à se saborder. Il y voyait l'occasion pour le Parti de faire une percée.»

Dans les cas semblables, fait valoir Gerry Caplan, il faut absolument refréner les élans d'un chef de parti. «C'est là un trait caractéristique de tous les leaders: leur absence de jugement politique. Ils se montrent incapables de prendre du recul tant ils sont bien à l'abri à l'intérieur de leur cocon. Ils croient représenter une multitude de gens, et connaître leurs souhaits. Mais ils ignorent tout de ce qui se passe dans le monde réel, et c'est pour cela qu'il leur faut se fier à leurs conseillers.» Robin Sears voit les choses sous un autre angle: «Ce dont je suis convaincu va totalement à l'encontre de ce que pense Caplan, dit-il. Dites à un leader que ce qu'il veut faire est complètement fou, sortez-lui vos meilleurs arguments, s'il s'accroche à son idée, vous n'avez pas d'autre choix que de le suivre ou de renoncer à le convaincre. Point final. Ce n'est pas pendant la bataille qu'on peut démontrer à un chef qu'il a eu tort de l'avoir livrée.»

Les collaborateurs de Ed durent s'incliner devant la fermeté de sa décision. Il s'est singulièrement mépris sur la fameuse percée qu'il comptait bien faire, mais telle est sa nature. Il a simplement poursuivi ses visions, tel un chamelier qu'égare un mirage dans le désert. «J'étais persuadé que nous tenions la victoire à portée de la main, dit Ed. J'en avais l'absolue conviction et je l'ai encore. C'est là un de mes travers, je suppose. Quand je m'engage dans une aventure, je n'aime pas me faire des illusions. J'ai beau être optimiste, il me faut des faits. Tous les faits. Ensuite, quand j'ai pris ma décision, je mobilise toutes mes forces. Si le résultat est négatif, je fais très vite marche arrière. Et j'oublie tout. J'oublie littéralement tout. Je fais la sourde oreille aux mauvaises nouvelles. Je les ignore et je passe à autre chose.» Se souvient-il de son amère déception de 79 ou de 80? «Non. En toute honnêteté, je ne m'en souviens pas.» À cette époque, a-t-il vraiment fait tous les efforts souhaitables pour prendre connaissance des faits, de «tous les faits»? À cette question, il hausse les épaules. Oui, croit-il, il a pris tout le temps voulu pour peser le pour et le contre. Mais ce sont les impulsions qui dictent une bonne part de la vie politique, et en 1979, après douze années passées à la Chambre des communes, alors qu'il affrontait deux partis affaiblis, ses instincts lui criaient qu'il était temps d'agir. Il ne voulait pas laisser aux libéraux le temps d'élire un nouveau chef, ni aux tories celui de consolider leur pouvoir.

Terry Grier raconte que cette réunion du 21 novembre à Toronto, dans la chambre d'hôtel de Ed, ne fut suivie d'aucune autre; mais tout le monde sentait que quelque chose allait se produire, un événement que pour une bonne part le chef du NPD avait provoqué. Aussi proche fût-il de Ed, Grier pataugeait dans le noir. «Jamais nous n'avons discuté longuement, en réfléchissant posément», rapporte Grier. En y repensant par la suite, il se rendit compte que Ed en était venu à une conclusion, puis avait agi en conséquence dans un intervalle de temps très court. «Je ne savais rien de ce qu'il pensait. Jamais nous ne nous téléphonions. Si nous en avions parlé, j'aurais tenté de l'en dissuader. Je me serais battu pour lui faire comprendre que sa fameuse percée n'était pas pour demain.» Et c'est sans doute la raison pour laquelle Ed se garda bien de faire part de ses intentions à Grier. «Quand Ed a pris une décision, affirme un de ses ex-collaborateurs, il est plus têtu qu'une mule.»

Vers la fin du mois de novembre, l'enthousiasme qu'il ressentait pour la tâche à entreprendre était visible de tous. Ce «changement dans la personnalité de Broadbent», Richard Gwyn le releva lui aussi. «Depuis ces derniers temps, écrivait-il, Broadbent saute littéralement de joie tandis qu'il se répand partout en qualifiant le NPD d'opposition authentique ou de seule solution de remplacement réelle.» Ed attira mille quatre cents délégués — un record — à un congrès d'orientation du Parti, où les caméras de télévision purent saisir le slogan «Sauvons Petro-Canada, vendons Clark», que le NPD entendait populariser. Ed était au mieux de sa forme, combatif, et la salle applaudit à tout rompre sa tirade belliqueuse prononcée contre Clark et Trudeau. À la Chambre des communes, il était toujours sur la brèche, secondé et soutenu dans son offensive par les interventions acerbes de Bob Rae, critique financier néo-démocrate. «Pourfendant les banques et les compagnies pétrolières, pour reprendre les termes de Gwyn, tous les deux se posaient en justiciers. Robin et Batman.»

Le 11 décembre 1979, les conservateurs rendirent public leur infortuné budget, lequel prévoyait, entre autres, une augmentation supplémentaire des taxes sur l'essence à raison de dix-huit cents par gallon. Cette mesure les conduira à leur perte. John Crosbie, le ministre des Finances, justifia cette élévation de la taxation du carburant en expliquant qu'il s'agissait là d'«un mal à court terme pour un gain à long terme», ce qui déchaîna la hargne des partis de l'opposition. Mais les tories ne semblèrent pas s'en inquiéter, considérant que libéraux et néo-démocrates jouaient à se faire peur.

Le mercredi 12 décembre, à la soirée organisée par les députés libéraux à l'occasion de Noël, on offrit à Trudeau, qui avait déjà annoncé son retrait de la vie politique, un cadeau symbolique, en l'occurrence une tronçonneuse à chaîne «pour abattre le gouvernement», s'il faut en croire le présentateur officiel. Les libéraux s'apprêtaient à voter contre le budget Crosbie, MacEachen était tombé d'accord sur les termes d'un texte que lui avait communiqué Ed, lequel résumait les objections formulées par le NPD. Ils jouaient avec le feu, mais personne encore ne croyait vraiment que ce qui devait arriver arriverait inéluctablement.

Le jour où «cela» arriva — le jeudi 13 décembre 1979 —, Nancy Jamieson, la conseillère de Clark, annonça au Premier ministre que son gouvernement serait renversé le soir même. Clark voulut en savoir la raison. «Tout simplement parce que nous ne sommes pas assez nombreux», lui dit-elle. Cela, tout le monde le savait. Les chiffres n'avaient pas changé. Aux Communes siégeaient 136 tories, 114 libéraux, 26 néo-démocrates et 6 créditistes, dont le soutien à Clark n'était pas assuré. Mais personne ne voulait croire que les heures du gouvernement étaient comptées. «Aujourd'hui encore, raconte Sears en hochant la tête, je n'arrive toujours pas à comprendre comment les tories ont pu laisser la chose se produire. Cela reste pour moi un mystère. Une entente était possible entre tories et créditistes...»

Ce même jour dans l'après-midi, Terry Grier, qui venait à Ottawa pour assister à une réunion routinière du comité de planification électorale, eut la surprise d'être accueilli à sa descente d'avion par Jo-Anne McNevin et Mary Ellen McQuay. Il comprit tout de suite que quelque chose de capital se préparait. «Cela se lisait sur leur visage, raconte-t-il. Elles m'ont demandé d'intervenir d'urgence auprès de Ed. «Ils veulent faire tomber le gouvernement ce soir», m'ont-elles dit.» La nouvelle mit Grier dans tous ses états. «Je me suis rendu sans plus tarder sur la Colline pour parler à Ed. J'ai insisté et insisté, lui expliquant que cette décision était totalement irresponsable. Mais ensuite — il faut être réaliste — j'ai compris à ses réactions que les dés étaient jetés.»

Ce soir-là à la Chambre des communes, Bob Rae, au nom du NPD, joignit l'amendement de son Parti à la motion de censure déposée par les libéraux, et le gouvernement fut battu par six voix. Après le vote, Marc Lalonde, un député libéral, confia à Bob Rae au

263

moment où tous les deux entraient dans l'ascenseur, qu'il n'arrivait pas à y croire. Rae lui assura que pourtant il ne rêvait pas. «Mais alors, pourquoi?» insista Lalonde. «Lisez le livre de Barbara Tuchman, *The Guns of August*, lui conseilla Rae. On vient d'assassiner l'archiduc Ferdinand.»

Keith Davey décrit dans *The Rainmaker* l'atmosphère qui régnait ce soir-là à la Chambre. «La première personne sur laquelle je suis tombé en sortant fut Jeffrey Simpson du *Globe and Mail*. «Vous venez de faire la plus grosse bêtise de votre vie», m'a-t-il dit.» Et Davey d'ajouter: «Parole on ne peut plus prophétique.»

Le gouvernement fut donc renversé, et à partir du lendemain la réunion du comité de planification électorale de Grier sortit brutalement de sa routine pour se transformer en un marathon de quarante-huit heures, durant lequel on mit tout en branle pour préparer la prochaine élection, dont la date avait été fixée au 18 février 1980. Après quoi, Sears s'en alla emprunter un million de dollars dans une banque, ce qui lui donna l'occasion de recevoir une leçon de capitalisme. «On nous l'a prêté au taux d'intérêt privilégié majoré d'un quart de point, relate-t-il, et j'ai eu un entretien passionnant avec le gérant de la banque. Je désirais savoir pourquoi il exigeait l'intérêt le plus élevé de ceux qui pouvaient le moins l'acquitter, et accordait l'intérêt le plus bas à ceux qui avaient les plus gros moyens.»

Sears et Grier avaient beau se lancer à corps perdu dans la bataille électorale, ils ne pouvaient s'empêcher de craindre. «Je suis très méticuleux quand il s'agit de planifier une campagne électorale, dit Sears. Celle de 79 nous avait endettés et nous n'avions pas encore fini de payer nos dettes. Nous devions aussi de l'argent à Larry Wolf, nous avions des gens à former... et je n'aime pas me lancer dans une élection sans que tout soit fin prêt.»

Mais Ed exultait, même s'il ne s'était pas préparé à entrer dans le jeu des libéraux. «Nous ne savions pas que Coutts et Davey réussiraient si bien leur cour en infléchissant Trudeau vers la gauche, en lui faisant adopter une position résolument nationaliste», déclare Sears. Ed fut-il stupéfait par cette reviviscence des libéraux, qu'il croyait à l'agonie? «Non, assure Sears. Il gardait tout son calme. Il ne se laissait pas démonter. Et la campagne 80, à notre surprise à tous, s'est déroulée magnifiquement. Notre cauchemar, c'était de nous trouver bloqués par la neige, mais à l'exception des rares occasions où notre DC-9 est resté immobilisé par des poudreries, tout s'est très bien passé.» Mais cette fois leur homme était connu d'un bout à l'autre du pays, et sa popularité était supérieure à celle de l'un ou de l'autre de ses adversaires.

De nouveau on avait chargé Larry Wolf de faire la promotion publicitaire des néo-démocrates, et il conçut une ingénieuse annonce de presse en forme de devinette, laquelle connut un prestigieux succès dans les journaux et aura plus tard, en 1986, l'honneur de figurer dans le magazine *Studio*, à côté des autres annonces publicitaires primées pour leur qualité. En feuilletant ce luxueux album, on y voit de multiples oeuvres qui toutes ont remporté un prix, entre autres une photo d'Annie Leibovitz (représentant Whoopi Goldberg immergée dans une baignoire remplie de lait), et qui toutes font la promotion de meubles, de vêtements, de voitures, de produits aussi divers que les ordinateurs Macintosh, le Miracle Whip de Kraft, et soudain, au beau milieu de cette profusion de pages artistiques multicolores, l'oeil est frappé par un graphique dépouillé, en noir et blanc, sur lequel se détache en gros titre: ÊTES-VOUS CONSERVATEUR, LIBÉRAL OU NÉO-DÉMOCRATE? DÉCOUVREZ LA RÉPONSE. Suit une série de questions portant sur le prix du carburant, Petro-Canada, le développement énergétique, le chômage, l'inflation, l'assurance-maladie, les pensions, les taxes, la petite entreprise, les prêts hypothécaires et la politique étrangère. Citons ici pour exemple la question relative aux richesses naturelles du Canada:

A. Nous sommes en mesure de créer des emplois en exploitant les ressources canadiennes pour les transformer ici même en produits finis au lieu de les exporter vers d'autres pays.

B. Il faut que nous accordions aux investisseurs étrangers davantage d'allégements fiscaux et de possibilités d'accroître leurs profits pour qu'ils nous aident à exploiter nos propres richesses.

C. La meilleure façon d'améliorer notre niveau de vie consiste à augmenter le volume d'exportation de nos richesses naturelles.

(En tournant la page tête en bas pour la lire à l'envers, on découvre que A exprime le point de vue des néo-démocrates, B celui des libéraux et C celui des conservateurs.) En soumettant le questionnaire à ses amis pour le tester, Wolf observa avec amusement que le lecteur «répondait à la question, puis s'empressait de faire pivoter la page pour trouver la réponse... et pour découvrir à sa grande consternation qu'il penchait plutôt pour la solution proposée par les néo-démocrates». Voilà qui venait singulièrement conforter la conviction fondamentale de Ed, à savoir que sa tâche consistait essentiellement à révéler à elle-même la conscience sociale-démocrate implicitement contenue dans l'esprit des Canadiens.

La stratégie consistant à concentrer sur la personnalité de Ed tout l'effort promotionnel fut répétée lors de l'élection de 80. Larry

Wolf se réjouissait de constater que les campagnes des libéraux et des tories étaient basées sur des attaques dirigées réciproquement vers le chef de l'autre parti. Dans *Discipline of Power*, Jeffrey Simpson cite cette déclaration faite par Wolf à l'état-major du NPD au cours de la campagne de 80. «Notre stratégie est véritablement des plus simples, annonça Wolf. Les deux autres partis escamotent leur leader, alors que nous mettons le nôtre en première ligne. Considérez les campagnes des conservateurs et des libéraux, vous constaterez comme moi, ce qui à ma connaissance ne s'est encore jamais vu dans l'histoire de la politique contemporaine, que tout l'accent de la publicité est mis sur ce qui pèche chez le leader du parti adverse.

«Voyez par exemple les commerciaux télévisés des libéraux: leur sujet principal, c'est Clark. Et c'est Trudeau qui fournit la matière des messages publicitaires des conservateurs. C'est vraiment traiter les choses cul par-dessus tête. Notre Parti est fier de son chef. Nous pensons qu'il a quelque chose à dire. Ses propositions sont constructives. Nous pensons qu'entre les trois concurrents c'est pour lui qu'il faut voter car il représente le meilleur choix et non pas le moindre mal.»

«Notre stratégie parlait d'elle-même», écrit Keith Davey en évoquant la démarche des libéraux. «C'était sur Joe Clark qu'il fallait braquer le projecteur tout au long de la campagne. Les Canadiens en avaient par-dessus la tête du Premier ministre Clark, et notre tâche consistait simplement à consolider dans leur esprit cette image négative. D'autre part, il était tout aussi évident que ce genre de campagne n'imposait pas la présence voyante de notre leader au balcon.»

Tandis que libéraux et tories s'égratignaient à qui mieux mieux, Ed Broadbent s'attirait une fois de plus les louanges de la critique. Le 13 février 1980, le *Globe and Mail* publiait un long article de Geoffrey Stevens, dans lequel ce dernier exposait ce qui pour lui représentait trois événements capitaux dans la brève histoire du Nouveau Parti démocratique. «Le premier de ces événements, bien sûr, c'est le congrès de 1961 qui a donné naissance au NPD et tourné la page sur la CCF, créée du temps de la Dépression... Le second, c'est la Loi sur les dépenses électorales et le financement des partis, mise en vigueur au lendemain de l'élection générale de 1974, et par laquelle le NPD a pu entrer dans la même ligne financière que les libéraux et les conservateurs... Le troisième événement capital, c'est l'élection de Ed Broadbent [à la tête du Parti]...» Pour Stevens, Ed avait achevé le processus de conversion amorcé en 1961, par lequel un mouvement protestataire s'était commué en un parti politique classique, représentatif des classes moyennes. «Un parti reposant sur une base ouvrière, mais capable de voter contre la poursuite d'une grève des manutentionnaires de céréales sur la côte Ouest, un parti non militariste mais disposé à envisager avec impartialité une augmentation du budget de la Défense, un parti réformiste, mais prêt à gouverner sans soumettre les institutions socio-économiques existantes à une chirurgie mutilante.»

On imagine volontiers combien pareil jugement pouvait faire crier à la trahison les puristes de la Saskatchewan. Mais Stevens prévenait leurs attaques. «Cela ne revient pas à accuser le NPD d'avoir abdiqué ce qui de tout temps l'a différencié des autres partis, poursuivait-il. Le plus sûr moyen de faire sortir de ses gonds M. Broadbent, c'est de laisser entendre devant lui que son Parti ne se distingue en rien de celui des deux partis traditionnels.» Et Stevens de conclure, tout comme le faisait Ed, que «cette élection pourrait fort bien être celle du NPD, l'élection qui enfin lui procurerait cinquante ou soixante sièges».

Il n'en fut rien. Le système, au jugement de Ed, était encore trop constipé. Le résultat du scrutin ne fit qu'exacerber les divisions régionales qui ont toujours affligé la vie politique canadienne. Trudeau l'emporta avec 147 sièges, mais pas un seul candidat libéral ne fut élu à l'ouest de Winnipeg. Les tories de Clark rétrogradèrent: 103 sièges, et un seul élu au Québec. Bien que les néo-démocrates eussent amélioré leur situation — ils avaient recueilli presque vingt pour cent des suffrages, gagné six sièges et fait élire trente-deux de leurs candidats, le chiffre le plus élevé jamais atteint dans l'histoire du Parti —, on était loin de la percée prévue par Ed.

Sears garde présent en mémoire le souvenir de cette nuit d'élection à Oshawa, alors que Ed, entouré de sa famille et de ses amis, prenait connaissance des résultats arrivant l'un après l'autre. Fort déçu au début, il lui fallut tout le réconfort prodigué par son entourage — et l'appoint d'une boîte de cigares havanes offerte par Sears — pour surmonter son amertume. Mais selon son habitude il fit bientôt «taire les fâcheuses nouvelles». Le Parti avait gagné neuf sièges supplémentaires dans l'Ouest, rétrogradé en Ontario et fait chou blanc au Québec, alors que pourtant dans cette province les suffrages exprimés en faveur du NPD étaient passés de cinq à dix pour cent. Sur les trente-deux députés néo-démocrates, vingt-sept avaient été élus dans l'Ouest, fief traditionnel du Parti. Cette situation menaçait de rendre délicate la situation du leader originaire de l'Ontario, qui non seulement n'avait pas réussi à gagner des voix dans sa propre province, mais qui de plus avait perdu un siège, puisque seuls cinq candidats néo-démocrates avaient été élus, contre six aux élections de 1979, l'année précédente.

Au cours de la semaine qui suivit l'élection, Ed eut l'une des grandes surprises de son existence: convié par le Premier ministre pour un entretien privé, il se vit offrir avec stupéfaction un portefeuille. Ed a conservé un souvenir très vivace de cette rencontre. «Trudeau m'a demandé s'il m'intéressait personnellement de faire parti de son cabinet. Je me disais: «Pas possible, je rêve.» Alors je lui ai dit sur un ton désinvolte: «Voyons, vous me proposez combien de portefeuilles, au juste? Cinq? Six?» Et Trudeau m'a répondu «D'accord, ils sont à vous». C'est alors que j'ai compris qu'il était on ne peut plus sérieux.»

S'il faut en croire Tom Axworthy, qui alors était le conseiller principal de Trudeau, celui-ci était en proie à un profond débat de conscience quand il revint au pouvoir en 1980. «Nous connaissions ses intentions en matière d'énergie et de Constitution, mais malgré tout l'éclat de notre victoire nous n'avions fait élire que très peu de candidats dans l'Ouest — en réalité, seul Lloyd [Axworthy, le frère de Tom] y fut élu — de sorte que nous avions besoin de nous entourer de députés élus là-bas pour cautionner moralement notre politique. La proposition faite à Broadbent par Trudeau entrait pleinement dans le cadre de cette préoccupation.»

Trudeau tendit une perche terriblement tentante: un projet encore vague, mais expéditif, de reprise en main par le Canada de son secteur énergétique, projet qui reprenait à son compte le programme de développement des richesses naturelles élaboré par le NPD. Rien n'était plus cher au coeur de Ed que cette affaire d'autonomie nationale en matière d'énergie, et Trudeau n'aurait pu trouver appât plus succulent. «Il parlait de l'expansion de Petro-Canada et de ce qui allait devenir le Programme national énergétique, raconte Ed. Cela aurait eu un énorme retentissement sur les provinces de l'Ouest, et il était évident qu'il souhaitait nous avoir pour alliés.»

Dans l'esprit de Trudeau, les néo-démocrates pouvaient jouer dans l'Ouest le rôle de troupes occupant le terrain, capables d'y promouvoir la politique énergétique dont ils se faisaient depuis longtemps les avocats. Naturellement, Axworthy n'hésite pas à déclarer que le projet présenté par les libéraux «allait beaucoup plus loin que tout ce que le NPD aurait pu réaliser». Le seul inconvénient, c'est que Ed n'accepta pas la perche qui lui était tendue et ne tarda guère à le faire savoir. «En termes de relations de pouvoir, explique-t-il, une acceptation de notre part n'aurait eu aucun sens. Si nous n'avions pas été d'accord, on se serait passé de nous. Ils avaient la majorité absolue. Ce n'était donc pas de nos voix qu'ils avaient besoin. Accepter dans ces conditions des postes ministériels ne présentait pas le moindre avantage à long terme pour le Parti.»

Ed rapporta à Bob Rae la proposition que lui avait faite Trudeau de faire entrer des élus NPD dans son gouvernement. «Il me l'a dit le jour de mon mariage», raconte Rae. Le 23 février en effet, cinq jours après les élections, Ray épousait à Toronto Arlene Perly. Lors de la réception nuptiale organisée au Primrose Club après la cérémonie, Ed lui a exposé la situation. «Mais il ne semblait pas considérer avec sérieux la proposition de Trudeau, même si déjà il avait sondé diverses personnes, et en particulier pressenti Blakeney. Mais jamais l'affaire ne fut officiellement débattue au sein des députés.» Les plus anciens parmi les néo-démocrates avaient jugé dangereuse pour le Parti l'initiative du Premier ministre. «Trudeau et Coutts avaient toujours souhaité s'annexer le NPD... quitte à nous éliminer par la suite, affirme Rae. La vieille gauche libérale avait de tout temps rêvé d'appliquer cette stratégie, mais sans succès.» Axworthy soutient pour sa part que la proposition de Trudeau était parfaitement sincère. «Nous savions qu'à l'intérieur de notre Parti les réactions auraient été hostiles, dit-il — on nous aurait plus ou moins accusés de faire entrer au gouvernement ces horribles et redoutables socialistes —, mais si Broadbent avait manifesté de l'intérêt pour cette proposition, nous aurions pu disposer d'un éventail consultatif plus ouvert pour peaufiner les détails. Nous étions prêts à les écouter.»

Les libéraux avaient grand besoin d'appui. En fin de compte, c'est le manque de soutien manifesté par le NPD au Programme national énergétique, présenté en 1980, ou plutôt la conjugaison de ce manque de soutien avec la faiblesse des libéraux dans l'Ouest qui entraînèrent la déconfiture du projet. Telle est du moins l'interprétation des faits donnée par Axworthy. «Le soutien de Broadbent en matière de Constitution était pour nous déterminant, affirme-t-il. Mais en matière de programme énergétique, le NPD est resté coi. Ils n'ont jamais fait grand-chose pour nous aider quand nous avons été en butte aux attaques des Américains, des multinationales et des conservateurs. Les compagnies pétrolières exploitaient à leur avantage les mécontentements régionaux, et le NPD faisait la sourde oreille. Ed nous soutenait à propos de la Constitution, mais il n'était pas disposé, je crois, à livrer dans l'Ouest une bataille d'une autre nature aux côtés de Trudeau.»

«Ed a commis une grave erreur en n'acceptant pas l'offre de Trudeau», considère l'économiste politique Stephen Clarkson. «Trudeau lui donnait la chance de s'implanter, lui et son Parti, de façon beaucoup plus crédible.» Clarkson — il écrit en collaboration avec Christina McCall un livre sur la fin de l'ère Trudeau — attribue le refus manifesté par le NPD de s'allier aux libéraux à «une réaction paranoïaque» n'ayant plus de raison d'être à cette époque. Avec une poignée de ministres néo-démocrates, poursuit Clarkson, Ed aurait pu infléchir le cours de l'histoire politique du Canada, exercer une influence directe sur le développement du programme énergétique, et dans le même temps s'attribuer le mérite d'avoir donné à l'Ouest du Canada le contrôle de ses propres ressources naturelles, auquel Blakeney attachait tant d'importance, ce qui aurait grandement contribué, estime Clarkson, à atténuer le conflit qui opposait Broadbent au Premier ministre de la Saskatchewan. Mais Clarkson sous-estime l'animosité, profondément enracinée, qu'inspiraient aux néo-démocrates de la Saskatchewan les libéraux de Trudeau. À l'époque, et compte tenu des circonstances, une coalition eût été parfaitement inopportune.

Trudeau avait une autre raison de souhaiter une alliance tactique avec les néo-démocrates: il avait décidé de «rapatrier» la Constitution. Le 20 mai 1980, trois mois après l'élection fédérale, eut lieu le référendum du Québec. Les Québécois opposèrent un «non» résolu à l'appel lancé par René Lévesque, avec pourtant toutes les précautions voulues, pour approuver la formule de souveraineté-association qu'il préconisait. Soixante pour cent des gens cautionnèrent la promesse faite par Trudeau d'intégrer le Québec dans un Canada doté d'une Constitution, où les droits des Canadiens français seraient à tout jamais garantis. Le séparatisme était officiellement mort et enterré... mais pas pour bien longtemps.

«Tout au long de cette période, les Canadiens ont été littéralement saturés de déclarations verbales et de textes relatant les péripéties d'une âpre dispute à propos de notions abstraites que bien peu comprenaient», écrivent Robert Sheppard et Michael Valpy dans leur livre intitulé The National Deal: The Fight for a Canadian Constitution. L'un et l'autre avaient suivi de près l'affaire pour le Globe and Mail, et dans leur ouvrage ils révèlent certains dessous de l'affaire qui jamais encore n'avaient été publiés. «Il ne s'agissait pas d'une simple et banale échauffourée, mais bel et bien d'un drame humain profond et poignant... D'un drame qui a dominé le calendrier politique de tous les gouvernements provinciaux, d'un océan à l'autre, hypnotisé littéralement la presse, bouleversé toutes les grandes institutions du pays — l'église, la justice, l'université, les cercles juridiques et le monde des affaires. D'un drame qui a provoqué des tiraillements à l'intérieur des communautés ethniques nationales, des associations féminines, des peuples aborigènes, et qui aussi a entraîné les deux crises politiques jumelles qui ont enflammé le Canada dans les années soixante-dix et quatre-vingt: celles du nationalisme québécois et du retranchement des provinces de l'Ouest. Cette question morcela aussi un parti politique, le NPD, lequel ne s'est toujours pas remis de ses blessures. Les libéraux furent gravement touchés... Les conservateurs fédéraux s'opposèrent violemment à leurs puissants frères de sang du Parti conservateur de l'Ontario. Des amitiés politiques furent détruites...» Et la bataille — ce que les auteurs du livre ne mentionnent pas — faillit bien mettre un terme à la carrière politique de Ed Broadbent. «C'était la guerre, raconte Robin Sears. Une horrible guerre civile. Une guerre laide, difficile et douloureuse. Les années quatre-vingt et quatre-vingt-un restent pour moi les plus noires de toute ma carrière politique.»

«L'arrière-plan de ce conflit constitutionnel est de grande importance, déclare Bob Rae. Le Parti n'était pas particulièrement optimiste à la perspective de supporter Trudeau encore quatre années. Nous étions dans une situation passablement épineuse. Nous avions réussi à empêcher les tories d'exécuter leur projet de démantèlement de Petro-Canada, et à présent nous nous élevions contre Lalonde et MacEachen qui au contraire s'affairaient à donner de l'expansion au même Petro-Canada.» Une fois de plus, les néo-démocrates voyaient les libéraux prendre de l'avance sur un projet élaboré par eux. Quelle attitude adopter? Fallait-il féliciter les libéraux d'aller résolument de l'avant en reprenant à leur compte le programme proposé par le NPD? Ou au contraire leur reprocher de ne pas appliquer ce programme à la lettre?

Au mois de septembre, Bob Rae comprit que la Constitution soulevait un dilemme de même nature. Il fut l'un des premiers, parmi les néo-démocrates, à percevoir le danger. «Nous ne savions pas encore ce qu'allait faire Trudeau, raconte-t-il, mais j'ai fait valoir que nous devions être d'une extrême prudence si nous décidions d'attaquer un projet constitutionnel qui allait pleinement dans le sens de notre politique et que le public jugeait favorablement.» L'idée d'un rapatriement de la Constitution était largement approuvée dans le quartier de Toronto où Rae avait été élu, et d'une façon plus générale dans les circonscriptions du centre du Canada peuplées d'un pourcentage élevé d'immigrants et de citoyens autres que des Anglo-Saxons protestants. Les sympathies que faisait naître le projet de réforme constitutionnelle ne pouvaient donc que susciter un courant d'opinion favorable à Trudeau parmi l'électorat de ces comtés. Mais sur cette question le pays était comme à l'ordinaire divisé.

Dans l'Ouest, le Premier ministre était si impopulaire, rappelle Rae, que «les gens refusaient de le suivre, sur quelque terrain que ce soit».

Le 7 septembre 1980, Ed Schreyer, le gouverneur général, convia pour un dîner de travail le Premier ministre Trudeau ainsi que les dix Premiers ministres provinciaux, accompagnés des membres de leur cabinet choisis à leur convenance. Cette rencontre était l'aboutissement de cinquante-trois années de négociations, chaque fois avortées, portant sur la Constitution. «L'objectif primordial», écrivent Sheppard et Valpy, était de mettre un terme à «l'absurdité juridique» contraignant le Canada, nation de plein droit, à en passer par le bon vouloir de la Grande-Bretagne, ex-puissance colonisatrice de tutelle, chaque fois qu'il désirait apporter un amendement à sa Constitution. «Pareil problème ne se posait dans le monde à aucun pays jouissant de son autonomie.»

Trudeau était bien résolu à mener à bonne fin le grand projet qui l'obsédait depuis maintenant plus de dix ans. L'étonnante force motrice qui avait propulsé sa carrière politique, selon Sheppard et Valpy, c'était le désir d'unir son peuple, les Canadiens français, au reste du pays... «Il avait réussi à implanter au Canada anglais l'idée que la minorité française devrait avoir le droit fondamental d'user de sa propre langue, de *vivre* quotidiennement dans sa propre langue, partout au Canada. «Accordez-moi la langue, il le faut. C'est toute mon existence», dira-t-il à Bill Bennett vers la fin de la soirée...»

Mais la grande vision du leader libéral, celle d'un Canada bilingue, était mise en péril par le tour qu'avait pris le particularisme de la nation québécoise sous l'égide de René Lévesque, Premier ministre de la province et opposant numéro un de Trudeau. Battu au référendum, pris dans l'engrenage d'un processus constitutionnel auquel il ne croyait pas, Lévesque se présenta visiblement crispé chez le gouverneur général pour se joindre aux autres invités. À vrai dire, il n'était pas le seul à ne pas porter dans son coeur le Premier ministre fédéral. Les trois Premiers ministres conservateurs des provinces de l'Ouest partageaient eux aussi la même animosité à l'égard de Trudeau, et une égale suspiscion pour leur homologue de l'Ontario, Bill Davis, qui se rangerait, ils le savaient, à l'avis de Trudeau. Ce jour-là Bill Bennett (de la Colombie-Britannique), Peter Lougheed (de l'Alberta) et Sterling Lyon (du Manitoba) n'étaient guère d'humeur à arrondir les angles. Brian Peckford, l'irritable Premier ministre (conservateur lui aussi) de Terre-Neuve, reprocha à Trudeau ses «tendances socialisantes». Allan Blakeney, Premier ministre néo-démocrate de la Saskatchewan, l'ennemi que Trudeau, alternativement, redoutait et courtisait avec ferveur, gardait ses distances. Au moment où fut cérémonieusement servi le gâteau d'anniversaire offert à Blakeney en l'honneur de ses cinquante-cinq ans, l'atmosphère s'était fâcheusement détériorée. «Il n'existe aucun terrain d'entente... Le fédéralisme basé sur une coopération ouverte est tout aussi mort et enterré que Pearson», écrivent Sheppard et Valpy. Trudeau, sans même se donner la peine de déguiser son mépris, «tel un bouddha fourvoyé, pose la tête sur la table en prenant la posture théâtrale d'un homme accablé par le ridicule de la situation». Puis il prend congé. Prématurément, hâtivement, grossièrement. Au moment où il sort, son garde du corps de la Gendarmerie royale se lève d'un bond pour l'escorter. Les invités l'entendent dire au gendarme: «Va te faire foutre et laisse-moi rentrer seul.»

Dans son bureau sur la Colline, le chef du Nouveau Parti démocratique parlait Constitution et pensait Constitution depuis maintenant plusieurs mois. À cet égard, la position du Parti était claire — même si nombre d'extrémistes, s'il faut en croire Tony Penikett, président du NPD de 1981 à 1985, considéraient qu'ils n'avaient pas eu le temps d'examiner le problème à fond — et se résumait à trois points: rapatriement de la Constitution, élaboration d'une nouvelle Constitution proprement canadienne, proclamation d'une Charte des Droits et Libertés. Trois points que déjà les pionniers du Parti avaient fait figurer dans le manifeste de Regina en 1933, et que le texte portant création du NPD avait repris en 1961. Mais, selon Penikett, jamais le Parti n'avait ouvert un véritable débat de fond sur les questions constitutionnelles. Si le NPD avait pris cette initiative, il aurait immanquablement achoppé aux raisons pour lesquelles Blakeney s'opposait à la Charte des Droits et Libertés, de sorte qu'une guerre ouverte aurait sans doute pu être évitée. Mais ce qui semble évident aujourd'hui ne l'était assurément pas alors.

«La décision du NPD semblait la simplicité même, écrit Desmond Morton. Durant l'été, les députés néo-démocrates avaient passé en revue d'innombrables scénarios et donné mandat à Broadbent de soutenir Trudeau si celui-ci agissait.» Or, Trudeau passa à l'action. Le 1er octobre, jour fatidique, Ed s'entretint longuement avec le Premier ministre en privé. Les deux hommes entretenaient des relations fort ambiguës. «Des relations de rivalité, déclare Sears, mais chacun respectait le sérieux avec lequel l'autre se préoccupait des grandes questions philosophiques. Ils pouvaient converser sur un plan strictement intellectuel, excluant tout esprit partisan.» Pourtant, la situation n'était guère confortable pour Trudeau. «Pour faire aboutir son projet, il avait besoin de Ed plus que de quiconque», raconte Sears. Et si Ed avait jamais cherché à démolir Trudeau — dont l'isolement politique était déjà si prononcé — l'occasion était rêvée. Une chance en or lui était également offerte de marquer des points dans l'Ouest auprès des détracteurs de Trudeau. Mais Ed ne saisit pas la balle au bond.

Tout en formulant diverses réserves, en cherchant à obtenir certains amendements clés, Ed s'engagea à soutenir Trudeau, obéissant à la conviction d'agir comme il convenait. Ce qu'il omit de faire, en revanche, ce fut de différer sa réponse au Premier ministre, afin de se donner le temps de consulter ses conseillers et les chefs provinciaux du NPD. Ce qu'on lui reprochera plus tard, ce sera essentiellement cette omission. «Ce qu'il aurait dû dire, déclare l'un de ses ex-collaborateurs, c'est quelque chose du genre: «Je vous remercie de cette proposition. Je vais y réfléchir et vous donner un peu plus tard ma réponse.» S'il a tout compromis, c'est précisément par qu'il n'en a rien fait.» Un autre observateur familier des coulisses du Parti fait observer pour sa part: «Ed a négligé de flatter l'ego du Parti à un moment décisif. Il a totalement oublié de jouer le jeu de la politique. Et c'est ce qui lui a causé tant d'emmerdements.»

Le 2 octobre au soir, à l'occasion d'une allocution télévisée, Trudeau annonça sur le réseau national qu'il allait procéder unilatéralement — autrement dit, de son propre chef, sans l'appui des gouvernements provinciaux — pour doter le Canada d'une Constitution qui soit la sienne. Apparut ensuite sur le petit écran Joe Clark, le leader conservateur, pour s'opposer formellement à la décision du Premier ministre, accusant son initiative de «diviser» la nation et de «porter gravement atteinte» à son intégrité. Vint enfin Ed Broadbent, pour déclarer que son Parti approuvait globalement le projet de rapatriement de la Constitution, avec cependant quelques réserves. Le NPD, fidèle à ses traditions, précisa-t-il, souhaitait en particulier que chaque province exerce un contrôle sur ses richesses naturelles. Ed exposa la position de son Parti «telle qu'elle avait été élaborée durant le printemps 1980, et qui faisait la synthèse de tout ce à quoi nous avions collectivement réfléchi», affirme Sears. Peter O'Malley demeure persuadé que Ed s'est alors engagé dans la direction souhaitable, et il lui donne raison de l'avoir fait. «En soutenant ouvertement Trudeau, Ed pouvait exercer son pouvoir sur la suite des événements et l'influencer, dit-il. Au contraire de Clark qui, lui, s'était posé en adversaire dès le premier instant et se privait ainsi de toute possibilité ultérieure d'intervention. Les tories n'ont contribué en rien au processus constitutionnel.»

Néanmoins, Allan Blakeney juge scandaleuse la tactique de haute voltige déployée par Trudeau. «Il [Trudeau] estimait que seule une décision unilatérale pouvait débloquer la situation. J'ai été très déçu de voir Ed Broadbent le soutenir. Or, Ed connaissait notre position... mais ainsi soit-il. Nous avons collaboré avec Ed jusqu'au bout.» Selon Bill Knight — il était alors le conseiller principal de Blakeney —, ce dernier se fondait sur des arguments de nature économique pour contester la décision de Ed. Son opposition tenait à des facteurs liés à l'argent, au pouvoir et aux ressources naturelles. «Le glissement s'est opéré au début des années soixante-dix, raconte Knight, quand le cours du pétrole s'est mis à monter.» Grâce à l'OPEP en effet, le prix du baril de brut était passé de 2,50 $ à 35 $ entre 1970 et 1981. Cette hausse des prix avait brutalement paralysé le monde industrialisé, nourri la récession et déversé d'énormes profits dans les caisses des compagnies pétrolières et sur l'Ouest canadien où les sables bitumeux — et aussi la Mer de Beaufort dans l'Arctique — étaient devenus économiquement très rentables. Brusquement l'Alberta et la Saskatchewan s'étaient enrichies. Lougheed et Blakeney avaient alors usé de leur trésorerie toute neuve pour diversifier l'économie et alimenter des programmes d'aide sociale. «Au bout de dix ans, raconte Knight, le secteur des ressources naturelles nous fournissait cinquante pour cent de nos revenus, et nous réutilisions ces sommes pour améliorer le programme de santé, développer l'économie et instituer des réformes. Et voilà qu'un beau jour nous nous sommes heurtés de front au fédéral à propos de tarification et de contrôle de nos ressources.»

Au plus fort du boom pétrolier, les libéraux décidèrent d'intervenir pour garantir au Canada son approvisionnement énergétique, se donnant pour but l'autosuffisance dès 1990 et l'appropriation par le Canada de cinquante pour cent de ce secteur entièrement dominé par les compagnies étrangères. Mais dans l'Ouest on fulminait, considérant que le Programme énergétique national n'était qu'une mesure unilatérale de plus prise par le Canada central pour saigner à blanc l'Ouest et le déposséder de ses richesses. Les libéraux étaient pris dans un étau, car au sud les pressions exercées sur eux s'accentuaient aussi, ayant pour origine les compagnies pétrolières américaines et le Département d'État. Alexander Haig, alors secrétaire d'État, menaça même directement le Canada de représailles s'il tentait de prendre le contrôle de son propre approvisionnement énergétique. Ed Broadbent était lui aussi ligoté tandis qu'il observait la bataille qui faisait rage, les mains pleines de résolutions constitutionnelles, et que les députés néo-démocrates, où dominaient les élus de l'Ouest, se montraient de plus en plus rétifs.

Résolu à garder le contrôle du revenu dérivant des richesses naturelles de sa province, Blakeney lança une attaque en règle sur le terrain de la Constitution. Une bonne partie de la hargne était dirigée contre le projet de Charte des Droits et Libertés, laquelle se proposait de conférer davantage de pouvoirs à une magistrature nommée d'office et d'en retirer aux hommes politiques élus par les citoyens. En d'autres termes, Blakeney faisait davantage confiance aux politiciens qu'aux juges. C'est d'ailleurs cette question qui provoqua la première altercation majeure entre David Lewis et son fils Stephen. Ce dernier se rangeait à l'avis de Blakeney, alors que David approuvait Ed, comme le faisaient aussi Tommy Douglas et Stanley Knowles.

La querelle qui opposait la faction des pro-chartistes à celle des anti-chartistes était insoluble, estime Robin Sears. «C'étaient en effet deux conceptions du monde qui s'affrontaient. Il nous était impossible de trouver un terrain de conciliation, et Dieu sait si nous nous y sommes employés. Tout ce qu'on pouvait faire, c'était d'atténuer la violence des heurts.»

«Ceux qui s'opposaient à la Charte, écrivent Sheppard et Valpy, affirmaient que celle-ci ne serait profitable qu'aux avocats et qu'elle serait à l'origine de litiges dont on pourrait fort bien se passer, et qui très probablement seraient le fait des groupes de pression les mieux organisés, les plus prospères, et pouvant s'offrir le luxe de financer de coûteuses batailles judiciaires... Comme l'a fait remarquer Douglas Schmeiser, un ancien doyen de droit constitutionnel à l'Université de la Saskatchewan, «il est inquiétant de songer que cinq vieillards — c'est le nombre des voix requises pour que la Cour suprême décide — puissent trancher des grandes questions sociales et politiques intéressant la nation, et cela contre les voeux, ou sans en tenir compte, de toute la population». Une Charte des Droits et Libertés présentait bien sûr l'avantage de protéger les citoyens contre les excès d'une politique débridée ou d'un régime policier, en ce sens qu'elle garantirait le respect des principes démocratiques fondamentaux: «libertés de croyance, d'expression et d'association, droit à un jugement impartial et recours aux procédures légales, rempart contre la discrimination fondée sur l'appartenance raciale, la religion, le sexe et l'origine ethnique ou nationale, et aussi liberté d'apprendre l'une des deux langues officielles et d'en user.» En somme, une bonne partie des droits fondamentaux que Trudeau avait suspendus quand il avait imposé au Québec la Loi des mesures de guerre en 1970.

La grande question qui se posait à Ed était d'ordre stratégique: s'était-il rallié prématurément à Trudeau? À cette question, il n'hésite pas à répondre. «Il était indispensable de sortir de l'impasse», dit-il, ajoutant que le débat sur la Constitution traînait en longueur depuis plus d'un demi-siècle. «Si je n'avais pas pris cette décision, aujourd'hui nous n'aurions toujours pas de Constitution. Les députés néo-démocrates avaient longuement débattu de ce qu'il serait souhaitable d'obtenir du gouvernement, et nous avons agi conformément aux décisions du groupe et à la ligne du Parti... La formule d'amendement avait préalablement été approuvée par l'ensemble des provinces... Je savais qu'une période difficile nous attendait. Je savais que cela provoquerait un conflit. Mais j'ignorais jusqu'où irait ce conflit. Quand on est à la tête d'un parti, vient un moment où il faut nécessairement prendre des risques.»

Ed se trompait pourtant du tout au tout en estimant qu'une grande majorité des siens le soutenait. Norm Simon, qui arriva au beau milieu du tumulte constitutionnel — pour devenir chef de cabinet —, raconte que Ed lui téléphona le jour de son malheureux entretien avec Trudeau pour lui dire qu'il était très satisfait du projet global et qu'il avait donné son accord de principe. «Je lui ai demandé ce qu'en pensaient ses collaborateurs. «Je les ai tous mis au courant et tout va bien de ce côté-là», m'a-t-il affirmé.» C'était sans doute son optimisme qui poussait Ed à formuler pareille affirmation, mais assurément pas l'analyse raisonnée.

Quand on l'interroge sur ce point, Ed affiche pourtant une absolue conviction: «J'avais été mandaté par le Parti, dit-il, et j'avais la conviction de parler dans l'intérêt du Canada et dans celui du Parti.» Sheppard et Valpy se rangent à cet avis. Bien qu'ils s'interrogent sur les véritables motifs de Clark et sur la stratégie déployée par Trudeau, ils estiment que «seul des trois chefs d'un parti national, celui du NPD prit position sur la Constitution sans avoir dans sa manche un autre atout à jouer». Ed était persuadé que ses collègues du Parti ne nourrissaient pas d'arrière-pensées eux non plus.

Il fut consterné par la machination ourdie dans les coulisses le 5 novembre 1981, cette «nuit des longs couteaux» durant laquelle les Premiers ministres des provinces anglophones s'entendirent pour passer à l'action alors que René Lévesque dormait. Ce dernier avait quitté la réunion très tôt la veille au soir et, n'ayant rien entendu dire d'alarmant de la bouche de ses collègues, s'était mis au lit à une heure du matin. Le lendemain, Peckford fit à Lévesque «une proposition finale» à l'heure du petit déjeuner. Selon Lévesque, ils avaient mis à profit l'absence de la délégation québécoise pour éliminer ses revendications les plus importantes... C'était un coup de couteau dans le dos. Anéanti par cette manoeuvre insultante, il regagna le Québec. La province francophone avait été exclue de la Constitution, que pourtant on se proposait de remanier au bénéfice des Québécois. Lévesque ne trouvait pas de mots assez forts pour exprimer sa cuisante amertume.

La période qui s'écoula de l'hiver 80-81 aux débats de la Chambre des communes en janvier 82 — durant laquelle menaces physiques et échanges de coups de poings n'étaient pas exceptionnels — fut la pire de toutes. «Une véritable dévastation», raconte Svend Robinson, député de Burnaby en Colombie-Britannique et critique néo-démocrate en matière de justice. Bilingue, titulaire d'une licence en droit de l'Université de Colombie-Britannique et d'un doctorat de la London School of Economics, Robinson siégeait au comité conjoint sur la Constitution du Canada. Robinson, qui avait longuement et assidûment oeuvré pour consolider la Charte des Droits et Libertés, était lui aussi atterré par les événements du 5 novembre 1981. Il découvrit que non seulement le Québec n'avait pu faire entendre sa voix lors de l'accord passé nuitamment entre les Premiers ministres des provinces anglophones, mais encore que ces derniers avaient également sacrifié les droits des minorités autochtones et des femmes à l'égalité. Ils avaient par ailleurs introduit dans le texte une «clause de réserve», autrement dit une habile échappatoire permettant de considérer comme nul et non avenu chacun des points figurant dans la Charte. Alors qu'il sortait d'une réunion de travail et que les caméras de télévision le cernaient, Robinson déclara sous le feu des projecteurs qu'il se refusait à cautionner cet accord, «le prix dont il fallait le payer était trop élevé», raconte-t-il.

Pour Ed, la situation changeait de jour en jour, au fur et à mesure que des clauses nouvelles venaient s'ajouter au texte et que d'autres en étaient éliminées, au fur et à mesure aussi que de nouvelles lignes se formaient, se rompaient et se reformaient. Il était tantôt sur la brèche, guerroyant pour arracher des avantages constitutionnels, et tantôt sur la défensive pour protéger ses arrières. Lorne Nystrom, qui avait pris la tête de la Bande des Quatre anti-Broadbent (composée de quatre députés du NPD: Simon de Jong, Dough Anguish, Stan Hovsdebo et lui-même) se souvient d'avoir alors eu «discussion sur discussion avec Ed, semaine après se-

maine, crise après crise, jusqu'à en avoir la nausée». Dans l'esprit
de Nystrom comme dans celui de Blakeney, Ed était en partie aveu-
glé par son penchant pour l'Ontario et ne comprenait pas que le point
de vue de l'Ouest ne coïncidait pas nécessairement avec celui du Canada central. «Ed trouvait tout à fait normal que l'Ontario dispose
d'un droit de veto, mais les autres provinces n'étaient pas traitées de
la même façon», raconte Nystrom. Simon de Jong, ex-président des
jeunes CCF de la Saskatchewan, jugeait Ed «trop crispé, trop céré-
bral» et il préconisait une démarche plus flexible, plus futuriste,
axée sur le droit à l'air pur, à l'eau pure, à l'éducation et à l'emploi.
La petite guerre s'éternisait. Anne Carroll, l'assistante exécutive de
Ed, battait le rappel des députés du NPD à sept heures du matin,
alors qu'ils étaient encore sous la douche, leur demandant de se
rendre toute affaire cessante sur la Colline pour assister à une réunion urgente. Nelson Riis, élu pour la première fois en 1980, était
choqué par ces façons de faire. «Jusque-là je n'avais pas consacré
beaucoup de temps à penser à la Constitution du Canada, dit-il, et je
n'arrivais pas à comprendre pourquoi les deux camps antagonistes
étaient si éloignés l'un de l'autre. Je me disais qu'entre membres
du NPD on pourrait au moins faire l'effort de trouver un terrain
d'entente. Au contraire, j'avais l'impression d'assister à une guerre
civile sourde que les uns et les autres se livraient sans interrup-
tion.»

«Tard dans la nuit certains membres du Parti m'appelaient
pour me menacer de m'exclure du NPD si je m'obstinais à soutenir
Ed, en me disant que je trahissais l'idéal de mon grand-père», raconte Robin Sears. Colin Cameron, l'aïeul de Sears, avait été l'un
des pionniers de la CCF. «Je passais des nuits blanches, déchiré, littéralement déchiré», poursuit Sears. Les Benjamin, un élu de la Saskatchewan qui soutenait Ed, déclare de son côté: «Dans ma province, j'étais à peu près aussi bien vu qu'une mouffette dans un
garden-party. De bons amis me disaient sans ménagements que jamais plus ils ne me laisseraient planter mes panneaux électoraux
sur leurs pelouses. On me qualifiait de traître à la Saskatchewan.
C'était terriblement angoissant. L'enfer. J'ai même reçu des lettres
assez ignobles...»

Pour Bob Rae, il convenait au moins de se féliciter d'une chose:
«Jamais ces dissensions ne furent portées à la connaissance du public.» Ce qui les rendait particulièrement insupportables, ajoute-t-il,
c'est qu'elles s'éternisaient. «Nous perdions le contrôle de la situation et à tout instant nous devions réagir aux déclarations des Premiers ministres provinciaux ou de celui du Canada.»

«Ce qui facilitait les choses à Ed, explique Rae, c'est qu'il avait continuellement l'impression d'être dans le vrai. Il s'était fermement engagé à soutenir la Charte et le rapatriement de la Constitution, et il n'est pas homme à se ronger les sangs en doutant de lui-même ou à revenir sur une décision. En tout cas, je ne l'ai jamais vu se comporter de cette façon.» L'inconvénient de cette sûreté de soi, affichée par Ed, rapporte Norm Simon, c'est qu'«il était parfois difficile de collaborer avec lui tant il se montrait têtu et obstiné». Si par exemple, à cette époque, quelqu'un prononçait une phrase du genre: «La stratégie que nous adoptons n'est peut-être pas la meilleure. Nous devrions peut-être nous y prendre autrement», alors il répondait d'un ton catégorique: «Non. C'est ainsi et pas autrement.» Ce dont Simon se rappelle tout particulièrement, c'est de l'obsession dont Ed faisait preuve à propos de la Constitution, même s'il déclarait vouloir se consacrer de nouveau aux questions économiques. «Il n'en sortait pas, il s'y cramponnait. Rien ne l'en aurait distrait... Je souhaitais continuellement qu'il prenne un peu de recul, qu'il laisse retomber la pression. Mais pas un instant il n'a perdu le contrôle de la situation. Il tenait bon contre vents et marées.»

À l'occasion d'un dîner mémorable dans un restaurant de Vancouver, Ed et Ian Waddell, un élu du NPD, se livrèrent à une violente altercation assortie d'invectives et de jurons bien sentis, altercation qui gênait fort leurs compagnons de table, mais qui valut aux deux adversaires une salve d'applaudissements de la part des autres clients au moment où ils quittèrent l'établissement. Waddell, un avocat de Vancouver qui avait fait partie de la commission d'enquête Berger sur le pipe-line de la vallée de la Mackenzie, avait engagé Ed à défendre une clause garantissant aux minorités aborigènes des droits plus vigoureux. «Ed m'a répliqué que si le sort des Indiens me préoccupait tellement, je n'avais qu'à reprendre ma liberté pour aller mettre à leur service mes compétences d'avocat, raconte Waddell. Alors j'ai vu rouge. «Espèce de trou de cul, lui ai-je dit. Je suis membre de ton caucus et tu vas me faire le plaisir de m'écouter, tu m'entends?»

Dans le bureau de Ed, certaines séances houleuses se déroulaient pendant des heures, en présence des députés s'en prenant les uns aux autres ou au leader du Parti, de chefs de tribus indiennes et de groupes féministes, tous venus avec leurs avocats, chacun s'asseyant là où il le pouvait, y compris sur les appuis des fenêtres. Les visiteurs et visiteuses discutaient alors âprement chaque virgule du projet de clause sur les droits des aborigènes ou ceux des femmes, droits dont le NPD finira par se faire l'avocat. Bien entendu, la lutte pour la reconnaissance des droits égalitaires de la femme — que décrit Penney Kome dans son livre intitulé *The Taking of Twenty Eight: Women Challenge the Constitution* — constituait à elle seule une bonne part de l'enjeu constitutionnel. Des milliers de femmes s'étaient mobilisées pour constituer un groupe de pression dont l'offensive la plus décisive s'était donné pour cible la Colline parlementaire, ce qui n'allait pas sans rappeler la bataille livrée aux États-Unis durant plusieurs dizaines d'années pour arracher au législateur l'Equal Rights Amendment. Au Canada, il faudra aux femmes deux années de lutte soutenue pour faire triompher leur cause.

Un peu plus tard, Ed plaida celle des Indiens et des Inuit auprès de Trudeau. Les libéraux avaient amplement fait valoir qu'on ne pouvait pas garantir par la loi les droits sacrés des Indiens, faute de pouvoir définir avec précision la nature de ces droits. Ed se souvient point pour point du débat qui l'opposa sur cette question à Trudeau, et que par la suite Sheppard et Valpy rapporteront en détail dans leur livre. «Trudeau ouvrit la discussion de façon très socratique en demandant à Broadbent de lui expliquer en quoi consistait au juste ces droits des aborigènes. Ce à quoi Broadbent riposta par un artifice rhétorique en invitant Trudeau à lui exposer ce qu'il fallait entendre par liberté religieuse aux dix-septième et dix-huitième siècles...» Ed soutint le point de vue selon lequel la notion de liberté est évolutive et qu'il en allait de même des droits des aborigènes. Point n'est besoin qu'ils aient été gravés dans la pierre pour que leur existence soit reconnue. Au terme de la réunion, il se retira avec le sentiment d'avoir usé de la meilleure argumentation. «Mais ce qui l'irritait, c'est que Trudeau ne lui avait pas fait la moindre concession. C'était là une des raisons pour lesquelles le Premier ministre lui inspirait de l'antipathie. Il en était venu à croire que Trudeau aimait bien davantage argumenter que prendre connaissance de la vérité, trait de caractère que Broadbent, épris de philosophie politique, tenait pour une faiblesse intellectuelle.»

Une réunion secrète dans un hôtel de Hull, sur la rive opposée à celle d'Ottawa, fut pour Ed l'occasion de vivre une expérience particulièrement poignante. David Lewis s'efforça ce soir-là — c'était peu avant sa mort en 1981 — d'aplanir le différend qui opposait Blakeney à Broadbent et de réconcilier les deux adversaires. Sous traitement, David se sentait diminué, en proie à d'excessives émotions, tel un animal qui lutte pour protéger son petit. Tommy Douglas, qui avait mené une longue lutte opiniâtre pour défendre les positions de Ed, assistait à cette réunion. «Broadbent et Blakeney se sont accrochés sur la question de la Charte des Droits et Libertés, rapporte un collaborateur de Ed, et David s'est mis de la partie. Il soutenait lui aussi fermement le point de vue de Broadbent, et il a pris sa défense avec tant de passion qu'il a fondu en larmes.» Bill Knight, le chef de cabinet de Blakeney qui était là lui aussi, soutient que David ne volait pas tant au secours de Ed qu'à celui du Parti lui-même. Se sachant condamné, la bataille qui faisait rage et déchirait le NPD le peinait terriblement.

«David a souligné très clairement ce qui distinguait le Parti de la Saskatchewan du Parti national, raconte Knight. Puis il a fait le point de la situation... la pièce était chargée de tension, d'émotion... avant de lancer un appel pathétique à Broadbent et à Blakeney pour qu'ils mettent un terme à leur guerre fratricide. C'était stupéfiant de l'entendre.» Plus tard, écrivent les McLeod dans leur biographie de Tommy Douglas, «Broadbent surprit dans la rue, à proximité de l'hôtel, David Lewis en train de pleurer, tandis que Douglas, impuissant, se tenait près de lui». Lewis sentait «se défaire ce que Tommy et lui avaient passé toute leur vie à construire». Rien de plus poignant que cet instantané exprimant toute la détresse de deux aînés du Parti redoutant pour l'avenir de l'appareil qu'ils ont façonné, et dont ils doivent remettre les destinées entre les mains de leurs cadets quand la vieillesse et la maladie les obligent à lâcher les rênes. Le lendemain, David appela Ed pour lui demander de pardonner son «moment d'égarement».

Cet excès de passion, tout le monde le partageait. La réunion de Hull ne put rien résoudre et les députés fédéraux du NPD continuèrent à s'opposer les uns aux autres, partagés sur les questions comme sur les tactiques, tandis que le débat provoquait aussi des remous parmi les libéraux, les tories et les gouvernements provinciaux. Bien que le Congrès canadien du travail fût officiellement du côté de Ed, beaucoup de représentants des travailleurs étaient contre lui, rapporte un dirigeant syndical: «Trudeau ne proposait rien en matière de droits collectifs. Il s'agit pourtant de droits politiques qui devraient relever des élus et non pas de juges nommés... Mais dans le projet de Trudeau c'étaient les Cours qui avaient le pouvoir de trancher... Pas un mot du droit des travailleurs... Si bien qu'officieusement beaucoup de gens approuvaient la position prise par Blakeney au conseil exécutif du CCT. Mais le CCT ne souhaitait pas déclarer ouvertement la guerre à Ed.»

Finalement le Parti se divisa en trois clans: celui des loyalistes qui, à l'exemple de Bob Rae, demeuraient fidèles à Broadbent sur le fond, même s'ils estimaient qu'il lui arrivait de commettre des erreurs de tactique; celui des dissidents de la Saskatchewan, dont le chef de file au sein du groupe parlementaire était Lorne Nystrom, lequel se ralliait au point de vue de Blakeney et comme lui s'opposait à la Charte des Droits et Libertés et refusait de s'aligner sur la position qui prévalait dans le Canada central; enfin, le clan de ceux qui étaient favorables à une Charte plus musclée et se battaient pour les droits des femmes et des aborigènes.

La vie d'un homme politique donne souvent l'impression trompeuse d'une pseudo-hystérie. Les crises ne cessent jamais, quelle qu'en soit la raison. À côté du combat véritablement obsessif qu'il menait sur le front constitutionnel, Ed devait également s'acquitter d'autres obligations. Au cours du printemps 1981, il s'apprêtait à faire un séjour latino-américain de deux semaines, à l'occasion d'une mission de paix qui le conduirait à travers l'Amérique Centrale, au Salvador qu'ensanglantait la guerre civile, puis à Cuba où il passerait sept heures en compagnie du chef révolutionnaire Fidel Castro.

Le voyage commença sous de tristes auspices. Le 23 mai, jour du départ, David Lewis mourut. Ed faisait déjà route pour le Mexique. À l'escale d'Atlanta, un message lui enjoignit de regagner de toute urgence Ottawa pour assister aux funérailles de David le 26 mai. Ed était atterré. Il savait Lewis très malade, mais ne s'était pas préparé à cette «immense perte» que représentait pour lui la disparition de celui qui avait été son maître et son allié. Il n'avait pas pleinement conscience non plus du bouleversement affectif éprouvé par la famille Lewis. On avait révélé aux enfants de David la leucémie de leur père que très peu de temps avant sa mort, et Stephen, pour ne citer que lui, en voulait énormément à sa mère de ne lui en avoir rien dit. La foule énorme qui se pressait à la synagogue d'Ottawa n'était pas non plus d'un grand réconfort à la famille Lewis.

Toute sa vie durant Lewis avait été la cible d'attaques virulentes, et à présent qu'il n'était plus on ne faisait que chanter ses louanges. «La mort est venue éteindre sa voix, déclara le Premier ministre, mais son esprit de réforme demeurera bien vivant dans l'existence d'innombrables hommes et femmes qui, au fil des années, ont été inspirés par ses idées et touchés par son éloquence.» Parmi l'assistance nombreuse venue rendre un dernier hommage au disparu, on relevait la présence de quantité de dignitaires. Au premier rang, Trudeau. Ed était bouleversé. Lewis avait décelé en lui l'étincelle, lui avait donné sa confiance, l'avait formé. Ed était son héritier.

Mais il n'eut guère le temps de se laisser aller au chagrin. Immédiatement après les funérailles, il s'envola pour Mexico. Le lendemain, il était au Salvador. Le voyage avait été organisé sous l'égide de l'Internationale socialiste, dont le président était alors Willy Brandt, à qui Ed adressera plus tard un compte rendu de son séjour latino-américain. Brandt espérait que Ed préparerait le terrain «pour une tentative de médiation internationale en vue de promouvoir la paix entre les factions en lutte au Salvador», écrivait dans le *Globe* Oakland Ross, envoyé spécial du journal à Mexico. «La violence politique exercée par les escadrons de la mort de l'extrême droite, les milices armées gouvernementales et les guérilleros insurgés, poursuivait la journaliste, a fait vingt mille victimes depuis le début des troubles en 1980. Et la liste des morts s'allonge sans cesse, chaque jour qui passe venant livrer sa moisson de cadavres, dont bon nombre ont été mutilés au point qu'il est impossible de les identifier, avant d'être jetés un peu partout à travers la capitale et la campagne environnante.»

Pour Ed, la découverte de la situation au Salvador fut un véritable choc. «Cinquante personnes avaient été exécutées la nuit par les escadrons de la mort pendant que j'étais là-bas, raconte-t-il. J'ai discuté avec des adolescents de dix-huit ans brandissant des mitraillettes — il s'agissait de soldats de l'armée gouvernementale — qui me racontaient qu'ils allaient en finir avec les socialistes. J'ai rencontré des prêtres qui m'ont promené en voiture dans des rues qui se vidaient sitôt qu'un véhicule du gouvernement approchait. Pour la première fois de ma vie je voyais de près ce qu'était la terreur.»

Le lendemain de son entretien avec Ed, le président Jose Napoleon Duarte «rejeta publiquement et catégoriquement toute éventualité d'un effort international concerté pour mettre fin au conflit», écrivait Oakland Ross. Et à Cuba, au grand effroi de Sears, Ed reprocha très durement à Castro d'acheminer clandestinement des armes vers le Salvador et d'attenter aux Droits de l'homme... mais sans cesser pour autant de fumer les cigares que lui offrait son hôte.

De retour chez lui, les ennuis politiques de Ed lui semblaient bien falots en comparaison de ce qu'il venait d'entrevoir. Vêtu de shorts et de sandales, exhibant son bronzage, il reçut dans son jardin ensoleillé Carol Goar, du *Toronto Star,* et lui confia que «cette expérience [constitutionnelle] n'a pas été pour moi ce qu'on pourrait appeler un plaisir sans partage». (Moins d'un an plus tard, le 17 avril 1982, la Reine apposa sa signature au bas de l'acte entérinant la nouvelle Constitution canadienne.) Goar notait encore que si Ed s'entendait fort bien d'ordinaire à cacher ses sentiments derrière ce genre d'ironie désabusée, cette fois ses sarcasmes, accompagnés d'un pâle sourire, avaient quelque chose de forcé: «Les derniers mois qui viennent de s'écouler semblent avoir fortement éprouvé le Parti et son chef de quarante-cinq ans.» Mais il n'était pas question pour Ed de se reposer. «L'un des grands casse-tête, permanent chez un socialiste, déclara-t-il encore à la journaliste, c'est qu'il faut à tout instant s'engager dans de nouvelles directions du fait que le gouvernement du jour essaie continuellement de vous prendre de vitesse et de reprendre à son compte la politique qui est la vôtre.» Dans le même temps, Ed était en butte aux tensions provoquées dans son entourage immédiat par des membres du Parti qui entendaient avoir davantage de liberté de manoeuvre.

En 1980, Judy Wasylycia-Leis devint l'assistante exécutive de Ed. Elle occupera ce poste pendant dix-huit mois «difficiles». Bien que la guerre constitutionnelle fît rage, elle se souvient fort bien du petit groupe serré d'hommes qui composaient l'entourage de Ed. «Un cercle très fermé, précise-t-elle, dans lequel j'avais bien du mal à me sentir égale aux autres.» Ce qu'elle appelle «le bunker des mâles» s'était constitué en grande partie pour répondre à la nécessité de resserrer les rangs pour mieux faire front aux attaques pleuvant de l'extérieur, et aussi parce que la politique, considérait-on (même au NPD), restait une prérogative masculine. En dépit du fait que le Parti prônait l'égalité des sexes (au congrès de 1983, le NPD adoptera une motion d'amendement constitutionnel requérant que cinquante pour cent au moins des postes fédéraux et des sièges dans les comités soient occupés par des femmes), et bien que Ed fût convaincu d'avoir beaucoup appris de Rosemary Brown, le cercle de son entourage immédiat demeurait essentiellement un bastion mâle, à l'intérieur duquel ne s'immisçait que son assistante exécutive, Anne Carroll.

Judy W-L, comme tout un chacun l'appelait, était une jeune féministe indépendante d'esprit et bien décidée à faire son chemin pour accéder à un poste de responsabilité. Elle y réussira d'ailleurs, puisqu'avant même d'avoir trente-quatre ans elle deviendra ministre dans le gouvernement néo-démocrate de Howard Pawley au Manitoba.

«Ed exigeait beaucoup de ses collaborateurs, raconte Judy. Parfois je trouvais fastidieux ce qu'il me demandait de faire... m'occuper de ci, aller chercher ça...» Elle aimait d'autant moins recevoir l'ordre d'exécuter des tâches subalternes que depuis trois ans et demi elle occupait les fonctions d'organisatrice des mouvements féministes dans le cadre du Parti fédéral et qu'elle s'était appliquée à ouvrir les esprits aux revendications des femmes à travers tout le

285

pays et jusque dans le bureau du chef du Parti. Dorothy Inglis, une militante de Terre-Neuve, raconte qu'à cette époque Judy W-L entraînait Ed dans les réunions des comités féministes. «Ed nous écoutait exposer nos problèmes, et c'était pour lui très instructif, rapporte Inglis. Il est devenu l'un des partisans les plus convaincus du mouvement des femmes à l'intérieur du Parti.» Marion Dewar — présidente du NPD de 1985 à 1987 — confirme pleinement ces allégations et rappelle qu'en 1988 six postes de vice-présidents sur neuf sont occupés par des femmes.

Judy W-L aimait son travail. «C'était passionnant. Je faisais pression sur Ed, je le harcelais, je revenais à la charge pour lui rappeler sans cesse les questions qui me semblaient importantes. J'assistais aux réunions quotidiennes des députés. J'exposais sans relâche les points qui me tenaient à coeur... les garderies, les pensions, le choix pour la femme du mode de reproduction, l'action affirmative. Je perdais plus souvent que je ne gagnais, mais il n'empêche que peu à peu les problèmes féministes étaient de plus en plus souvent évoqués durant la période des questions.» Et quand le NPD les soulevait, remarquait-elle, les autres partis lui emboîtaient le pas.

Mais à dater du jour où elle fut «promue» dans le bureau de Ed, dit-elle, les choses changèrent du tout au tout. «Je n'avais plus pour rôle de me consacrer exclusivement aux questions concernant la condition de la femme. Si j'insistais pour le faire, je perdais ma crédibilité. Et quand il m'arrivait de m'obstiner, j'avais d'ordinaire contre moi tout le groupe masculin. Eliesen et O'Malley avaient plutôt tendance à considérer les questions féministes comme «accessoires» et de peu d'intérêt par rapport aux choses sérieuses.» Ed n'a jamais soupçonné, rapporte un de ses conseillers, «la rudesse avec laquelle O'Malley et Eliesen traitaient souvent Judy». Pourtant, elle était convaincue qu'elle faisait avancer sa cause. «Ed en était venu à accepter de débattre franchement et ouvertement des questions que je lui soumettais», dit-elle.

Mais de son côté il s'insurge quand on lui rappelle que Judy ne pouvait que se sentir muselée par les collaborateurs masculins de son patron. «C'est moi qui l'ai amenée là, proteste-t-il, intégrée dans mon état-major, en raison du travail qu'elle avait accompli dans le domaine du féminisme. C'est moi qui souhaitais cet apport d'idées neuves. Et je la soutenais.» Selon lui, la grande innovation du NPD, c'est d'avoir mis de l'avant les revendications féministes lors des élections de 1984.

À présent que le temps a passé, et eu égard à l'expérience que lui a valu l'exercice du pouvoir au sein d'un gouvernement provincial, Judy s'estime en mesure de mieux comprendre les pressions énormes que devait subir Ed à cette époque. Elle avait eu bien des occasions d'observer qu'il était souvent difficile de lui faire entendre raison quand il était stressé. Quand il s'était mis une idée en tête, il la mettait rapidement — souvent trop rapidement, impulsivement — en application, de sorte qu'il fallait alors faire appel à une poigne ferme pour le retenir. «Ed n'est pas de ceux qui sollicitent les critiques ou qui les acceptent, dit-elle. Pas facile de l'amener à prêter l'oreille pour lui expliquer qu'il se trompe du tout au tout. Il réagit de telle manière que cela vous enlève l'envie de lui dire ses quatre vérités. Mais à présent, depuis que j'ai occupé un poste ministériel, je le comprends mieux. Plus votre carrière politique est longue et plus on vous observe à la loupe, si bien que vous n'avez plus envie de vous entendre dire à tout propos que vous avez tort. Vous ne souhaitez plus écouter que ce qui vous réconforte.»

Le principal havre dans lequel il puisait alors réconfort, c'était sa vie privée, celle qu'il partageait avec Lucille. S'il faut en croire ses amis, sa relation de couple était le seul et unique facteur qui le rendait apte à garder son équilibre. Nestor Pidwerbecki rapporte qu'en 1975 il n'avait pu s'empêcher de rire quand Ed, élu chef du Parti, avait insisté pour préserver sa vie privée et que le Parti s'était engagé à le laisser disposer de deux fins de semaine sur quatre pour qu'il puisse se détendre chez lui en famille. Car Nestor, en tant qu'organisateur électoral de Ed à Oshawa, savait fort bien qu'à la différence des leaders libéral et tory, qui pouvaient se faire remplacer par un de leurs ministres, le nouveau chef du NPD devait faire face à des impératifs si contraignants qu'il serait bientôt obligé de sacrifier à sa charge sa vie familiale et son cercle de relations. «Je savais très bien ce qui allait se produire, raconte Nestor. Et je ne me trompais pas. Ed voyage et travaille continuellement. Au fil des années, il a parcouru des centaines de milliers de kilomètres à force de se déplacer d'un océan à l'autre... on le voit de moins en moins souvent à Oshawa... Et Lucille a été merveilleuse. Elle l'a continuellement encouragé.»

Se consacrant totalement à l'éducation de leurs enfants Paul et Christine et menant sa propre existence comme elle l'entend — elle s'occupe d'oeuvres charitables et s'adonne à ses passions intellectuelles et artistiques — Lucille a accepté de jouer le rôle public de «l'épouse souriante et plaisante», expression qu'elle accompagne d'une grimace un peu forcée. Mais elle a aussi déployé beaucoup d'efforts pour demeurer proche de son mari, ambition rendue de plus en plus difficile à satisfaire au fur et à mesure que le Parti et les incessantes batailles politiques accaparaient davantage de son temps. «Il faut absolument garder vivante une relation de couple, dit-elle. On ne peut pas se laisser entraîner dans une routine consistant uniquement à vivre, à assister à des réunions, à faire ce qu'on a à faire. Si on n'y prête pas attention, on ne prend même plus le temps de se sentir bien ensemble et on devient des étrangers l'un à l'autre.» Ce temps passé ensemble, elle a fait en sorte qu'ils puissent le prendre: ski de fond l'hiver, séjours dans les Caraïbes, soirées à deux durant lesquelles ils lisent, conversent et écoutent les opéras qu'ils chérissent. Lucille sait vous parler avec une telle sensibilité de ce qu'est «une relation amoureuse» qu'on devine immédiatement qu'elle en partage une authentique avec son mari. Et les amis perçoivent eux aussi cette complicité spirituelle et sensuelle qui les lie l'un à l'autre. «Il y a entre eux un véritable échange de séduction amoureuse, affirme l'un de leurs proches. Ce qu'ils partagent n'existe pas chez beaucoup de couples, et c'est tout à fait extraordinaire de le découvrir dans le milieu de la politique.»

Carol Goar — la chroniqueuse du *Toronto Star* lauréate du National Newspaper Award — vit à Ottawa à proximité immédiate des Broadbent, dans le quartier Sandy Hill. Un soir qu'elle rentrait chez elle, Carol s'est arrêtée devant la maison des Broadbent. «J'ai vu par les fenêtres à petits carreaux, raconte-t-elle, Ed et Lucille assis l'un près de l'autre, lisant devant le feu de la cheminée.» Carol a un sourire rêveur et je l'imagine aisément, frêle silhouette féminine rôdant, solitaire, par une froide nuit d'hiver, attirée par les accents de la musique et la chaleur de cet intérieur douillet. «Un spectacle très réconfortant», ajoute-t-elle.

Assise sur le plancher devant la cheminée du salon, Lucille tourne les pages d'un album de photos de famille. Instantanés pris lors d'une soirée d'anniversaire au chalet, Ed et Lucille entourés de Paul et de Christine, patinant sur le canal, faisant de la bicyclette, dévorant des hot-dogs. Mais ce qui domine largement, ce sont les clichés en noir et blanc pris à l'occasion des campagnes politiques: Ed chevauchant la motocyclette d'un collaborateur (ce qui ne simplifiait pas la tâche de l'officier de la GRC chargé d'assurer sa protection); Ed se contorsionnant, extasié, à bord de l'avion nolisé pour sa campagne; Ed prononçant un discours; Ed, Lucille, Paul et Christine sur l'estrade le soir d'une élection; Ed un peu plus âgé; Ed plus âgé encore; Ed debout sur le tarmac d'un aéroport, observant un avion au sol tandis que Lucille se serre contre lui, son bras passé sous le sien...

Maclean's, Michael Sturdy

Broadbent en compagnie de ses mentors, David Lewis (à gauche) et Tommy Douglas (à droite).

Ed fait le clown sur la Colline.

Toronto Star, UPI

Ed et Lucille avec leur fille Christine et leur fils Paul, en 1977.

*Ed, Lucille et Christine
sur le canal Rideau.*

Gail Harvey

*Ed, Lucille, Percy et
Mary Broadbent.*

Photo Features

Oshawa / Whitby This Week, Walter Passarella

Ed en route vers son bureau.

*Ed en compagnie
de Bob White,
président de l'Union des
travailleurs de l'automobile.*

*Ed et Lucille.
en traîneau à chiens,
dans les Territoires
du Nord-Ouest.*

Ed en campagne électorale en 1979.

Ed en campagne électorale en 1979.

Ed et le secrétaire fédéral Bill Knight (à droite), l'assistante exécutive Ann Carroll et le secrétaire principal George Nakitsas.

Mary Broadbent.

Lucille dut faire des efforts pour entrer dans la peau du personnage qu'elle joue, pour interpréter «le rôle traditionnel» qui est le sien, alors que dans le même temps Ed s'initiait au féminisme. Bien qu'elle mène une existence qui exclut tout «partage égalitaire des tâches», Lucille se considère comme une féministe. Elle n'en a pas moins une conscience aiguë du gouffre qui, dans la vie de son époux, sépare la théorie de la pratique. «Ed a évidemment beau jeu de parler de l'égalité des femmes alors qu'il ignore tout de leurs servitudes. Je sais très bien ce qu'on dit de lui: qu'il a chez lui une femme qui lui prépare ses repas, lave son linge, tond la pelouse... La situation n'est pas simple. On a reproché à tous les leaders politiques d'avoir sous leur toit une épouse aux petits soins pour eux et qui s'occupe des enfants. Et d'un autre côté on reproche à la femme au foyer de vivre comme une princesse dont l'existence dorée est assurée par un autre... Parfois je me demande si je n'aurais pas bien fait de recommencer à travailler quand Christine était petite. Non pas que je regrette quoi que ce soit, mais...» Ce «mais» est lourd de signification. La réalité que Lucille dut affronter n'était pas simple elle non plus: avec un mari qui dès l'âge d'homme était entré en politique pour s'y consacrer entièrement, elle ne pouvait que s'interroger avec inquiétude sur son avenir à elle, se demander ce qu'elle ferait d'elle-même le jour où Christine sortirait du collège. Elle me parle du livre de Susan Riley, *The Lives of the Saints*, sur l'existence des épouses des hommes politiques, que l'auteur qualifie de «prostituées grassement payées». Lucille juge la description désobligeante et le qualificatif injuste.

«Lucille est une femme exceptionnelle», déclare son amie Penny Collenette, étudiante en droit et mariée à l'ex-ministre libéral David Collenette. «C'est une féministe qui ne fait pas de tapage. Elle n'éprouve ni le désir ni le besoin d'occuper le devant de la scène. Après avoir connu dans sa vie bien des tragédies et des difficultés, elle a envie de profiter des bons moments de l'existence. Je ne trouve pas les mots pour dire ce que je pense d'elle. Elle est droite, serviable... Une merveilleuse amie. À mon avis, elle a un port de reine. C'est un amour. Je ferais n'importe quoi pour elle.»

Penny et Lucille se sont connues au début des années quatre-vingt, et leur amitié réciproque est née de leurs efforts communs, par le canal de la Parliamentary Spouses Association (Association des épouses des députés), pour aider les Juifs de l'Union soviétique à quitter l'URSS. Penny avait rédigé à cet effet une pétition. «J'avais besoin de la signature des femmes des leaders des trois grands partis politiques, et je me sentais dans mes petits souliers. Qui étais-je pour tenter une démarche pareille, sinon l'épouse d'un simple député? Mais j'ai tout de même appelé Lucille chez elle et elle s'est montrée d'une chaleureuse compréhension. Elle m'a invité à venir la voir tout de suite, et elle a signé sur-le-champ.» Avec Jane Crosbie — la femme du ministre tory John Crosbie —, Lucille Broadbent et Penny Collenette ne tardèrent pas à former un trio d'ardentes militantes des droits de l'individu. Elles rencontrèrent l'ambassadeur soviétique, se rendirent à Washington et à Londres pour y participer à des réunions et, chemin faisant, se lièrent d'amitié. «Nous nous sommes amusées comme des petites folles, raconte Jane Crosbie. À Londres, nous étions descendues dans un hôtel pour ouvriers, parce que nous n'avions pas beaucoup d'argent. Quand ils ont découvert qui était Lucille, ils en sont restés abasourdis. Nous avons même été reçues à Downing Street par Margaret Thatcher. Elle s'est montrée très gentille.»

Que des ennemis politiques puissent entretenir des relations humaines chaleureuses ne laisse souvent pas de surprendre les gens étrangers à Ottawa, pour qui la vie politique se résume à l'infernale empoignade qui se livre quotidiennement à la Chambre durant la période des questions. Lucille raconte au contraire qu'à l'occasion d'un dîner politique, alors qu'elle était la voisine de table de Brian Mulroney, ils se lamentèrent l'un et l'autre sur la difficulté qu'éprouvent les fumeurs à renoncer aux cigarettes, ce qu'avait réussi à faire le Premier ministre et pas elle. Le lendemain, Mulroney fit envoyer à Lucille un paquet de gomme à la nicotine, produit qui lui avait été d'un grand secours, lui avait-il confié la veille, pour se passer de tabac. Il est bien sûr notoire à Ottawa que Ed et Lucille comptent parmi leurs relations nombre de gens qui ne sont pas des sympathisants du NPD. «Ce que les journalistes ignorent, raconte Penny, c'est que lorsqu'on vit dans cette ville on ne se soucie guère de la couleur politique des gens qui nous invitent. Nous devons tous résoudre les mêmes problèmes logistiques, plus spécialement encore quand on est l'épouse d'un politicien.»

Quand les Collenette sont conviés à manger chez les Broadbent, la discussion est toujours animée et la cuisine superbe, dit Penny. «Lucille aime recevoir. À cet égard elle est comme Ed. Elle aime jardiner et cuisiner. Les fleurs sont toujours disposées avec art, la nourriture préparée avec soin, et leur foyer est un véritable foyer... un sanctuaire. Lucille tient splendidement son intérieur, et elle fait tout elle-même.»

Mais Lucille ne tient pas tellement à donner d'elle-même l'image d'une femme parfaite. Sa vie avec Ed n'a pas toujours été

290

exempte de heurts. Il leur est arrivé de s'opposer gravement l'un à l'autre. Un jour qu'elle vaquait dans la maison, par exemple, elle entendit Ed dire sans trop y réfléchir qu'à son avis seul l'anglais pouvait garantir la sécurité du trafic aérien. «J'étais sidérée», raconte-t-elle. (Lucille fait allusion à la controverse de 1976, quand il avait été question d'autoriser les contrôleurs aériens bilingues du Québec à communiquer en français avec les pilotes francophones. L'Association de pilotes de ligne canadiens avait alors protesté pour exiger l'emploi exclusif de l'anglais, ce qui avait abouti à la fermeture des aéroports nationaux et précipité ce que le Premier ministre Trudeau avait appelé «la pire des crises depuis la conscription durant la dernière guerre».)

The Voice of Canada League, un groupe hostile à toute mesure en faveur de la francophonie, avait alors affirmé avec véhémence que «dans sa démarche hystérique pour imposer le bilinguisme à tout prix, l'actuel gouvernement n'a fait que poursuivre une politique raciale digne de l'Afrique du Sud». L'idée bien ancrée dans les esprits selon laquelle l'anglais était la seule langue apte à garantir au mieux la sécurité aérienne ahurissait Lucille, qui ne voyait là qu'une expression pure et simple de la dominance des anglophones. Que son mari puisse reprendre à son compte une ineptie de ce genre, c'en était trop. «J'étais hors de moi, dit-elle. Je comprenais très bien que c'était la notion de sécurité aérienne qui avant tout préoccupait Ed, mais il me semblait évident que cette sécurité n'en serait que renforcée si contrôleurs et pilotes communiquaient entre eux dans leur propre langue.» Ce sera bien entendu ce point de vue qui finira par prévaloir. «J'avais tort, déclare Ed. Ma démarche n'était pas la bonne.» Sur tout ce qui touche au Québec et à la langue française, Lucille réagit en fonction de ses attaches familiales, et dans ce domaine elle exerce sur son mari une influence profonde. «Le Québec a toujours été pour moi une corde sensible mais il a fallu très longtemps à Ed pour saisir pleinement ce que les Québécois ont enduré. J'ai grandi à Ottawa, où la discrimination à l'égard des francophones était manifeste. Pour bien comprendre cela, je crois qu'il faut le vivre.»

Robin Sears fait observer que «l'influence morale» exercée par Lucille était perceptible jusque dans le bureau de son mari. Elle représente une force avec laquelle il faut continuellement compter, bien que son pouvoir soit subtil. Il n'est guère facile de mesurer le retentissement de ce pouvoir, mais ce qui témoigne encore le mieux de sa réalité, c'est le mode d'expression de Lucille: la voix est chaude et puissante, l'articulation des idées précise et la conviction passionnément affirmée. Ses proches vantent sa douceur et sa gentillesse, mais sur le chapitre des préoccupations intellectuelles et morales elle fait preuve d'une grande rigueur. Mais il est un point sur lequel elle est intransigeante: «Dans une relation, dit-elle, aucun des deux ne doit sentir qu'il est mis en demeure de renoncer à ce qu'il a l'intention de faire. Chacun doit respecter les volontés de l'autre. Jamais je n'irais dire à Ed — ou à qui que ce soit parmi mes amis — ce qu'il doit faire. Je peux mettre en avant le pour et le contre... mais non, je ne tenterais certainement pas d'imposer mon point de vue à un autre.» Il reste que Ed et Lucille, c'est l'évidence même, se sont réciproquement influencés. Sur la question de l'avortement, par exemple. «Je suis contre l'avortement pour la même raison que je suis contre la peine de mort, dit-elle. Je ne peux pas m'imaginer mettant fin à une existence, mais j'en suis venue à comprendre que c'est là une décision que seule une femme peut prendre, et je l'ai accepté. Mon point de vue n'est plus le même. Réciproquement, Ed comprend beaucoup mieux la nature du dilemme, des sentiments de ceux qui estiment que la vie doit être préservée. Auparavant, il ne voyait pas du tout comment on pouvait bien ne pas approuver le droit à l'avortement. Pour lui, la chose allait de soi. Aujourd'hui, je dirais qu'il est plus tolérant à l'égard de ceux qui s'opposent à l'avortement, de ceux qui dans son Parti ne pensent pas comme lui. Il n'a pas changé de point de vue, mais je me réjouis de constater qu'il est beaucoup plus compréhensif.»

Cette détermination de Lucille à ne pas transiger sur les principes, Ed eut plus d'une fois l'occasion d'en mesurer la fermeté. Ce qui l'avait attirée chez son futur mari, c'était son idéalisme et par la suite elle s'était tourmentée en constatant les changements qui s'opéraient en lui au fur et à mesure que sa carrière politique se consolidait. «Sa poursuite du pouvoir... commence-t-elle, soudain méditative, il m'a fallu longtemps pour l'accepter. Je ne tolérais pas les compromis. Je le voyais changer. Je voyais son idéalisme s'effriter, et cela me gênait énormément. Ce qui était en train de se produire dans sa personnalité m'inquiétait.» Lucille et Ed échangeaient souvent et longuement leurs points de vue sur le pouvoir, les principes, les compromis, et leurs discussions les poussaient tard dans la nuit. «Ce sont les questions portant sur les principes moraux qui sont à l'origine de nos débats», déclare-t-elle. Et tout comme son mari, Lucille est intarissable quand elle prend fait et cause pour un principe moral, ce qui parfois n'allait pas sans causer entre eux des frictions. Mais Lucille a fini par se convaincre de la justesse de l'argument que lui opposait Ed, à savoir qu'en politique la poursuite du pouvoir est un impératif moral: «On ne peut instituer les changements auxquels on croit que si on gouverne. Et pour gouverner, des compromis sont nécessaires.» Cette poursuite du pouvoir dont les effets lui semblaient si pernicieux, explique-t-elle, «à présent je l'accepte», rassurée de savoir que son mari avait su «trouver l'équilibre entre pouvoir et principes».

Cet équilibre, il en avait désespérément besoin quand s'ouvrit en juillet 1981 à Vancouver le congrès biennal du Parti. Une tortueuse épreuve de force l'y attendait, et c'était bien la dernière des choses dont il avait besoin pour clore une année qui avait usé sa patience, son autorité et son amour-propre, écrivait Carol Goar: «Il fait de son mieux pour en effacer l'amertume et ne tardera guère à savoir si son Parti est prêt à l'accueillir dans les mêmes dispositions d'esprit.»

Tel n'était pas le cas. «Ne tenant aucun compte des appels lancés pour sauvegarder l'unité du Parti, un groupe de néo-démocrates de la Saskatchewan est obstinément resté assis au moment où toute la salle se levait pour acclamer le leader national Ed Broadbent au moment de l'ouverture du congrès, écrivait Goar le 3 juillet. Les quelque mille délégués venus de tout le pays tournaient le regard avec gêne et consternation vers cette faction hostile qui refusait de saluer Broadbent.» Manoeuvres et machinations s'ourdissaient de toutes parts, et chacun sentait que la direction de Ed faisait l'objet de vives contestations. «Il aurait été évincé, raconte un délégué qui lui était hostile. Oui, mais voilà, nous n'avions aucun candidat à lui opposer.»

Robin Sears, secrétaire fédéral, faisait de son mieux pour atténuer le bruit des couteaux qu'on affûtait en expliquant aux journalistes qu'il ne s'agissait somme toute que d'un débat très ordinaire entre gens qui se passionnent pour une même cause. Sears reste persuadé que ce jour-là ce furent Bill Knight et lui qui réussirent à contenir dans les limites de l'acceptable le choc des titans — le duel Broadbent/Blakeney — et à empêcher les dissentiments de tourner au règlement de comptes sans merci. D'autres doutent fortement du pouvoir disciplinaire dont disposaient les organisateurs du NPD.

«C'était sanglant», raconte Tony Penikett, qui au milieu de cette empoignade générale avait été élu président du Parti. «Les états-majors de Broadbent et de Blakeney ne s'adressaient pas la parole. Les leaders de l'Ouest ont tenté une offensive en force, style Lady Macbeth, contre Ed.» Il fallut des négociations de grande envergure pour amener les troupes à rester dans le rang. Avec l'aide de Penikett, de Bob White et des saints du Parti — Tommy Douglas et Stanley Knowles —, Ed finit par se tirer d'affaire... au prix de quelques manoeuvres habiles dans la coulisse, et aussi de quelques concessions sur la politique étrangère et la Constitution. L'astucieux Broadbent savait désormais cultiver l'art du compromis.

Un pilier du Parti en Colombie-Britannique, John Brewin, donne sa propre version de l'histoire. Fils d'Andrew Brewin (député fédéral de Toronto et comptant parmi les membres les plus respectés du NPD), John avait milité à la CCF à l'Université de Toronto vers le milieu des années cinquante, à l'époque où Ed y faisait lui aussi ses études. Il exerce aujourd'hui la profession d'avocat en Colombie-Britannique (à Victoria, où sa femme Gretchen est maire) et sera candidat du Parti aux prochaines élections. En 1978-79, John Brewin présidait le NPD de cette province. En qualité de coprésident du comité des affaires internationales au début des années quatre-vingt, il a participé à d'interminables débats de politique étrangère. Il était de ceux qui se montraient résolument favorables à la résolution préconisant le désengagement du Canada par rapport à l'OTAN, et ce point de vue était largement partagé par les membres du Parti de la Colombie-Britannique. Ce faisant, Brewin n'ignorait nullement qu'il allait à l'encontre des «instincts» de Ed et de certains de ses conseillers qui désapprouvaient le retrait canadien du Traité de l'Atlantique Nord.

Dès avant le congrès de Vancouver, raconte Brewin, bon nombre d'escarmouches avaient eu lieu dans les coulisses lors des négociations internes menées pour en venir à un compromis. «Ed avait accepté de cautionner l'offensive anti-OTAN en échange de notre soutien sur une question qui à ses yeux était la plus importante, à savoir la Constitution. Il se rendait parfaitement compte que dans les circonstances d'alors il eut été imprudent de sa part de chercher querelle au Parti de Colombie-Britannique sur l'affaire de l'OTAN.» Dave Barrett, ex-Premier ministre de la province — il était toujours à la tête du Parti provincial et jouissait d'une grande popularité auprès de l'électorat — alignait sa position sur celle de Ed pour ce qui était de la Constitution. Brewin raconte encore qu'à l'époque, quand on abordait avec Ed la question du retrait de l'OTAN, il levait les yeux au ciel et affirmait: «Telle est la politique du Parti et je la soutiens.» (Ed n'en continuera pas moins à faire tout son possible pour essayer de modifier sans tapage, à l'écart des projecteurs, la politique définie par le Parti vis-à-vis de l'OTAN.)

Avant le congrès, on s'était également mis d'accord avec l'opposition sur la liste des orateurs qui se succéderaient au micro

pour intervenir en faveur ou contre la résolution relative à la Constitution. L'un des collaborateurs de Broadbent qui «faisait partie de
l'état-major chargé de tenir les choses en main» rapporte que dans
les deux camps les anciens avaient établi le plan selon lequel les
choses devaient se dérouler. «Tout était orchestré d'avance. Nous
n'avions pas échangé de programmes, mais nous avons pris toutes
les précautions voulues pour éviter un déraillement.» Mais
l'atmosphère restait tendue.

«L'instant le plus spectaculaire du débat, écrit Desmond Morton, survint lorsque Stanley Knowles, squelettique dans son costume
austère, succéda à [Lorne] Nystrom... Un demi-siècle de pratique
oratoire avait appris à Knowles comment on subjugue et garde sous
son emprise un auditoire néo-démocrate.» Il fut ensuite relayé par
John Rodriguez, un ancien député fédéral de l'Ontario. Rodriguez
commit l'erreur d'attaquer Knowles. «Les délégués le conspuèrent,
relate Morton. Le vent tourna. Quand vint le moment de voter, la position défendue par Ed l'emporta par presque deux voix contre une.»

Ed s'en sortit donc indemne. «Rendons-lui justice, déclare
Norm Simon. Sa persévérance lui avait fait franchir le cap. Il avait
remporté la victoire au congrès. Dans le cas contraire, sa déconfiture lui aurait été fatale.»

De retour à Ottawa, ses collaborateurs découpèrent dans la
presse les comptes rendus s'étalant sous de gros titres du genre
«Broadbent: recollons les pots cassés». Mais n'en déplaise à
l'optimisme de Simon, les choses allaient encore empirer avant la
guérison. Il y eut bien une lueur d'espoir en 1981 — au Manitoba, les
néo-démocrates de Howard Pawley battirent les tories de Sterling
Lyon —, mais que vint assombrir un an plus tard la défaite du gouvernement Blakeney en Saskatchewan. Quatre-vingt-deux ne fut
grandiose pour personne, bien que cette année-là Ed intégrât dans
son équipe deux anciens du Waffle, Jim Laxer et Gerry Caplan, le
premier en qualité de directeur de la recherche, le second en tant
que secrétaire fédéral. Il leur adjoignit bientôt un personnage ronde-
let venu du clan adverse, qui sous ses airs rustauds cachait une
fausse bonhomie: Bill Knight, qui devint le secrétaire principal de
Ed.

Knight en savait plus long que ses collègues sur l'exercice du
pouvoir, et il survivra à tout le monde. Il n'avait que vingt-trois ans
quand il avait été élu en 1971 lors d'une élection partielle. Puis il
avait été nommé par David Lewis whip du Parti sous le gouvernement minoritaire. Battu en 1974, Knight avait été nommé secrétaire
du Parti de la Saskatchewan, fonction qu'il avait exercée jusqu'en

1979, l'année où le Premier ministre Blakeney avait fait de lui son chef de cabinet jusqu'en 1982, quand le Parti avait été défait. Tout au long des années durant lesquelles Blakeney avait été en guerre ouverte avec Broadbent, c'était Bill Knight qui était le commandant en chef du front de l'ouest. À présent il changeait de camp, et son nouveau rôle était de consolider «la force de frappe» de l'équipe fédérale, comme il le disait plaisamment. «En Saskatchewan, je passais pour un sympathisant des fédéraux, pour un tiède, ajoute-t-il, et à Ottawa on disait de moi que j'étais un extrémiste de la Saskatchewan.» Nombreux étaient ceux qui le considéraient comme le conseiller politique le plus astucieux du pays, et son attitude durant les collisions provoquées par le débat sur la Constitution exprime par excellence son style. «Quand on m'interrogeait sur cette question, dit-il, je répondais invariablement «Mais quelle importance, en fin de compte?» Et à Ed je répétais la même chose, ajoutant que ma seule préoccupation était de remporter les élections.»

Quant à ses propres convictions politiques, il était toujours malaisé de les cerner. Il s'attirait la sympathie de toutes les tendances du Parti, à droite comme à gauche, et il entretiendra même de cordiales relations avec Jim Laxer et Gerry Caplan durant les crises qui éclateront ultérieurement.

Dix mois avant que Caplan ne fût nommé secrétaire fédéral, Jim Laxer se voyait confier la responsabilité de l'orientation politique du Parti en qualité de directeur de la recherche. Une douzaine d'années auparavant, Laxer et Caplan étaient de jeunes contestataires défiant l'establishment du NPD, et Ed faisait ses premières armes aux Communes. À présent c'étaient eux qui tenaient entre leurs mains les destinées du Parti. Caplan était un organisateur et un administrateur chevronné. En tant que leader en Ontario, pendant sept ans il avait guidé Stephen Lewis. Ed avait présidé le groupe de députés à la Chambre sous la direction de Lewis, et depuis sept ans il était le chef national du Parti. Quant à Laxer, il était un peu considéré comme une vedette dans un domaine de compétences rarement reconnu comme l'une des principales forces du Parti: l'économie.

Laxer, qui enseignait l'économie politique à l'Université York, était l'homologue canadien de ce qu'avait été du temps de l'ère Kennedy Robert Reich, le conseiller dont le magazine *Esquire* avait écrit qu'il était «l'un des gourous les plus éminents de Washington». Tout comme Reich s'était fait naguère l'avocat véhément d'une stratégie industrielle américaine, Laxer était l'ardent défenseur d'un plan de développement proprement canadien que depuis plus de dix ans il exposait dans ses grandes lignes. «Un plan, disait-il, qui ne sera jugé acceptable ici qu'à dater du jour où la stratégie industrielle déployée par les Américains aura décollé au sud de la frontière.»

Laxer était l'auteur de sept ouvrages — traitant du contrôle par l'étranger de l'économie canadienne, du développement des ressources naturelles, du pétrole et du gaz, de la planification économique — dans lesquels il appliquait les modèles suédois, européens et japonais à sa propre conception d'un Canada indépendant. La réputation qu'il s'était faite de vulgariser des notions économiques complexes, son exubérance et l'intérêt véritablement obsessif qu'il portait à des questions éminemment importantes pour Ed, faisaient de lui un collaborateur on ne peut plus précieux.

Les premiers mois de collaboration de Laxer et du chef du NPD furent assurément fructueux. Le premier était merveilleusement doué pour expliquer les tenants et aboutissants des projets économiques que l'autre chérissait entre tous. Alors que les plaidoyers de Ed, pesants, n'emportaient pas la conviction — les sondages étaient là pour prouver que le NPD n'avait pas réussi à faire accepter ses propositions de réforme économique —, Jim était lumineux et percutant. «Il faut que nous gravions dans les esprits les raisons pour lesquelles le contrôle de notre économie par l'étranger nous porte préjudice, disait-il. Les Américains nous achètent avec notre propre argent. C'est un marché de dupes. Les tories prétendent que nous avons besoin de capitaux étrangers, mais le fait est que les compagnies étrangères empruntent ces capitaux à des banques canadiennes, importent chez nous les techniques de recherche et de développement mises au point chez eux, ce qui a pour effet global la destruction de notre capacité d'emploi. Il est impératif qu'à la longue nous prenions ici des mesures pour créer des emplois.»

Laxer préconisait continuellement des solutions à long terme, sans jamais rien précipiter. En qualité de directeur de la recherche, il constituait les dossiers techniques, élaborait une série de projets de développement économique que Ed exposait chaque fois que l'occasion lui en était offerte. Ed était enchanté de cette collaboration avec Laxer et avait hâte de parler de ce qu'il en retirait. Qu'avait le NPD à proposer? «Une réforme de l'économie, la paix, des programmes sociaux», disait-il, ajoutant que les nationalisations ne sont plus considérées comme une panacée par les socialistes. «Le capital d'État est relativement modeste en Suède et en Autriche, mais ces deux pays se sont dotés de moyens permettant de contrôler l'investissement étranger et de s'assurer que leur économie est gérée au premier chef et essentiellement au profit de leurs citoyens.»

Ed pouvait s'étendre pendant des heures sur la planification économique. «Nous voulons bâtir sur ce qui nous appartient, disait-il, là où nous disposons d'avantages relatifs. Nous possédons par exemple une des plus importantes réserves de poissons au monde, à une époque de pénurie en protéines. On sollicite notre poisson, mais nous ne le commercialisons pas mondialement.» Il passait ensuite à la technologie permettant d'exploiter les ressources naturelles. «L'année dernière le matériel d'exploitation de nos mines et de nos produits forestiers a représenté pour nous un déficit de un milliard trois cents millions de dollars. Il faut que nos ressources naturelles nous servent à mettre sur pied une industrie de transformation et que nous devenions un chef de file mondial dans ce domaine.» Il passait ainsi en revue le pays tout entier, les régions, les industries de transformation, l'agriculture, les différents secteurs de la production manufacturière. Il était plein d'idées mais ne parvenait pas à capter l'intérêt des médias. D'une façon générale, la presse continuait d'affirmer dans ses comptes rendus que le NPD n'avait rien de neuf à dire.

Il méditait la «perte» de Petro-Canada, enfant du NPD dont les libéraux s'étaient attribué la paternité. «C'était pour nous une figure de proue. Il nous faut un nouveau pavillon symbolique pour faire accepter tout notre programme. On a beau parler à perte de vue de stratégie industrielle, autant bavarder de la pluie et du beau temps si les gens ne voient pas de quoi il s'agit.»

Et puis, le 19 octobre 1982, Ed prononça son fameux discours de Hamilton, lequel traduisait, écrivait Richard Gwyn dans le *Toronto Star* (du 23 octobre), «le changement le plus spectaculaire accompli dans la ligne du Parti depuis sa fondation». Ed devait avoir un peu l'impression d'être Alice au Pays des Merveilles, car il n'avait rien dit de bien révolutionnaire qui puisse expliquer ce revirement d'attitude. Dans son discours de Hamilton, il avait simplement décrit «l'effritement de notre économie nationale», le changement global qui avait amorcé le déclin de l'empire américain et l'ascension du Japon et de l'Europe. Tout cela, il l'avait déjà dit et redit. Il avait également cité une étude du *Harvard Business Review*, laquelle «concluait que la grande faiblesse du monde des affaires nord-américain tenait à son refus d'investir à long terme», tant il était obnubilé par le profit à court terme. «La planification économique, avait-il ajouté, est seule garante du succès de la compétitivité américaine, et elle pourrait exercer le même effet au Canada.» Il avait ensuite esquissé à grands traits ce que pourrait être une stratégie industrielle qui ne serait pas génératrice de déficit et proposé des mesures détaillées de réforme fiscale susceptibles d'accroître le revenu et de stimuler le développement économique, en particulier dans les domaines de la technologie de pointe et de la recherche. Il avait surtout mis l'accent sur sa volonté de ne pas augmenter le déficit.

«Broadbent fait l'histoire», titrait le *Star*. Richard Gwyn ne lésinait pas sur les coups de chapeau: «Le NPD, écrivait-il, a fait bien plus que justifier son existence en jouant le rôle de ce que l'historien Desmond Morton a qualifié de «convoyeur» capable d'apporter des idées neuves à notre système politique... Car sans la CCF nous n'aurions pas l'assurance-chômage, et sans le NPD pas d'assurance maladie. Pourtant, cette machine à produire des idées qu'est le NPD était en perte de vitesse depuis quelques années... Voilà que brusquement Ed Broadbent, le chef du NPD, entraîne son Parti au coeur même du débat économique. Le discours qu'il a prononcé cette semaine à Hamilton... constitue le changement le plus spectaculaire de l'orientation du Parti depuis sa fondation...» Ce changement, Gwyn l'avait bien vu, tenait à ce que le chef du NPD, dans son souci tout neuf de ne pas ajouter à l'endettement national, parlait désormais de créer la richesse et non plus simplement de la redistribuer plus équitablement.

Ed estimait que ce tintamarre n'était qu'une tempête dans un verre d'eau. «Je ne suis pas du tout certain que l'affaire avait tant d'importance», dit-il. Mais elle accentua encore les dissensions dans les rangs du Parti et le placèrent à diverses reprises en fâcheuse posture quand des journalistes le poussèrent dans ses retranchements pour lui faire préciser sa pensée. Ce fut dans le sillage du discours de Hamilton que Caplan arriva à Ottawa pour y prendre ses fonctions de secrétaire fédéral. Caplan estima que Laxer avait poussé Ed trop loin, et trop prématurément. «Jim était en train de jeter par-dessus bord tous les principes keynésiens de stimulation économique communément admis», et si chers au coeur des syndicats, surtout à une époque de chômage généralisée. «Le Parti n'était pas prêt à franchir ce pas, et Ed ne l'était pas lui non plus», estime Caplan.

Pourtant, le discours de Hamilton n'était guère différent de ceux que Ed avait déjà prononcés sur la stratégie industrielle. Il ne s'écartait pas non plus de l'esprit qui animait les politiques budgétaires des gouvernements néo-démocrates de l'Ouest, obsédés par le souci de réduire le déficit budgétaire et de faire fructifier les fonds publics. La social-démocratie canadienne a toujours été d'une grande prudence sur le chapitre de la gestion budgétaire. Al Johnson, qui a été pendant douze ans le trésorier du gouvernement de Tommy Douglas et qui compte parmi les principaux artisans du miracle économique de la Saskatchewan, tient à faire remarquer que «tout s'est fait sans que jamais on enregistre le moindre déficit». Un contrôle rigoureux sur les revenus dérivés des ressources naturelles, une gestion saine, tels étaient pour Johnson les facteurs propres à stimuler l'économie, à créer des activités de service et à équilibrer le budget. Dans l'autre hémisphère, Bob Hawke, ex-président de l'Australian Council of Trade Unions, allait conduire à la victoire le Parti travailliste social-démocrate en 1983 et se proposait de réduire les neuf milliards de déficit accusés par le trésor australien. Hawke ira encore plus loin puisqu'en suscitant un «accord» syndicats-patronat il parviendra plus tard, et pour la première fois depuis 1970, à rétablir l'équilibre budgétaire.

Laxer s'empresse d'ajouter que plusieurs des principaux conseillers de Broadbent partageaient ses idées en matière de réforme des dépenses gouvernementales et que Bill Knight, le secrétaire principal, penchait lui aussi pour cette «nouvelle conception réaliste des questions économiques». Ed, aimait à rappeler Knight, «est le premier leader fédéral qui ait authentiquement dépassé la Dépression et qui parle le langage de notre temps».

Pour Peter O'Malley, qui aujourd'hui est devenu conseiller en communication à Ottawa, cette impulsion fondamentale avait pour objet de détourner le Parti du vieux dogme sacro-saint de la stimulation économique et d'instituer «ce qui véritablement s'imposait», c'est-à-dire une politique économique réaliste. «Les sondages continuaient à indiquer que c'étaient les questions de justice sociale qui donnaient au Parti sa plus grande crédibilité auprès de l'électorat, et pas du tout les questions économiques. Nous voulions que le NPD s'impose par ses propositions de réforme de l'économie.»

«Avant le discours de Hamilton, raconte Laxer, Bill Knight, O'Malley et moi avons eu un entretien avec Ed. Nous avons examiné le contenu de l'allocution et nous nous sommes dit que les syndicats allaient certainement réagir, mais Ed nous a affirmé qu'il était pleinement d'accord avec ce qu'il allait déclarer. Il savait qu'on n'allait pas manquer de le critiquer, mais qu'il tiendrait bon. En fait, ce n'était pas vrai, et par la suite il a fait machine arrière sans nous consulter. J'ai compris peu à peu que je n'avais plus d'influence sur ses décisions.»

O'Malley estime que si Ed a battu en retraite, c'est en partie à cause de la bataille constitutionnelle. «Il en sortait et ne souhaitait pas le moins du monde se lancer dans une autre épreuve de force. Hamilton avait fait pas mal de vagues. Les types des syndicats — et en particulier les responsables de la recherche au CCT et à l'UTA — étaient déchaînés.» Tout comme il l'avait fait au début de sa carrière en embouchant le clairon de la participation dans l'entreprise, cette fois encore Ed scandalisait l'establishment syndical. Sam Gindin, l'économiste en chef de l'Union des Travailleurs de l'Automobile — il était très écouté de Bob White, et d'une façon plus générale exerçait une influence considérable —, fut littéralement consterné en prenant connaissance du discours de Hamilton, par lequel Ed proposait de réduire le déficit budgétaire tout en visant à la «compétitivité internationale». Dans l'esprit de Gindin, cette double ambition ne pouvait que «forcer les travailleurs à accepter des réductions de salaires, réduire les services sociaux et modifier le système fiscal pour avantager certaines entreprises. Et qui allait payer la note? Les travailleurs. Un cul-de-sac», déclara-t-il.

Marc Eliesen, qui avait été directeur de la recherche du Parti de 1976 à 1981, émit un jugement beaucoup plus favorable. Il était parti s'installer au Manitoba, où il avait été nommé ministre d'État de l'Énergie dans le nouveau cabinet de Pawley. Étant donné qu'il était au service d'un gouvernement néo-démocrate qui attachait une grande importance au développement industriel, Eliesen approuvait pleinement les propositions contenues dans le discours de Hamilton. Pourtant, estimait-il, «Ed avait eu tort, tactiquement parlant, de formuler publiquement ces propositions à une époque où le taux de chômage était élevé et où nous ne nous étions pas encore remis de la récession. En politique, tout est affaire de moment opportun.»

Faute de respecter ce principe, Caplan se retrouva lui aussi dans une situation tout aussi fâcheuse. Avant que Stephen Lewis eut renoncé à ses fonctions de chef du NPD de l'Ontario en 1978, Caplan était parti pour l'Afrique. De 1977 à 1979 il avait vécu au Nigeria, où il avait dirigé le CUSO (Canadian University Service Overseas — Service universitaire canadien outre-mer). De retour au Canada, il avait travaillé pendant plus de deux ans à Toronto, en qualité de directeur du Health Advocacy Unit. Quand Ed lui avait demandé en 1982 de venir à Ottawa pour devenir secrétaire fédéral, la proposition l'avait tout d'abord enchanté. Mais sa nomination à ce poste s'était effectuée selon une procédure qui lui avait semblé beaucoup moins plaisante. Le conseil fédéral, qui est appelé à voter dans les cas de ce genre, était fort partagé à propos de la candidature de Caplan. Une moitié des membres l'approuvait, l'autre s'y opposait, et il ne fut finalement élu le 21 octobre 1982 qu'avec une voix de majorité, l'emportant sur Cliff Scotton, le favori de l'Ouest. «C'était très humiliant, raconte Caplan. Gagner de cette façon-là me mortifiait.» Ce qu'il ne comprit pas sur le moment, c'est que cette situation de blocage ne faisait que refléter la division du Parti.

Caplan dut ensuite se plier à un exténuant calendrier qui le faisait continuellement voyager d'un bout à l'autre du Canada pour y rencontrer les représentants du Parti. Au cours de la première année de ce régime, a-t-il calculé, il ne put passer en tout et pour tout que trois week-ends chez lui à Ottawa. Très vite il fut plongé dans «des histoires de félonie, de venin et de trahison». Il dut apprendre à marcher sur la pointe des pieds pour approcher Grant Notley, le chef du Parti de l'Alberta, lequel «vomissait» littéralement Ed, et aussi à observer la plus grande circonspection quand il s'aventurait en Saskatchewan. Les temps n'étaient pas des plus cléments. En décembre 1982, la récession s'aggravait et un sondage Gallup révéla que la cote de popularité des néo-démocrates était tombée à vingt pour cent parmi l'échantillonnage des personnes interrogées, soit un pour cent de moins qu'en novembre, trois pour cent de moins que durant l'été précédent, et six pour cent de moins qu'au mois de février, où le Parti avait enregistré un pourcentage record d'intentions de vote. «Je n'y comprends strictement rien», déclara Ed à la presse canadienne. Et d'ajouter en plaisantant: «C'est ma femme qui doit avoir raison quand elle me dit que c'est lié au mouvement des planètes.»

Aux questions que lui posaient les journalistes, Gerry Caplan apporta des réponses qui indisposèrent Ed. Alors que ce dernier prenait toujours grand soin d'afficher un optimisme de bon aloi quand il s'agissait de faire des déclarations destinées au grand public, Caplan reconnaissait que les choses étaient bien loin d'aller pour le mieux. Il était «indubitablement exact», admit-il, que le message du Parti ne passait pas. Cette propension de Caplan à faire des déclarations qui pour Ed étaient l'équivalent de constats d'échec envenimera de plus en plus les relations des deux hommes. De plus, il n'était pas facile à Caplan de témoigner à Ed toutes les marques de respect dues à un supérieur. Ils étaient compagnons de route depuis trop longtemps pour cela, et Caplan n'était pas le moins du monde porté au «culte du leader», qu'il est d'ordinaire de bonne politique d'adopter quand on est secrétaire fédéral. De sorte qu'ils ne tardèrent pas à se frotter l'un l'autre à rebrousse-poil.

Broadbent était aux prises avec bien des difficultés. Ses relations avec Caplan, le directeur exécutif du Parti, se détérioraient, il perdait le contact avec Laxer, son directeur de recherche, et il était impuissant à étouffer la rébellion qui grondait toujours dans l'Ouest. Le Parti, qui se réunit en congrès à Regina au début de juillet 1983, pour célébrer son cinquantième anniversaire, traversait une période pénible. Alors que cette rencontre aurait dû se dérouler sous les heureux auspices d'une joyeuse commémoration, elle menaçait d'être le théâtre d'un conflit comparable à celui qui avait marqué en 1981 le congrès de Vancouver, d'un conflit plus attristant encore, compte tenu de la portée symbolique de l'événement. «D'un côté la perspective de fêter notre cinquantième anniversaire nous rendait euphoriques, raconte Caplan, et de l'autre nous étions déchirés par nos dissensions. C'était une expérience bizarre.»

Tandis qu'il se préparait à retrouver le foyer spirituel du Parti, Ed se sentait las. Élu leader en 1975, il avait tout d'abord connu les délices d'un glorieux état de grâce durant lequel il n'avait reçu que louanges pour avoir unifié le NPD et augmenté sa clientèle électorale. Huit ans plus tard, l'état de grâce s'était dissipé, on avait tout oublié de ces moments de gloire, et c'était Ed qu'on accusait d'avoir provoqué la discorde et fait chuter l'indice de popularité. «Notre message n'est pas entendu», finit-il par admettre, dans le style de Caplan, quand un sondage Gallup révéla, avant son départ pour Regina, que seize pour cent seulement des Canadiens se déclaraient favorables à son Parti. «Qui sera le futur chef du NPD?» s'interrogeait en gros titre le *Toronto Star* une semaine avant l'ouverture de ce congrès «qui pour Ed Broadbent pourrait bien être le dernier». Pour Bob Hepburn, le journaliste du *Star*, tout laissait à penser que Ed serait contraint de lâcher les rênes après la prochaine élection. D'une façon générale, on s'accordait à considérer que Ed Broadbent avait fait son temps.

Sur la Colline parlementaire, une véritable hystérie régnait dans le bureau de Ed, alimentée par les manoeuvres dans la coulisse de Grant Notley, de Blakeney et de son ex-solliciteur général, Roy Romanow. La veille de l'ouverture du congrès, ces derniers firent circuler une «déclaration de principe» revendiquant l'élaboration d'un «nouveau contrat social» fondé essentiellement sur une coopération syndicats-patronat-gouvernement. L'idée n'était pas neuve, mais exprimée dans les circonstances présentes elle prenait clairement l'allure d'un défi.

«Le Parti est né dans l'Ouest, déclara Notley, et puisque nous voilà réunis à Regina nous ferions bien de considérer l'Ouest avec une plus grande attention... Je ne veux pas dire par là que nous sommes hostiles à l'Ontario...» Cette hostilité à l'égard de l'Ontario, il va sans dire qu'elle était bien réelle. Avec un leader originaire de cette province, des «technocrates de l'Est» qui le géraient, le Parti n'avait pas réussi à faire une percée décisive en Ontario, et de plus il avait perdu le contact avec l'ouest du Canada. Sur les trente-deux députés fédéraux, vingt-sept avaient été élus dans les provinces de l'Ouest, et beaucoup d'entre eux en avaient par-dessus la tête de voir l'Ontario «tout gâcher». De plus, ils nourrissaient au fond d'eux-mêmes une vieille et puissante rancoeur. «Nous autres gens de l'Ouest détestons les banques, les chemins de fer... et l'Ontario», déclare Al Johnson, le génial conseiller financier du Parti de la Saskatchewan, qui ajoute que dans l'Ouest on a eu de tout temps le plus grand mal à comprendre la culture ontarienne. «La société de l'Ontario est très policée, dit-il. La marge d'expression qu'on y tolère est très étroite. Les premiers ministres de l'Ontario sont tous construits sur le même modèle: civilisés, modérés, progressistes mais point trop n'en faut. L'Ontario est un endroit extraordinaire. Le revers de la médaille, quand on vient de l'Ouest, c'est qu'on ne sait jamais très bien où on en est. En Ontario, vous pouvez discuter avec quelqu'un sans jamais savoir si votre interlocuteur vous aime ou vous déteste. Là-bas, on dirait que les gens sont quasiment privés de réactions.» À l'exemple des Québécois, les gens de l'Ouest n'étaient pas si refoulés et ne craignaient pas d'afficher ouvertement leurs antipathies.

Caplan, qui en sa qualité de secrétaire fédéral aurait dû tout savoir sur ce qui se tramait, fut choqué de découvrir en arrivant à Regina «les activités perturbatrices des insurgés de l'Ouest». Il fut surtout stupéfait de constater que Blakeney et Notley s'appliquaient à démolir le leader fédéral alors qu'ils n'avaient jamais dévoilé leur jeu devant Ed. «Ils avaient des gens à eux un peu partout au Canada — tels des serpents dans les hautes herbes — qui faisaient circuler leur manifeste. Alors qu'ils auraient très bien pu appeler Ed pour lui dire: «Écoute, les choses ne peuvent plus durer, on veut te parler». C'en était au point que des amis et des collègues se cachaient les uns des autres pour agir, et cela reflétait fort bien l'amertume laissée par la bataille constitutionnelle.» Pourtant, Caplan essaya d'aplanir les différends, et cette fois encore les anciens du Parti usèrent de leur autorité dans les coulisses pour arriver à un compromis.

Malgré cela, le congrès n'a pas été tendu pour Ed, raconte Bob Rae. «Ceux de l'Ouest sont passés à l'attaque au dernier moment. Personne ne m'avait averti de quoi que ce soit. J'ai demandé à Grant Notley pourquoi il ne m'avait pas appelé pour me mettre au courant. «Vous, dans le Centre, vous êtes tous les mêmes, m'a-t-il répondu. Ça ne sert à rien de discuter avec vous.» À un autre délégué de l'Ouest Rae demanda encore: «Pourquoi faites-vous cela? Nous allons bientôt être en campagne électorale et vous n'avez pas de candidat pour remplacer Broadbent.» Son interlocuteur lui fit cette réponse: «On ne veut pas l'assassiner. Simplement lui donner une bonne leçon.»

Le 2 juillet, Charlotte Montgomery câblait de Regina au *Globe and Mail* : «L'image soigneusement mise en scène d'un congrès du Nouveau Parti démocratique fédéral uni comme les doigts de la main s'est désintégrée hier quand un député a reconnu publiquement avoir sérieusement songé à briguer la direction du Parti contre Edward Broadbent, et qu'un autre a déclaré qu'on l'avait lui aussi pressenti mais qu'il avait catégoriquement refusé.» Dans le premier cas il s'agissait de Doug Anguish, dans le second de Nelson Riis, respectivement députés de la Saskatchewan et de Colombie-Britannique.

Cette quête de candidats qu'on pût opposer à Ed était si forcenée, rapporte un délégué, «qu'on aurait dit des porcs retournant la terre de leurs groins pour flairer des truffes». Certains piliers du Parti comme Lloyd Shaw — dont la fille, Alexa McDonough, était à la tête du NPD de Nouvelle-Écosse — parcouraient en tous sens le pays aux mêmes fins. Roy Romanow fut pressenti à diverses reprises, mais déclina l'offre. Shaw tenta de convaincre Stephen Lewis, mais celui-ci refuse. Tony Penikett, qui présidait toujours le Parti à l'échelon fédéral, se dépensait comme à l'ordinaire sans compter pour proposer ses bons offices, multipliant les allées et venues entre les deux camps ennemis qui refusaient de se réconcilier. En homme politique de «l'arrière-pays», il comprenait fort bien les récriminations des représentants de l'Ouest et avait approuvé l'opposition de Blakeney à la Charte des Droits et Libertés, mais d'autre part il restait inconditionnellement fidèle à Broadbent. «En 81 à Vancouver, déclare-t-il, le débat portait davantage sur des questions de principes et gardait une certaine dignité, alors qu'en 83 à Regina il s'agissait d'un règlement de comptes. Les loups commençaient à former le cercle. Nous n'étions pas nombreux à défendre le camp.»

Vint le moment que tout le monde attendait, celui où Tommy Douglas prononça un long discours. «On avait roulé Tommy Douglas dans la salle, sur un caddie de golf, traînant en remorque l'énorme gâteau confectionné spécialement pour célébrer le cinquantième anniversaire du manifeste de Regina», écrivent les McLeod. Après le banquet du samedi soir, Tommy se leva, frêle et chétif — il se mourait d'un cancer — pour faire entendre son chant du cygne, une épique prosopopée qui transporta son auditoire. «C'était fantastique, raconte Caplan. Deux mille personnes buvaient désespérément ses paroles dans l'espoir de faire revivre l'enchantement de jadis. Tommy se surpassait.» Et Penikett d'ajouter: «Il nous a raccordé aux racines mêmes du Parti, nous rappelant nos origines, ce que nous avions accompli, la longue route qu'il nous restait à parcourir. Il a retracé la continuité qui liait le passé à l'avenir du Parti. Nous savions que c'était la dernière grande apparition sur scène d'un de nos fondateurs — David était mort, Stanley avait été terrassé par une attaque — mais Tommy était toujours là, l'esprit vif et alerte.» Quand il eut achevé son discours, l'assemblée lui fit une gigantesque ovation et l'applaudit pendant vingt minutes, relate Caplan. «Les gens pleuraient et sautaient sur les tables, confirme Bob Rae. L'hostilité et la tension étaient retombées d'un seul coup. C'était incroyable.» Rae affirme que l'ovation se prolongea pendant trente bonnes minutes. Quarante, soutient un autre délégué.

La veille du jour où Tommy Douglas prononça son discours, alors que Jim Laxer et Peter O'Malley revenaient en voiture de l'Agribition (l'exposition agricole), ils traversaient pour regagner le centre de Regina un quartier industriel à demi désert, et là ils virent un petit vieux déambuler seul, au milieu des entrepôts abandonnés et des voies de chemin de fer. Des nuages noirs s'amoncelaient dans le ciel, annonçant l'orage. Tandis que Laxer et O'Malley se rapprochaient, le vieillard se courba pour ramasser quelques détritus qu'il déposa derrière une bouche d'incendie. «Je n'en croyais pas mes yeux, raconte Laxer. C'était Tommy. Tommy que menaçait un proche déluge et qui vingt-quatre heures plus tard s'adresserait pour la dernière fois aux siens. Et il était là, à ramasser des ordures pour nettoyer la chaussée. Abasourdis, nous nous sommes approchés de lui pour le faire monter dans la voiture. Il était aussi gai que d'habitude, enjoué, optimiste, alors qu'il savait fort bien que le Parti était déchiré. Il nous parlait comme si de rien n'était, et cela nous remontait le moral, comme cela se produisait toujours quand on bavardait avec lui. Tommy avait la foi. C'est la dernière fois que je l'ai vu.» (Tommy Douglas mourra le 24 février 1986.)

Le 4 juillet, alors que les délégués avaient déjà quitté Regina, «M. Broadbent d'ordinaire si affable, ne souriait plus en interceptant les questions des journalistes», écrivait dans le *Globe* Charlotte Montgomery. Ed tenta de démentir les bruits qui couraient sur les mécontentements provoqués par sa présence à la tête du Parti et de donner l'impression que tout allait pour le mieux. Il venait de se sortir de l'embuscade. Appuyé par l'establishment du NPD partout ailleurs qu'en Saskatchewan, il avait contraint ses ennemis à battre en retraite pour lui livrer le passage. Qu'une fois de plus il ait pu survivre à une nouvelle coalition en disait long sur sa ténacité. Mais Ed repartait chez lui sans grande joie. Le discours de Tommy n'avait rien résolu des problèmes posés. «Le lendemain matin, écrit Desmond Morton, la nostalgie comme l'amertume étaient toujours là.»

De retour à Ottawa, au coeur de l'été, Ed n'eut guère le temps de récupérer.

Le 21 août 1983 paraissait dans la chronique nécrologique du *Toronto Star* cet avis de décès: «Mary Broadbent, la mère du chef du Nouveau Parti démocratique fédéral, Ed Broadbent, est décédée hier dans les premières heures de la matinée à l'Hôpital général de Toronto, à l'âge de soixante-douze ans... «Profondément dévouée aux autres», comme l'a rappelé le chanoine de l'église anglicane St. George d'Oshawa, David Peasgood, elle s'occupait d'oeuvres pieuses et consacrait une partie de son temps à la ligne féminine de Simcoe Hall, une institution de secours aux personnes dans le besoin. Mary Broadbent avait à coeur de venir en aide aux gens dans la détresse et aux nécessiteux de la communauté.»

«Ed Broadbent, ajoutait le *Star*, a annulé le voyage qu'il devait faire aujourd'hui en Colombie-Britannique, pour y soutenir le candidat NPD qui se présente à l'élection partielle du Mission-Port Moody.»

Bouleversé par la mort de sa mère — Mary Broadbent était atteinte d'un cancer, mais dont l'évolution n'était pas fatale, et la famille soupçonnait qu'elle avait été victime d'une faute professionnelle imputable au personnel soignant —, Ed n'était pas au mieux de sa forme. Anne Carroll, l'assistante exécutive de Ed, se souvient du voyage en voiture qu'elle fit en compagnie de Bill Knight pour assister aux funérailles de Mme Broadbent à Oshawa. «Quand je suis entrée dans le salon funéraire, j'ai aperçu Velma (la soeur de Ed) et je me suis mise à pleurer.» Ed était lui aussi en larmes. «Du fait qu'il est ce qu'il est, poursuit Carroll, on ne s'attend pas à ce qu'il éprouve les mêmes sentiments que soi. Il était terriblement triste.» Ed garde le souvenir de la foule disparate venue assister aux funérailles de sa mère. Ce jour-là le maire de la ville, ses amis politiques d'Ottawa côtoyaient les proches de la famille et les gens d'Oshawa — enfants du Boys and Girls Club, partenaires de bridge, miséreux — que la bonté de Mary Broadbent avait émus. «L'impression de calme et de vénération que je ressentais quand Ed franchissait le seuil de la maison de sa mère me submergeait, raconte Robin Sears. Il semblait impossible que quoi que ce soit vienne troubler cet amour qui les unissait l'un à l'autre.»

À Ottawa, Richard Gwyn, dans un article consacré aux prochaines partielles, écrivait que si le NPD perdait l'élection de Mission-Port Moody, l'un des fiefs les plus fidèles au Parti, [cette défaite] pourrait bien mettre un terme à la carrière politique de Ed Broadbent. «Il faudrait alors considérer comme très possible, voire probable, sa démission au cours de l'hiver à venir.»

«Si nous perdons Mission-Port Moody, déclara un responsable du NPD, et si les sondages n'indiquent pas une remontée dans les intentions de vote au-dessus de seize pour cent, il faut nous attendre à un rude automne et à des retombées imprévisibles.» Une rébellion au sein du groupe parlementaire s'annonçait imminente, et le responsable en question laissa entendre que Ed était dans une situation trop précaire pour surmonter le choc.

Le 29 août, un peu plus d'une semaine après la mort de Mary Broadbent, le Parti perdit le siège de Mission-Port Moody, où Mark Rose, le député néo-démocrate sortant, fut battu par le candidat tory, et à la faveur d'une élection partielle le leader nouvellement élu du Parti conservateur, Brian Mulroney, remporta lui aussi un siège à la Chambre des communes à Central Nova, en Nouvelle-Écosse.

«Compte tenu de ce que révélaient les sondages, il était inévitable que le Parti envisage le remplacement de Ed, raconte Terry Grier. Il savait que sur ce point les discussions allaient bon train. Il a alors entrepris prudemment certaines démarches auprès de ceux sur qui il savait pouvoir compter. Parfois c'était moi qui me chargeais de convaincre les gens à sa place... Une agitation fébrile... Bien entendu, Ed encaissait durement le coup. Il était démoralisé.» Sears lui conseilla de ne garder le pouvoir «que s'il continuait d'en avoir envie», estimant indispensable que Ed soit le seul à prendre la décision de rester ou de donner sa démission. Mais les choses en étaient arrivées au point où les propres amis du chef du Parti se demandaient comment il allait s'en sortir.

Au fur et à mesure que les sondages accusaient la baisse de popularité du NPD dans l'opinion publique, Ed s'appliquait à ne rien laisser voir de sa terrible inquiétude. «Les sondages l'affectent, raconte Lucille. Et cela, je le sais, même s'il fait l'impossible pour les reléguer à l'arrière-plan de son esprit.» Anne Carroll déclare que Ed était profondément accablé mais qu'il n'en laissait jamais rien paraître. «On sentait parfaitement qu'il passait par une rude épreuve, mais ce n'était pas le genre d'homme à chercher réconfort auprès des autres. Il ne faut pas oublier que pendant tout ce temps il devait chaque jour se rendre à la Chambre pour la période des questions, et aussi expédier les affaires courantes, rencontrer des gens et prendre des décisions. Cela semble encore plus pénible quand on considère les choses rétrospectivement. À cette époque, nous étions accaparés par nos tâches quotidiennes. Peu importe ce qui se passait, il fallait bien nous acquitter du travail au jour le jour.»

En public, Ed se montrait aussi plein d'entrain qu'à l'ordinaire. À Oshawa, il afficha devant les journalistes un optimisme que bien des observateurs jugeaient admirable et déroutant. Il se félicita de la chance qui avait été la sienne, rappelant qu'il avait eu une enfance extraordinaire et que dans l'existence tout lui avait réussi. L'adversité, affirma-t-il, n'avait rien de neuf pour les néo-démocrates.

Nestor Pidwerbecki, son représentant à Oshawa pendant une dizaine d'années, regardait avec stupéfaction son chef faire son numéro. Canadien d'origine ukrainienne, Nestor avait le même âge que Ed. Dans sa jeunesse il avait fait campagne pour Mike Starr, lui aussi ukrainien de souche, lequel avait été élu député conservateur. Quand Ed s'était présenté pour la première fois en 1968, Nestor avait été séduit par le personnage et avait changé de camp. À présent, Nestor comptait parmi les proches de Ed, qui pourtant ne baissait pas sa garde aisément, et il raconte avoir été surpris de voir son patron «persévérer au lieu d'abandonner» alors qu'il devait surmonter bien des handicaps, à commencer par la douleur physique. «Ed avait des ennuis avec sa colonne vertébrale.» Un problème discal aggravé par ses voyages constants. Il lui arrivait d'aller à Vancouver et de revenir le même jour à Ottawa, où il reprenait immédiatement l'avion pour Terre-Neuve, et de là pour Whitehorse. Et ainsi de suite. «Exténuant», tel est le qualificatif employé par O'Malley, l'ex-attaché de presse de Ed, pour qualifier le calendrier du chef du NPD. «J'avais beau être jeune à l'époque, raconte O'Malley, j'étais sur les genoux.» C'étaient Weppler et O'Malley qui avaient conçu cette stratégie médiatique exigeante qui contraignait Ed à faire constamment des apparitions sur des chaînes de montage, des chantiers d'exploitation forestière, des plages, des forages pétroliers, pour y prononcer des allocutions de circonstance. Cette stratégie avait permis d'obtenir une excellente couverture de la télévision, à tout le moins jusqu'à ce que la bataille constitutionnelle et la course au leadership des libéraux et des conservateurs ne vienne submerger tout le reste. Mais elle avait obligé Ed à mener un épuisant marathon et à se montrer partout, en chair et en os.

Au cours de l'automne 1983, peu de temps après la mort de Mary Broadbent et l'intervention chirurgicale qui devait guérir Ed de ses ennuis lombaires, Nestor se rendit un jour à l'aéroport de Toronto pour accueillir son patron et le ramener en voiture à Oshawa. «Le simple fait de se tenir assis sur son siège le faisait souffrir, raconte Nestor. Un individu normal aurait déclaré: «Je décroche et je me repose jusqu'à ce que je me sente mieux.» Mais lui, non. Il a tenu à continuer et nous avons suivi à la lettre le programme prévu à Oshawa. Nous avons fait le tour de la circonscription, et comme si de rien n'était il a serré des mains et bavardé avec les gens sans rien perdre de sa cordialité habituelle. Ensuite, de retour chez moi, il s'est littéralement écroulé sur le plancher, où il est resté étendu pour soulager ses douleurs lombaires. Son état m'inquiétait beaucoup. Je ne comprends pas comment il a bien pu faire pour ne pas démissionner.»

Ces douleurs, Ed s'en souvient fort bien lui aussi. Au mois de novembre, il se fit administrer à l'hôpital une infiltration dans l'épine dorsale qui était censée le guérir, mais sans résultat. Peu avant Noël 1983, les douleurs se firent si aiguës qu'il finit par aller consulter son médecin à Ottawa. «Elle a téléphoné pour qu'on m'hospitalise séance tenante. C'était un soir d'hiver, et il était à peu près six heures du soir quand elle m'a emmené elle-même à l'hôpital dans sa petite voiture, à l'autre bout de la ville. On m'a passé au scanner en long, en large et en travers. L'examen a montré qu'une intervention s'imposait d'urgence. Je me suis donc fait opérer. Depuis cette date, tout va pour le mieux.»

Mais la maladie politique persistait. Au mois de janvier 1984, un rapport confidentiel très sévère pour le programme économique du NPD fut porté à la connaissance de la presse par Jim Laxer «à l'instigation de O'Malley qui venait d'être congédié», semble-t-il, s'il faut en croire une source proche de la direction du Parti. Les choses se gâtaient. O'Malley ne digérait pas son renvoi, et Laxer sentait qu'on allait bientôt l'exclure du saint des saints. Le rapport en question leur fournit l'occasion de prendre leur revanche. «Le NPD est figé dans le passé, pouvait-on lire dans le texte... [Il est] incapable d'être en prise directe avec la réalité... Une réforme de fond en comble s'impose.» Selon Laxer, «le caractère étrangement décevant des proclamations de foi social-démocrates au Canada depuis quelques années» était basé sur une conviction qui fait date, à savoir qu'il faut stimuler l'économie à l'effet de provoquer la consommation. Alors que nous entrons bientôt dans les années quatre-vingt-dix, plaidait Laxer, deux révolutions s'imposent: une révolution technologique et une révolution globale. Les industries de l'avenir seront des industries de haute technologie. L'empire américain a décliné, relayé par ses rivaux de l'Europe occidentale, par les

États scandinaves et par le Japon. Conclusion: il n'est désormais plus possible de continuer à nous enliser dans l'ornière. Et Laxer de proposer une stratégie industrielle différente — pas tellement différente à certains égards — de celle qu'il avait élaborée avec Ed et que celui-ci n'avait pas cessé de prêcher.

Mais ce qui déchaînait le plus la fureur de Ed, c'était l'attitude de Laxer. «Je ne voudrais pas dénigrer les membres de la direction du Parti, fait observer Ed, mais c'était d'abord à *moi* que Laxer devait faire part de son compte rendu.» Quant à Caplan, il qualifie l'indiscrétion de Laxer de crime ignoble. «Jim a remis ce document aux médias d'une façon déshonorante... et avant même de le communiquer à Ed. Non seulement il s'agit d'une manoeuvre déloyale, mais en plus ce qu'il raconte dans son rapport était pure calomnie. Il niait purement et simplement la réalité de ce que nous avions accompli.»

Laxer allègue pour sa défense que s'il avait tranquillement remis son rapport à Ed, le document aurait fini à la corbeille. De plus, ajoute-t-il, il ne s'en prenait pas personnellement à Ed. «J'attachais d'avantage d'importance aux idées qu'à l'esprit de parti», dit-il carrément. Il reconnaît ne pas avoir joué le jeu. Quoi qu'il en ait été, il reprit son enseignement à l'Université York et continua d'exposer publiquement ses idées à travers une série télévisée et un autre ouvrage sur la restructuration économique globale, intitulé *Decline of the Superpowers*. Désormais étranger au NPD — bien qu'il entretînt toujours d'amicales relations avec Caplan —, Laxer se mit à flirter avec les libéraux, au sein d'une brochette d'anciens néo-démocrates considérée pendant quelque temps comme la nouvelle vague du libéralisme. Des rumeurs circulèrent également à propos d'une candidature de Laxer sous la bannière libérale lors des prochaines élections. Depuis leur séparation avant Noël 1983, Laxer et Broadbent ne se sont plus jamais adressé la parole, phénomène tout à fait inhabituel chez Ed, qui même avec Blakeney est demeuré en bons termes. Mais avec Laxer, non.

Pour Ed, l'«épisode Laxer» venait simplement grossir le cortège des fâcheuses nouvelles. Meurtri une fois de plus par cette querelle de famille exposée au grand jour, Ed fit bravement face à l'adversité et s'efforça de redresser la situation en s'attirant des commentaires de presse favorables. Mais les journalistes revenaient à la charge. «Quelles raisons cet homme a-t-il de garder le sourire?» se demandait Joe O'Donnell dans le *Star*.

«Question très pertinente, rétorquait Broadbent, à laquelle seul un psychiatre pourrait peut-être répondre.» O'Donnell relevait en-

311

core que le Parti avait perdu de sa popularité pour atteindre dans les sondages à un creux sans précédent — environ douze pour cent —; que Broadbent avait été piqué au vif par le rapport de Laxer; que des algies d'origine vertébrale l'avaient terrassé; et enfin que sa position de leader était vacillante. «Et pourtant, c'est ce même Ed Broadbent qui a toutes les raisons de se lamenter sur son sort qu'on a pu voir la semaine dernière, radieux, faire tambour battant autour de la métropole et dans ses environs une tournée de cinq jours qui l'a fait passer par trois villes, pour lancer la campagne préélectorale de son Parti. «Laissez-moi rire», a-t-il répliqué à un journaliste de télévision qui faisait état devant lui de rumeurs selon lesquelles son leadership était contesté. Et le fait est que Ed Broadbent riait.»

Pris en sandwich entre l'énorme publicité faite autour du congrès conservateur réuni en juin 1983 pour élire un chef de parti et le tapage médiatique suscité par la nomination de John Turner à la tête du Parti libéral en juin 1984, le NPD disparut de l'avant-scène et, dans le mois qui précéda les élections, un sondage révéla qu'il ne cristallisait plus que neuf pour cent des intentions de vote.

«Toute expérience est fructueuse, comme le disent les Chinois, déclare aujourd'hui Ed. Il convient de replacer chaque chose dans une perspective d'ensemble. Considérez les obstacles que Tommy et David ont dû franchir quand ils ont fondé ce Parti. Considérez aussi les épreuves par lesquelles passent ceux qui luttent pour le respect des droits fondamentaux de l'homme dans les États totalitaires. Cela ne se fait pas sans mal. Quand on se donne pour ultime but de se hisser au sommet d'une échelle, les entraves de ce genre sont beaucoup plus sérieuses qu'elles ne l'ont été pour moi. Mon ambition dans l'existence n'est pas de diriger un parti politique. Si je le fais, c'est pour laisser à mes compatriotes quand je partirai une place où il fait meilleur vivre qu'au moment de mon arrivée. Mais je n'ai rien d'un utopiste. [George] Orwell a reproché aux socialistes de bercer les gens de faux espoirs. Il est très important de connaître les limites de ce qu'on peut réaliser politiquement.»

Sentait-il que d'une certaine façon il avait atteint à ses propres limites? «Non. En aucune façon je n'étais prêt à tout plaquer. Je ne considérais pas que les difficultés que connaissait le Parti m'étaient imputables et ne me sentais pas dépassé par la situation. Probablement parce que j'ai hérité d'un lot de chromosomes qui par chance me prédispose à l'optimisme. Ma mère ne se laissait jamais abattre.» Me gardant de faire allusion à toute question d'orgueil et d'ambition, dont il n'est certes pas dépourvu, je lui ai demandé un jour d'évoquer devant moi les jours les plus sombres de sa carrière, tels ceux des environs de Noël 1983. Finalement, et pour la première fois depuis les six mois que duraient nos entretiens, il reconnaît avoir flanché. «Oui, j'étais las. La mort de ma mère m'accablait de chagrin. Sa disparition a créé un grand vide dans mon existence. Mais la lassitude que je ressentais, c'était celle de quelqu'un qui a la conviction de ne pas faire fausse route. Si j'avais eu le sentiment de me battre dans le mauvais camp, j'aurais été anéanti. Promouvoir la démocratie est la chose la plus difficile qui soit. Cela met à rude épreuve votre endurance intellectuelle, physique et spirituelle. Si on ne croit pas à ce que l'on fait... (À cet instant il a tendu les mains, comme s'il était momentanément à court de mots.) Ce qui vous soutient, c'est la conviction d'oeuvrer pour une cause juste, pas d'agir uniquement pour arriver au sommet de l'échelle. Si je n'avais été mû que par cette ambition, j'aurais probablement désespéré de moi. Mais jamais je ne l'ai fait.»

Chapitre huit

La percée

Par le passé, le NPD n'avait pas sa raison d'être au Québec. En 1961, quand Lesage a été porté au pouvoir, il a pris Lévesque dans son cabinet, et ce dernier était un social-démocrate. Sa pensée politique était celle du NPD. Plus tard, en 76, Lévesque est devenu Premier ministre. Mais il est mort aujourd'hui. Les Québécois sont las des libéraux et des conservateurs. Si le NPD sait mener sa campagne intelligemment, une occasion unique s'offre à lui d'emporter quarante sièges au Québec.

> Éric Gourdeau, ex-conseiller économique de René Lévesque, devenu organisateur du Nouveau Parti démocratique et candidat au Québec

Au cours du premier semestre de l'année 1984, un observateur occasionnel aurait conclu du spectacle de la scène politique canadienne que Ed était au bout du rouleau, et cette fois pour de bon. La presse tenait le NPD pour quantité négligeable, parlait de son «annihilation», et de l'imminente mise à mort de Broadbent. «Je me souviens encore des réunions du caucus à la veille de l'élection, alors que nous n'en étions plus qu'à neuf pour cent dans les sondages», raconte Bill Blaikie, un ministre du culte élu à Winnipeg. «Le plus étonnant, c'est que nous ne nous sommes pas écroulés et que Ed ne s'est jamais départi de son sens de l'humour.» À la sortie d'une réunion des députés, alors que tout le monde se sentait terriblement déprimé, rapporte encore Blaikie, Ed a cité saint Thomas d'Aquin «à propos de la nécessité de garder la foi». Et, lui, ne sem-

315

blait pas la perdre. Pas en présence des députés, en tout cas. Et quand arriva l'été, son âme résolue et son corps éprouvé semblèrent puiser une nouvelle jeunesse à quelque invisible source de spiritualité. C'était dans un cocon et non pas dans un cercueil qu'il s'était retranché, pour en ressortir métamorphosé.

Au printemps, Val Sears (le père de Robin) posait dans le *Star* la question suivante: «Pourquoi les Canadiens se sont-ils détournés d'un parti qui a fait oeuvre de pionnier en matière d'assurance maladie, qui a stimulé et harcelé le gouvernement fédéral dans le domaine des mesures sociales, qui en fait, a donné une conscience à l'appareil gouvernemental? La réponse, l'effrayante et décevante réponse, c'est que les néo-démocrates ne le savent pas.» Ce jugement valut à Robin Sears, qui entre-temps était allé à Londres travailler pour l'Internationale socialiste, des appels angoissés au beau milieu de la nuit, de la part de membres du Parti accablés de rancoeur et d'inquiétude.

C'était à Gerry Caplan que Val Sears adressait son interrogation. La réponse lui vint sous la forme d'une autre question: «Comment pourrions-nous élaborer une stratégie, demandait Caplan, alors que nous ignorons le pourquoi de notre faiblesse? Nous sommes en train de nous préparer au mieux pour affronter une élection tout en essayant de retrouver notre âme. C'est épouvantable.» Terry Grier, le président du comité de planification électorale, expliquait les problèmes du Parti par la récession économique et le glissement vers la droite, observable partout dans le monde, dont le meilleur exemple avait été l'élection de Ronald Reagan à la présidence des États-Unis en 1980. «Le socialisme est rejeté dans l'ombre», proclamait Grier. Broadbent en venait à la même conclusion: «Les temps sont durs, et dans ces temps-là, les gens ont peur, se réfugient dans une attitude de prudence et refusent le changement. Or, nous sommes le parti du changement.» Caplan faisait entendre un son de cloche encore plus pessimiste: «Nous nous sommes aliéné l'électorat féminin, le mouvement pacifiste et la jeunesse. Rien ne persuade plus les gens que nous sommes un parti neuf...»

Mais en pleine tourmente, la chance sourit de nouveau à Ed Broadbent. En 1984, John Turner fut porté à la tête du Parti libéral, à la grande satisfaction du chef du NPD. Turner, fort de l'indice de popularité de son parti dans les sondages, décida de déclencher des élections, certain qu'il répondait aux voeux du public canadien.

«Dans les soixante-douze heures qui ont suivi l'annonce des élections par Turner, raconte Caplan, Ed a retrouvé toute sa combativité. Il se révélait articulé, plein d'humour et débordant de vitalité.

On se serait attendu à le voir maussade, amer, déprimé. Mais non. C'était incroyable. Le changement a été radical.»

Au début de juillet, le jour même où Turner annonça que l'élection se déroulerait le 4 septembre 1984, Ed fut victime d'un accident qui faillit tout compromettre. «Nous étions assis sur la terrasse, à écouter de la musique et à lire, raconte Lucille, quand il s'est mis à pleuvoir. Nous sommes redescendus à l'intérieur de la maison, et Ed s'est aperçu qu'il avait oublié le poste de radio là-haut. Il est remonté le chercher. Il avait des sandales de plastique aux pieds et les paliers de l'escalier avaient été rendus glissants par la pluie. Ed a fait une chute et a dévalé tout l'escalier sur le dos. C'était affreux. Il avait le dos couvert d'ecchymoses. Je pensais qu'il s'était sérieusement blessé — il venait de se faire opérer - et je me disais... bon... vous savez ce qui vous passe par la tête dans des moments pareils... je me disais qu'il ne pourrait certainement pas mener sa campagne.»

Tout semblait irrémédiablement compromis. Toujours stoïque, Ed en convient lui-même: «Une chute atroce. Seigneur, quelle dégringolade! J'étais couvert de bleus de la tête aux pieds.» Lucille appliqua de la glace sur les tuméfactions de son mari, craignant le pire sans le lui dire. Depuis quatre ans qu'elle était le témoin discret de «ses ennuis», elle savait quelles «vicissitudes politiques» il avait dû affronter, même s'il s'efforçait de «se changer les idées quand il était de retour à la maison». Tandis qu'elle soignait les contusions de son mari, dont elle évaluait la gravité avec l'oeil exercé d'une infirmière, elle eût aimé pouvoir «soulager un peu son angoisse et le décharger d'une partie de son fardeau», mais elle savait qu'il n'y avait rien à faire. Souhaitait-elle secrètement qu'il abandonne la direction du Parti? «Ed fait preuve d'une telle *détermination*, dit-elle pour répondre à ma question, que quel que soit son état physique, jamais il n'aurait abandonné le Parti qui était alors en mauvaise posture.»

Dès le lendemain de sa chute, fort heureusement sans gravité, Ed n'avait qu'une hâte: repartir comme si de rien n'était. Devant les journalistes, il se déclara «enchanté» par la tenu des élections et il qualifia ses concurrents de «jumeaux Bobbsey de Bay Street», formule que la presse ne manqua pas de monter en épingle et qui donna le ton de la campagne très intelligemment menée par les néo-démocrates.

Lynn McDonald, qui avait gagné le siège de Bob Rae à Toronto lors de l'élection partielle de 1982 (Rae avait été nommé à la tête du NPD de l'Ontario), raconte qu'elle se lança dans la campagne avec l'impression «d'embarquer à bord d'un navire en perdition». Titulaire d'un doctorat de la London School of Economics et auteur de *Social Class and Delinquency*, Lynn McDonald avait appris beaucoup sur la politique, mais jamais encore elle n'avait été candidate à une élection. Elle était membre de la Commission LeDain (chargée d'enquêter sur l'usage non médical des drogues, y compris la marihuana), et elle avait été présidente du Comité national d'action de la condition féminine. Compte tenu de la médiocre popularité du parti et des dissensions internes qui le déchiraient, elle avait de bonnes raisons de penser que sa carrière de député, en comparaison de celle qui avait été la sienne jusque-là, serait des plus brèves. «Mais Ed ne perdit jamais courage», rapporte Lynn, qui ne compte pas parmi ses intimes et n'est pas particulièrement encline à lui lancer des fleurs. Bien qu'elle eût été indisposée par son habitude de fumer des cigares pendant les réunions des députés — elle finira par le dissuader de le faire —, elle l'admirait pour son attitude devant l'adversité. «Il gardait tout son calme, dit-elle, et ne se perdait pas en reproches et en lamentations. Il nous encourageait sans cesse. Il nous exhortait à ne pas nous inquiéter, nous assurait que notre situation s'améliorerait quand nous disposerions d'un temps d'antenne égal à celui des autres partis. Et il avait raison.»

«Dans cette campagne dont il est extrêmement difficile de pronostiquer le résultat, écrivait dans le *Globe and Mail* Jeffrey Simpson, la situation du Nouveau Parti démocratique demeure le grand mystère. Il y a encore un mois, tout le monde s'accordait pour dire que le NPD gisait au tapis pour le compte, mis K.O. par les coups qu'il s'était lui-même infligés. Depuis dix-huit mois la cote de popularité du NPD est au plus bas, puisqu'un sondage national révèle que neuf et demi pour cent seulement des électeurs lui sont favorables. Et voilà que soudain... ce vieux Ed retrouve toute sa fougue et se montre meilleur pugiliste et tacticien que M. Turner ou M. Mulroney. De l'avis général, il a fait bien plus que sauver la face lors du débat sur le réseau de télévision de langue anglaise... Mais n'est-il pas trop tard?»

Trop tard? Question terriblement poignante, et derrière laquelle se profilait un désespoir tout aussi terrible, que Ed se refusait à envisager. Au mois d'avril, Susan Riley écrivait dans *Maclean's:* «Le NPD doit encore faire face à une menace d'extinction à la veille des prochaines élections.» À ce jugement de Riley, Ed opposait en plaisantant: «Nous ne souhaitons pas prendre trop vite notre vitesse de pointe.» Mais d'autres néo-démocrates jugeaient la menace plus sérieusement. Après avoir fait le bilan de la situation, Gerry Caplan rédigea un autre rapport «confidentiel» qui fut lui aussi — à l'indignation réitérée de Ed — porté à la connaissance de la presse.

«Confidentiel: Élection 1984 — Survol stratégique.» Après quoi Caplan passait en revue sans complaisance les mauvaises fortunes du Parti. «Il est d'importance vitale que notre plan de campagne électoral soit conçu et exécuté avec une claire conscience de la situation réelle du NPD dans la conjoncture politique actuelle. Nous faisons face à des problèmes préoccupants qui, si nous n'y prenons pas garde, risquent d'entraîner des conséquences électorales fâcheuses...»

Ce rapport tomba entre les mains de Nick Hills, le responsable de la couverture de l'élection 1984 pour Southam News, lequel écrivit dans un article qu'aucun observateur impartial n'aurait contredit Caplan avant l'ouverture de la campagne. «Depuis deux ans le NPD connaît une situation de cauchemar.» En fait, ce cauchemar avait débuté non pas deux, mais plus de quatre années auparavant, quand Ed s'était rangé aux côtés de Trudeau dans la bataille constitutionnelle. Rappelant les malheurs qui accablaient le Parti, la remise en question du leadership de Ed aux congrès de 1981 et de 1983 et la désaffection des néo-démocrates de l'Ouest, Hill écrivait encore que, «durant les mois d'été qui avaient précédé l'annonce de l'élection, le soutien populaire apporté au NPD était si minime qu'on était en droit de prévoir que le parti allait perdre plus de la moitié de ses sièges aux Communes. Ce qui rend la chose plus inquiétante encore, c'est que Larry Ellis, le spécialiste des sondages au sein du NPD, a été chargé de réaliser une enquête d'opinion en Colombie-Britannique, en Saskatchewan, au Manitoba et en Ontario, et qu'il a obtenu les mêmes résultats. Ensuite, après avoir formulé diverses recommandations, Ellis a été renvoyé. Tout se passe comme si le NPD préférait congédier le messager plutôt que de tirer lucidement les conclusions qui s'imposent. En somme, ce qui se dégage de cette analyse à usage interne de Caplan se ramène à ceci: «Nous sommes en mesure d'éviter l'apocalypse que certains nous prédisent, mais il n'est nullement assuré que nous y parviendrons.»

Ce qui intriguera Hills, eu égard à cet accablant tableau clinique, c'est que moins de trois mois plus tard, les néo-démocrates avaient non seulement évité l'apocalypse, mais ils étaient encore revenus en force aux Communes, remportant davantage de sièges que les libéraux dans le Canada anglais... «Gardons-nous de jamais sous-estimer ce succès remporté par les néo-démocrates, disait-il. Face à la vague gigantesque des conservateurs, le NPD conserve à peu près intactes ses forces qui étaient les siennes en 1980.»

Comment expliquer pareil succès? En partie par l'efficacité de l'organisation: Caplan avait élaboré une stratégie du désespoir axée sur une cinquantaine de circonscriptions où le Parti avait des chances de l'emporter, mettant l'accent sur le rôle déterminant joué par le NPD dans la défense des intérêts des classes moyennes. «Les Canadiens se refusent à voir le NPD disparaître de la scène nationale, déclarait-il. Quelles que soient leurs convictions politiques, bon nombre d'entre eux estiment que notre rôle est de plaider la cause des moins favorisés, voient en nous la conscience de la nation, estiment que nous pouvons contribuer à créer un pays plus juste... Ces gens-là seraient consternés d'apprendre, au lendemain de l'élection, la disparation du NPD de la carte politique. C'est là une des grandes forces, encore que peu visible, de ce parti national...»

«La moitié des électeurs libéraux peuvent, si on sait s'y prendre, changer d'allégeance», démontrait l'analyse de Caplan. L'attitude du leader fut pour beaucoup dans ces changements d'allégeance. En dépit de contraintes énormes, Ed fit excellente impression. Il garde de cette campagne un souvenir très vif; il est surtout fier d'y avoir fait bonne figure, lui le négligé des parieurs. «J'étais gonflé à bloc, raconte-t-il. Je voulais coûte que coûte sortir de l'ornière, et je savais intuitivement que nous allions nous en tirer honorablement.» Tandis qu'il me narre cette histoire, je le vois se métamorphoser, perdre son attitude d'homme politique surmené pour se transformer en un combattant pugnace. Il me reçoit dans son bureau du cinquième étage de l'édifice parlementaire, sur la Colline. Le soleil illumine les fenêtres d'angle surplombant la rivière Outaouais. À l'arrière-plan, les hauteurs de Gatineau ondulent l'horizon. À l'avant-scène, Ed, vêtu d'un élégant costume gris sombre, desserre sa cravate, se penche vers l'avant et frappe du poing droit la paume de sa main gauche. Ses yeux bruns brillent, et toute sa personne déborde de vitalité. «Je voulais que cette campagne soit percutante et populiste», me dit-il. «Les jumeaux Bobbsey de Bay Street», formule par laquelle il désignait au public Turner et Mulroney, c'était lui qui en avait eu l'idée. Il mena une bonne campagne, utilisant à tout moment l'expression «les Canadiens ordinaires». Mais dans la coulisse s'étaient déroulées quelques passes d'armes féroces entre lui et Gerry Caplan, qui insistait pour qu'il s'en tienne aux points sur lesquels le Parti bénéficiait de la plus grande crédibilité, autrement dit qu'il évite soigneusement d'aborder les questions de politique économique et de stratégie industrielle. «Ed a durement encaissé le coup quand nos propres sondages démontrèrent que sa crédibilité était nulle en matière de réformes économiques, raconte Caplan. Le Parti était toujours aux prises avec le même problème: ce qu'on aimait chez nous, c'était notre grand coeur; on ne faisait pas confiance à notre tête, qu'on jugeait sans intérêt. Le secret de 84, c'est que nous avons tout misé sur le coeur.»

Amener le Parti à se lancer dans l'offensive comme un seul homme ne fut pas chose simple. «Il y avait mésentente sur la stratégie électorale et cela était cause de conflits intérieurs et de divisions profondes», rappelle Caplan. Les séances de délibérations sur la tactique à employer se transformaient en incessantes querelles. Avant l'ouverture de la campagne, «tout allait à la dérive, on avait l'impression d'être sur un escalier roulant qui n'en finissait plus de descendre», confia un membre du Parti à Hills: «Nous étions en train de nous désintégrer. Chaque fois que nous perdions un pour cent dans les sondages, cela voulait dire que nous perdions aussi cent mille électeurs.» Après son renvoi, Larry Ellis déclara aux journalistes que selon ses propres estimations il se pourrait bien que les néo-démocrates n'emportent aucun siège, pas un seul; avec beaucoup d'optimisme, on pouvait s'attendre à ce qu'il fasse élire un candidat ou deux, mais pas davantage. Les saints du Parti devaient se retourner dans leur tombe.

«La perspective d'une défaite cuisante nous terrorisait», dit Caplan. Pis encore, Caplan laissait ouvertement percer ses craintes, ce qui ulcérait Broadbent. Ed est un stoïque de nature, et rares sont ceux qui l'ont vu «exploser». Il fait preuve d'entêtement, d'impatience, il lui arrive d'élever la voix, de lancer des regards furibonds, de jurer, mais il est extrêmement rare qu'il en vienne à perdre tout contrôle de lui-même, et il attend de ses collaborateurs le même sang-froid. Caplan affichait d'ordinaire un certain détachement tout professionnel, mais les pressions que faisait peser sur lui cette élection très particulière l'affectaient énormément. Il raconte que son angoisse était telle qu'il eut au printemps 1984 un petit effondrement. «À l'occasion d'une réunion préparatoire à l'élection, dit-il, je me sentais si déçu que je me suis mis à crier et à gesticuler, perdant tout contrôle de moi-même. Ensuite, je suis rentré chez moi, où j'ai dû m'aliter pendant quelques jours. J'étais véritablement bouleversé. Jusque-là je m'étais toujours fait gloire de considérer les choses avec un brin de détachement. Norm Simon m'avait dit un jour: «Pour me calmer, je n'ai qu'à te regarder.» Mais cette fois je n'ai pas réussi à résister au tourbillon.»

Au coeur de la question il y avait la crainte — alimentée par la presse — de voir le Parti «s'étioler et dépérir», pour reprendre une expression de Val Sears. «Faute de faire élire douze de ses candidats, disait ce dernier, le NPD sera privé d'existence à la Chambre des communes. Il se verra dépossédé du privilège d'intervenir durant la période des questions, il perdra aussi le salaire de son chef et le budget de fonctionnement lui permettant de s'entourer d'une trentaine de collaborateurs.» Pour sa part, Richard Gwyn enfonçait encore davantage le clou: «Un scénario de cauchemar... Au-delà de l'invisibilité, il ne reste plus qu'un seul pas à franchir pour tomber dans l'oubli, comme cela s'est produit pour les créditistes dans les années soixante-dix.»

Rien d'étonnant, donc, si Broadbent et Caplan s'irritaient l'un l'autre — même si tous les deux professaient un égal dévouement à l'égard du Parti et réussissaient des prodiges pour lui conserver sa vitalité. Ed détestait voir «Gerry saigner en public», comme il le disait. De son côté, Caplan jugeait qu'il était «intellectuellement malhonnête» de la part de son chef de déclarer aux journalistes qu'il visait la victoire. «Comment un parti qui ne représente que onze pour cent de l'électorat pourrait-il former un gouvernement?» interrogeait Caplan. Cette question plongeait Ed dans une colère folle. Il évitait pourtant de proclamer bruyamment ce que serait son programme lorsqu'il serait Premier ministre. Il était dans l'obligation d'opposer une plate-forme électorale cohérente face à celles de Turner et de Mulroney, «marionnettes du grand capital», et il se refusait à leur céder, en public tout au moins, un seul pouce de terrain. Il ne voulait à aucun prix s'en tenir à un rôle de figurant. Il avait psychologiquement besoin de se savoir concurrent à part entière — il se considérait d'ailleurs comme un adversaire de force égale — et c'était bien entendu l'impression qu'il donnait.

Une fois de plus la presse l'encensait, alors que Turner piétinait sur place et que Mulroney perdait du terrain. Comme se doit de le faire tout bon chef de parti, Ed donnait de ses troupes l'image d'un bataillon serein et uni, sans rien laisser percer des discordes qui le minaient. «Des trois chefs, écrira Jeffrey Simpson, c'est M. Broadbent qui a mené la meilleure campagne. Il n'a pas commis de bévues comme l'ont fait M. Turner et M. Mulroney. À la différence de M. Turner, il a présenté les faits avec cohérence; et contrairement à M. Mulroney, il n'est jamais tombé dans le verbiage inconsidéré. Il a su exposer graduellement les engagements politiques du NPD, sans rien précipiter: questions touchant à la condition de la femme la semaine passée, réforme fiscale hier à Vancouver. Il apparaît que la ligne directrice qu'il préconise — défendre les intérêts des «Canadiens ordinaires» — fait tout simplement contrepoids à celle de partis dirigés par des avocats que soutient le monde des affaires.»

Gerry Caplan lui-même accusa un revirement d'attitude. Au milieu du mois de juillet, il confia à des journalistes qu'il était «transporté, enchanté au-delà de toute attente». C'était la première fois, il convient de le souligner, que Caplan travaillait en collaboration directe avec Broadbent à l'occasion d'une élection; il ignorait donc combien Ed adorait faire campagne, et avec quel brio il le faisait. De son côté, Ed tenait compte des recommandations de Caplan. Ainsi, il ne parlait plus de former le prochain gouvernement, non plus qu'il ne présentait de stratégie industrielle de grande envergure. Vic Fingerhut, un spécialiste des sondages d'opinion de Washington engagé par le NPD, corrobora pleinement les recommandations de Caplan: «Vous avez trouvé le bon slogan — «Se battre pour les Canadiens ordinaires» — affirma-t-il. Le slogan accroche. Tenez-vous-en à lui.»

Les problèmes des deux autres chefs ne faisaient qu'aider la campagne de Ed. Mulroney se défendait tant bien que mal contre les allégations de la presse qui chiffrait ses promesses électorales à vingt milliards de dollars. Turner, lui, était aux prises avec la question du patronage. Il avait fait dix-sept nominations partisanes à des postes supérieurs que Trudeau semblait lui avoir laissés à seule fin de le plonger délibérément dans l'embarras. Dans un premier temps, Mulroney avait observé sur cette question une attitude qui laissait à penser que les tories se gaveraient eux aussi de bonne soupe jusqu'à satiété... et ce n'était pas l'appétit qui leur manquait. Mais par la suite Mulroney avait changé de couplet. «Toutes les nominations politiques, j'en prends aujourd'hui l'engagement, se feront désormais selon des critères de sélection absolument irréprochables, avait-il déclaré. J'ai l'intention d'instituer un renouveau spectaculaire dans ce domaine de la vie canadienne.»

Engagé à fond dans son offensive contre les «jumeaux Bobbsey», Broadbent réitérait sans cesse que libéraux et tories étaient de la même espèce. Il préconisait l'institution d'un impôt minimum sur les grosses fortunes échappant à toute fiscalité et la suppression du Sénat, qu'il qualifiait de coûteux «hospice» à l'usage des libéraux et des conservateurs. Il prédit que Turner et Mulroney élimineraient l'Agence des investissements étrangers et saccageraient le Programme énergétique national, ce qui aboutirait à livrer davantage encore les ressources naturelles canadiennes à des multinationales étrangères. Plus tard, Mulroney accomplira ces prédictions.

Richard Gwyn ne ménageait pas ses applaudissements. «Pour un homme sur le point d'être pendu, écrivait-il, ou à tout le moins d'être écartelé, Ed Broadbent, le chef du Nouveau Parti démocratique, donne l'impression ces temps-ci d'être remarquablement en forme. Il progresse d'un trot régulier et paisible alors que Brian Mulroney a trébuché sur ses lacets et que le Premier ministre John Turner n'a pas retrouvé son second souffle... il a su remarquablement inaugurer sa campagne en se faisant filmer au beau milieu de Bay Street par la télévision (l'idée était de lui), obligeant tout naturellement les caméras à se déplacer en panoramique ascendant de sa personne pour aller cadrer les tours de la haute finance.» Gwyn se rangeait également à l'avis de Broadbent, à savoir qu'il [Broadbent] dirigeait «le seul vrai parti d'opposition au pays». Il faisait observer qu'aux yeux des électeurs, libéraux et conservateurs, c'était du pareil au même.

Vers la fin du mois d'août, le NPD avait fait une remontée spectaculaire. Le parti recueillait dix-huit pour cent des intentions de vote alors que les tories et les libéraux avaient alterné leurs positions: d'abord apaisée par la nomination de Turner à la tête du Parti libéral, la volonté nationale de voir Trudeau disparaître n'était toujours pas satisfaite. De plus en plus Turner était perçu comme une réplique de son prédécesseur, et il avait perdu son pouvoir de séduction. Un sondage *Globe*-Crop réalisé à la fin du mois de juin avait révélé qu'il abordait la campagne électorale en favori, puisque sa cote de popularité était alors de quarante-neuf pour cent, contre trente-neuf aux tories et onze au NPD. Au cours de la semaine précédant les élections, les tories étaient remontés à cinquante pour cent, le NPD à dix-neuf, les libéraux ne recueillant plus que vingt-huit pour cent des intentions de vote.

Les sombres prédictions sur l'avenir des néo-démocrates ne se réalisèrent pas: le NPD remporta trente sièges, deux de moins qu'en 1980. Par contre, alors que personne n'avait prédit une humiliante défaite pour les libéraux, les résultats du vote leur réservèrent une mauvaise surprise: de leurs cent quarante-sept sièges, ils n'en conservèrent que quarante. Jamais, de toute son histoire, ce parti n'était tombé si bas. Avec deux cent onze sièges, les tories gagnait facilement l'élection, victoire que l'on attribua en grande partie à la profonde antipathie des Canadiens à l'égard de Pierre Trudeau.

Le nouveau Premier ministre, Brian Mulroney, était un nouveau venu en politique. Il avait été porté à la tête du Parti conservateur le 11 juin 1983 — «un homme qui jamais n'avait été élu à quelque niveau que ce soit et qui pourtant voulait commencer par occuper le sommet», écrira Claire Hoy dans *Friends in High Places*. Un peu plus de deux mois après, le 29 août, il remportait l'élection partielle de Central Nova, en Nouvelle-Écosse. De sorte qu'il n'avait siégé que pendant un an à la Chambre des communes avant de devenir Premier ministre. La fonctionnement du gouvernement, les règles et procédures de la Chambre, tout cela était neuf pour lui. Il avait fait carrière dans les affaires, et son plus beau titre de gloire était d'avoir été engagé par Iron Ore Co. of Canada — une filiale de Hanna Mining Co., compagnie minière américaine dont le siège se trouvait à Cleveland, dans l'Ohio — après qu'il eut été battu par Joe Clark, en 1976, dans la course au leadership du Parti conservateur. Nommé président de l'Iron Ore en 1977, il était donc en poste quand la compagnie, en 1982, avait cessé les activités de ses mines de Schefferville. Mulroney s'était alors targué d'avoir obtenu de généreuses indemnités au bénéfice du personnel licencié. Michel Nadeau, qui à l'époque était journaliste économique au *Devoir*, avait révélé en 1981, après avoir examiné les activités de Mulroney à la tête de l'Iron Ore, qu'au lieu de réinvestir ses bénéfices sur place pendant les trois années les plus prospères, la compagnie avait versé à ses propriétaires américains une somme de quatre-vingt-dix-sept millions de dollars en 1979 et des dividendes de quatre-vingt-deux millions (U.S.) en 1980. La presse canadienne devait rapporter, en 1982, que durant les deux seules années précédentes, les actionnaires de IOC avaient retiré de la compagnie des sommes «à peu près égales au total de celles qui avaient été investies... depuis le début des opérations en 1949». Dans *Friends in High Places*, Claire Hoy relève encore que Mulroney s'était engagé à «lancer [Schefferville] sur une nouvelle voie économique». Bien que Mulroney ait effectivement présenté de grandioses projets pour l'avenir de Schefferville, c'est aujourd'hui, selon la description qu'en a donnée Claude Arpin dans la *Gazette* de Montréal, «une ville fantôme».

Si sa carrière dans le monde des affaires ne jouait guère en sa faveur, en revanche sa virginité politique le servait. Un mémo rédigé par l'un des organisateurs de sa campagne 1983 pour le leadership révèle pourtant que dans la coulisse on s'inquiétait de son inconsistance. «On ne lui fait pas confiance, écrivait John Thompson, un homme d'affaires de Toronto, car sa superficialité, son manque de fermeté, ses réponses toutes faites donnent l'impression d'un manque de substance. L'image plastique qui émane de lui laisse à penser qu'il s'agit d'un homme de paille, d'un candidat qui agit pour quelqu'un d'autre... la grosse finance ou Conrad Black.» Et puis, Mulroney était un inconnu, un homme dépourvu de passé politique. Mais il avait promis de mettre un terme à la corruption, aux scandales et au patronage des libéraux. Il s'était engagé à instituer une ère nouvelle et exemplaire de gouvernement. Le temps seul allait permettre d'en juger.

Ed Broadbent sortit régénéré de l'élection. Depuis 1984, il navigue en eaux calmes. En juillet 1987, le Parti remportait haut la main trois partielles, respectivement à Saint-Jean de Terre-Neuve, à Hamilton, en Ontario et au Yukon. Quelques vents avaient bien perturbé la traversée, mais il avait gardé la barre bien en main et fait preuve «d'une maturité et d'une assurance nouvelles sans pour autant s'en enorgueillir», déclare Marion Dewar pour qui, à cette époque, tout n'allait pas sans encombre. Mais alors que Broadbent et les néo-démocrates abordaient une nouvelle phase de leur existence, des conflits se déroulaient en profondeur, faisant parfois des remous en surface.

Diverses querelles intestines ne furent jamais portées à la connaissance des médias, et en particulier celle reliée au mandat de Marion Dewar, présidente du Parti entre 1985 et 1987. Cette femme de haute taille, la cinquantaine avancée, avait été maire d'Ottawa, et elle était bien décidée à débarrasser le Parti des toiles d'araignée qui l'encombraient. «Jamais je n'ai travaillé aussi dur», dit-elle en évoquant ses fonctions de présidente du Parti. Grâce à elle, ce poste cessa d'être du simple bénévolat, pour devenir plutôt une occupation à temps complet, ce qui n'alla pas sans lui valoir bien des animosités. Étant donné que le président — en l'occurrence, la présidente — du Parti ne disposait d'aucun local à Woodsworth House (le vieil édifice de brique abritant le siège du NPD à Ottawa), elle avait dû se contenter d'un bureau de fortune, derrière le photocopieur Xerox, jusqu'à ce qu'elle occupe celui de Tommy Douglas après son départ. L'accueil qui lui avait été fait était plutôt froid, et la vieille garde du conseil fédéral l'avait de plus en plus ouvertement mise à l'écart.

«J'aime à croire que j'ai été un facteur de changement», dit-elle. Elle s'était donné pour but de renforcer les liens unissant le Parti aux organisations de base — mouvements féministes, écologistes, pacifistes — qui lui insufflaient sa vitalité. «Mais les cadres du NPD avaient l'air de croire que je voulais tout bouleverser. Pendant des années ils avaient donné le meilleur d'eux-mêmes, et ils me considéraient comme quelqu'un qui estime n'avoir de leçon à recevoir de personne, une nouvelle venue surgie d'on ne sait où, et qui s'imaginait tout savoir parce qu'elle avait été maire d'Ottawa.» Anne Carroll, l'assistante exécutive de Ed, ne cache pas sa sympathie pour Dewar et rapporte que cette dernière affichait «un enthousiasme débordant» pour ses fonctions. La présidente du Parti avait en effet dressé des organigrammes, des graphiques sans cesse remis à jour, fait entreprendre une étude de gestion, appuyé le projet d'un déménagement dans des locaux modernes et la vente du vieil édifice, dont le grenier était littéralement envahi par les chauves-souris, mais elle s'était heurtée à un mur.

Tony Penikett, son prédécesseur, avait dû renoncer à ses fonctions de président du fait de son succès politique. Chef du NPD du Yukon, il avait porté son Parti au pouvoir en 1985, réussite spectaculaire pour un homme qui, quelques années auparavant, était pratiquement le seul néo-démocrate notoire dans la région. À présent qu'il était à la tête du gouvernement du Yukon, il suivait de son poste de commandement les dissensions à Ottawa. «Je me disais qu'ils avaient besoin d'une période de rodage, déclare-t-il, toujours très diplomate. Selon moi, les difficultés de Marion provenaient surtout de l'idée qu'elle se faisait de son propre rôle. Elle pensait sans doute que la présidence du Parti consistait pour celui ou celle qui occupait ce poste à exercer en quelque sorte la fonction de chef par procuration, et que c'était à elle que l'état-major devait rendre des comptes plutôt qu'au secrétaire fédéral.» La situation ne tarda guère à s'envenimer. «C'est au secrétaire fédéral que le chef du parti délègue ses pouvoirs, explique Penikett, et il est bien évident que deux patrons ne peuvent cohabiter longtemps dans un même petit bureau.» Bien que Dewar se défende d'avoir voulu «évincer» Dennis Young, le secrétaire fédéral de l'époque, celui-ci fini par se sentir contraint de se retirer. «Ce n'est pas à Marion qu'on peut reprocher la démission de Dennis Young, affirme un membre du conseil fédéral. Dennis n'avait pas un sens très poussé de l'organisation et il ne s'entendait guère avec les femmes.» Il n'empêche que les partisans de Young clamèrent qu'il avait été la victime d'une machination.

Des conflits internes de cette nature auraient sans doute secoué un chef de parti peu expérimenté. Mais Broadbent se tint sagement à l'écart de la querelle. «Marion et Dennis nourrissaient l'un vis-à-vis de l'autre des griefs légitimes, dit-il. Le Parti était sur le point d'affronter une rude épreuve, et il était de mon devoir de l'aider à la surmonter. Que nous ayons réglé nos difficultés en famille, sans les laisser transpirer, prouve simplement que nous avions mûri.» Ed témoignait à Dewar beaucoup de gentillesse, l'encourageait à faire appel aux ressources de son propre bureau quand elle avait du mal à obtenir ce qu'elle voulait auprès de l'état-major du Parti, et il soutenait les efforts qu'elle déployait pour promouvoir des candidatures féminines lors des futures élections. En même temps, la rivalité Dewar-Young finit par renforcer la position de Ed, et aussi l'efficacité du Parti. La démission de Young provoqua en effet toute une cascade de transformations internes au terme de laquelle, vers le début de l'année 1988, les rôles auront été redistribués.

Candidate aux partielles de 1987, Marion Dewar fut élue à Hamilton et abandonna ses fonctions de présidente. Elle fut alors remplacée par Johanna den Hertog, trente-six ans, en qui déjà certains voient la future dirigeante du Parti. Grande, sympathique, s'exprimant avec aisance en quatre langues (anglais, français, allemand et néerlandais), Johanna den Hertog se présentera lors des prochaines élections à Vancouver Centre contre le ministre tory Pat Carney, ce dont s'inquiètent fort les conservateurs de la Colombie-Britannique. Élevée à Edmonton, Johanna a fait ses études à l'Université McGill de Montréal. Elle a d'abord milité dans les mouvements féministes de Vancouver avant de prendre une part active à la politique en adhérant au NPD dans le milieu des années soixante-dix. Cofondatrice de Rape Relief (une association d'aide aux femmes violées), elle est devenue présidente du bureau politique du NPD de la Colombie-Britannique, puis a organisé la campagne (victorieuse) de Mike Harcourt, le maire de Vancouver, dans la course à la direction du parti provincial en 1987. Son mari, Ron Johnson, est lui aussi militant et cadre du NPD.

Les premiers pas de Johanna den Hertog sur la scène fédérale s'effectuèrent sans heurts, et au début de l'année 1988, après tant d'années de discorde, il était frappant de constater combien l'ordre régnait dans le Parti. Après avoir commis par le passé bien des erreurs graves dans le choix de ses collaborateurs, Ed semblait désormais savoir très exactement ce qu'il voulait. Son secrétaire principal, Bill Knight, avait été nommé directeur administratif du Parti, et nombre de militants lui savent gré d'avoir été l'artisan de la bonne entente qui règne aujourd'hui au quartier général en dépit de l'extension que prend le NPD.

«Knight est le genre de gars avec qui je peux plaisanter, placoter, dire tout ce qui me passe par la tête quand une réunion du conseil exécutif me porte sur les nerfs», déclare Nancy Riche, la vice-présidente du Congrès canadien du travail. Je me sens toujours réconfortée quand j'ai discuté avec lui, et le lendemain je me dis «Voyons, comment Knight va-t-il s'y prendre? Qu'en pense-t-il vraiment?»

«C'est ainsi que les choses doivent se passer», affirme Knight en sirotant du vin rouge au bar du Château Laurier, après avoir fait, comme chaque soir, quelques brasses dans la piscine. Durant l'hiver, il déambule à travers Ottawa vêtu d'un vieux manteau de tweed marron, la tête couverte d'une tuque aux couleurs du NPD enfoncée jusqu'aux oreilles. Son entregent lui a valu le surnom de «raccomodeur invisible», et le fait est qu'il fait tout pour ne pas attirer l'attention sur lui-même. «Je déteste tout ce qui ressemble à une cour, dit-il. Il serait dramatique qu'on me confonde avec le Parti. On a trouvé le moyen de tuer dans l'oeuf cette idée chère à tous les despotes... l'entourage, les courtisans, les initiés...» C'est sur la direction du Parti qu'il concentre toute son attention. «La politique est une tornade. L'oeil du cyclone, c'est le leadership. C'est lui qui pousse en avant le gros de l'énergie, mais à l'épicentre le calme doit régner. Ed est l'expression du Parti. Nous jouons en équipe, mais nous le laissons être lui-même. Notre rôle consiste à le mettre en mouvement et à l'alléger pour qu'il puisse foncer. Son grand pouvoir, c'est son optimisme. Il est naturellement fait pour la compétition et il se donne à fond. Mon rôle, c'est de lui déblayer le terrain pour qu'il puisse donner le meilleur de lui-même. Il est indispensable de le décharger de tout le travail d'analyse. L'effort à fournir est trop considérable. Il ne peut pas se disperser. Si on commence à rogner l'énergie d'un leader, les choses tournent mal. Tout doit être fait pour qu'il se concentre exclusivement sur son rôle. Que ceux qui l'entourent soient plus ou moins bons n'a qu'une importance secondaire, car lorsque les caméras tournent, les objectifs ne sont braqués que sur une seule et unique personne. C'est sur lui que tout repose à ce moment-là. Heureusement qu'il est d'une transparence désarmante.»

Comment Knight s'entend-il avec les puristes du Parti, qui jugent sa démarche plutôt sommaire? À cette question, il hausse les épaules. «Certains veulent que nous restions indéfiniment les deux pieds dans le même sabot.» Il abaisse ses mains, puis les relève. «Nous sommes en train de nous construire une base, dit-il. Nous voulons le pouvoir. Telle est notre ambition. Je vise cent sièges, et je pense que nous pouvons former le prochain gouvernement. Quand on est de la Saskatchewan, on pense qu'il n'y a qu'une seule route à suivre, et que cette route consiste à foncer tout droit vers le but. Et pourquoi pas?» Il s'exprime calmement, sans jamais accélérer son débit, et il présente les choses comme s'il ne doutait pas un instant de leur heureuse issue.

Le principal handicap de Knight, c'est de parler très mal le français, mais celui qui l'a remplacé au poste de secrétaire principal, George Nakitsas, parle couramment trois langues (le français, l'anglais et le grec). «Les gars», comme les appelle Nancy Riche, se complètent admirablement et sont très représentatifs de l'alliance qui est en train de se consolider entre le Québec (où Nakitsas est né) et la Saskatchewan (terre natale de Knight).

Nakitsas s'est acquitté avec beaucoup de brio de ses fonctions de directeur de la recherche depuis le départ pénible et précipité de Jim Laxer. Né à Montréal d'une famille d'origine macédonienne (ses parents étaient ouvrier dans une fabrique de fourrures montréalaise), marié, père de deux enfants, diplômé de l'Université McGill, Nakitsas poursuivait ses études de doctorat (en ergonomie) quand il commença à travailler pour le Congrès canadien du travail en 1976. Un peu plus tard il abandonna la recherche pour travailler au service d'enseignement politique du Congrès, où il travailla en étroite collaboration avec le NPD en qualité de coordinateur des campagnes dans le milieu ouvrier. À ce titre, il joua un rôle électoral actif au Manitoba et en Colombie-Britannique. Ses efforts, raconte-t-il, consistaient essentiellement à déborder le cadre de la politique partisane et à convaincre les électeurs de la nécessité de s'engager politiquement. «Nous ne disions pas aux gens comment ils devaient voter. Nous nous efforcions de les amener à réfléchir attentivement aux thèses que défendait le Parti.»

Aujourd'hui, il est selon sa propre expression «l'homme orchestre», puisque son rôle consiste à émettre des signaux et à rester à l'écoute. «Nous avons dépassé l'étape de survie qui était encore la nôtre en 1984. Notre stratégie consiste désormais à donner un maximum d'expansion au Parti.» Nakitsas est un homme qui ne cherche pas à se mettre en valeur; il s'exprime à voix douce, et représente pour Ed un collaborateur inestimable. «George est extraordinaire, dit-il. Jamais je n'ai connu personne qui soit à la fois si doué et si dépourvu de vanité.» Le fait est qu'avec Knight et Nakitsas le parti fait boule de neige, met sur pied des organisations de comté dans chacune des deux cent quatre-vingt-deux circonscriptions électorales du pays (deux cent quatre-vingt-quinze, après que le nouveau découpage sera appliqué à la mi-juillet 1988), et cherche à absorber les poussées de croissance qu'on enregistre dans certains territoires: en Alberta, par exemple, la percée qui s'est produite lors de la dernière élection provinciale a valu au NPD seize députés, chiffre sans précédent; la grève des infirmières du mois de février 1988 a galvanisé la sympathie du public et le NPD a attiré mille trois cents personnes à une réunion d'investiture à Edmonton; à Halifax encore, les sondages d'opinion ont révélé qu'Alexa McDonough, leader du NPD de Nouvelle-Écosse, était considérée comme le personnage politique le plus populaire de la province, et son influence est appelée à apporter de nouvelles voix au parti fédéral; au Québec, enfin, où deux cent cinquante personnes se sont bousculées pour recevoir l'investiture du Parti dans soixante-quinze comtés, ex-libéraux et péquistes déçus ont afflué dans les bureaux du NPD, à la recherche d'une «nouvelle voie».

C'est au cours de cette phase de marée montante que débarqua le 1er février 1988 la nouvelle directrice de la recherche, dont le rôle consistait à fournir à Ed, au jour le jour, les informations qui lui étaient indispensables durant la période des questions, et à le tenir très précisément au courant des principaux problèmes posés dans toutes les régions du Canada. Des sourcils inquisiteurs ne manquèrent pas de se froncer dans certains cercles quand le poste laissé vacant par Nakitsas fut occupé par Arlene Wortsman, dernière en date à venir s'intégrer dans l'état-major de Ed. Il faut bien dire que le choix était plutôt audacieux, étant donné que Arlene Wortsman n'a rien des caractéristiques chères à la vieille école du Parti.

Trente-huit ans, élancée, l'esprit vif, Arlene Wortsman est issue d'une famille de Toronto appartenant à la classe moyenne; à douze ans, elle a travaillé pour le Parti libéral, car son père était un admirateur de Lester Pearson. Elle a commencé à militer activement alors qu'elle étudiait les sciences politiques et l'histoire à l'Université de Toronto. Elle terminera plus tard des études de troisième cycle à la faculté d'études environnementales de l'Université York. Elle travaillera à la campagne d'un de ses anciens condisciples de l'Université de Toronto lors de l'élection partielle de 1978. Cet ancien camarade d'études s'appelait Bob Rae. Quand celui-ci fut élu à la Chambre des communes, il demanda à Arlene Wortsman de venir le rejoindre à Ottawa et de collaborer avec lui en qualité d'assistante exécutive. C'est là sans doute une des raisons de l'expertise de Rae en matière de finances fédérales. Elle avait une curiosité toujours en éveil, le don d'aller tout de suite au coeur du sujet, une forme d'esprit bien à elle, et elle savait expliquer clairement des documents aussi hermétiques que la Loi des banques. Du fait qu'elle n'avait pas été bercée dans la politique du NPD, elle ignorait à peu près tout de la dogmatique du Parti, ce qui l'amenait à tout propos à demander qu'on lui explique le pourquoi du comment.

Puis Michael Decter, un ancien collaborateur de Broadbent, l'avait persuadée de venir travailler au Manitoba. Decter était alors secrétaire du conseil exécutif, l'homologue pour le Manitoba de Michael Pitfield à Ottawa, où ce dernier exerçait les fonctions de secrétaire du Conseil privé. Decter avait engagé Arlene en qualité d'analyste politique. Au bout d'une année c'est elle qui dirigeait l'équipe politique de Pawley. Elle a occupé ce poste jusqu'en 1984. De retour à Ottawa l'année suivante, elle prit en charge la politique économique du conseil fédéral du statut de la femme. Elle eut un enfant, apprit le français en accéléré et, son congé de maternité venant à expiration, elle fut nommée directrice de la recherche du NPD, nomination qui lui valut de vives félicitations de la part des féministes. Quand elle prit ses nouvelles fonctions, elle demanda à Ed si quelqu'un verrait une objection à ce qu'elle voyage, lors de la prochaine campagne électorale, avec son fils de un an sur l'avion nolisé par le Parti. Ed lui répondit que ce serait impossible. «Pourquoi pas?» fit-elle. Et d'expliquer comment elle voyait la chose: elle engagerait une gardienne d'enfant qui la déchargerait à l'occasion. Finalement, Ed lui dit en souriant. «D'accord. Oui, pourquoi pas?»

Arlene a l'art de persuader. Elle est aussi l'incarnation vivante des néo-démocrates de la nouvelle vague. «Je n'ai pas de bases idéologiques solides, rien de comparable à Ed», dit-elle sans chercher le moins du monde à se faire pardonner cette lacune. «Ma seule ambition, c'est de vivre dans un monde meilleur, où les gens seraient traités sur un pied d'égalité, et à cet égard ce parti me satisfait davantage que les autres... bien que le NPD ne soit certainement pas parfait. Je ne suis pas dogmatique. Je suis pragmatique. J'ai travaillé au sein d'un gouvernement, et la grande leçon que j'en ai tirée, c'est que, dans les années quatre-vingt-dix, ceux qui auront le pouvoir devront faire preuve d'austérité, car les caisses seront vides. Il sera impossible de réaliser tout ce qu'on souhaite. Tout se jouera non pas à coup de surenchères, mais de compromis.»

Dans sa propre sphère, Ed en était venu lui aussi à tirer des conclusions tout autant réalistes, et l'habileté avec laquelle il réagit à l'accord du lac Meech — signé le 3 juin 1987 par le Premier ministre du Canada et par ceux des différentes provinces au terme d'une séance qui dura toute la nuit et fit entrer le Québec dans la Constitution — prouve qu'il avait su tirer la leçon de la bataille constitutionnelle.

L'accord du lac Meech aurait pu — aurait dû, disent les adversaires de l'accord — être une bombe explosive, mais Ed aborda le sujet avec circonspection. Au lieu d'apporter en toute hâte son appui à l'entente, comme il l'avait fait du temps où Trudeau avait proposé de modifier la Constitution, il prit le soin d'en débattre longuement lors des réunions des députés, de prendre de multiples avis, d'en discuter avec son entourage, de solliciter des opinions, de prendre des notes et de peser le pour et le contre. En dépit des sérieuses oppositions à l'accord du lac Meech, l'affaire ne fut à l'origine d'aucune mutinerie à l'intérieur du Parti. L'entente avait été scellée derrière des portes closes entre le Premier ministre et les chefs des gouvernements provinciaux et présentée ultérieurement comme une mise en demeure, à prendre ou à laisser, un fait accompli qui ne laissait aucune marge de manoeuvre à ceux qui souhaitaient en améliorer les termes. Le contenu de l'accord prêtait pourtant bien davantage à litige. Ainsi, Ian Waddell, un député fédéral de Colombie-Britannique qui avait exercé sur Ed de fortes pressions pour consolider les droits des aborigènes, s'opposa-t-il violemment à l'esprit du lac Meech en alléguant que celui-ci allait à l'encontre du devoir du gouvernement d'agir au mieux des intérêts de la nation et qu'il empiétait sur les droits des aborigènes et des femmes. «Avec l'accord du lac Meech, déclare Waddell, Mulroney a cédé aux provinces la moitié des pouvoirs du gouvernement fédéral, et il [Mulroney] veut donner l'autre moitié aux Américains par le biais du libre-échange. Que pourra-t-on faire si on se rend compte qu'on a commis une faute et qu'on souhaite en revenir à un gouvernement national fort?»

C'est la même inquiétude qui a poussé l'ancien Premier ministre Pierre Trudeau à dénoncer lui aussi l'accord. Ottawa avait en effet accordé aux provinces un droit de veto qui les rendrait, fit valoir Trudeau, plus puissantes que le gouvernement fédéral. Il condamna l'attitude de Mulroney, jugeant qu'elle «rendrait l'État canadien totalement impuissant et le vouerait, compte tenu de la dynamique du pouvoir, à être un jour gouverné par des eunuques». Propos durs, et qu'il était difficile à beaucoup d'ignorer.

En s'opposant publiquement à l'accord du lac Meech, Waddell s'alignait sur le point de vue du Parti de Colombie-Britannique, hostile à l'accord. Il tenait également compte du «remue-ménage» que celui-ci provoquait au Manitoba et dans le Nord. Indigné de constater que les leaders des Territoires avaient été exclus des discussions du lac Meech, Tony Penikett, le chef du gouvernement NPD du Yukon, fut bien davantage indigné encore en apprenant que l'entente donnait à chaque province canadienne le droit de s'opposer à l'admission de nouvelles provinces. Bill Blaikie, député fédéral de Winnipeg qui, comme Waddell, avait soulevé de sérieuses objections à l'époque du débat sur la Constitution, était lui aussi gravement préoccupé par les lacunes de l'accord. Ed ne l'était pas moins lui non plus. «Réformer le Sénat, admettre de nouvelles provinces ou modifier n'importe quelle institution fédérale, cela requiert un consentement unanime, déclare Blaikie. C'était une rude décision à prendre que de soutenir un accord pareil. Mais Ed sentait — et finalement nous nous sommes ralliés à son point de vue — que nous devions l'accepter à cause du Québec. Le NPD revendiquait depuis tellement longtemps un statut particulier pour le Québec que nous ne pouvions pas faire volte-face. On nous a accusés plus tard d'avoir cédé par opportunisme politique. C'est une pure invention.»

Ed continuait à asséner les mêmes arguments: non, l'accord n'était pas parfait; oui, il continuerait à oeuvrer pour l'améliorer; mais par-dessus tout cela «permettait de corriger l'injustice que représentait l'exclusion du Québec de la Constitution. C'était déjà un début.» Cette position ne lui valut pas une admiration unanime. Dans son éditorial en date du 13 avril 1988, le *Toronto Star* le raillait en l'accusant de prendre «avec fermeté deux partis à la fois» et posait la question: «Quand donc Broadbent va-t-il cesser de jouer sur les deux tableaux?» En somme, il répétait l'attitude qui avait été la sienne au début des années soixante-dix, quand il avait soutenu simultanément — au prix des mêmes moqueries — le fédéralisme et le droit du Québec à l'autodétermination. Dix-sept ans plus tard, sa position sur le Québec (devenu entre temps «société distincte» dans le vocabulaire officiel) était enchâssée dans la Constitution par le détour de l'accord du lac Meech, et Ed n'était pas disposé à la renier.

«Les années sombres qu'il a connues, à l'époque où on sortait les couteaux... et croyez-moi, il en sortait de partout... ces affrontements auront été pour Ed une bénédiction insoupçonnée, déclare Marion Dewar. Quand on a connu le genre de batailles qu'il a vécues au moment de l'affaire constitutionnelle, ou bien on devient amer et cynique, ou bien on évolue. Ed a évolué.» Ce commentaire de Dewar ne va pas sans rappeler cette réflexion formulée en 1979 par l'ex-Premier ministre John Diefenbaker: «Le leadership est une chose curieuse. Il grandit les uns et fait enfler les autres. Ed a grandi.»

Si Ed nourrissait un certain respect pour l'ancien Premier ministre Pierre Trudeau, il semble n'avoir que fort peu de considération pour Brian Mulroney. Le 17 décembre 1984, et de nouveau le 28 mai 1986, Broadbent fut chassé des Communes pour avoir déclaré, dans le premier cas, que Mulroney avait «délibérément trompé la Chambre», et dans le second pour avoir refusé de se rétracter après avoir affirmé que le Premier ministre était un menteur. Mulroney lui voue en retour une égale animosité. «Le Premier ministre Brian Mulroney semble particulièrement venimeux à l'égard de Ed Broadbent, écrivait le journaliste Don McGillivray dans un éditorial daté du 9 février 1988. Quand Broadbent a posé une question à Mulroney, c'est tout juste si celui-ci n'a pas craché sur le parquet de la Chambre pour répondre au chef du NPD.»

«La hargne que Mulroney nourrit vis-à-vis de Broadbent, estimait McGillivray, est probablement liée aux espoirs politiques que ce dernier entretient. Ed donne l'impression de pouvoir planer sereinement au-dessus de la bataille, c'est du moins l'opinion des gens... Rien d'étonnant si Mulroney saisit toutes les occasions qui lui sont données de lui rogner les ailes. La grande peur de Mulroney, c'est que les néo-démocrates soient prêts à faire un retour en force [et que] la situation politique prenne une tournure identique à celle qui a porté massivement le NPD en tête des sondages durant l'été 1987.» Tandis que les tories scrutaient l'horizon, en quête de l'éclaircie favorable qui leur permettrait de battre le rappel des électeurs, les tensions montaient.

Plus inquiétante encore — pour les conservateurs — était la situation au Québec. Alors que tout récemment encore ils faisaient quasiment figure de parias dans la province (où ils n'avaient remporté qu'un siège à l'élection de 1980, mais cinquante-huit à celle de 1984), ils ne pouvaient s'empêcher de redouter la versatilité de l'électorat québécois. La clé du pouvoir national, c'est le Québec, où jamais encore les néo-démocrates n'ont fait élire un seul candidat. Mais au cours de l'hiver et du printemps 1988, l'équipe québécoise de Broadbent a fait l'objet d'une attention beaucoup plus grande. C'est ainsi qu'en première page de la *Gazette* on pouvait voir Ed Broadbent aux côtés de Paul Vachon, dit «le Boucher», frère du lutteur «Mad Dog» Vachon. Candidat du NPD, Paul jouissait d'une grande popularité du fait de ses activités communautaires (il défendait entre autres la cause des enfants maltraités et des femmes battues). Si d'aucuns ne manquaient pas de railler les frères Vachon, nul ne tournait en dérision la liste profuse des nouveaux candidats du Parti. Robert McKenzie, un journaliste du *Star* qui, jusque-là, n'avait pas caché son scepticisme quant aux chances électorales du NPD au Québec, débordait d'enthousiasme en avril devant «les éléments de valeur recrutés par Broadbent». Sur la liste figuraient les noms suivants: François Beaulne, spécialiste des questions financières internationales et ancien vice-président de la Banque Nationale du Canada; Paul Cappon, docteur en médecine et professeur à l'Université McGill (président du congrès international tenu en juin à Montréal, réunissant quelque cinq mille médecins opposés aux armements nucléaires); Phil Edmonston, un citoyen né aux États-Unis dirigeant à Montréal une association de défense des consommateurs; Rémy Trudel, recteur en fin de carrière de l'Université du Québec en Abitibi; Philippe Bernard, administrateur d'université, ex-trésorier du PQ; Pierre Hétu, chef d'orchestre de renommée internationale; Maria Peluso, directrice régionale du Conseil Canadien des Chrétiens et des Juifs; Claire Brassard, avocate

335

spécialisée dans les relations de travail; Ruth Rose, professeur d'économie à l'Université du Québec.

Au quartier général du NPD, à Montréal, d'anciens militants libéraux et péquistes venaient de plus en plus nombreux offrir leurs services. «Au début de 1987, nous avions quatre cent dix-huit membres, raconte Donald Houle, le nouvel organisateur fédéral du Parti. En janvier 1988, nous en avions douze mille. Dans la dernière semaine de février, il en est venu deux mille autres, et vers la fin du mois de mai nous en comptions vingt mille.» Ancien officier de la Sûreté du Québec, Houle totalisait vingt-trois années de service avant de se faire engager par le NPD. Il parcourt la province à bord d'une Honda équipée d'un téléphone cellulaire afin de ne jamais perdre le contact avec l'état-major. Jusqu'à l'année dernière, jamais il n'avait entendu parler du NPD. Responsable de la sécurité aux Olympiques de 1976 et durant la visite du pape au début des années quatre-vingt, Houle dirigeait la brigade des stupéfiants de la SQ et exerçait les fonctions de chef des enquêtes criminelles à Montréal, où dans certains cas six à sept cents hommes travaillaient sous ses ordres. Quand il avait pris sa retraite deux ans avant de travailler pour le NPD, il s'était retiré à Rouyn-Noranda, sa ville natale, et là, Houle était devenu l'un des organisateurs du Parti libéral de la région, à l'exemple de Michel Lemire, son meilleur ami. Lemire gère sa propre affaire de décoration d'intérieur, mais depuis vingt ans sa grande passion consiste à s'occuper d'organisation politique.

En 1986, Houle et Lemire étaient à la recherche d'un candidat libéral de poids pour la prochaine élection fédérale. Tâtant le terrain, ils constatèrent qu'un nom était sur toutes les lèvres, celui de Rémy Trudel, le président de l'Université du Québec à Rouyn-Noranda. Titulaire d'un doctorat en philosophie de l'administration, le docteur Trudel était connu pour avoir créé une université très particulière (avec un budget annuel de dix millions de dollars) qui dispensait des cours aux populations autochtones du nord de la province. En effet, Trudel avait fait oeuvre de pionnier en donnant aux Indiens Cri et Inuit un enseignement dans leur propre langue, et de plus il avait contribué au développement économique de la région, où de nos jours ce sont des Québécois qui assurent quatre-vingts pour cent des opérations minières, et où le taux de chômage n'est que de cinq à six pour cent. Travailleur communautaire infatigable, aux réalisations impressionnantes, cet homme de trente-neuf ans originaire de Trois-Rivières était sympathique, éloquent, bref, avait toutes les caractéristiques de l'homme de la situation. Houle et Lemire frappèrent à sa porte au mois de novembre 1986.

«Imaginez la situation, m'a-t-il raconté. Je les ai vus tous les deux débarquer, Donald et Michel, dans mon bureau de l'université. Je les connaissais depuis des années. Nous avions travaillé ensemble pour faire élire le maire de Rouyn-Noranda. L'un comme l'autre vivent pour la politique. C'est leur vice.»

Houle et Lemire révélèrent à Trudel qu'ils s'étaient livrés à une petite enquête et que le candidat le mieux placé pour la prochaine élection fédérale, c'était lui.

«Vous croyez? fit Trudel. Mais dites-moi, simple curiosité, sous quelle étiquette vais-je me présenter?»

Houle et Lemire ne purent s'empêcher de s'esclaffer. «Quelle question! Sous l'étiquette rouge [libérale], bien sûr.»

Trudel, qui avait été péquiste, haussa les épaules. «S'il y a une chose dont je suis sûr, leur dit-il, c'est que jamais de ma vie je ne serai candidat libéral. Vous voulez que je vous dise pourquoi? Parce que ce n'est pas un parti avec des idées, mais juste un groupement d'intérêts. Même chose pour les conservateurs. Si un jour je me présente, ce sera sous les couleurs du NPD.

— Le NP quoi?

— Regardez les sondages, leur dit Trudel. Sans l'aide de la moindre organisation au Québec, le NPD recueille vingt-cinq pour cent des intentions de vote. Songez un peu à ce que le NPD pourrait faire s'il disposait d'une organisation.»

Houle et Lemire prirent congé en promettant de réfléchir à la question. De son côté, Trudel n'était pas très sûr de l'attitude qu'il allait adopter, mais il avait lu les brochures du NPD, pris connaissance du programme politique préconisé par le Parti, et ce programme le séduisait. Deux semaines plus tard, Houle et Lemire revinrent le voir. «Rémy, nous ne comprenons pas grand-chose au NPD. Ton idée est peut-être la bonne, mais on aimerait rencontrer quelqu'un du Parti.» On eût dit qu'ils sollicitaient un rendez-vous avec une créature d'une autre planète.

«Certainement, leur dit Trudel. Je vais m'arranger pour vous faire rencontrer M. Broadbent.» Il bluffait, bien entendu, mais se disait qu'une tentative de ce genre en valait la peine.

Houle et Lemire étaient stupéfaits. Ils avaient entendu parler de Ed Broadbent, ils savaient que c'était lui le patron, mais pas un instant ils n'avaient songé à viser si haut. Et Trudel non plus. Il n'eut qu'un seul et unique contact avec le NPD, au congrès du Parti à Montréal en mars 1987. À cette occasion, Trudel qui suivait les travaux du NPD en observateur attentif, fit la connaissance de George Nakitsas, alors directeur de la recherche du Parti. Après le congrès, Trudel entra en relations avec le quartier général du NPD à Montréal, où on lui donna le numéro de téléphone du bureau de Ed sur la colline parlementaire. C'est ainsi qu'il appela Nakitsas, qui ne laissa pas son interlocuteur lui filer entre les doigts. Il l'invita à venir à Ottawa en compagnie de ses deux amis. La rencontre fut fixée au début du mois de mai (Trudel ne pouvait pas se déplacer avant cette date, car il était totalement accaparé par l'organisation du Symposium international sur le développement des territoires nordiques, auquel devaient participer des délégués de l'Union soviétique, de la Chine et des pays scandinaves.

Le 1er mai, Trudel et ses accompagnateurs libéraux se présentèrent au restaurant Le Soupçon, un établissement sélect d'Ottawa que fréquentent les Broadbent (il est situé près de chez eux et appartient à la nièce de Lucille). Ed Broadbent, George Nakitsas, Michel Agnaieff (le porte-parole du Parti au Québec), Rémy Trudel, Donald Houle et Michel Lemire prirent alors tout leur temps pour partager un repas plein d'entrain. Mis en présence de Broadbent, Lemire se sentait comme un premier communiant, raconte-t-il: «J'en suis resté ébahi. C'était pour moi une surprise. Je ne m'attendais pas à ça. J'étais subjugué. Quelque chose d'extraordinaire. Nous étions là, deux petits gars de Rouyn-Noranda, et M. Broadbent a bavardé avec nous pendant trois heures.» Seuls clients du restaurant, qui n'avait ouvert ses portes que pour recevoir les invités de Broadbent, ils discutèrent tout en faisant honneur à la cuisine et à la cave. Trudel, Houle et Lemire ne cessèrent de questionner Ed sur l'activité industrielle, sujet qui domine la politique du Québec.

Michel Lemire ne tourna pas autour du pot et exigea une réponse à la question qui le préoccupait: «Qu'est-ce que le NPD a l'intention de faire pour les petites et moyennes entreprises?» demanda-t-il. Lemire, Houle et Trudel ne sont pas des fanatiques de l'idéologie. Un parti politique, se plaît à déclarer Trudel avec le pragmatisme propre aux Québécois, n'est somme toute qu'un outil. «Et quand on veut faire quelque chose pour la collectivité, on veut l'outil le plus efficace.» Si l'outil ne remplit pas son office, comme c'est le cas, dans son esprit, avec les deux partis libéral et conservateur, alors on s'en débarrasse. Pour résumer les choses, disons que Houle et Lemire étaient très favorablement impressionnés après avoir vidé leur dernier verre de vin. «Un sacré bon gars! dit Lemire. Un gars tout simple, chaleureux, sincère. Il me plaît bien.» Trudel était lui aussi conquis. «Il ne nous a fait aucune promesse grandiose, déclare-t-il. Il s'est borné à nous dire: «Si la chose est possible, nous allons...» Il avait un sens très aigu des réalités.» Une seule chose les inquiétait cependant: le NPD était le parti de la centralisation. Mais Ed les rassura: sa politique — et celle de son parti — étaient au contraire tournées vers la décentralisation et le développement des initiatives de la base.

De retour à Rouyn-Noranda, ils annoncèrent aux gens de leur connaissance qu'ils allaient constituer une association de comté et que Trudel allait briguer l'investiture du NPD. «Nos amis étaient très satisfaits, raconte Lemire. Nous leur avons expliqué que le NPD représentait une solution de rechange d'un type nouveau, et les gens l'ont compris. M. Broadbent nous avait déclaré que son parti était de tendance centre-gauche et n'avait rien d'extrémiste, et cela recoupait nos propres convictions.» Houle et Lemire n'avaient jamais voté PQ. «Jamais nous n'avons été indépendandistes, affirme Lemire. Nous aimons le Canada et nous voulons que le Québec ait sa place à l'intérieur du Canada. Nous avons un beau pays, vaste et riche, et nous souhaitons qu'il le reste.» Trudel, lui, déclare avoir voté pour le PQ par le passé, non pas parce qu'il était anti-Canada, précise-t-il, mais parce qu'il voulait que les Français du Canada s'affirment en tant que tels. «Le PQ nous était indispensable si nous voulions prendre le contrôle de notre économie et de nos destinées.» Mais à présent que le PQ déclinait, il était clair pour Trudel que l'outil le mieux adapté aux exigences du peuple québécois était le NPD.

Tandis qu'à Rouyn-Noranda Houle et Lemire s'attelaient à la tâche, l'état-major de Broadbent surveillait de près les progrès de leurs activités et se rendait compte que non seulement ils prenaient à coeur la politique, mais encore qu'ils marquaient des points décisifs. En septembre, ils organisèrent un dîner-débat — à raison de cinquante dollars par tête — qui réunit quatre cent cinquante convives, pour la plupart des libéraux et des conservateurs, durant lequel Ed vint prononcer une allocution. En octobre 1987, le Parti finit par convaincre Donald Houle et Michel Lemire de venir tenir boutique à Montréal, quitte à faire de temps à autre le voyage vers Rouyn-Noranda, afin de rayonner à travers la province. «Je songeais très sérieusement à le faire depuis un certain temps, déclare Houle. J'étais à la retraite et j'aimais vivre dans le nord. J'ai là-bas une maison au bord d'un lac, une motoneige, j'aime la chasse et la pêche, j'ai un troupeau de Hereford... mais cela [l'installation à Montréal] avait davantage d'importance. Au Québec, c'était Trudel qui avait le plus de chances de remporter un siège aux prochaines élections, et je me suis dit que je pourrais mieux contribuer à sa victoire si je revenais à Montréal, où j'avais vécu et exercé mes activités pendant nombre d'années, et où je connaissais tant de monde.»

Houle pense que le Parti est particulièrement bien placé dans trente comtés sur le total de soixante-quinze que compte la province. «C'est la meilleure organisation qui gagnera le plus de sièges, dit-il. Plus nous y consacrerons de temps, meilleure sera l'organisation que nous mettrons sur pied. Je veux que celle-ci soit énorme.» Chaque semaine il prend la route pour visiter chaque comté, «vendre la seule solution de rechange» et prendre la parole devant les ouvriers. «Le Parti libéral avait du bon, mais avec Turner, rien à faire», déclare-t-il sans se repentir le moins du monde d'avoir changé son fusil d'épaule.

Dans la salle de conférences du quartier général du NPD, juste à côté du bureau de Houle, le comité de plate-forme électorale se réunit. La réunion est coprésidée par un chef d'entreprise plein de distinction — cheveux poivre et sel, costume à fines rayures — et une jeune femme à cheveux bruns, très élégante, avocate d'affaires à Montréal. Éric Gourdeau et Claire Brassard représentent les deux nouvelles tendances du NPD québécois: d'une part, l'homme d'affaires mûri depuis longtemps dans l'activité politique (l'engagement de Gourdeau remonte à la Révolution tranquille et s'est poursuivi avec le Parti québécois, dans le gouvernement duquel il a été haut fonctionnaire pendant presque dix ans); de l'autre, la «socialiste féministe», ainsi se décrit-elle, ajoutant que cette double conviction est très spécifique du mouvement féministe au Québec. «Nous avons certaines prétentions politiques.» Membre du NPD depuis 1985, l'année «où Lévesque a laissé le PQ et où le PQ est devenu un parti de droite», elle eut deux ans plus tard, immédiatement avant le congrès de Montréal, l'occasion de se faire une opinion de Broadbent pendant une réunion du comité du NPD québécois. Au cours de cette réunion, une tension très perceptible opposait Jean-Paul Harney et Ed Broadbent, qui s'étaient tous deux mesurés dans la course au leadership. Harney, ex-leader du NPD de la province, qui vit maintenant près de la ville de Québec, songeait à se présenter à la prochaine élection fédérale. (Peu de temps après, il annoncera sa candidature.)

Réunion «historique», rappelle Claire Brassard, car le moment était venu de donner satisfaction aux revendications formulées par les Québécois, désireux de voir leur province reconnue en tant que «société distincte». Évoquant cette réunion, elle rapporte que Broadbent est arrivé à l'heure, très calme et très sûr de lui. «Il nous a manifesté beaucoup de chaleur et de sympathie. Puis il s'est assis. Devant lui, une feuille de papier vierge et une plume d'or. Très décontracté, tout à fait préparé. Jean-Paul Harney est arrivé en re-

tard, très nerveux et très conscient du charme exercé par Ed.» Broadbent, à la grande surprise de Claire Brassard, laissa le comité discuter pendant une heure et demie. «J'attendais qu'il interrompe la
discussion, mais non. Il écoutait, prenait des notes, et quand enfin il
a pris la parole, il avait une idée très nette de ce que devait être la
résolution. D'emblée, sans que nous ayons besoin de nous battre, il
nous a accordé plus que nous ne l'espérions [sur la «société distincte»]. Nous étions muets d'étonnement.» Harney, que certains
membres du NPD provincial considéraient comme «plus québécois
que les Québécois» sur le plan de l'intransigeance nationaliste, fut
ainsi réduit au silence.

À la même époque, Claire Brassard eut toutes les raisons de se
réjouir quand le Parti se dota pour la première fois d'un «parrain»
représentatif, et qu'elle-même trouva en ce personnage un mentor:
Éric Gourdeau. Une véritable bougie d'allumage, dira de lui Robert
McKenzie: «Ses yeux bleu-gris brillent derrière ses lunettes et la
masse de ses cheveux épais et grisonnants semble se hérisser à
l'avance quand on l'interroge sur la prochaine élection...» Gourdeau incarne à merveille le «sympathique» chaînon unissant le
Parti québécois au Nouveau Parti démocratique. Issu d'ancêtres
venus se fixer non loin de Québec en 1623, Gourdeau a grandi dans
une famille éprise d'idées progressistes. Sa tante maternelle eut un
fils, Robert Cliche, qui devint plus tard l'un des avocats les plus connus au Québec, et aussi le grand espoir francophone du NPD dans
les années soixante. Économiste et ingénieur de formation, Gourdeau a fait ses études à l'Université Laval avant de fonder sa propre
firme-conseil spécialisée dans les questions d'exploitation forestière, d'énergie, de développement des régions septentrionales et
d'écologie.

Bien qu'il eût collaboré pendant bien des années avec des gouvernements dirigés par les libéraux et les péquistes, jamais Gourdeau n'avait adhéré à une formation politique avant le mois de
mars 1987, date à laquelle il envoya au NPD une demande
d'adhésion. «Il m'a fallu quatre mois pour obtenir ma carte, dit-il
en souriant. J'ai dû leur téléphoner trois ou quatre fois pour leur ra-
fraîchir la mémoire.» En homme qui aime à sortir des sentiers battus — avec Michel Bélanger, devenu président de la Banque Nationale, Gourdeau a joué un rôle déterminant dans la nationalisation
des compagnies électriques du Québec —, il cherchait depuis un certain temps l'occasion de relever un autre grand défi. Cette occasion,
il l'a trouvée avec le NPD. Quand enfin il reçut sa carte d'adhérent,
celle-ci était accompagnée de la liste des membres de sa circonscrip-

tion de Montmorency-Orléans, à proximité immédiate de Québec. «Le comté compte quarante-cinq mille électeurs, raconte-t-il, et le NPD n'y avait recruté en tout et pour tout que six membres.» Gourdeau n'était pas homme à se laisser abattre pour autant — après tout, les Québécois en ont vu d'autres — et il décida de rencontrer Broadbent.

Cette fois encore le rendez-vous eut lieu au restaurant Le Soupçon, à Ottawa, à l'automne 1987. Gourdeau en retira une excellente impression. «Broadbent m'a plu tout de suite, dit-il. Je me suis rendu compte qu'il était d'une grande simplicité. J'ai eu le sentiment qu'il appartenait toujours au milieu dont il était issu, et il m'a donné l'impression de vouloir en apprendre davantage sur le Québec.» En savoir davantage? Broadbent était prêt à franchir des montagnes pour établir des antennes au Québec. Il va sans dire que la stratégie qui était la sienne — et que les médias ne soupçonnèrent pas — consistait à établir des liens, à jeter en quelque sorte un pont en forme d'arc-en-ciel entre le Québec et l'Ouest du Canada, un corridor débouchant sur le pouvoir. En la personne de Gourdeau, il tenait précisément l'homme qui comprenait que le Québec et la Saskatchewan procédaient d'un même terrain historique.

En 1960, à l'aube de la Révolution tranquille, Éric Gourdeau avait été le conseiller économique en chef de René Lévesque, alors ministre provincial des Travaux Publics et «des Ressources hydrauliques» — un additif rapporté après coup et qui, comme le dira Lévesque lui-même, deviendra «la poule aux oeufs d'or». Le fondateur du Parti québécois écrira aussi dans ses *Mémoires* que le mois de juillet 1960 aura été celui du changement, marqué de l'enthousiasme, de l'appétit de vivre, et de la confiance en soi du peuple québécois. Un soir, à cette même époque, Lévesque avait rendu visite au père Georges-Henri Lévesque, celui-là même qu'il considérait comme la conscience libératrice de sa génération. Et tandis qu'ils se promenaient tous les deux au bord des chutes Montmorency, le père Georges-Henri s'était tourné vers René pour lui crier: «Fais vite! C'est une révolution qui est en train de se produire. Ne la laisse pas te glisser entre les doigts.»

«Lévesque était socialiste, cela ne fait pas l'ombre d'un doute, dit Goudreau. Et quand il cherchait un modèle à imiter, c'est naturellement vers la Saskatchewan qu'il se tournait, première de nos provinces à comprendre le rôle de l'État dans le développement et à le mettre en pratique.» Gourdeau et ses collègues québécois recevaient alors en coulisse de l'aide de Tommy Shoyama et de Al Johnson, deux hauts fonctionnaires du gouvernement qui avaient été appelés à Ottawa dans les années soixante. Shoyama a servi le gouvernement de la Saskatchewan de 1946 à 1964, et plus tard, pendant un quart de siècle, les divers gouvernements fédéraux qui se sont succédé à Ottawa. Dans le milieu des années soixante-dix, c'est également lui qui a remplacé Simon Reisman, en qualité de ministre délégué aux Finances.

Aujourd'hui, Al Johnson s'est retiré du carrousel politique pour enseigner paisiblement le droit public au Massey College de l'Université de Toronto. Titulaire d'un doctorat de Harvard, il est maintenant dans la soixantaine, et au terme d'une carrière fort enviable couronnée par la présence de CBC, poste qu'il a occupé de 1975 à 1982, il n'a rien perdu de l'exubérance puisée jadis dans la révolution de la Saskatchewan. «Le Québec et la Saskatchewan ont en commun la même expérience, dit-il, encore que les mentalités des deux provinces soient fort différentes. L'identité des deux causes est manifeste. Nous avons nourri les uns et les autres de grandes ambitions. Une compréhension réciproque s'est établie entre nous. Les deux sociétés sont parties de rien pour se doter d'une social-démocratie avancée. Nous avons dû affronter le même problème: comment développer économiquement une province dans une situation de marché désavantageuse?»

La jonction Québec-Saskatchewan s'est établie — Al Johnson s'en souvient très bien — dans les années soixante, par le biais de la fonction publique. «Cela ne résultait en rien d'un accord passé entre Jean Lesage et Tommy Douglas. Le gouvernement Lesage évoluait en direction d'une social-démocratie couplée à une volonté de développement de la province. Nous avions réalisé en Saskatchewan ce que le gouvernement du Québec souhaitait faire lui aussi. Voilà qui nous donnait d'amples raisons de nous entendre.»

Ce qui a conditionné le succès dans les deux provinces, c'est à ses yeux la juxtaposition d'une direction politique ferme avec une vision collective de la société.

«Tommy Douglas favorisait la créativité — et obéissait à des considérations humanitaires — avant toute chose, raconte Johnson. Il nous a fait respirer, il a créé un climat d'expérimentation... nous étions si jeunes à l'époque et... oui, il a institué un service public de premier ordre, animé par son esprit de liberté. Nous avions une cause à défendre, et cela exaltait l'énergie populaire.» C'est à peu près dans les mêmes termes que Gourdeau parle de l'atmosphère qui régnait au gouvernement du Québec dans les années soixante. Une époque «d'expérimentation, d'aventure et de conquête», raconte-t-il, le tout inspiré d'un principe de base formulé en 1962, et appelé à devenir le leitmotiv de la Révolution tranquille et du Parti québécois: Maîtres chez nous.

En 1968, à peu près à l'époque où les libéraux de Lesage marquaient le pas et où René Lévesque quittait le Parti pour fonder le PQ, Gourdeau démissionna de ses fonctions gouvernementales pour reprendre ses activités de conseil. Il continua ainsi de travailler pour le compte de clients privés (bien souvent des firmes américaines relevant du secteur énergétique), sur des projets d'exploitation des richesses naturelles, et bientôt la scène politique de Washington lui devint familière. Après la victoire du Parti québécois en 1976, Lévesque demanda à Gourdeau de revenir au gouvernement et lui proposa le poste de ministre délégué au développement économique. Gourdeau accepta, bien qu'il ne fût jamais indépendantiste, et peu après on lui confia la direction d'un nouveau bureau ayant reçu mission de développer les ressources des territoires indiens, en particulier ceux des Inuit. Il fut du nombre des intimes de René Lévesque jusqu'en 1985, année où le Parti québécois fut battu par les libéraux de Bourassa. «J'ai continué à collaborer avec Bourassa jusqu'en 1986, dit-il, mais il m'était impossible de travailler avec lui. Lévesque et moi étions sur la même longueur d'onde. Avec Bourassa, la communication ne s'établissait pas.»

Gourdeau prit donc une année de repos pour jouer au golf, écouter de la musique, lire... et réfléchir à ce qu'il souhaiterait faire de son existence. Le 9 octobre 1987, trois mois avant la mort de Lévesque, les deux amis de longue date se rencontrèrent. Gourdeau apprit à Lévesque qu'il avait adhéré au NPD, et qu'il envisageait de briguer l'investiture de ce parti pour se présenter à la prochaine élection fédérale. «Lévesque a longuement médité avant de me répondre, raconte Gourdeau. Puis il m'a dit: «C'est une bonne idée.» Fort de cette bénédiction de Lévesque, Gourdeau se sentait les mains libres. Il appela tous ses anciens amis et connaissances pour leur annoncer qu'il souhaitait s'entretenir avec eux de ses ambitions politiques, mais sans leur mentionner la bannière sous laquelle il avait l'intention de se présenter. Tous furent ravis de le revoir et, non sans quelque surprise, il constata que tous avaient deviné qu'il s'était engagé dans les rangs du NPD.

Pour établir une association de comté, Gourdeau avait besoin de dix membres. Il rameuta donc dix de ses relations... pour découvrir alors qu'une assemblée d'investiture requérait la présence de cent cinquante membres. «Je me suis mis en chasse et je les ai trouvés sans difficultés», raconte-t-il. De vieux amis qui étaient organisateurs pour les autres grands partis vinrent et achetèrent des cartes du NPD. «À dire vrai, j'en étais stupéfait», dit-il. Il n'avait pourtant guère de raisons de l'être: le réseau Gourdeau est véritablement tentaculaire. Outre sa carrière «officielle» au service du gouvernement, il a présidé, pendant cinq années, la commission scolaire de son lieu de résidence, sa femme est connue dans tous les cercles pour ses bonnes oeuvres, et leur cinq enfants ont fait sa publicité dans toute la ville. Au printemps 1988, Gourdeau était coprésident du comité du programme électoral du NPD au Québec et travaillait donc avec les nouveaux membres du Parti pour «intégrer les perspectives québécoises dans le programme national». Son projet secret consiste à réconcilier Ed Broadbent avec Jean-Paul Harney. «Ils ont été rivaux, déclare-t-il avec un haussement d'épaules. Il est temps qu'ils fassent la paix.»

Tout en tirant sur sa cigarette — il fume des Buckingham sans filtre, la même marque que René Lévesque — Gourdeau pense à haute voix: «Par le passé, le NPD n'avait pas sa place au Québec. En 1961, Lesage est venu au pouvoir et a fait entrer Lévesque dans son cabinet. Et Lévesque était social-démocrate. Sa philosophie politique était celle du NPD. Puis Lévesque est devenu à son tour Premier ministre en 1976. Aujourd'hui Lévesque est mort. Les Québécois sont lassés des libéraux et des conservateurs. Le NPD a une occasion unique de remporter quarante sièges au Québec... s'il sait mener convenablement sa campagne.»

Chapitre neuf

La poursuite du pouvoir

*La prochaine élection se jouera sur les motifs authenti-
ques de l'action politique. Où placer sa confiance? La spontanéité, l'émotion, les mobiles positifs qui guident les politiques: telles sont les pierres de touche de l'ère nouvelle.*

Allan Gregg, organisateur de sondage,
1er février 1988

Les progrès constants accomplis par Ed à la tête du Parti commençaient à se faire de façon visible. Il n'était plus question que de
l'évolution de Broadbent, ce qui amusait fort Joe Levitt, son meilleur
ami à Ottawa. Professeur honoraire de l'Université d'Ottawa, où il
enseignait l'histoire des idées intellectuelles au Canada, cet homme
grisonnant rédige aujourd'hui un ouvrage sur Lester Pearson et sur
le rôle du Canada dans le désarmement nucléaire entre 1946 et 1957.
Pacifiste, Levitt milite dans les rangs d'un mouvement d'opposition
à l'utilisation des armements nucléaires (Veterans Against Nu-
clear War).

Assis dans le salon de la vieille maison de brique qu'il a ré-
novée dans le quartier Glebe d'Ottawa, Joe Levitt m'a volontiers
parlé des liens d'amitié qui l'unissent à Ed. Un immense amour
de la vie et des idées, qu'on reçoit de façon presque électrique,
émane de cet homme grand et fort aux cheveux hérissés et au rire
retentissant. C'est à Toronto qu'il a fait la connaissance de Ed
Broadbent dans les années soixante. Tous deux préparaient alors
leur doctorat. Consacrée à l'histoire canadienne-française, la thèse
de Levitt était plus particulièrement axée sur Henri Bourassa, le pa-

triote québécois à qui Jim Laxer vouait pour sa part une profonde admiration.

De quinze ans l'aîné de Ed, Levitt se considère comme un socialiste de la vieille école. «Ma génération était très attachée aux nationalisations, raconte-t-il. Pour Ed cela a perdu toute signification et n'en a jamais eu. Il a rejeté le marxisme dans les années soixante et ne porte pas les communistes dans son coeur. Il n'est pas l'ennemi du monde des affaires et nourri même une grande affection pour General Motors. Jamais vous ne l'entendrez en parler comme de l'ogre abominable qui exploite les travailleurs; il la décrit plutôt comme une compagnie extraordinairement performante qui fabrique les meilleures voitures au monde. Ça ne tient pas debout, mais que voulez-vous, Ed est un inconditionnel de GM.» Comment ce vieux gauchiste réagit-il aux positions modérées de Ed? Levitt hausse les épaules en souriant. «Un gouvernement Broadbent serait un gouvernement social-démocrate de droite. Le programme socialiste a changé; la paix, la politique étrangère, l'écologie, la condition féminine et les garderies sont maintenant à l'ordre du jour... Il apporterait certainement quelques réformes, mais il est impensable qu'il prenne des mesures susceptibles de paralyser l'économie. Il ne songe pas un instant à faire du Canada une nouvelle Tanzanie.»

Levitt éclate de rire et ses yeux pétillent. «Vous rendez-vous compte du comique de la situation? J'ai rencontré ce garçon à l'université en 1964, il a été mon témoin quand j'ai épousé Marnie [sa deuxième femme] en 1971, et vingt-quatre ans plus tard il brigue le poste de Premier ministre... et nous sommes toujours amis. Deux intoxiqués de la politique, voilà ce que nous sommes.»

Marnie, la femme de Levitt, enseigne dans un collège et se considère comme une féministe bon teint. «Mon fils, fait-elle remarquer, ne ménage pas Ed. À son avis il n'est pas assez de gauche. Mais Ed ne manque jamais de relever le gant et de rendre coup pour coup. Ici, une bonne bagarre n'est pour déplaire à personne.»

Nous ne sommes pas d'accord sur toute la ligne, poursuit Levitt, mais nous aimons beaucoup discuter de politique. Autrefois, tout cela était abstrait, intellectuel. À présent, Ed parle surtout de politique concrète, de la façon de gagner des élections. Si vous lui disiez qu'il est condamné à rester dans l'opposition pour le restant de ses jours, je crois qu'il laisserait tout tomber. Un jour il m'a fait cet aveu: «Je veux me trouver là où se prennent les décisions vraiment importantes. On ne peut changer les choses que si on a le pouvoir.» Mais ce qui le distingue des autres, c'est qu'il veut changer le monde, et s'il veut le pouvoir, c'est pour satisfaire à cette ambition. Pour lui, il s'agit d'une obligation morale. L'action politique commence véritablement le jour où on touche les masses, mais cela, beaucoup de socialistes ne le comprennent pas. Ed, lui, en est bien conscient. Son personnage résulte d'un mélange assez inhabituel: une grande force morale, des principes inébranlables, une ferme résolution... et un goût du pouvoir. La politique n'est pas une plaisanterie, mais un combat très éprouvant, une espèce de guerre, et il faut être très aguerri pour soutenir le choc.»

«Ed me fait penser à un curieux cristal, déclare Marnie. Il donne l'impression d'être parfaitement limpide et pourtant on découvre chez lui mille facettes. C'est un homme chaleureux, doué d'une vitalité inépuisable et d'une faculté peu commune de communiquer avec toutes sortes de gens.» L'a-t-elle jamais vu sous son jour exigeant, perfectionniste? «Disons que Ed est très résolu et qu'il faut faire preuve d'une égale résolution pour s'affirmer face à lui. Il a une très forte personnalité, un esprit caustique, et il garde tout son calme. Il ne se fie vraiment qu'à lui-même... non pas qu'il soit égoïste... mais il faudrait être très fort pour rester soi-même en sa présence.» Et Lucille, alors? «Lucille? Au fond, elle est tout aussi forte que lui. Elle a du punch. Ils sont très bien accordés l'un à l'autre.»

Ed a-t-il changé au fil des temps? «Quand le NPD était à dix pour cent dans les sondages, déclare Joe Levitt pour répondre à ma question, tout le monde prenait Broadbent pour un minable. Maintenant qu'il a atteint les quarante pour cent et remis le Parti dans la course, on le tient pour un génie. Ce qui a changé, ce n'est pas lui, ce sont les gens.»

Il est indéniable que l'affection que le public s'est découverte pour Broadbent a été renforcée par les multiples scandales qui ont compromis divers membres du gouvernement Mulroney et par les ennuis de Turner. Ed s'est-il vraiment amélioré? Keith Davey affirme que oui, et dans un domaine précis. «Ed Broadbent a enfin appris à ne plus faire de tapage à la Chambre des communes, et il y a gagné en efficacité, écrit Davey dans *The Rainmaker*. Je regrette qu'il ne soit pas libéral. Ed est un intellectuel qui plaide habilement bon nombre de causes auxquelles il ne peut véritablement pas croire. Mais ça ne fait rien, je l'aime bien quand même.»

Ses détracteurs, c'est principalement au sein du Nouveau Parti démocratique qu'on les rencontre. S'il faut en croire une poignée de ses anciens conseillers qui gardent une dent contre lui, il serait superficiel et obstiné. Une vraie tête de cochon. «Il est borné, affirme l'un d'eux. Il défend des idées éculées. Il se prend pour un homme d'État et croit qu'il en a l'envergure, et au Parti tout le monde est bien loin d'en être convaincu. Il ne prend aucun risque. Vous ne verrez jamais Ed encourager un projet audacieux. Il est facile de prévoir ses réactions.»

Pour Tom Axworthy, l'ancien secrétaire de Pierre Trudeau, ce n'est pas Ed qui aurait changé, mais le paysage politique. «Ed est resté fidèle à lui-même. Il m'a toujours été sympathique. Nous discutions de philosophie politique, et c'était très intéressant. Je ne l'ai jamais tenu pour un héros ou pour un prodige, mais il a le mérite d'avoir ressoudé son parti après la rupture entre Lewis et le Waffle. On a tendance à oublier combien le NPD était divisé à cette époque, aussi profondément que les conservateurs du temps de Clark, ou les libéraux sous Turner. À la chambre, Ed a toujours été franc et direct. Mais à côté de Trudeau, qui avait quelque chose d'un géant, il paraissait assez effacé. Trudeau était un arbre immense et Ed a végété dans son ombre. Maintenant que Ed est sorti de l'ombre, le pays lui accorde davantage d'attention. On le voit prendre de l'envergure, car il n'a en face de lui que des pygmées.»

Pour le nouveau Premier ministre, l'état de grâce ne pouvait bien sûr durer. À la mi-février 1987, les conservateurs étaient tombés à vingt-deux pour cent des intentions de vote. Venaient en tête les libéraux, avec quarante et un pour cent, talonnés par les néo-démocrates, en hausse avec trente-deux pour cent. On constata au mois de juillet un étonnant phénomène: contrairement au processus habituel, le mécontentement persistant provoqué par la politique de Mulroney ne profitait pas aux libéraux. En perte de vitesse, John Turner donnait à Ed l'occasion d'améliorer sa position et, au cours de l'été 1987, le NPD était crédité d'un indice record de popularité: quarante-quatre pour cent, alors que les libéraux fléchissaient pour ne recueillir que trente-cinq pour cent des intentions de vote. La cote de popularité des néo-démocrates retomba autour de trente pour cent et se maintint à ce niveau tout le printemps 1988. Les trois partis étaient alors au coude à coude, mais le NPD n'en avait pas moins progressé de façon tangible. Désormais, il était «dans la course».

Broadbent en était d'autant plus satisfait que, comme il le dit lui-même, «le caucus avait fait preuve d'une belle discipline et accompli un remarquable travail d'équipe». Il constatait que les députés du NPD avaient acquis de la maturité, qu'ils restaient dignes alors que le Parti conservateur était fortement secoué par divers scandales et que les libéraux viraient à gauche. Au cours des réunions du groupe parlementaire, il exhortait sans cesse ses collègues à ne pas se laisser impressionner par les libéraux. «S'ils marchent sur nos plates-bandes et reprennent nos idées à leur compte, inutile de se mettre à parler comme des gauchistes de bandes dessinées. Restons avant tout un parti social-démocrate crédible.» La mer était houleuse, mais le navire dont Ed tenait la barre voguait sereinement.

Son commandant en second, le leader en Chambre, Nelson Riis, envisagea l'avenir avec confiance. «Si j'en juge par les enseignements de l'histoire, déclara-t-il, les conservateurs ne vont pas tarder à se faire hara-kiri, et même très bientôt. Les gens auront l'expérience libérale encore bien présente à l'esprit — et nous formerons le prochain gouvernement.» L'optimisme de cet ancien critique financier ne laisse pas d'étonner. Cet homme blond est d'un naturel posé, et il n'est pas dans sa nature de se laisser aller à des manifestations d'enthousiasme débridé. Au sein des députés, il passe pour un habile conciliateur, et on le tient pour le numéro un de l'équipe de direction en qui Ed place une grande confiance.

Dans les milieux culturels canadiens, quand on prononce le nom de Riis, c'est aussitôt à la soeur cadette de Nelson que l'on pense. Sharon Riis est l'un des écrivains les plus talentueux qu'ait jamais produit l'Ouest du Canada. Auteur de *The True Story of Ida Johnson*, scénariste de *Loyalties*, elle vient de se voir décerner un prix pour *The Wake*, une série de reportages consacrés aux métisses. Les parents de Nelson et de Sharon, d'origine norvégienne, sont venus s'installer dans le nord de l'Alberta avant d'aller vivre en Colombie-Britannique, où Nelson a grandi et travaillé comme matelot, pêcheur et prospecteur forestier pour financer des études supérieures qui lui ont permis d'obtenir un doctorat en géographie à l'Université de Colombie-Britannique. Avant de faire son entrée sur la scène fédérale, il a fait ses premières armes dans le cadre de la politique municipale à Kamloops. Son éclectisme lui servira grandement au sein du groupe parlementaire NPD, qui compte parmi ses membres d'anciens libéraux et d'anciens conservateurs. Bill Blaikie, par exemple, le colosse barbu élu à Winnipeg — il est coprésident du comité des affaires internationales — est ancien dirigeant des Jeunes conservateurs du Manitoba. Rod Murphy, le coordonnateur du groupe, est lui aussi un ex-Jeune libéral. Admirateur de Tom Axworthy, Murphy s'était mis à suivre les réunions politiques du Parti libéral alors qu'il était encore au collège à Winnipeg. Ensuite, Murphy avait fait des études de sciences politiques à l'université sous la direction de Lloyd Axworthy, le frère aîné de Tom, lequel est aujourd'hui membre des Communes et compte parmi les chefs de file de la gauche du Parti libéral.

«Il y a eu une évolution à la fin des années soixante», explique Murphy, un homme au visage jovial et aux joues roses qui enseigne à Thompson, au Manitoba. «Notre génération voyait dans le Parti libéral une force de progrès, et c'est ce qui l'attirait vers lui, mais ensuite nous avons vu les libéraux faire machine arrière sur les problèmes économiques, et nous sommes passés au NPD. Schreyer a accédé au pouvoir [en 1969] et on a vu de quoi un gouvernement progressiste était capable.» À présent, Rod et Nellie — surnom donné à Nelson Riis par Murphy — se réjouissent de l'affaiblissement des libéraux et de l'effritement des conservateurs. En tant qu'hommes politiques de l'Ouest, la force de l'électorat inconditionnel conservateur est-elle pour eux une cause d'inquiétude? «Ces fameux électeurs conservateurs, me répond Rod Murphy d'un ton songeur. Que leur est-il arrivé dans l'Ontario? On dirait qu'ils sont morts lors du dernier scrutin. Si les conservateurs ne sont pas contents, ils s'abstiennent de voter, et c'est ce qui explique en partie la défaite de Joe Clark en 1980.»

Le troisième membre actif du groupe parlementaire, Iain Angus, ancien député provincial de l'Ontario, est aujourd'hui membre des Communes, représentant de Thunder Bay. Au printemps 1988, il a dû s'adapter à une vie nouvelle après la faillite de son mariage, rude épreuve que doivent affronter bien des hommes politiques. Sa femme est l'une des vice-présidentes du Parti, et ils partagent la garde de leurs enfants. Iain traverse aujourd'hui une période difficile. Mais alors, pourquoi ne renonce-t-il pas? «J'ai travaillé dur pour arriver là où j'en suis, me dit-il, et j'aime trop ce que je fais.» En sa qualité de président du caucus, Angus est le bras droit de Ed, chargé de veiller à ce que les réunions hebdomadaires du bureau se déroulent sans accrochages. Dans le climat de sérieux et d'efficacité que Ed a instauré, Angus s'est montré expert en l'art d'éteindre les feux de la discorde. Sur le problème du lac Meech, par exemple, «Ed a annoncé très clairement ce qui se passerait si quelqu'un ruait dans les brancards», déclare Angus.

Ce nouveau mode de discipline et de travail en équipe n'a pas été sans provoquer quelques remous: Ian Waddell a dû abandonner certaines fonctions pour avoir fait opposition à l'esprit du lac Meech, et Svend Robinson s'est fait sévèrement réprimander pour «être intervenu» dans la circonscription de Jim Fulton en Colombie-Britannique. (Robinson s'était joint à une manifestation d'Indiens Haïda pour protester contre le déboisement des îles de la Reine-Charlotte, au large de la Colombie-Britannique et, plus précisément, dans la région de South Moresby où se posent des problèmes écologiques particulièrement délicats.) Même si Robinson était considéré avec circonspection par beaucoup comme «un canon de marine qui aurait rompu ses amarres», il n'en a pas moins été soutenu par plusieurs députés quand il a annoncé publiquement qu'il était homosexuel.

Les néo-démocrates, si indisciplinés par le passé, désapprouvent aujourd'hui les conduites des iconolastes. Le premier jour où il a siégé à la réunion des députés, Jim Fulton aurait dit-on sauté sur la table et «singé» Ed. Pareilles facéties sont désormais rares. Un élu qui a connu le temps des bonnes vieilles empoignades vous dira en confidence qu'il regrette de ne plus voir les dissentiments internes provoquer des heurts spectaculaires. Mais l'équipe chasse à présent un plus gros gibier, et ses membres sont bien décidés à grouper leurs tirs.

Ils savent bien qu'ils doivent en partie leur succès aux scandales et aux bourdes qui ont miné le crédit des conservateurs — «cette bande de tireurs incapables de viser juste», comme l'a écrit Keith Davey. Depuis 1984, huit ministres ont été renvoyés ou ont dû démissionner. Robert Coates, ministre de la Défense, a dû abandonner son poste après que l'*Ottawa Citizen* eut révélé qu'il avait assisté à des numéros de strip-tease dans une boîte de nuit lors d'une visite officielle en Allemagne fédérale. John Fraser, ministre des Pêcheries, a rendu son tablier après l'affaire du «Tunagate» (il avait autorisé la commercialisation du thon en conserve alors que les experts de ses services avaient déclaré ce poisson impropre à la consommation). Suzanne Blais-Grenier, ministre de l'Environnement, a quitté le gouvernement à la suite de la tempête de protestations soulevée par le montant, paraît-il exorbitant, de ses frais de déplacement au cours d'un voyage officiel en Europe. Sinclair Stevens, ministre de l'Expansion industrielle régionale, a dû lui aussi remettre sa démission après avoir été accusé d'agissements contraires à la déontologie. On a pu lire alors dans le *Globe and Mail* qu'au terme d'une enquête qui avait coûté des millions de dollars, le juge déclarait que Stevens «avait été en conflit d'intérêts et dérogé quatorze fois au code de déontologie en usage au gouvernement». Stevens a fait appel du jugement.

Marcel Masse, ministre de la Communication, a démissionné quand une enquête de la GRC a révélé des anomalies dans le financement de sa campagne électorale. Il semble cependant avoir été innocenté, puisqu'il a été rétabli plus tard dans les fonctions de ministre de l'Énergie, mais l'affaire a rebondi en février 1988 quand on a découvert une lettre du commissaire chargé de la régularité des élections, laquelle déclarait que Masse avait bel et bien enfreint la loi, mais qu'il ne serait pas poursuivi. André Bissonnette, ministre d'État des Transports, a été renvoyé à son tour en janvier 1987 après avoir été impliqué dans une transaction foncière avec la compagnie suisse Oerlikon Aerospace, laquelle avait acheté pour plus de trois millions de dollars un terrain d'abord estimé à huit cent mille dollars avant d'être revendu à trois reprises en onze jours. Bissonnette et son associé en affaires et en politique, Normand Ouellette, furent accusés de corruption pour avoir accepté des pots-de-vin. Roch Lasalle, ministre d'État, a donné sa démission après avoir passé une soirée avec un groupe d'hommes d'affaires qui chacun avait déboursé cinq mille dollars pour dîner en sa compagnie, étant entendu que ce geste leur donnerait de meilleures chances de décrocher des contrats avec le gouvernement. Plus tard la GRC se mit à enquêter sur d'autres affaires auxquelles Lasalle avait peut-être été mêlé quand il était ministre en titre, et plus particulièrement sur l'achat de terrains proches de l'aéroport Mirabel, au Québec, où un organisateur local du Parti conservateur avait été abattu au mois de décembre.

Mais en février 1988, les conservateurs avaient repris du poil de la bête et conclu un accord de libre-échange avec les États-Unis (alors que cet accord n'avait pas encore été ratifié par la Chambre). De plus, le gouvernement avait fait entrer le Québec dans la Constitution par le biais de l'accord du lac Meech. Mais la liste des scandales n'était pas close, puisque Bissonnette et Ouellette verront leur pourvoi rejeté. Inculpés d'association illicite, d'abus de confiance et d'escroquerie, ils passeront en jugement au cours de la première semaine de février. Ouellette, homme de confiance de Bissonnette, sera reconnu coupable de fraude et devra reverser à Oerlikon plus d'un million de dollars. Ouellette, le meilleur ami de Bissonnette depuis vingt-cinq ans, avait investi les bénéfices de l'opération avec Oerlikon dans des comptes à terme «ouverts au nom de quatre holdings dont lui-même, Bissonnette, et l'épouse de celui-ci, Anita Laflamme, étaient propriétaires», ainsi que le révélera la presse. Toutefois, Bissonnette ne sera pas reconnu coupable et Ouellette fera appel.

Mais ce n'était pas tout: le même mois on put lire dans le *Toronto Star* que le député conservateur Michel Gravel «a vu la Cour suprême du Canada rejeter sa demande d'annulation des cinquante inculpations de corruption et d'abus de confiance retenues contre lui». Gravel avait, paraît-il, perçu au moins 232 000 dollars en pots- de-vin. Un autre ministre, député du Québec, fut lui aussi remercié: Michel Côté, ministre de l'Approvisionnement et des Services. Côté, qui avait déjà perdu son poste de ministre de l'Industrie pour avoir dépassé son budget de quatre-vingt-dix millions de dollars, fut contraint de démissionner quand on révéla qu'il avait emprunté 250 000 dollars à un homme d'affaires québécois et contrevenu aux directives du Parti concernant les conflits d'intérêts, en passant cet emprunt sous silence.

Le 3 février, la une du *Toronto Star* résumait bien la situation. On pouvait lire en manchette: «Le Premier ministre renvoie Michel Côté». Et plus bas, au milieu de la page, un autre gros titre attirait le regard: «Un sondage indique que l'honnêteté et la franchise feront gagner des voix au NPD». Martin Cohn, collaborateur du *Star* à Ottawa, écrivait quant à lui: «Selon un sondage rendu public aujourd'hui, le NPD est très bien placé pour se rallier de nouveaux suffrages grâce à sa réputation d'intégrité parmi l'électorat canadien... Trente-six pour cent des personnes interrogées estiment que le NPD est le parti le plus honnête; les libéraux, quant à eux, ne recueillent que dix-huit pour cent sur ce chapitre, et les conservateurs quatorze pour cent... C'est le facteur intégrité qui déterminera le choix de six Canadiens sur dix lors des prochaines élections, ajoutait en guise de commentaire Angus Reid, l'organisateur du sondage.»

Ce matin-là, Ed exhiba la première page du *Star* durant la réunion des députés. Il était ravi. «Depuis l'élection de 1984, c'est la meilleure nouvelle qu'il m'ait été donné d'apprendre, déclara-t-il. On commence vraiment à entendre notre message. On se bat depuis longtemps pour la transparence et l'intégrité au gouvernement, il semble que nous répondons exactement aux attentes du peuple canadien. J'ignore seulement combien de temps cette conjonction durera. C'est notre réputation de maison de verre qui nous fait gagner des voix. Notre franchise rapporte enfin. Nos adversaires ont dit et répété: «Attendez de voir le vrai visage du NPD.» Eh bien, plus besoin d'attendre. Les gens ont vu.»

Ce bouleversement eut des effets désastreux pour les conservateurs. Ils essayèrent de panser leurs blessures. «Au Québec, le Parti a fait élire cinquante-huit jeunes candidats sans expérience politique, déclara Benoît Bouchard, ministre du gouvernement. On se passerait bien de ce genre de réalité, mais nous avons dû en supporter les conséquences.» Sinclair Stevens imputa pour sa part la déconfiture des conservateurs aux médias «qui tirent parti de broutilles pour exploiter le sensationnel». Mais la tourmente n'était pas apaisée. Le 4 février 1988, un article de Stevie Cameron dans le *Globe* mit le Premier ministre en position inconfortable. Cameron établissait un lien entre l'emprunt passé sous silence de Michel Côté — qui lui avait valu d'être congédié — et un prêt, accordé personnellement à Mulroney, «en provenance des caisses du Parti progressiste conservateur pour des achats de meubles s'élevant à 324 000 dollars. La journaliste précisait que cette somme venait «s'ajouter aux 800 000 dollars environ prélevés sur les fonds gouvernementaux de Sussex Drive et de Harrington Lake». En un an et demi, les Mulroney avaient dépensé environ un million deux cent mille dollars prélevés dans les caisses du gouvernement et du Parti pour embellir leur fastueux train de vie. Quand Stevie Cameron avait essayé de savoir auprès du Premier ministre si celui-ci avait déclaré cet emprunt, on l'avait rabrouée. Ce soir-là à la télévision, on put entendre des porte-parole du gouvernement déclarer qu'en fait il ne s'agissait pas d'un prêt, mais d'une «avance». Quelques semaines plus tard, Cameron révélait que des fonds remis au Parti conservateur à des fins politiques avaient servi à offrir à Mila Mulroney un collier de chez Bulgari d'une valeur de 3234 dollars.

Ed Broadbent jugea «regrettable» que la Chambre des communes fût continuellement détournée des questions de politique économique et sociale par les scandales des conservateurs. John Turner abonda en son sens: «Personne n'a jamais connu gouvernement aussi malhonnête.»

Si les ennuis des conservateurs profitaient à leurs adversaires, les libéraux n'étaient pas aussi satisfaits qu'ils auraient dû l'être. Alors que le Parti libéral se maintenait malaisément en tête des sondages, John Turner perdait de son crédit et était le moins populaire des trois chefs de parti. Bien des libéraux ne parlent aujourd'hui qu'à titre purement confidentiel de ce que le journaliste montréalais Jean Pelletier appela «leur mission suicide». Penny Collenette, ancienne organisatrice qui soutint Jean Chrétien dans la course au leadership, déclare franchement: «La frustration est terrible. C'est un peu comme du champagne qu'on n'a pas débouché. Si nous avions un nouveau leader, nous déborderions d'énergie. Mais les choses étant ce qu'elles sont, j'ai bien l'impression d'assister à la désintégration du Parti.» Tom Axworthy fait toutefois observer que le Parti n'a à s'en prendre qu'à lui-même. «Les libéraux aiment beaucoup gagner — c'est leur force et leur faiblesse. Ils croyaient avoir trouvé un leader hors pair en la personne de Turner et ils se sont mis le doigt dans l'oeil. Après sa victoire en 1984, il est devenu bientôt évident que ce n'était plus le Turner qu'on avait connu par le passé. Il ne se contentait plus de donner de la bande. À présent, on se serait cru au naufrage du Titanic.» Keith Davey ne peut que secouer la tête, convaincu qu'avec Turner les libéraux risquent fort de finir troisièmes aux prochaines élections. «Si tel est le cas, il pourrait bien nous arriver ce qui est arrivé au Parti libéral britannique. Nous avons six millions de dollars de dettes et il nous faut sept à dix millions pour financer une élection... Je ne suis guère optimiste.» Davey a pris très au sérieux la menace représentée par les néo-démocrates de Broadbent. «Si rien ne change, déclara-t-il, Broadbent pourrait bien former un gouvernement minoritaire.»

Durant toute cette période, Allan Gregg, le responsable des sondages d'opinion du Parti conservateur, observe l'émergence d'un nouveau phénomène propre aux années quatre-vingt, à savoir l'installation d'un nouveau climat où les gens s'aperçoivent que les hommes politiques ne sont pas des dieux et que les gouvernements ne sont pas en mesure de résoudre tous les problèmes: «Si vous êtes un homme politique, de dire Gregg, la population veut être à même de vous sonder le coeur. Les gens veulent connaître vos intentions. Ils sont moins sensibles au numéro bien réglé qu'à la personnalité de l'homme qui l'interprète. À présent un homme politique peut déclarer «Je me suis trompé», ou «Je ne sais pas». Dans le climat d'aujourd'hui, l'honnêteté est un facteur éminemment favorable.»

La tâche de Gregg consiste entre autres à observer les réactions de «groupes témoins» à qui l'on fait passer des séquences réalisées par la télévision sur des hommes politiques et choisies au hasard. Turner provoque toujours des réactions si négatives que les gens qui participent à ces groupes ont accusé Gregg de choisir délibérément des séquences où Turner apparaît sous son plus mauvais jour.

En cette époque de changement qui, d'après Gregg, «remet en question tout ce qu'on savait de la scène politique», Ed Broadbent apparaît comme un personnage de son temps, un homme politique moderne qui n'a rien de superficiel. Brian Mulroney «donne l'impression» d'appartenir à un autre âge. Même s'il a trois ans de moins que Broadbent et s'il vient de la même classe sociale (ouvrière), Mulroney nous fait remonter vingt ans en arrière, car il possède tous les fâcheux attributs de ce que Gregg appelle «l'homme politique consommé». Les électeurs se méfient de ce genre de personnage.

«La spontanéité, l'émotion et les motifs authentiques de l'action politique joueront un rôle déterminant lors de la prochaine élection, affirme Gregg. Pour ce qui est de la trempe et de la popularité, Turner a si peu d'atouts en sa faveur que c'en est quasiment affligeant. Mulroney donne l'impression d'être plus capable et plus fort depuis qu'il s'est battu pour tenir bon dans la tourmente, mais on le soupçonne toujours de raconter aux gens ce qu'ils veulent bien entendre, et de n'être motivé au fond que par la soif de vaincre.» Si l'on compare Broadbent et Mulroney, leurs forces et leurs faiblesses respectives ressortent de façon saisissante. Pour ce qui est de la force de caractère, Ed n'a rien à envier à Brian. «Pour les gens, Broadbent a une personnalité bien tranchée, on apprécie ses qualités de compréhension et sa vigueur. On entend dire de lui, «voilà un gars avec qui on peut s'entendre, un gars courageux et convaincant». On sait clairement où il veut en venir. Et, à mon avis, la prochaine élection se jouera sur la clarté des intentions.»

Martin Goldfarb, l'homologue de Gregg pour le Parti libéral, arrive à des conclusions similaires. «Les gens jugent Ed honnête, intelligent et compétent. C'est un homme franc qui parle avec son coeur. C'est là son atout majeur. Par contre, le fait qu'il n'ait jamais gouverné ne joue pas en sa faveur. La faiblesse de Mulroney, c'est qu'au fond les gens ne lui font pas confiance. Cela est dû en partie au patronage, mais on se rend compte aussi qu'il ferait n'importe quoi pour en venir à ses fins. Les Canadiens le trouvent opportuniste, prêt à tout pour gagner sans se préoccuper outre mesure de l'intérêt du pays. En fait, les gens sont partagés. Ils apprécient Ed mais le NPD leur fait un peu peur à cause de ses liens avec la classe ouvrière. C'est son talon d'Achille. Ed doit convaincre le pays qu'il a ses coudées franches et qu'il n'est pas tributaire des syndicats. Le NPD serait mieux accepté dans un gouvernement de coalition. L'idée d'un équilibre entre le NPD et les libéraux plaît aux gens. Les gouvernements minoritaires nous ont toujours bien servis.»

Ed affirme que les sondages effectués par le NPD ne révèlent pas la même réticence à l'égard du mouvement ouvrier, et que cela est dû en partie au fait que des spécialistes comme Bob White sont devenus des héros nationaux. Il ne faut pas compter sur lui pour se désolidariser des syndicats. «Je n'aurais pas été élu en 1968 si les syndicalistes du Local 222 n'avaient pas oeuvré pour le Parti», rappelle-t-il. Quant aux accusations selon lesquelles les ouvriers ne soutiendraient pas le NPD, il déclare qu'elles ne sont pas fondées. «Si vous faites l'inventaire de toutes les régions du pays où les syndicats sont fortement implantés — que ce soit à Oshawa, à Windsor, à Sudbury, à Rainy River, au Manitoba et en Colombie-Britannique — vous constaterez que nous gagnons des sièges.»

Il est indéniable que les rapports entre le Parti et le mouvement ouvrier ont évolué. Avec Nancy Riche du Congrès canadien du travail et ·Bob White de l'Union canadienne des travailleurs de l'automobile, tous deux vice-prédidents du NPD, la nouvelle génération des chefs syndicalistes soutient Broadbent sans réserve. Cela revient-il à dire que Ed subit trop profondément l'influence de ceux que d'aucuns appellent les pontes du mouvement syndical, toujours portés à exacerber les conflits sociaux? Non, il récuse cette image qu'on voudrait donner des syndicats: «Si vous voyez des travailleurs à la télévision, c'est en général qu'ils sont dans une situation de conflit et qu'ils se sont mis en grève. La plupart des syndicalistes ne tentent pas de fomenter des grèves pour le plaisir. C'est une idée erronée.» (Selon le *Globe and Mail*, les statistiques montrent qu'en 1987 «le pourcentage de temps de travail perdu pour faits de grèves est l'un des plus faibles de ces vingt-cinq dernières années».) Ed va plus loin, puisque pour lui le mouvement ouvrier représente «une force de progrès social», et que ce mouvement a joué un rôle déterminant en matière de nationalisme économique, d'opposition au libre-échange, de santé et de bien-être social, sans parler du problème de l'égalité de la femme.

Mais que se passera-t-il si Ed adopte une position contraire au point de vue des dirigeants syndicaux? «Il y a des circonstances où il faut savoir s'opposer à certaines gens, déclare-t-il. Si des responsables syndicaux ne sont pas prêts à accepter la concurrence sur le plan international, je ne peux que le regretter. Pour ce qui est des droits des travailleurs, c'est à eux d'établir les priorités, mais dans un domaine comme celui de la concurrence internationale, nous avons le devoir d'imposer nos vues. Je souhaite qu'il y ait davantage de coopération entre la direction des entreprises et les employés, ce qui, j'en suis convaincu, serait extrêmement profitable. Et j'aimerais voir les compagnies de la Couronne servir de modèles au secteur privé. Au lieu que le CN soit une source de discorde, il serait bon qu'il devienne un modèle de relations humaines dans l'entreprise.»

Et le voilà reparti sur le thème de la démocratie industrielle et de la participation des travailleurs: «Cela permettrait aux gens d'être davantage maîtres de leur existence, ce qui serait profitable à l'économie. L'efficacité favorise les marges bénéficiaires ainsi que l'amour du travail bien fait. Les travailleurs veulent être efficaces. Vous connaissez le vieux dicton «Un ouvrier inefficace est un ouvrier malheureux». Et c'est vrai.» Ce qui conduit Ed à parler des modèles scandinaves et japonais, dans lesquels les travailleurs sont associés à la gestion de leurs entreprises. «Ils nous ont devancés parce que leurs techniques de direction et de gestion sont plus favorables aux ouvriers et que, par conséquent, leurs entreprises sont plus rentables. Je ne trouve rien à redire à cela.» Ces considérations l'amènent à féliciter son constructeur automobile préféré qui, à la fin des années quatre-vingt, s'est mis à appliquer des idées sur la stratégie industrielle que Ed avait été le premier à formuler, dès avant 1970. «General Motors a dépensé deux milliards de dollars pour moderniser une usine, ce qui en fin de compte n'a créé que deux cents nouveaux emplois. Les ouvriers ont compris que cet investissement était nécessaire pour qu'ils restent compétitifs, parce qu'ils étaient partie prenante. À présent, GM envoie des ouvriers, et non pas seulement des administrateurs, en Europe et au Japon pour voir comment les choses se passent là-bas, et avant leur départ on leur dit bien: «Nous voulons que vous compreniez comment ils s'y prennent. Vous n'êtes pas de simples pions, mais aussi les intéressés dans l'affaire.» Je ne veux pas donner dans le discours édifiant, mais c'est déjà un début que de faire participer les ouvriers aux décisions de l'entreprise. Et à Oshawa, GM a accompli un travail remarquable dans ce domaine.»

Il en vient tout naturellement à brosser le tableau de la société social-démocratique chère à ses voeux, où secteurs public et privé seraient également respectés et viables. «En Suède, le président de Volvo était membre du parti social-démocrate. Il me tarde de trouver des gens comme ça au Canada, des présidents directeurs généraux qui acceptent le parti qui se bat pour une répartition plus équitable des richesses, même si cela signifie qu'ils disposeront de moins de pouvoir. Olof Palme (ancien Premier ministre suédois) et Gro Brundtland (Premier ministre norvégien) sont des socio-démocrates comme je les aime. J'admire beaucoup leur largeur d'esprit, leur volonté d'éviter les clichés et de s'attaquer aux vrais problèmes pour leur trouver des solutions concrètes capables de transformer la société de façon tangible. Ce ne sont pas des gens qui se gargarisent d'idées.» Les dirigeants socio-démocrates européens tiennent le même discours. Brandt parle de «survie commune», Palme de «sécurité commune», Brundtland d'un «avenir commun».

Coalition: voilà bien un mot que personne, à Ottawa, n'ose prononcer à voix haute. Le dictionnaire définit la coalition comme une «réunion momentanée, à des fins exceptionnelles, de partis qui conservent leurs caractères distinctifs». Le but d'une coalition est d'unir plusieurs partis pour former un gouvernement. John Turner a déjà prononcé le mot en public et Broadbent a déclaré que ce sujet n'était pas à bannir des grands débats de politique générale, mais que tout dépendrait des résultats de la prochaine élection. Les deux leaders s'accordent cependant pour dire qu'il ne s'agit que d'une hypothèse et qu'il est inutile d'anticiper alors que, pour l'instant, ils tâchent de faire élire le plus grand nombre possible de leurs candidats à la Chambre des communes. En dehors des milieux proches de la direction du Parti, certains libéraux ne cachent pas leur enthousiasme, et ils ont de bonnes raisons d'être contents. «Il y a eu des gouvernements de coalition dans toute l'Europe, et ça s'est fort bien passé», affirme Tom Axworthy. Les électeurs canadiens sont-ils en mesure de bien percevoir ce que représente ce concept? «Évidemment. La génération du baby-boom est habituée à faire elle-même ses choix dans tous les domaines de la vie. Elle est de moins en moins attirée par les chaînes de grands magasins. Elle aime pouvoir choisir comme bon lui semble, juger elle-même de ce qui lui plaît.» Les partenaires d'une coalition perdraient-ils leur identité? «Si les Canadiens sont capables de faire la différence entre douze différentes sortes de pommes chips, ils n'auront aucun mal à distinguer les deux partis formant une coalition.»

Mentionnez ce mot devant Ed, et vous le verrez se fermer comme une huître. Cette question d'une hypothétique coalition est en effet très controversée au sein du NPD. D'un côté, la faction des irréductibles, menée par Stephen Lewis, ne veut à aucun prix pactiser avec «l'ennemi» libéral. De l'autre, divers élus du Parti, tels que Pauline Jewett, Ian Waddell, Lynn McDonald, Marion Dewar et Simon de Jong, pensent que l'idée mérite considération. Lucille Broadbent estime que le leader du NPD de l'Ontario, Bob Rae — il a déjà caressé l'idée d'une coalition en 1985 — «aurait dû dévoiler plus clairement ses batteries, soit en se ralliant à certains membres du gouvernement, soit en déclarant sans équivoque qu'il se désolidarisait totalement d'eux». Le moins qu'on puisse dire, c'est que son mari a eu du mal à digérer l'accord de 1985 entre le NPD et les libéraux de l'Ontario, lequel propulsa les libéraux au pouvoir, leur donna l'occasion de se mettre en valeur et se conclut par un raz-de-marée qui engloutit le NPD.

Le 2 mai 1985, cette élection de l'Ontario est venue bouleverser le paysage politique. Conduits par Frank Miller, les conservateurs, qui régnaient sans partage dans la province, devinrent minoritaires avec cinquante-deux sièges. Les libéraux de David Peterson en gagnèrent quarante-huit et obtinrent 35 000 voix de plus que les conservateurs. Les néo-démocrates étaient fort déçus de n'avoir que vingt-cinq députés élus dans la province. Il était évident que l'Ontario souhaitait un changement, et «Rae ne voulait pas passer à la postérité pour avoir prolongé l'hégémonie de la dynastie conservatrice au pouvoir depuis déjà quarante-deux ans», écrit Rosemary Speirs dans *Out of the Blue: The Fall of the Tory Dynasty in Ontario*.

Comme Bob Rae voulait impérativement trouver un dénouement neuf à un scénario qu'on ne connaissait que trop bien, il étudia systématiquement toutes les options possibles avec Broadbent. «Ed m'a épaulé du début à la fin», raconte Rae. C'est que Ed était lui aussi fort intéressé par la question. Il n'avait pas oublié les déboires que lui avait valu un gouvernement minoritaire du temps où le NPD avait soutenu les libéraux de Trudeau avant de se faire battre à plates coutures. En tant que président du groupe parlementaire sous David Lewis, de 1972 à 1974, Ed avait incité le NPD à favoriser la création de Petro-Canada et à faire pression sur le gouvernement à l'effet de réformer le système des retraites et d'instituer diverses mesures progressistes et populaires, mesures pour lesquelles le Parti n'avait pas été payé en retour aux élections de 1974, puisque David avait perdu son siège et que le nombre des députés néo-démocrates avait chuté de trente et un à seize.

Bob Rae se trouvait confronté au même problème: comment manoeuvrer efficacement pour éviter que la coalition ne démolisse pas le Parti. Il expliquera plus tard qu'il «avait tâté le terrain et constaté que l'idée d'une coalition ne trouvait pas suffisamment de défenseurs à l'intérieur du Parti». Joli euphémisme. «Vous auriez lâché une obscénité dans un confessionnal que ça n'aurait pas été pire que de prononcer le mot coalition», affirme un néo-démocrate qui a suivi à cette époque les débats de près. «Si vous aviez le malheur de prononcer ce mot, la réaction était si violente que vous vous sentiez obligé de sortir au plus vite pour aller vous désinfecter la bouche.»

Rae avait en face de lui les anciens leaders du Parti, Donald MacDonald et Stephen Lewis, pour qui la coalition «était absolument impossible à envisager». Gerry Caplan était lui aussi de cet avis. Rae fut atterré par ce désaveu. «Voilà qu'on me faisait savoir — à moi, chef de Parti de trente-six ans — qu'un tiers des membres du Parti déchireraient leurs cartes si je menais mon projet à bien. La coalition était un sujet tellement tabou qu'il n'avait jamais même fait l'objet d'un débat. Si Stephen avait formé une coalition avec les libéraux en 1975, quand les néo-démocrates étaient arrivés seconds, il aurait pu devenir Premier ministre. Mais la question ne se posa même pas. Quand j'ai commencé à exposer cette idée — en privé — c'était la première fois qu'un responsable du NPD ouvrait un débat sur l'éventualité d'un gouvernement de coalition. Ceux qui voient un conflit entre la moralité et le pouvoir commettent une erreur grossière. L'idée selon laquelle le Parti ne peut se trouver que dans l'opposition, qu'il doit demeurer la conscience de la nation, est particulièrement désespérante. En fin de compte, le Parti veut le pouvoir et des responsabilités. Pourquoi ne pas prendre ses responsabilités?

Si la notion de coalition est irrecevable, nous sommes condamnés à vivre dans le passé et à répéter de vieux modèles éculés. Je suis fermement convaincu que Tommy Douglas et David Lewis auraient accepté de se poser la question.» Mais, le Parti empêcha Rae de rompre avec la tradition. «J'ai persuadé les libéraux de signer un accord de deux ans. Étant donné les circonstances, je n'ai pas pu faire mieux.»

À entendre Robin Sears, secrétaire principal de Rae, le refus de partager le pouvoir avec les libéraux tenait de la concurrence entre marques rivales. «Des partis ou des produits très proches se manifestent souvent le plus hautain mépris parce qu'ils se font concurrence sur le même marché.» Assis dans son bureau de Queen's Park, au-dessous d'une grande photo encadrée de Willy Brandt, l'ancien chancelier d'Allemagne fédérale, Sears me rappelle que c'est une coalition qui a permis à Brandt d'accéder au pouvoir et qu'en Europe la plupart des partis néo-démocrates ont dû en passer par là. Il ajoute que les gouvernements de coalition ont tendance à se révéler stables. «Le Premier ministre italien, Bettino Craxi, un socialiste, a formé une coalition qui a débouché sur le gouvernement italien le plus stable des quarante dernières années.» Pourtant, pour de multiples raisons, il pense que «la coalition n'est pas près de figurer à notre ordre du jour».

«Nous n'avons rien de commun avec les libéraux, proclame Stephen Lewis. Ils représentent le nec plus ultra de l'opportunisme. Ce sont des libéraux qui ont mis les Nippo-Canadiens en prison, c'est Trudeau qui a imposé la Loi des mesures de guerre au Québec, Trudeau qui, pendant quatre ans, n'a pas voulu prendre position sur l'Afrique du Sud aux Nations Unies. En ce qui me concerne, j'ai toujours pensé qu'il était plus facile de s'entendre avec des conservateurs — au moins on sait à quoi s'en tenir.» Certains amis de Lewis affirment que ses rapports avec les conservateurs ont bien failli dépasser la ligne invisible qui, selon Sears, constitue la frontière entre les caresses très poussées et la consommation charnelle proprement dite. «Stephen a entretenu des relations très intimes avec Bill Davis. Même une entente minoritaire officieuse signifie qu'on négocie constamment dans les coulisses.»

Un autre ami de Lewis va dans le même sens: «Accepter l'offre que lui avait faite Brian Mulroney de devenir ambassadeur du Canada aux Nations Unies revenait pour lui à servir en qualité de ministre du gouvernement à part entière et, à vrai dire, il a occupé de hautes fonctions sous un gouvernement conservateur de droite. Bien des gens ont accusé Stephen d'être passé à l'ennemi, mais il s'est toujours défendu d'avoir renié son intégrité, et je le crois. Si Stephen a pu faire une chose pareille, pourquoi le Parti ne le pourrait-il pas?

Parmi les plus anciens députés néo-démocrates, Pauline Jewett — elle ne se représentera pas à la prochaine élection — s'accorde parfaitement avec son leader sur le problème de la coalition mais en revanche elle n'épouse pas tous ses points de vue sur d'autres questions, notamment celle de l'OTAN. Ancienne présidente de l'Université Simon Fraser, Jewett avait été élue aux Communes sous l'étiquette libérale avant de rejoindre les rangs des néo-démocrates en 1970, après que Pierre Trudeau eut fait appliquer le Loi des mesures de guerre. Elle considère qu'elle appartient à l'aile gauche du NPD, et pour elle Ed se situe au centre. «Il a affiné son style et il est de plus en plus conscient des problèmes qui se posent, mais sa politique n'a pas changé.»

Élue pour la première fois en Colombie-Britannique en 1979 sous la bannière du NPD, Jewett fut nommée par Ed critique en matière de politique étrangère. «L'OTAN a été notre premier sujet de discussion. Ed souhaitait reconsidérer notre position vis-à-vis de l'Organisation du traité de l'Atlantique Nord. Il espérait que j'amènerais le Parti à adopter une attitude moins intransigeante vis-à-vis de l'OTAN.» Jusqu'en 1969 en effet, le NPD avait approuvé la présence du Canada dans l'OTAN. Cette année-là, au congrès «Waffle» à Winnipeg, quelques quinze cents délégués avaient décrété que l'OTAN était une institution dépassée, créée dans un climat de guerre froide et que le Canada, qui n'exerçait aucune influence sur les décisions de l'organisation, ferait mieux de consacrer ses efforts et ses fonds à la défense de son propre territoire. Jewett était elle aussi de cet avis. «Nous avons tous en mémoire, dit-elle, les remarques caustiques de Trudeau à propos de ce qui se passait durant les réunions de l'OTAN. Un an avant de quitter le pouvoir, à l'occasion d'un séminaire en Suisse, Trudeau révélera que les réunions de l'OTAN consistaient à dire amen à tout ce que voulaient les Américains, avec toutefois quelques concessions aux Britanniques et aux Allemands de l'Ouest.» En 1969, Trudeau avait caressé l'idée de retirer les forces canadiennes de l'OTAN.

Le NPD n'est pas le seul groupe à voir l'OTAN d'un mauvais oeil. Le 13 février 1988, Jeff Sallot écrivait dans le *Globe and Mail* que «l'OTAN donne toujours l'impression d'être en proie à la plus grande agitation». Décrivant l'Organisation du traité de l'Atlantique Nord comme «une alliance de seize pays dont la loyauté laisse parfois à désirer», Sallot rappelait que le président français Charles de Gaulle «avait retiré les troupes françaises du commandement intégré de l'OTAN tout en maintenant une présence nationale dans les instances politiques de l'organisation...» En 1988, la France réaffirma son autonomie en constituant bilatéralement avec l'Allemagne de l'Ouest une force d'intervention placée sous un commandement unifié, en prévision d'un éventuel retrait américain des troupes de l'OTAN, décision qui ne fera qu'ajouter aux tensions internes qui d'ores et déjà affligeaient l'organisation atlantique.

Lors de la réunion du conseil fédéral du NPD tenue à l'hôtel Château Laurier d'Ottawa le vendredi 15 avril 1988, cent vingt responsables du Parti passèrent toute la fin de semaine à définir la position que pourrait adopter le Parti sur cette question de l'OTAN. Pendant deux mois, la commission des affaires étrangères du Parti avait élaboré une proposition qui, à bien des égards, était une solution de compromis comme les aimait Broadbent. Ed obtenait donc ce qu'il souhaitait, et de leur côté ses opposants étaient persuadés d'en venir à leurs fins. Mais le leader prit grand soin de se tenir à l'écart des discussions. «Nous avons essayé de ne pas nous mêler aux activités de la commission, afin de ne pas donner l'impression que Ed Broadbent mettait son poids dans la balance», déclara un conseiller de Ed. Ce dernier obtint ainsi une recommandation, approuvée par la commission, selon laquelle un gouvernement NPD ne se retirerait pas de l'OTAN au cours de son premier mandat. Par ailleurs, la crédibilité du Parti en matière d'affaires militaires se retrouva renforcée quand le général de division Leonard Johnson, ancien spécialiste des questions stratégiques au ministère de la Défense, annonça qu'il se présenterait à Kingston sous les couleurs du NPD contre Flora MacDonald, ministre du gouvernement conservateur en place. «Champion du désarmement nucléaire, écrivait le *Globe and Mail*, le général Johnson reconnaît que ses références militaires — sans précédent chez un candidat du NPD — ne manqueront pas d'être exploitées par ce parti pour se laver des accusations de «faiblesse» en matière de défense souvent portées contre lui et pour consolider son crédit que l'on s'accorde pour considérer comme le plus vulnérable de son programme politique.» Le paradoxe, c'est que le général Johnson «est partisan du retrait des forces canadiennes de l'OTAN en Europe».

Son attachement à l'OTAN, que partagent d'ailleurs la majorité des Canadiens, Ed le doit pour une bonne part à ses amis de l'Internationale socialiste. «Il s'entretient fréquemment avec les leaders des partis socio-démocrates européens, explique Jewett. Tous représentent des pays membres de l'OTAN et souhaitent que le Canada aligne sa position sur la leur.» C'est exact. Au cours de l'hiver

1987, Thorvald Stoltenberg, ministre norvégien des Affaires étrangères, s'est rendu à Ottawa pour assister à une conférence sur la social-démocratie et pour y rencontrer Broadbent en tête à tête. Stoltenberg, qui approche la soixantaine, est un grand ami de Ed. Après avoir pris toutes les précautions d'usage pour m'affirmer qu'il n'était pas dans ses intentions de s'immiscer dans les affaires intérieures du Canada, il m'a dit combien il était partisan convaincu de la nécessité de constituer un club de l'OTAN. D'Ottawa, Stoltenberg repartait pour Bruxelles, où il devait rencontrer George Shultz, le secrétaire d'État américain à la Défense, lequel informerait les ministres des Affaires étrangères des pays membres de l'OTAN du résultat de ses entretiens sur le désarmement qu'il avait eus à Genève avec Eduard Chévarnadzé, son homologue soviétique. Pour Stoltenberg, la présence de ministres socio-démocrates à une réunion comme celle-là revêtait une grande importance. «Pour la première fois, un accord sur le désarmement aboutira à la suppression de tout un dispositif d'armements nucléaires, a-t-il déclaré. J'ai soigneusement étudié le dossier et je crois être en mesure d'influencer le cours des choses.»

La conception d'une social-démocratie pragmatique et internationaliste qui est celle de Stoltenberg a influencé de façon décisive la pensée de Broadbent depuis que celui-ci s'est mis à jouer un rôle actif au sein de l'Internationale socialiste dans le milieu des années soixante-dix. Dans les cercles politiques scandinaves, on estime que le marxisme est dépassé, qu'il a joué un rôle historique, mais qu'il a cessé de proposer des solutions de rechange aux problèmes qui se posent dans le monde d'aujourd'hui. Les socialistes scandinaves ont pactisé avec le capitalisme, en ce sens qu'ils ont soutenu la croissance d'un secteur commercial privé, puissant et rentable, lequel fonctionne à l'intérieur de structures socialistes conçues pour profiter à la collectivité nationale tout entière. «Capitalisme de coopération», telle est l'expression par laquelle on désigne cette démarche qu'ont également adoptée l'Allemagne de l'Ouest et le Japon, laquelle donne au gouvernement le moyen de coordonner planification industrielle à long terme, recherche scientifique et croissance économique, autant d'éléments qui ont joué un rôle décisif dans le succès des industries dites du «Soleil levant».

«Notre faiblesse, m'a encore confié Stoltenberg, vient de ce que, dans les années quarante et cinquante, notre ardent désir de promouvoir une société égalitaire nous a conduits à donner trop d'importance à la fonction publique et à promulguer trop de règles et de règlements, tant et si bien que les gens ont eu l'impression d'être mis sous tutelle. Les critiques qui nous ont été adressées étaient parfaitement justifiées. À présent, il nous faut réformer les réformes. Mais les discours idéologiques ne m'intéressent pas. Ce qui m'intéresse, ce sont les solutions pratiques adaptées à des problèmes spécifiques.» Les socio-démocrates, a-t-il ajouté, ne doivent pas appliquer à la lettre des schémas directeurs préétablis, ni non plus prétendre qu'à chaque problème ils sont en mesure d'apporter une réponse miracle.

Stoltenberg considère que la social-démocratie peut faire contrepoids à la survie des mieux armés. «Elle repose sur la mise en commun, et cela est très perceptible dans les pays nordiques, où le climat nous oblige à unir nos efforts pour survivre. L'industriel le plus puissant est tributaire de la collectivité... le constructeur automobile a besoin de routes en bon état, et aussi de gens qui achètent ses voitures. J'ai été élevé dans une famille conformiste, mais quand je suis entré à l'université, je me suis mis à combattre l'idée méprisante, répandue chez les plus forts, selon laquelle un individu doit se débrouiller par lui-même. Je m'oppose à cette conception. Je refuse une société reposant sur ce principe. L'aumône accordée par les plus riches aux plus démunis ne suffit pas. Cela ne constitue pas le fondement d'une société viable.»

Stoltenberg fait observer qu'en Amérique, si les organisations de bienfaisance sont puissantes, les services sociaux manquent de moyens. «Il se trouve bien sûr que l'un de ceux qui portent les jugements les plus sévères sur l'Amérique est l'un de mes meilleurs amis. Sur le chapitre de la pauvreté, nous n'avons rien à lui apprendre.» Stoltenberg fait allusion à Michael Harrington, le coprésident des socio-démocrates américains, mouvement interne au Parti démocrate. Cheveux gris, élancé, Harrington est un catholique d'ascendance irlandaise. Actif au sein de l'Internationale socialiste, il est le promoteur d'idées nouvelles que Stoltenberg et Broadbent rangent parmi les plus progressistes de notre temps. C'est Harrington qui, en 1988, a écrit divers discours prononcés par Jesse Jackson à l'occasion des primaires présidentielles des États-Unis.

Comme je le disais à Harrington, vous avez les penseurs et nous avons le mouvement. Ed Broadbent.

Alors que la droite reaganienne s'est discréditée par d'énormes déficits, démolie par le pire krach boursier de l'histoire et que la détérioration des grandes cités n'a d'égale que la faillite de la politique agricole, la porte semble soudain s'ouvrir aux États-Unis à ce que Michael Harrington appelle la nouvelle gauche, expression qu'il a prise pour titre de son quatorzième ouvrage, *The Next Left*.

Quand en 1962, voilà vingt-six ans, Harrington a publié *The Other America*, l'ouvrage connut à la surprise générale un succès considérable et valut à son auteur ébahi de se retrouver dans l'orbite du Président John Kennedy, aux portes du pouvoir.

Il est triste de constater que la misère décrite de façon si saisissante par Harrington dans *The Other America* n'a pas rétrocédé. En dépit de la guerre contre la pauvreté menée par les démocrates — en application d'une stratégie mise au point par l'administration Kennedy à partir des idées de Harrington, et reprise plus tard, après l'assassinat du président, par Lyndon Johnson — le fossé entre riches et pauvres n'a fait que se creuser. La sinistre réalité de ce fléau qui apparente la première puissance mondiale à un pays du Tiers-Monde saute aux yeux, partout aux États-Unis, et plus encore à New York, où vit Harrington.

Un jour de l'hiver 1987, une semaine avant d'être hospitalisé pour subir une opération à la gorge — il était atteint d'un cancer du larynx qui se révéla en fin de compte inopérable —, alors que Harrington se promenait dans les rues de New York, environné de cette dure réalité qui ne faisait que le renforcer dans l'idée que le capitalisme américain est en train de s'autodétruire, il vit autour de Central Park South, où un appartement vaut deux millions de dollars, des femmes en manteaux de fourrure et couvertes de bijoux promener leurs toutous bien toilettés, peignés, et côtoyer à chaque pas les ombres silencieuses et inquiétantes des sans-abri, rampant, fouillant dans les poubelles, ou simplement assis là, au beau milieu de tout ce luxe, figés dans une sempiternelle attente.

Les États-Unis, écrit-il dans *The Next Left*, sont, socialement parlant, la nation la plus à gauche de la terre. «On ne s'en rend souvent pas compte parce qu'en matière de politique et de législation ce pays représente la plus retardataire des sociétés avancées. C'est le seul exemple de capitalisme évolué à ne pas posséder de mouvement socialiste d'envergure; non seulement son régime de mesures sociales a été le dernier à apparaître dans le monde occidental, mais il demeure le plus médiocre, le plus rudimentaire, et les États-Unis n'ont institué aucune politique nationale d'ensemble en matière de santé.»

Selon Harrington, ce refus obstiné de se préoccuper du bien-être collectif de ses citoyens, de porter remède à la détérioration de son système éducatif, constitue aujourd'hui une menace pour l'avenir de la nation. «La prémisse inconsciemment entretenue dans les esprits depuis la révolution industrielle et parfaitement résumé par John F. Kennedy — à savoir qu'il suffit que la marée monte pour remettre tous les bateaux à flot —, est désormais inopérante.» La nature de la croissance économique, affirme-t-il, a subi un changement radical.

La croissance n'est plus synonyme d'emplois nouveaux. Le phénomène de la «déqualification», qui va s'accélérant à une vitesse inquiétante, s'observe dans l'ensemble du monde industrialisé. C'est ainsi que des emplois relativement bien rémunérés et réservés à un personnel spécialisé disparaissent par centaines de milliers pour être remplacés par des emplois des secteurs de service, lesquels n'exigent aucune qualification particulière et sont mal payés. L'ouvrier d'un chantier naval qui en est réduit à envelopper des hamburgers chez McDonald perd du même coup tout espoir de s'élever dans la hiérarchie socio-professionnelle, et sans ce puissant stimulant qui constitue l'essence même du rêve américain, écrit Harrington, les États-Unis sont en fâcheuse posture. Il estime donc qu'il est indispensable «d'élaborer une nouvelle philosophie publique qui fera de la solidarité sociale une priorité absolue». La misère et le chômage coûtent cher, rappelle-t-il. L'économie ne peut être en pleine santé que si les citoyens sont des producteurs. Pour porter remède à la situation et préparer dans les années quatre-vingt-dix un autre «New Deal», conclut Harrington, certaines mesures radicales s'imposent, et en particulier une réforme de la fiscalité, la création d'une banque nationale d'investissement et un effort accru en matière d'enseignement et de recyclage. Autant de points que l'on retrouve dans le programme NPD.

Transposant le débat sur le terrain national, Broadbent corrèle l'analyse que se fait Harrington des vicissitudes américaines à sa propre opposition au libre-échange, problème économique essentiel qui a grevé la politique canadienne depuis l'élection de 1984. Son atout politique, Ed le joue sur le point suivant: la nécessité d'instituer une coopération gouvernement-patronat-salariat à l'effet de stimuler le développement économique national. C'est précisément ce mode d'action concertée, lequel prévaut pourtant dans les économies les plus prospères du monde, que proscrivent les conservateurs, opposés par principe à toute intervention du gouvernement dans les affaires. «En fait, explique Al Johnson, les socio-démocrates civilisent l'économie de marché tout en la favorisant. Ed Broadbent et Mulroney sont l'un et l'autre convaincus du bien-fondé de la libre entreprise, mais la différence fondamentale, c'est que Ed croit que le gouvernement a aussi un rôle à jouer, qu'il doit humaniser le marché et c'est ce que nous avons toujours fait au Canada, en portant à notre actif l'assurance maladie, le système de fonds de retraite et autres innovations de même nature.»

«Je suis favorable à l'intensification des échanges commerciaux et pour la réduction des tarifs douaniers, déclare Ed, mais l'accord que propose Mulroney n'a rien d'un accord équitable.» Dans une salle de conférence pleine à craquer, il s'adresse à des étudiants du collège Durham, à la périphérie de sa circonscription d'Oshawa. Tout d'abord il se tient debout sur l'estrade, face à son public, mais une fois lancé il en descend pour venir se placer plus près de son auditoire. Les étudiants semblent tout d'abord très surpris par sa décontraction et quelque peu accablés par le feu nourri de données économiques dont il les bombarde. Il s'exprime avec aisance, sans s'aider de notes. Mais le courant passe et les jeunes gens sortent de leur mutisme pour lui poser maintes et maintes questions.

«Mulroney n'est tout de même pas un imbécile, fait un étudiant. S'il joue sa carrière politique avec cet accord, c'est qu'il pense qu'il a du bon, non?»

Ed acquiesce d'un signe de tête. «Bien sûr. Mulroney est persuadé que l'accord va augmenter le volume des échanges avec les États-Unis.»

Question: «Et alors, ce n'est pas bien? Vous ne pensez pas que ça peut ouvrir la porte du marché américain aux Canadiens? Vous n'allez quand même pas nous dire qu'il [Mulroney] a tort sur tous les points!»

Ed: «Les hommes politiques sont le plus souvent d'accord à cinquante pour cent au moins sur quantité de questions. Mais de temps en temps se présente une loi ou une question à laquelle vous êtes totalement opposé, la peine capitale par exemple. C'est le cas du libre-échange. Il réduit notre capacité nationale de décider par nous-mêmes, de contrôler notre propre développement économique. Il nous retire un nombre considérable d'options sans vraiment nous garantir l'accès du marché américain. Et si on en arrive à de nouvelles disputes — et ce sera le cas comme ça l'a été pour les résineux, les planches, les bardeaux et l'acier — les accords qui régleront ces différends nous mettront en plus mauvaise posture encore. Les États-Unis auront toujours le pouvoir de refuser l'entrée des résineux canadiens sur leur territoire. Nous ne pouvons pas changer les lois américaines, même si elles nous portent préjudice. Et selon les termes de cet accord, nous ne pouvons soutenir le développement régional parce que les Américains considéreraient l'aide du gouvernement comme une subvention illégale. Ils bénéficient de notre énergie et on ne nous autorise pas à exercer un contrôle sur les investissements de l'étranger. Que va-t-il arriver aux Canadiens de l'Ouest? Ils ont le plus grand besoin de diversifier leur économie.

L'accord offre aux Américains les mêmes possibilités que nous d'exploiter les ressources énergétiques de l'Ouest, et les provinces intéressées ne sont plus en mesure de contrôler ces ressources pour leur propre bénéfice.»

Question: «Bon, mais le Pacte de l'automobile, alors? Il s'agit bien de libre-échange et ça nous a été favorable.»

Ed: «Le Pacte de l'automobile n'est pas un accord de libre-échange. C'est tout le contraire. Les présidents des Trois Grands ont signé un pacte selon lequel ils garantissent au Canada un certain volume de production, en échange de quoi leurs véhicules sont admis en franchise sur le marché canadien. En fait, Mulroney a mal négocié les points importants du Pacte. Nous avons perdu les garanties qui nous assuraient que les Trois Grands investissaient bien ici. Il ne s'agit pas de faire la preuve que les Américains sont des gens vraiment impossibles — ce n'est pas du tout ce que je pense —, mais je constate simplement qu'ils veillent à leurs propres intérêts comme nous devrions veiller aux nôtres.»

Question: «Mais pourquoi les compagnies américaines seraient-elles forcées d'investir ici? Ce serait injuste de les forcer à le faire.» (Rumeurs de protestation.)

Ed: «Il ne faut pas perdre de vue que c'est notre pays, pas le leur. C'est une excellente chose qu'ils viennent gagner de l'argent chez nous, mais s'ils installent des compagnies au Canada, s'ils utilisent notre main-d'oeuvre et nos ressources, il faut que nous en retirions un bénéfice net. Nous devons rester maîtres de notre destinée. Pierre Trudeau tenait tête aux Américains. La coexistence n'excluait pas d'exprimer parfois des points de vue divergents. Mais nous n'en sommes pas moins amis. J'aime les Américains. J'ai rencontré George Bush. Je connais la politique américaine. Mais nous devons prendre garde. Un mauvais accord est pire que pas d'accord du tout.»

Finalement, dans la voiture qui le conduit à l'aéroport de Toronto, où il doit prendre un avion pour retourner à Ottawa, Ed m'explique combien il est difficile d'exposer les tares du libre-échange dans un monde qui se contente de solutions simplistes. «Comme le disait cet étudiant, que peut-on reprocher à un accroissement du volume des échanges? me dit Ed. L'expansion, c'est très bien. Ça donne effectivement l'impression d'être parfait. Alors, dans ces conditions, comment faire comprendre aux gens que ce que Mulroney est en train de faire portera un très rude coup à notre faculté nationale d'agir au mieux de nos intérêts?» Ces considérations le rendent pensif.

L'avenir semblait réserver de nouveaux changements: en février 1988 à Terre-Neuve, le syndicat des pêcheurs de Richard Cashin, qui avait rompu avec son organisation internationale, décida par voie de vote de s'affilier à l'Union des travailleurs de l'automobile de Bob White. Cashin, qui est avocat, envisageait d'être candidat NPD aux prochaines élections. À Saint-Jean, fief du ministre du Commerce, John Crosbie, un sondage plaçait le NPD devant les conservateurs et juste derrière les libéraux. Au Québec, il n'était pas rare de voir six cents personnes se bousculer pour assister à une assemblée d'investiture du NPD, alors qu'en 1984 le même événement n'aurait attiré qu'une poignée de partisans.

À la fin du mois de février, le Parti libéral, encore endetté de plus de cinq millions de dollars, avait du mal à payer son personnel. La presse annonça qu'«un responsable libéral haut placé avait dû aller supplier désespérément la banque d'avancer de l'argent au Parti pour payer ses employés». Un mois plus tard, un ancien organisateur fit savoir que le Parti était «au bord de la faillite, et qu'il n'avait pas réglé le loyer de ses bureaux depuis trois mois». En mai et juin, John Turner était toujours l'objet de très vives critiques à l'intérieur de son propre camp mais il ne renonçait pas pour autant.

Dans le même temps, l'argent se déversait à flot dans les caisses spéciales des conservateurs, qui se déclaraient prêts à débourser dix millions de dollars pour organiser la prochaine élection. Le président des élections annonça toutefois que le plafond des dépenses électorales serait fixé à sept millions et demi. Le NPD n'était pas inquiet. Il n'était pas endetté, raconte Bill Knight, et la collecte des fonds se déroulait le mieux du monde. (Pour l'élection de 1984, le NPD avait dépensé 4,7 millions de dollars, les libéraux 6,3 millions et les conservateurs 6,4 millions.) Alors que les chiffres annoncés par les sondages ne cessaient de fluctuer, les experts déclaraient que, pour la première fois dans l'histoire canadienne, le prochain scrutin mettrait véritablement en piste trois candidats et non plus deux, et George Nakitsas, secrétaire principal de Broadbent, se déclara «tout à fait content d'aborder l'élection avec un tiers de l'électorat derrière nous».

Comment la situation se présentait-elle dans l'Ouest du pays? En Colombie-Britannique, où John Turner semblait se trouver en position délicate dans sa circonscription de Vancouver, un sondage donnait cinquante-deux pour cent des intentions de vote aux néo-démocrates, lesquels venaient largement en tête devant les libéraux (vingt-sept pour cent) et les conservateurs (vingt pour cent). Au mois d'avril, le gouvernement néo-démocrate du Manitoba, dirigé par

Howard Pawley, fut mis en minorité, et Pawley quitta ses fonctions de leader provincial en précisant qu'il serait candidat à la prochaine élection fédérale. À l'exemple de Ed Schreyer, l'ex-gouverneur général, Allan Blakeney, ancien Premier ministre de la Saskatchewan, laissait entendre qu'il briguerait peut-être lui aussi un mandat fédéral.

À Oshawa, Mike Breaugh avait du mal à conserver son calme: «Le moment est venu d'y aller, de foncer carrément, comme on a l'habitude de le faire à Oshawa, sans tenir compte des vieilles nounous qui ne manquent jamais de se tordre les mains en prédisant le pire. C'est comme sur un terrain de football, quand soudain se présente une ouverture. Si vous vous trouvez au bon endroit, au bon moment, et si vous êtes suffisamment rapide, vous pouvez passer. Ed est suffisamment solide pour faire la percée et entraîner le Parti derrière lui.»

En politique, il faut absolument savoir saisir le moment opportun, et en 1988 le vent s'est mis à souffler dans le bon sens pour le NPD. Les années quatre-vingt sont révolues, proclamait en couverture le magazine *Newsweek* dans son premier numéro de l'année 88. On pouvait lire dans l'article que la décennie qui venait de s'écouler avait été «une époque où l'avarice avait acquis droit de cité, la pauvreté pris de l'extension et la richesse des allures de religion d'État». Le Président Ronald Reagan — canard boîteux en sursis maintenant à deux pas de la retraite — avait été la figure de proue de ces dix dernières années. Fini le temps où on tirait orgueil des 800 000 dollars dépensés par les Reagan pour redécorer la Maison-Blanche. (Les Mulroney en avaient englouti autant dans leurs résidences.) Le culte de l'argent avait fait son temps et comme l'écrivait Tom Wolfe: «exhiber son opulence était passé de mode». Ivan Boesky, le roi des rapaces de Wall Street, était en prison, la Bourse titubait et les gourous de l'économie prédisaient une récession imminente.

Par un dessin humoristique publié en 1987 dans le *Village Voice*, Jules Feiffer rend très bien compte de cette situation: «On connaît la musique», déclare un pilier de bar, l'oeil chassieux. «Une génération de jeunes qui ne se mouchent pas du coude, bardés de diplômes, qui ne doutent de rien, sans contact avec la réalité. Et voilà une crise qui rapplique. Hop, tout dégringole. Qu'est-ce qu'on va devenir? Sapée à la base, la confiance. Du jour au lendemain les convictions basculent. La dernière fois, c'était le Viêt-nam. Maintenant, c'est Wall Street. Moi je dis que les yuppies vont pas tarder à voter à gauche.»

Soucieuse de mieux cerner le nouvel état d'esprit engendré par le Lundi noir du 19 octobre 1987, jour où les cours de la Bourse se sont effondrés, je me rendis à Syosset, dans Long Island, pour y rendre visite à la journaliste et auteur américaine Barbara Ehrenreich. Les analyses de la situation économique qu'elle a publiées dans le *New York Times* démontrent qu'elle se préoccupe vivement de ce qui va se passer dans l'avenir. De formation scientifique — elle a fait ses études à l'Université Rockefeller, le fin du fin des établissements d'enseignement supérieur à Manhattan — Barbara s'est fait connaître dans les années soixante en militant contre la guerre du Viêt-nam. Aujourd'hui coprésidente des socio-démocrates américains avec Michael Harrington, sa conception du monde rejoint parfaitement celle de Feiffer.

«Nous avons connu des temps difficiles», me dit-elle, tandis que nous nous entretenions dans son salon envahi d'un fouillis de livres et de magazines, sans compter les poils de chien. «Depuis huit ans le pays est gouverné par le président le plus à droite de tous les temps, et cela finit par bien faire. Mais enfin on voit le bout. Le renouveau se dessine. La droite a perdu toute crédibilité morale et économique. Moi qui voyage beaucoup à travers les campus universitaires pour y prononcer des conférences, je perçois très bien le changement qui s'opère dans les esprits. Nous avons de bonnes raisons d'espérer. Nous avons vu le monde changer, vu quatre-vingt-dix pour cent des Américains s'opposer à la guerre du Viêt-nam alors que dans un premier temps le même pourcentage l'approuvait.» C'est en effet la génération d'Ehrenreich qui a mis fin à cette guerre. À présent que ses représentants ont vingt ans de plus et occupent des positions clés, sont-ils vraiment en mesure d'inaugurer une ère nouvelle?

En fait, le phénomène est d'ores et déjà amorcé. S'il faut en croire l'historien Arthur Schlesinger Jr., le changement d'état d'esprit dû à la nouvelle génération, et qui rappellera un jour celui qui s'est accompli dans les années soixante, est désormais en marche. Schlesinger prédit qu'une vague d'«idéalisme refoulé» va opérer un changement radical de la société nord-américaine. Alors que nous sommes à la veille des années quatre-vingt-dix, le monde que nous connaissons est déjà en voie de transformation. Comment cette mutation va-t-elle se manifester sur la scène canadienne? Quel chef politique et quel parti sauront saisir l'esprit du temps avec le même brio que Pierre Trudeau et les libéraux l'ont fait en 1968?

Ancienne rédactrice en chef du *Devoir*, Lise Bissonnette s'avoue incapable de supputer les chances de Broadbent et du NPD, surtout au Québec. Au cours des dix dernières années, elle a souvent eu l'occasion d'interviewer Ed Broadbent et de faire observer combien les Québecois semblaient le porter dans leur coeur. «Chaque fois que nous sommes assis dans un café, lui et moi, les gens s'arrêtent, contents de le voir. Ils veulent le toucher. Ici comme ailleurs, il exerce une sorte de force d'attraction.» Ça ne vient pas de son français. Elle rit en pensant à la façon dont Broadbent le massacre, mais ça n'a pas l'air de gêner les gens. «Ils lui sont reconnaissants des efforts qu'il fait pour parler leur langue.» Lise me raconte que dernièrement elle lui a offert au cours d'une entrevue de lui poser des questions en anglais, mais qu'il a insisté pour s'exprimer en français. «Il en était touchant. C'est plus tard, en écoutant la bande magnétique, que j'ai eu toutes les peines du monde à comprendre ce qu'il racontait.»

Depuis qu'elle est journaliste politique, me dit Lise, ses pronostics électoraux se sont maintes et maintes fois révélés malheureux, de sorte qu'elle en est venue à se fier bien davantage à son père de soixante-quinze ans. «Il n'y a pas longtemps, il m'a déclaré qu'il ne supportait pas le verbiage de John Turner. Pour Mulroney... c'est autre chose. Une question d'amour-propre. Aux yeux de mon père, Mulroney et ses acolytes sont une bande d'escrocs, et pour rien au monde il ne voudrait s'acoquiner avec des escrocs. Il n'est pas fier d'avoir voté pour lui. Maintenant je l'entends dire: «Il me plaît bien, ce Broadbent. Je vais voter pour lui. Il m'inspire confiance.»

Tandis que je m'entretenais avec Lise Bissonnette, Ed se trouvait à Jonquière, où il était retourné faire un troisième séjour «en immersion». Pendant la journée, il assistait aux cours du cégep, prenant place dans la classe parmi les étudiants tout surpris de côtoyer un personnage aussi éminent, et tous les soirs, il rentrait souper «à la maison» chez les Caron, le couple âgé qui l'héberge depuis 1979, alors qu'il est venu pour la première fois à Jonquière suivre des cours de français. Avant de prendre sa retraite, M. Caron était entrepreneur des pompes funèbres. Catholiques pratiquants, les Caron habitent à deux pas de l'église. Une grande croix est accrochée au mur de la cuisine, et leur salon est orné d'une imposante statue de Jésus qui s'allume. Ils ont élevé sept enfants et se plaisent en la compagnie des étudiants. La première fois que Ed est venu chez eux, il était incapable d'articuler un traître mot en français. Quand il y revient aujourd'hui, tout le monde placote avec volubilité.

La dernière fois que je me suis entretenue avec Ed, ce sont les Caron qui ont alimenté notre conversation. J'avais reçu un message me demandant de l'appeler de toute urgence. Je finis par le joindre tard le soir. Il était tout excité. Je pensais qu'il voulait me faire part d'un événement considérable. Une nouvelle prise de position du Parti sur l'OTAN, peut-être? Que non — Ed voulait me parler du petit déjeuner qu'il avait pris chez les Caron le dernier jour de son séjour chez eux. Ils étaient assis à bavarder autour de la table depuis un moment, me raconta-t-il, quand Mme Caron lui avait dit qu'elle aimerait bien qu'il leur procure des cartes, à elle et à son mari. «Des cartes?» Ed n'avait pas du tout compris de quoi il pouvait bien s'agir. «Quel genre de cartes?» «Des cartes de membres», lui avait alors expliqué Mme Caron. À son grand étonnement, Ed avait fini par comprendre que ses hôtes souhaitaient adhérer au NPD. Cette petite victoire semblait vraiment le combler de joie. Il était aux anges.

Après avoir accompagné son patron dans ses pérégrinations pendant sept ans, Peter O'Malley, l'ancien attaché de presse de Ed, est complètement usé et dégoûté du laminoir politique qui banalise les vrais problèmes humains en produits stéréotypés. Pourtant, comme un bon nombre de ceux qui ont connu le feu de la vie politique, O'Malley demeure en quelque sorte obsédé par cette expérience qui pourtant l'a consumé. «Vous vous réveillez, et, vingt-quatre heures durant, vos moindres faits et gestes vous sont dictés par des impératifs politiques. Ce n'est vraiment pas une vie. En fin de compte, ce qui me sidère chez Ed, c'est sa faculté d'adaptation. Il a survécu, et sans rien perdre de son humanité.»

Pour Bob Rae, la survie de Ed s'explique par son indépendance. «Il a ça de commun avec Tommy Douglas. Il est moins vulnérable que ne l'était David Lewis. Il excelle dans l'art du compromis, mais en son for intérieur il ne cède pas d'un pouce. Je veux dire par là que ce ne sont pas les autres qui décident à sa place. Avec Ed, on a vraiment affaire à une forte personnalité. Il lit beaucoup pour se tenir au courant. Il réécrit toujours ses discours et a une façon bien à lui de considérer les choses. Il ne s'est pas laissé broyer par le système.» Nestor Pidwerbecki prétend que c'est la force de ses convictions qui le maintient sur son orbite. «Quand il est persuadé d'avoir raison, vous n'avez plus qu'à bien vous tenir. Autant essayer d'attraper un tigre par la queue. Rien ne l'arrête, et il ne lâchera pas prise.»

Demandez à Lucille comment son mari a tenu bon et elle haussera les épaules, comme si la chose allait de soi. «Ses livres et sa musique.» Après vingt années passées dans la fournaise dévorante de la politique, Ed rentre chez lui à la fin de la journée — quand il est en mesure de le faire, tout du moins — pour passer la soirée près d'elle à lire et à écouter de la musique. C'est là son mode de recueillement et son salut. Lucille a toujours été frappée par son extraordinaire faculté de faire le vide, de se décontracter, de décrocher. «Je suis plutôt du genre à me laisser obnubiler par un problème tant que je ne l'ai pas résolu, déclare-t-elle. C'est Ed qui m'a appris à mettre mes soucis de côté et à me concentrer sur ce que je suis en train de faire dans l'instant. Il sait vivre dans le présent, et c'est une grande force.»

«Ce qui me frappe chez Ed», déclare Carol Goar, qui de par son métier de journaliste a été amenée à rendre compte de la vie politique d'Ottawa depuis plus de dix ans, «c'est qu'il est doté d'une sérénité d'esprit que je n'ai observée que chez très peu de gens dans la capitale. Mulroney a tant de raisons personnelles d'être angoissé que pendant trente ans il pourrait occuper un psychiatre, et Turner est un paquet de conflits intérieurs irrésolus.» À ses yeux, Mulroney est un bagarreur, une force de la nature capable de survivre en dépit de tout, qui est arrivé là où il est à force de volonté. «Mais il ne connaît à peu près rien des usages parlementaires et de l'art de gouverner.» Mulroney lui fait penser à une plante dont le feuillage a du panache «mais aux racines rudimentaires, alors que les racines de Ed s'enfoncent très profond». Ed ressemble à un chêne au fût massif et qu'il est difficile d'abattre. Carol se souvient de la remarque du journaliste Val Sears, qui reprochait à Ed de manquer de mordant, de charisme. «Les journalistes préféreraient sans doute que Ed soit plus déroutant. Vous ne le verrez jamais faire quelque chose de dangereux, d'imprudent ou de totalement inconséquent. Alors qu'avec Mulroney et Turner, il faut toujours s'attendre à tout; on ne sait jamais quelle nouvelle catastrophe ils nous préparent.»

Paul Broadbent, le fils de Ed, affirme que son père vit un peu hors du temps, [qu']il a tendance à se sentir agressé par les tâches quotidiennes dans ce qu'elles ont de terre à terre. «C'est un perfectionniste, un homme très exigeant qui ne se contente jamais de l'à-peu-près. Il est complètement absorbé dans son monde politique. Il continue d'aimer les voyages, les restaurants, le cinéma, mais il ne passe jamais inaperçu. Je nous revois au sommet de la tour d'un château, dans un coin perdu d'Allemagne, et ça n'a pas manqué: nous sommes tombés sur des touristes canadiens dont nous avons eu toutes les peines à nous défaire. À la maison, il aimait lire dehors, sur une chaise longue, avec un cigare et un verre de vin. Mais maintenant il provoquerait un attroupement. Ses livres et sa musique doivent être les rares petits plaisirs qui lui restent. En fait, il ne se repose jamais vraiment. Quand il a quelque chose dans la tête, rien ne peut l'arrêter. Foncer, foncer, ça, c'est mon père.»

L'ambition, la détermination, l'exigence, l'endurance, telles sont les qualités essentielles qui soutiennent l'action du sympathique personnage de la vie politique canadienne. L'idéaliste qui plaisait tant à Lucille a laissé place à un pragmatiste à la poursuite du pouvoir. Dans sa formation universitaire il a puisé la conception d'une social-démocratie où capitalistes et socialistes auraient chacun leur place, et cette conception, il l'a insufflée à son parti. Pour lui, tout l'art de la politique consiste à instituer un juste équilibre. Ses amis comme ses adversaires s'accordent pour dire que ses vingt ans de carrière ont fait de lui un réaliste. «Il est capable de jouer le jeu, affirme son ami libéral David Collenette, mais quand on creuse un peu on se rend compte qu'il reste fidèle à ses principes. C'est quelqu'un de profondément honnête.»

Cette constance profondément enracinée en lui, Ed la doit à divers facteurs: à l'amour de sa mère, à sa formation intellectuelle, à son mariage avec Lucille, et aussi à un optimisme foncier qui ne doit rien à personne. On aperçoit d'emblée l'authenticité de son engagement politique. Il est intimement convaincu du bien-fondé de sa démarche et c'est pour lui la seule chose qui importe. D'aucuns le disent têtu, assoiffé de pouvoir, superficiel, mou, dépourvu d'idées neuves... pêle-mêle. Il travaille comme un forçat, puis il rentre chez lui... pour lire en écoutant la Callas avant d'éteindre les lumières et de monter dormir du sommeil du juste. Demain il fera grand jour et la percée victorieuse sera encore plus proche... il en est convaincu. Et s'il en allait autrement? Cette question-là, il refuse de se la poser.

CHRONOLOGIE

1709: Albertus Schreiber, l'ancêtre maternel de Ed, quitte l'Allemagne pour émigrer à New York.

1800: Décès de Jacob Scriver à Adolphustown, près de Kingston, en Ontario, lieu de refuge des loyalistes américains.
À cette époque, la ferme de la famille Scriver était déjà en exploitation dans le comté de Prince-Edward.

Vers 1860: Fondation de la ville de Broadbent à l'est de Parry Sound, en Ontario.

1876: Robert McLaughlin, héritier de l'atelier familial, quitte le village de Tyrone pour s'installer à Oshawa et y exercer ses activités de constructeur de voitures attelées.

1872: Adam T. Broadbent, l'arrière-grand-père de Ed, se fixe à Broadbent.

1884: Naissance en Angleterre de Jack Broadbent, l'aïeul de Ed.

1886: Naissance, près de Parry Sound, d'Albertha (Bert) Tait, grand-mère de Ed.

1901: La compagnie McLaughlin fabrique 25 000 voitures attelées par an.

1904: Naissance de Tommy Douglas à Falkirk, en Écosse.

1905: Mariage de Bert et de Jack Broadbent.

1907: La compagnie McLaughlin Carriage se lance dans la construction automobile.

1909: Le 14 août, naissance de Percy Broadbent, le père de Ed, près de Parry Sound.

Naissance de David Lewis à Svisloch en Pologne (aujourd'hui en Union soviétique).

1911: Le 17 août, naissance de Mary Anastasia (Scriver) Welsh, la mère de Ed, à Tweed, en Ontario.

Le 18 novembre, naissance de C.B. Macpherson à Toronto.

1915: La compagnie McLaughlin Motor Car entreprend la construction de Chevrolet.

1917: Fin de la construction de «Parkwood», le mini-Versailles des McLaughlin à Oshawa.

1918: Le colonel Sam McLaughlin, fils de Robert, vend sa compagnie à General Motors, et devient le premier président de GM Canada.

1919: Grève générale de Winnipeg.

La famille de Tommy Douglas émigre au Canada et s'installe à Winnipeg.

Naissance de Pierre Elliott Trudeau à Montréal.

Mackenzie King est élu chef du Parti libéral, poste qu'il occupera jusqu'en 1948.

1921: Mary Scriver Welsh perd sa mère et elle est placée dans un orphelinat.

1921-1930: Mackenzie King est Premier ministre du Canada.

1922: Naissance de René Lévesque.

1927: Jack et Bert Broadbent s'installent à Oshawa avec leurs neuf enfants, où Patrick Welsh, le père de Mary, avait trouvé du travail à la Motors.

La même année, Jack Broadbent entre chez GM; il y sera suivi par ses fils Oren, Arnold, Aubrey, Reuben, Bill et, beaucoup plus tard, Percy.

Mary Welsh revient vivre avec son père et entre au Oshawa Collegiate and Vocational Institute.

1929: Mary Welsh, secrétaire à l'Oshawa Wholesale, fait la connaissance de Percy Broadbent, représentant des ventes pour la même compagnie.

1930: Le 29 octobre, mariage de Percy Broadbent et de Mary Welsh.
Ils emménagent chez les parents de Percy.

1930-1935: Les libéraux de Mackenzie King perdent le pouvoir et les conservateurs de R.B. Bennett forment le gouvernement; cette victoire enchante l'ardent tory qu'est Percy Broadbent.

1931: Le 10 août, naissance de Velma Broadbent, premier enfant de Percy et de Mary.

1932: David Lewis obtient la bourse d'études de la Fondation Rhodes et entre à l'Université d'Oxford.

1933: Manifeste de Regina, acte de baptême de la Co-opérative Commonwealth Federation.

1935-1948: Mackenzie King est de nouveau Premier ministre du Canada.

1935: Élu aux Communes, Tommy Douglas siège à Ottawa. Dirigée par J.S. Woodsworth, la CCF ne compte que sept députés.

C.B. Macpherson débute sa carrière de professeur à l'Université de Toronto.

1936: Le 21 mars, naissance de John Edward Broadbent à Oshawa.

David Lewis accède au poste de secrétaire national de la CCF.

1937: Au mois de mars, la United Auto Workers Union fait son entrée à l'usine GM d'Oshawa.

La grève éclatera en avril. Elle durera quinze jours et Mitch Hepburn, Premier ministre de l'Ontario, mobilisera l'armée contre les grévistes.

1943: La CCF constitue l'opposition officielle en Ontario. Au plan national, le Parti vient en tête des sondages.

1944: Tommy Douglas conduit la CCF à la victoire en Saskatchewan, dont il sera le Premier ministre pendant dix-sept ans.

1948: Mackenzie King se retire de la vie politique. Louis Saint-Laurent lui succède à la tête du Parti libéral et restera Premier ministre jusqu'en 1957.

1950: Naufrage de Percy Broadbent qui perd son emploi à la Oshawa Wholesale et va travailler à la Motors.

Ouverture du Central Collegiate d'Oshawa, où Ed Broadbent entre en neuvième année.

Fondation de *Cité Libre* avec, pour rédacteurs en chef, Trudeau et Pelletier, qui s'opposent à Duplessis, Premier ministre du Québec.

1951: L'Internationale socialiste est fondée au congrès de Francfort, où la CCF est représentée.

1952: Le général Dwight Eisenhower devient président des États-Unis.

1953: Ed Broadbent, alors en onzième année, est élu président du conseil des étudiants.

1955: Ed Broadbent prononce le discours de fin d'études, reçoit son diplôme de Central Collegiate et s'inscrit en philosophie au Trinity College de l'Université de Toronto.

1956: John Diefenbaker est élu chef du Parti conservateur.

1957: Le 10 juin, à l'élection générale, les tories de Diefenbaker forment un gouvernement minoritaire (avec 112 sièges, contre 105 aux libéraux et 25 à la CCF).

Lester Pearson gagne le prix Nobel de la paix pour avoir négocié une solution pacifique à la crise de Suez.

1958: Lester Pearson est élu chef du Parti libéral.

Élections générales: les tories de Diefenbaker l'emportent avec une majorité sans précédent dans l'histoire canadienne (208 sièges contre 49 aux libéraux).

Les experts en politique prophétisent la mort du Parti libéral.

Basses eaux pour la CCF: huit de ses candidats seulement sont élus aux Communes et le Parti ne recueille que neuf pour cent et demi des suffrages. M.J. Coldwell, le chef du Parti, est battu, de même que Stanley Knowles et Colin Cameron.

1959: Ed Broadbent obtient son diplôme de fin d'études à l'Université de Toronto et revient à Oshawa, où pendant un an il enseigne l'anglais dans un collège. Il fait la connaissance de Lucille et de Louis Munroe.

1960: Au Québec, Jean Lesage conduit les libéraux à la victoire tandis que la Révolution tranquille se prépare.

Élu député, René Lévesque devient ministre des Ressources naturelles. Il sera à l'origine de la création d'Hydro-Québec.

Ed Broadbent gagne une bourse d'études du Conseil du Canada, entreprend une maîtrise en philosophie juridique à l'Université de Toronto, où il rencontre celui qui sera son principal mentor intellectuel, le professeur d'économie politique, C.B. Macpherson. Il y rencontre aussi Yvonne Yamaoka.

1961: Mariage de Ed Broadbent et de Yvonne Yamaoka.

Congrès de fondation du NPD. Tommy Douglas devient chef du Parti.

Ed Broadbent entre au NPD.

Brian Mulroney étudie le droit à l'Université Laval, à Québec.

Pierre Trudeau enseigne le droit à l'Université de Montréal.

John Kennedy devient président des États-Unis.

1962: Publication de *The Political Theory of Possessive Individualism*, l'ouvrage le plus célèbre de C.B. Macpherson.

Élections générales: les tories de Diefenbaker l'emportent encore, mais cette fois ne peuvent constituer qu'un gouvernement minoritaire (116 sièges contre 100 pour les libéraux, 30 pour le Crédit social et 19 pour le NPD).

Tommy Douglas perd son siège à la suite d'une grève des médecins de la Saskatchewan qui protestent conte le régime d'assurance maladie instauré par le même Douglas en sa qualité de Premier ministre de la province.

David Lewis est élu pour la première fois à la Chambre des communes.

Diefenbaker annonce la création de la Commission royale Carter sur l'impôt.

1963: Élections générales: conduits par Lester Pearson, les libéraux l'emportent et forment un gouvernement minoritaire avec 129 sièges, contre 95 pour les tories, 24 au Crédit social et 17 au NPD.

Tommy Douglas est réélu. David Lewis perd son siège. Walter Gordon devient ministre des Finances.

Trudeau reproche à Pearson de s'apprêter à autoriser l'installation d'ogives nucléaires sur le sol canadien.

Lucille Munroe se détourne des libéraux pour adhérer au NPD.

Assassinat du Président John Kennedy à Dallas.

1964: Pearson autorise les États-Unis à installer au Canada des ogives nucléaires.

Ross Thatcher, ex-élu fédéral de la CCF devenu chef du Parti libéral de la Saskatchewan, défait le gouvernement néo-démocrate de la province.

1965: Élections générales: les libéraux n'obtiennent qu'un gouvernement minoritaire (131 sièges contre 97 au tories, 21 au NPD et 14 au Crédit social). À Westmount, Trudeau bat Charles Taylor, qu'il avait soutenu lors d'élections précédentes, et est élu député fédéral.

Signature par le Canada et les États-Unis du Pacte de l'automobile, dont certaines clauses garantissent que les Trois Grands continueront de produire des véhicules sur le territoire canadien.

Walter Gordon démissionne du cabinet Trudeau en dénonçant le statut colonial du Canada.

Publication de *Lament for a Nation*, de George Grant.

Mort de Louis Munroe. Lucille déménage à Ottawa avec son fils Paul.

1966: Adoption par le gouvernement fédéral d'une loi instituant un régime d'assurance maladie identique à celui de la Saskatchewan.

1967: Ed Broadbent se sépare de sa femme, Yvonne Yamaoka.

René Lévesque quitte le Parti libéral du Québec.

Le Parti conservateur se réunit en congrès pour élire un nouveau chef: Robert Stanfield l'emporte sur Diefenbaker.

Pearson remanie son cabinet et nomme trois nouveaux ministres: John Turner, Jean Chrétien et Pierre Trudeau.

1968: Le 6 avril, les libéraux réunis en congrès élisent Trudeau à la tête de leur parti. Turner, l'autre candidat, est battu.

Élections générales: début de la trudeaumanie. Trudeau devient Premier ministre avec une majorité libérale de 155 sièges, contre 72 pour les tories, 22 au NPD et 14 au Crédit social.

Ed Broadbent l'emporte avec quinze voix sur le candidat tory d'Oshawa et est élu député.

Rapport Watkins sur le contrôle de l'économie canadienne par des intérêts étrangers.

René Lévesque fonde le Parti québécois.

1969: Jim Laxer, Gerry Caplan, Mel Watkins et Ed Broadbent forment le Waffle, un groupement gauchiste à l'intérieur du NPD. Broadbent se retire du Waffle, dont il réprouve la rhétorique.

Ed Broadbent conduit le NPD à la victoire au Manitoba.

Congrès du NPD à Winnipeg (octobre). Le Parti est déchiré par la dissidence du Waffle. Broadbent tente de réconcilier les factions ennemies et de se faire l'avocat de la «démocratie industrielle». En pure perte.

1970: Crise d'octobre. Au Québec, enlèvement de James Cross, haut-commissaire au commerce britannique. Le 16, Trudeau impose la Loi des mesures de guerre. Découverte le lendemain du corps de Pierre Laporte, ministre du Travail du gouvernement québécois.

1971: Après dix années de leadership, Tommy Douglas abandonne la direction du NPD. Broadbent, qui a été le premier à annoncer sa candidature, est battu par David Lewis.

Ed Broadbent épouse Lucille Munroe.

Élections en Saskatchewan: Allan Blakeney (NPD) bat Thatcher (Parti libéral).

Trudeau (52 ans) épouse Margaret Sinclair (22 ans).

1972: Le 30 août, élections en Colombie-Britannique: Dave Barrett (NPD) bat W.A.C. Bennett (Crédit social).

Le 31 octobre, élections générales: minorité libérale avec 109 sièges, contre 107 aux tories. Le NPD remporte 31 sièges, chiffre jamais atteint jusqu'à cette date. Réélu avec 824 voix d'avance, Broadbent devient président du groupe parlementaire néo-démocrate.

David Lewis garantit au gouvernement le soutien du NPD en échange de diverses mesures législatives, parmi lesquelles la création de Petro-Canada.

1974: Élections fédérales: majorité libérale avec 141 sièges, contre 95 aux tories. Le NPD est réduit à 16 sièges. David Lewis est battu. Réélu avec 10 000 voix d'avance, Ed Broadbent est nommé chef du NPD par intérim.

1975: Le 17 janvier, Broadbent annonce qu'il ne briguera pas la direction du Parti. Le 26 mars, on le persuade de revenir sur sa décision.

Le 7 juillet, Broadbent est élu chef du Nouveau Parti démocratique.

Le 10 septembre, John Turner démissionne de son poste de ministre des Finances du gouvernement libéral pour reprendre à Toronto ses activités d'avocat.

Le 13 septembre, élections en Ontario; le Premier ministre conservateur Bill Davis l'emporte et forme un gouvernement minoritaire devant Stephen Lewis (NPD), lequel représente l'opposition officielle.

Le 11 décembre, élections en Colombie-Britannique; le gouvernement NPD de Barrett est battu par le Crédit social de Bill Bennett.

Trudeau annonce le contrôle des salaires et des prix. Il se prononce contre le libre-échange. On le taxe de socialiste.

1976: Réuni en congrès, le Parti conservateur se donne pour chef Joe Clark, qui l'emporte sur Brian Mulroney.

Jamais depuis trente ans les libéraux n'ont été si bas dans les sondages avec vingt-neuf pour cent des intentions de vote.

Percy Broadbent meurt d'un cancer.

Le 15 novembre, élections au Québec: le Parti québécois forme le gouvernement et René Lévesque devient Premier ministre.

1979: Tommy Douglas se retire de la vie politique.

Mort de John Diefenbaker.

Le 22 mai, élections générales: les tories de Joe Clark l'emportent et forment un gouvernement minoritaire qui ne durera pas un an (tories: 136 sièges, libéraux: 114, NPD: 26, Crédit social: 6).

Le 21 novembre, Trudeau se retire et Broadbent croit l'ouverture à portée de la main. Souhaitant une élection anticipée, il s'allie aux libéraux pour battre le gouvernement Clark le 13 décembre.

1980: Pour la première fois, un sondage national démontre que Broadbent est le chef de parti le plus populaire du pays.

Élections générales: les libéraux de Trudeau l'emportent avec une majorité de 147 sièges contre 103 aux tories et 32 au NPD. Recherchant un appui dans les provinces de l'Ouest pour son programme national énergétique, Trudeau propose à Broadbent des portefeuilles ministériels. Broadbent refuse.

Le 20 mai, référendum au Québec sur la souveraineté-association. Les partisans de la politique proposée par Lévesque sont mis en minorité.

Trudeau annonce son projet unilatéral de rapatriement de la Constitution. Broadbent lui donne un accord de principe, mais avec certaines restrictions, et il scandalise le Premier ministre néo-démocrate de la Saskatchewan, Allan Blakeney. Les guerres constitutionnelles éclatent et Broadbent aborde la période la plus difficile de toute sa carrière politique.

Ronald Reagan est élu président des États-Unis.

1981: Le 23 mai, David Lewis meurt de la leucémie. Ed Broadbent, qui venait de s'envoler pour l'Amérique centrale, revient à Ottawa pous assister aux funérailles puis repart pour le Salvador, où, mandaté par l'Internationale socialiste, il poursuivra sa mission de paix.

Élections au Québec: le Parti québécois est réélu.

Le 5 novembre, «nuit des longs couteaux»: Trudeau négocie un accord avec neuf premiers ministres provinciaux sur la Constitution. Cet accord exclut René Lévesque.

Élections au Manitoba: les néo-démocrates de Howard Pawley battent les tories de Sterling Lyons.

1982: Le 17 avril, la reine signe la Loi sur la Constitution sur la Colline parlementaire.

Le 26 avril, élections en Saskatchewan: le gouvernement néo-démocrate de Blakeney est battu par les tories de Grant Devine.

1983: Le 11 juin, Brian Mulroney est élu chef du Parti conservateur.

Les 2 et 3 juillet, au congrès NPD de Regina, Broadbent fait l'objet de très vives attaques.

Le 20 août, mort de la mère de Broadbent.

À l'élection partielle de Mission-Port Moody (Colombie-Britannique), le NPD est battu par les tories. Brian Mulroney sort vainqueur de l'élection partielle de Central Nova.

Le 17 novembre, Broadbent est hospitalisé pour douleurs lombaires.

Le 21 décembre, Broadbent subit une intervention chirurgicale.

1984: Jim Laxer, ancien directeur de la recherche du NPD, remet à des journalistes un rapport dénonçant la politique économique du NPD.

En février, les sondages montrent que la cote de popularité du NPD est tombée à treize pour cent.

Le 29 février, démission de Trudeau.

En avril, le NPD ne recueille plus que onze pour cent des intentions de vote.

Le 16 juin, congrès du Parti libéral: élu chef du Parti contre Jean Chrétien, John Turner devient Premier ministre.

En juillet, la cote du NPD a encore baissé, il ne recueille que neuf pour cent des intentions de vote.

Le 4 septembre, élections générales: les conservateurs recueillent une écrasante majorité de 217 sièges, alors que les libéraux de Turner ne font élire que 40 de leurs candidats et les néo-démocrates, 30.

Stephen Lewis est nommé ambassadeur du Canada aux Nations Unies.

1985-1987: Marion Dewar, ancien maire d'Ottawa, devient présidente du NPD. La modernisation du Parti provoque des luttes intestines.

1985: Élections en Ontario: Bob Rae, leader du NPD, signe un accord préélectoral avec David Peterson (Parti libéral). Peterson sera élu chef du gouvernement provincial.

1987: Le 3 juin, Mulroney et les Premiers ministres provinciaux signent l'accord du lac Meech.

En juillet, les néo-démocrates remportent trois élections partielles.

Le 21 juillet, mort de C.B. Macpherson.

En août, un sondage révèle que le NPD recueille le chiffre record de quarante-quatre pour cent des intentions de vote. C'est de nouveau Broadbent que l'on considère comme le leader politique le plus populaire du pays.

Élections en Ontario: dégringolade massive des ~~libéraux~~. Conservateurs.

Le 5 octobre, le Canada et les États-Unis rendent publique une entente de libre-échange, dont le texte final n'est cependant pas encore arrêté.

Le 19 octobre, Lundi noir: effondrement de la Bourse.

1988: Pour les conservateurs, c'est l'année du scandale et pour les libéraux, celle de graves ennuis. Le leadership de Turner fait l'objet d'attaques constantes.

Le 15 avril, le conseil fédéral du NPD définit sa politique par rapport à l'OTAN: un gouvernement NPD s'engagerait pendant un an à ne pas retirer les forces canadiennes du Traité de l'Atlantique Nord.

Au Manitoba, chute du gouvernement NPD de Howard Pawley. Gery Doer, le nouveau chef du NPD, est battu par les tories de Gery Filmon, les libéraux de Sharon Carstair arrivent en seconde position.

Les sondages montrent que pour la première fois dans l'histoire, ce ne sont plus deux mais trois grands partis nationaux qui désormais sont en course.

TABLE DES MATIÈRES

Ouvrages parus chez les éditeurs du groupe Sogides

* Pour l'Amérique du Nord seulement
** Pour l'Europe seulement
Sans * pour l'Europe et l'Amérique du Nord

LES ÉDITIONS DE L'HOMME

ANIMAUX

* **Art du dressage, L'**, Chartier Gilles
Bien nourrir son chat, D'Orangeville Christianz
Cheval, Le, Leblanc Michel
Chien dans votre vie, Le, Swan Marguerite
Éducation du chien de 0 à 6 mois, L', DeBuyser Dr Colette et Dr Dehasse Joël
Encyclopédie des oiseaux, Godfrey W. Earl
Guide de l'oiseau de compagnie, Le, Dr R. Dean Axelson
Mammifère de mon pays,, Duchesnay St-Denis J. et Dumais Rolland
* **Mon chat, le soigner, le guérir**, D'Orangeville Christian
Observations sur les mammifères, Provencher Paul
Papillons du Québec, Les,Veilleux Christian et PrévostBernard
Petite ferme, T.1,
Les animaux, Trait Jean-Claude

Vous et vos petits rongeurs, Eylat Martin
Vous et vos poissons d'aquarium, Ganiel Sonia
Vous et votre berger allemand, Eylat Martin
Vous et votre boxer, Herriot Sylvain
Vous et votre caniche, Shira Sav
Vous et votre chat de gouttière, Gadi Sol
Vous et votre chow-chow, Pierre Boistel
Vous et votre collie, Ethier Léon
Vous et votre doberman, Denis Paula
Vous et votre fox-terrier, Eylat Martin
Vous et votre husky, Eylat Marti
Vous et vos oiseaux de compagnie, Huard-Viau Jacqueline
Vous et votre schnauzer, Eylat Martin
Vous et votre setter anglais, Eylat Martin
Vous et votre siamois, Eylat Odette
Vous et votre teckel, Boistel Pierre
Vous et votre yorkshire, Larochelle Sandra

ARTISANAT/ARTS MÉNAGERS

Appareils électro-ménagers, Prentice-Hall du Canada
* **Art du pliage du papier**, Harbin Robert
Artisanat québécois, T.1, Simard Cyril

Artisanat québécois, T.2, Simard Cyril
Artisanat québécois, T.3, Simard Cyril
Artisanat québécois, T.4, Simard Cyril, Bouchard Jean-Louis

Bon Fignolage, Le, Arvisais Dolorès A.
Coffret artisanat, Simard Cyril
* Construire des cabanes d'oiseaux, Dion André
Construire sa maison en bois rustique, Mann D.
et Skinulis R.
Crochet Jacquard, Le, Thérien Brigitte
Cuir, Le, Saint-Hilaire Louis et Vogt Walter
Dentelle, T.1, La, De Seve Andrée-Anne
Dentelle, T.2, La, De Seve Andrée-Anne
Dessiner et aménager son terrain, Prentice-Hall du Canada
Encyclopédie de la maison québécoise, Lessard Michel
Encyclopédie des antiquités, Lessard Michel
Entretien et réparation de la maison, Prentice-Hall du Canada

Guide du chauffage au bois, Flager Gordon
J'apprends à dessiner, Nassh Joanna
Je décore avec des fleurs, Bassili Mimi
J'isole mieux, Eakes Jon
Mécanique de mon auto, La, Time-Life
Outils manuels, Les, Prentice Hall du Canada
Petits appareils électriques, Prentice-Hall du Canada
Piscines, Barbecues et patio
Taxidermie, La, Labrie Jean
Terre cuite, Fortier Robert
Tissage, Le, Grisé-Allard Jeanne et Galarneau Germaine
Tout sur le macramé, Harvey Virginia L.
Trucs ménagers, Godin Lucille
Vitrail, Le, Bettinger Claude

ART CULINAIRE

À table avec soeur Angèle, Soeur Angèle
Art d'apprêter les restes, L', Lapointe Suzanne
Art de la cuisine chinoise, L', Chan Stella
Art de la table, L', Du Coffre Marguerite
Barbecue, Le, Dard Patrice
Bien manger à bon compte, Gauvin Jocelyne
Boîte à lunch, La, Lambert Lagacé Louise
Brunches & petits déjeuners en fête, Bergeron Yolande
100 recettes de pain faciles à réaliser, Saint-Pierre Angéline
Cheddar, Le, Clubb Angela
Cocktails & punchs au vin, Poister John
Cocktails de Jacques Normand, Normand Jacques
Coffret la cuisine
Confitures, Les, Godard Misette
Congélation de A à Z, La, Hood Joan
Congélation des aliments, Lapointe Suzanne
Conserves, Les, Sansregret Berthe
Cornichons, Ketchups et Marinades, Chesman Andrea
Cuisine au wok, Solomon Charmaine
Cuisine aux micro-ondes 1 et 2 portions, Marchand Marie-Paul
Cuisine chinoise, La, Gervais Lizette
* Cuisine chinoise traditionnelle, La, Chen Jean
* Cuisine créative Campbell, La, Cie Campbell
Cuisine de Pol Martin, Martin Pol
* Cuisine du monde entier avec Weight Watchers, Weight Watchers
Cuisine facile aux micro-ondes, Saint-Amour Pauline
Cuisine joyeuse de soeur Angèle, La, Soeur Angèle
Cuisine micro-ondes, La, Benoît Jehane
Cuisine santé pour les aînés, Hunter Denyse

Cuisiner avec le four à convection, Benoît Jehane
Cuisinez selon le régime Scarsdale, Corlin Judith
Cuisinier chasseur, Le, Hugueney Gérard
Entrées chaudes et froides, Dard Patrice
Faire son pain soi-même, Murray Gill Janice
Faire son vin soi-même, Beaucage André
Fine cuisine aux micro-ondes, La, Dard Patrice
Fondues & flambées de maman Lapointe, Lapointe Suzanne
Fondues, Les, Dard Partice
Menus pour recevoir, Letellier Julien
Muffins, Les, Clubb Angela
Nouvelle cuisine micro-ondes, La, Marchand Marie-Paul et Grenier Nicole
Nouvelle cuisine micro-ondes II, La, Marchand Marie-Paul et Grenier Nicole
Pâtés à toutes les sauces, Les, Lapointe Lucette
Patés et galantines, Dard Patrice
Pâtisserie, La, Bellot Maurice-Marie
Poissons et fruits de mer, Dard Patrice
Poissons et fruits de mer, Sansregret Berthe
Recettes au blender, Huot Juliette
Recettes canadiennes de Laura Secord, Canadian Home Economics Association
Recettes de gibier, Lapointe Suzanne
Recettes de maman Lapointe, Les, Lapointe Suzanne
Recettes Molson, Beaulieu Marcel
Robot culinaire, le, Martin Pol
Salades des 4 saisons et leurs vinaigrettes, Dard Patrice
Salades, sandwichs, hors d'oeuvre, Martin Pol
Soupes, potages et veloutés, Dard Patrice

2

BIOGRAPHIES POPULAIRES

Daniel Johnson, T.1, Godin Pierre
Daniel Johnson, T.2, Godin Pierre
Daniel Johnson - Coffret, Godin Pierre
Dans la fosse aux lions, Chrétien Jean
* Dans la tempête, Lachance Micheline
Duplessis, T.1 - L'ascension, Black Conrad
Duplessis, T.2 - Le pouvoir, Black Conrad
Duplessis - Coffret, Black Conrad
Dynastie des Bronfman, La, Newman Peter C.

Establishment canadien, L', Newman Peter C.
* Maître de l'orchestre, Le, Nicholson Georges
Maurice Richard, Pellerin Jean
Mulroney, Macdonald L.I.
Nouveaux Riches, Les, Newman Peter C.
Prince de l'Église, Le, Lachance Micheline
Saga des Molson, La, Woods Shirley
* Une femme au sommet - Son excellence Jeanne Sauvé,
Woods Shirley E.

DIÉTÉTIQUE

Combler ses besoins en calcium, Hunter Denyse
Contrôlez votre poids, Ostiguy Dr Jean-Paul
* Cuisine sage, Lambert-Lagacé Louise
* Diète rotation, La, Katahn Dr Martin
Diététique dans la vie quotidienne, Lambert-Lagacé
Louise
Livre des vitamines, Le, Mervyn Leonard
* Maigrir en santé, Hunter Denyse
* Menu de santé, Lambert-Lagacé Louise
Oubliez vos allergies, et... bon appétit, Association de
l'information sur les allergies

Petite & grande cuisine végétarienne, Bédard Manon
* Plan d'attaque Weight Watchers, Le, Nidetch Jean
Plan d'attaque plus Weight Watchers, Le, Nidetch Jean
Recettes pour aider à maigrir, Ostiguy Dr Jean-Paul
* Régimes pour maigrir, Beaudoin Marie-Josée
Sage bouffe de 2 à 6 ans, La, Lambert-Lagacé Louise
Weight Watchers - cuisine rapide et savoureuse,
Weight Watchers
Weight Watchers-Agenda 85 -Français, Weight Watchers
Weight Watchers-Agenda 85 -Anglais, Weight Watchers

DIVERS

* Acheter ou vendre sa maison, Brisebois Lucille
* Acheter et vendre sa maison ou son condominium,
Brisebois Lucille
* Acheter une franchise, Levasseur Pierre
* Bourse, La, Brown Mark
* Chaînes stéréophoniques, Les, Poirier Gilles
* Choix de carrières, T.1, Milot Guy
* Choix de carrières, T.2, Milot Guy
* Choix de carrières, T.3, Milot Guy
* Comment rédiger son curriculum vitae, Brazeau Julie
* Comprendre le marketing, Levasseur Pierre
Conseils aux inventeurs, Robic Raymond
* Devenir exportateur, Levasseur Pierre
* Dictionnaire économique et financier, Lafond Eugène
* Faire son testament soi-même, Me Poirier Gérald,
Lescault Nadeau Martine (notaire)
* Faites fructifier votre argent, Zimmer Henri B.
Finances, Les, Hutzler Laurie H.
* Gérer ses ressources humaines, Levasseur Pierre
* Gestionnaire, Le, Colwell Marian
* Guide de la haute-fidélité, Le, Prin Michel
* Je cherche un emploi, Brazeau Julie
* Lancer son entreprise, Levasseur Pierre
Leadership, Le, Cribbin, James J.

Livre de l'étiquette, Le, Du Coffre Marguerite
* Loi et vos droits, La, Marchand Me Paul-Émile
Meeting, Le, Holland Gary
Mémo, Le, Reimold Cheryl
Notre mariage (étiquette et
planification), Du Coffre, Marguerite
Patron, Le, Reimold Cheryl
Relations publiques, Les, Doin Richard, Lamarre Daniel
* Règles d'or de la vente, Les, Kahn George N.
* Roulez sans vous faire rouler, T.3, Edmonston Philippe
Savoir vivre aujourd'hui, Fortin Jacques Marcelle
Séjour dans les auberges du Québec, Cazelais Normand et
Coulon Jacques
Stratégies de placements, Nadeau Nicole
Temps des fêtes au Québec, Le, Montpetit Raymond
Tenir maison, Gaudet-Smet Françoise
* Tout ce que vous devez savoir sur le condominium,
Dubois Robert
Univers de l'astronomie, L', Tocquet Robert
Vente, La, Hopkins Tom
* Votre argent, Dubois Robert
Votre système vidéo, Boisvert Michel et Lafrance André A.
* Week-end à New York, Tavernier-Cartier Lise

ENFANCE

ÉSOTÉRISME

HISTOIRE

INFORMATIQUE

PHOTOGRAPHIE (ÉQUIPEMENT ET TECHNIQUE)

* Apprenez la photographie avec Antoine Desilets, Desilets Antoine
Chasse photographique, Coiteux Louis
8/Super 8/16, Lafrance André
Initiation à la Photographie, London Barbara
Initiation à la Photographie-Canon, London Barbara
Initiation à la Photographie-Minolta, London Barbara
Initiation à la Photographie-Nikon, London Barbara

Initiation à la Photographie-Olympus, London Barbara
Initiation à la Photographie-Pentax, London Barbara
* Je développe mes photos, Desilets Antoine
* Je prends des photos, Desilets Antoine
* Photo à la portée de tous, Desilets Antoine
Photo guide, Desilets Antoine

PSYCHOLOGIE

Âge démasqué, L', De Ravinel Hubert
* Aider mon patron à m'aider, Houde Eugène
Amour de l'exigence à la préférence, Auger Lucien
Au-delà de l'intelligence humaine, Pouliot Élise
Auto-développement, L', Garneau Jean
Bonheur au travail, Le, Houde Eugène
Bonheur possible, Le, Blondin Robert
Chimie de l'amour, La, Liebowitz Michael
Coeur à l'ouvrage, Le, Lefebvre Gérald
Coffret psychologie moderne Colère, La, Tavris Carol
* Comment animer un groupe, Office Catéchèsse
* Comment avoir des enfants heureux, Azerrad Jacob
* Comment déborder d'énergie, Simard Jean-Paul
Comment vaincre la gêne, Catta Rene-Salvator
* Communication dans le couple, La, Granger Luc
* Communication et épanouissement personnel, Auger Lucien
Comprendre la névrose et aider les névrosés, Ellis Albert
* Contact, Zunin Nathalie
* Courage de vivre, Le, Kiev Docteur A.
Courage et discipline au travail, Houde Eugène
Dynamique des groupes, Aubry J.-M. et Saint-Arnaud Y.
Élever des enfants sans perdre la boule, Auger Lucien
* Émotivité et efficacité au travail, Houde Eugène
Enfant paraît... et le couple demeure, L', Dorman Marsha et Klein Diane
Enfants de l'autre, Les, Paris Erna
Être soi-même, Corkille Briggs D.
* Facteur chance, Le, Gunther Max
* Fantasmes créateurs, Les, Singer Jérôme
Infidélité, L', Leigh Wendy
Intuition, L', Goldberg Philip
* J'aime, Saint-Arnaud Yves
Journal intime intensif, Progoff Ira
Miracle de l'amour, Un, Kaufman Barry Neil

* Mise en forme psychologique, Corrière Richard
* Parle-moi... J'ai des choses à te dire, Salome Jacques
Penser heureux, Auger Lucien
* Personne humaine, La, Saint-Arnaud Yves
* Plaisirs du stress, Les, Hanson Dr Peter G.
* Première impression, La, Kleinke Chris, L.
* Prévenir et surmonter la déprime, Auger Lucien
* Prévoir les belles années de la retraite, D. Gordon Michael
* Psychologie dans la vie quotidienne, Blank Dr Léonard
* Psychologie de l'amour romantique, Braden Docteur N.
* Qui es-tu grand-mère? Et toi grand-père? Eylat Odette
* S'affirmer et communiquer, Beaudry Madeleine
* S'aider soi-même, Auger Lucien
* S'aider soi-même d'avantage, Auger Lucien
* S'aimer pour la vie, Wanderer Dr Zev
* Savoir organiser, savoir décider, Lefebvre Gérald
* Savoir relaxer et combattre le stress, Jacobson Dr Edmund
* Se changer, Mahoney Michael
* Se comprendre soi-même par des tests, Collectif
* Se concentrer pour être heureux, Simard Jean-Paul
Se connaître soi-même, Artaud Gérard
* Se contrôler par le biofeedback, Ligonde Paultre
* Se créer par la Gestalt, Zinker Joseph
* S'entraider, Limoges Jacques
* Se guérir de la sottise, Auger Lucien
Séparation du couple, La, Weiss Robert S.
Sexualité au bureau, La, Horn Patrice
Syndrome prémenstruel, Le, Shreeve Dr Caroline
* Vaincre ses peurs, Auger Lucien
Vivre à deux: plaisir ou cauchemar, Duval Jean-Marie
* Vivre avec sa tête ou avec son coeur, Auger Lucien
Vivre c'est vendre, Chaput Jean-Marc
* Vivre jeune, Waldo Myra
* Vouloir c'est pouvoir, Hull Raymond

JARDINAGE

Culture des fleurs, des fruits, Prentice-Hall du Canada
Encyclopédie du jardinier, Perron W.H.
Guide complet du jardinage, Wilson Charles
J'aime les violettes africaines, Davidson Robert

Petite ferme, T. 2 - Jardin potager, Trait Jean-Claude
Plantes d'intérieur, Les, Pouliot Paul
Techniques du jardinage, Les, Pouliot Paul
* Terrariums, Les, Kayatta Ken

JEUX/DIVERTISSEMENTS

Améliorons notre bridge, Durand Charles
* Bridge, Le, Beaulieu Viviane
Clés du scrabble, Les, Sigal Pierre A.
Collectionner les timbres, Taschereau Yves
* Dictionnaire des mots croisés, noms communs, Lasnier
Paul
* Dictionnaire des mots croisés, noms propres, Piquette
Robert

* Dictionnaire raisonné des mots croisés, Charron
Jacqueline
Finales aux échecs, Les, Santoy Claude
Jeux de société, Stanké Louis
* Jouons ensemble, Provost Pierre
Livre des patiences, Le, Bezanovska M. et Kitchevats P.
* Ouverture aux échecs, Coudari Camille
Scrabble, Le, Gallez Daniel
Techniques du billard, Morin Pierre

LINGUISTIQUE

* Anglais par la méthode choc, L', Morgan Jean-Louis
* J'apprends l'anglais, Silicani Gino

Petit dictionnaire du joual, Turenne Auguste
Secrétaire bilingue, La, Lebel Wilfrid

LIVRES PRATIQUES

Bonnes idées de maman Lapointe, Les, Lapointe Lucette
Chasse-taches, Le, Cassimatis Jack
* Maîtriser son doigté sur un clavier, Lemire Jean-Paul

* Se protéger contre le vol, Kabundi Marcel et Normandeau
André
Temps c'est de l'argent, Le, Davenport Rita

MUSIQUE ET CINÉMA

* Guitare, La, Collins Peter
Piano sans professeur, Le, Evans Roger

Wolfgang Amadeus Mozart raconté en 50 chefs-d'oeuvre
Roussel Paul

NOTRE TRADITION

Coffret notre tradition Écoles de rang au Québec, Les,
Dorion Jacques
Encyclopédie du Québec, T.1, Landry Louis
Encyclopédie du Québec, T.2, Landry Louis
Histoire de la chanson québécoise, L'Herbier Benoît
Maison traditionnelle, La, Lessard Micheline

Moulins à eau de la vallée du Saint-Laurent, Adam
Villeneuve
Objets familiers de nos ancêtres, Genet Nicole
* Sculpture ancienne au Québec, La, Porter John R. et Bélisle
Jean
Vive la compagnie, Daigneault Pierre

6

ROMANS/ESSAIS

Adieu Québec, Bruneau André
Baie d'Hudson, La, Newman Peter C.
Bien-pensants, Les, Berton Pierre
Bousille et les justes, Gélinas Gratien
Coffret Joey
C.P., Susan Goldenberg
Commettants de Caridad, Les, Thériault Yves
Deux Innocents en Chine Rouge, Hébert Jacques
Dome, Jim Lyon
* **Frères divorcés, Les,** Godin Pierre
IBM, Sobel Robert
Insolences du Frère Untel, Les, Untel Frère
ITT, Sobel Robert
J'parle tout seul, Coderre Emile

Lamia, Thyraud de Vosjoli P.L.
Mensonge amoureux, Le, Blondin Robert
Nadia, Aubin Benoît
Oui, Lévesque René
Premiers sur la lune, Armstrong Neil
* **Sur les ailes du temps (Air**
Canada), Smith Philip
Telle est ma position, Mulroney Brian
Terrosisme québécois, Le, Morf Gustave
* **Trois semaines dans le hall du Sénat,** Hébert Jacques
Un doux équilibre, King Annabelle
* **Un second souffle,** Hébert Diane
Vrai visage de Duplessis, Le, Laporte Pierre

SANTÉ ET ESTHÉTIQUE

Allergies, Les, Delorme Dr Pierre
Art de se maquiller, L', Moizé Alain
* **Bien vivre sa ménopause,** Gendron Dr Lionel
Cellulite, La, Ostiguy Dr Jean-Paul
Cellulite, La, Léonard Dr Gérard J.
Être belle pour la vie, Meredith Bronwen
Exercices pour les aînés, Godfrey Dr Charles, Feldman
    Michael
Face lifting par l'exercice, Le, Runge Senta Maria
Grandir en 100 exercises, Berthelet Pierre
Hystérectomie, L', Alix Suzanne
Médecine esthétique, La, Lanctot Guylaine
Obésité et cellulite, enfin la solution, Léonard
    Dr Gérard J.
Perdre son ventre en 30 jours H-F, Burstein Nancy et
    Matthews Roy
Santé, un capital à préserver, Peeters E.G.

Travailler devant un écran, Feeley Dr Helen
Coffret 30 jours
30 jours pour avoir de beaux
cheveux, Davis Julie
30 jours pour avoir de beaux
ongles, Bozic Patricia
30 jours pour avoir de beaux seins, Larkin Régina
30 jours pour avoir un beau teint, Zizmor Dr Jonathan
30 jours pour cesser de fumer, Holland Gary et Weiss Herman
30 jours pour mieux organiser, Holland Gary
30 jours pour perdre son ventre (homme), Matthews Roy,
    Burnstein Nancy
30 jours pour redevenir un
couple amoureux, Nida Patricia K. et Cooney Kevin
30 jours pour un plus grand épanouissement sexuel,
    Schneider Alan et Laiken Deidre
* **Vos yeux,** Chartrand Marie et Lepage-Durand Micheline

SEXOLOGIE

Adolescente veut savoir, L', Gendron Lionel
Fais voir, Fleischhaner H.
Guide illustré du plaisir sexuel, Corey Dr Robert E.
Helg, Bender Erich F.
* **Ma sexualité de 0 à 6 ans,** Robert Jocelyne
* **Ma sexualité de 6 à 9 ans,** Robert Jocelyne
* **Ma sexualité de 9 à 12 ans,** Robert Jocelyne

Plaisir partagé, Le, Gary-Bishop Hélène
* **Première expérience sexuelle, La,** Gendron Lionel
* **Sexe au féminin, Le,** Kerr Carmen
* **Sexualité du jeune adolescent,** Gendron Lionel
* **Sexualité dynamique, La,** Lefort Dr Paul
* **Shiatsu et sensualité,** Rioux Yuki

SPORTS

100 trucs de billard, Morin Pierre
Le programme pour être en forme
Apprenez à patiner, Marcotte Gaston
Arc et la chasse, L', Guardon Greg
* Armes de chasse, Les, Petit Martinon Charles
* Badminton, Le, Corbeil Jean
* Canadiens de 1910 à nos jours, Les, Turowetz Allan et Goyens Chrystian
* Carte et boussole, Kjellstrom Bjorn
* Chasse au petit gibier, La, Paquet Yvon-Louis
Chasse et gibier du Québec, Bergeron Raymond
Chasseurs sachez chasser, Lapierre Lucie
* Comment se sortir du trou au golf, Brien Luc
* Comment vivre dans la nature, Rivière Bill
* Corrigez vos défauts au golf, Bergeron Yves
Curling, Le, Lukowich E.
Devenir gardien de but au hockey, Allair François
Encyclopédie de la chasse au Québec, Leiffet Bernard
Entraînement, poids-haltères, L', Ryan Frank
Exercices à deux, Gregor Carol
Golf au féminin, Le, Bergeron Yves
Grand livre des sports, Le, Le groupe Diagram
Guide complet du judo, Arpin Louis
* Guide complet du self-defense, Arpin Louis
Guide d'achat de l'équipement de tennis, Chevalier Richard et Gilbert Yvon
Guide de l'alpinisme, Le, Cappon Massimo
Guide de survie de l'armée américaine
Guide des jeux scouts, Association des scouts
Guide du judo au sol, Arpin Louis
Guide du self-defense, Arpin Louis
Guide du trappeur, Le, Provencher Paul
Hatha yoga, Piuze Suzanne
* J'apprends à nager, Lacoursière Réjean
* Jogging, Le, Chevalier Richard
Jouez gagnant au golf, Brien Luc
Larry Robinson, le jeu défensif, Robinson Larry
Lutte olympique, La, Sauvé Marcel
* Manuel de pilotage, Transport Canada

* Marathon pour tous, Anctil Pierre
Maxi-performance, Garfield Charles A. et Bennett Hal Zina
* Médecine sportive, Mirkin Dr Gabe
Mon coup de patin, Wild John
Musculation pour tous, Laferrière Serge
Natation de compétition, La, Lacoursière Réjean
Partons en camping, Satterfield Archie et Bauer Eddie
Partons sac au dos, Satterfield Archie et Bauer Eddie
Passes au hockey, Champleau Claude
Pêche à la mouche, La, Marleau Serge
Pêche à la mouche, Vincent Serge-J.
Pêche au Québec, La, Chamberland Michel
Planche à voile, La, Maillefer Gérald
* Programme XBX, Aviation Royale du Canada
Provencher, le dernier coureur des bois, Provencher Paul
Racquetball, Corbeil Jean
Racquetball plus, Corbeil Jean
Raquette, La, Osgoode William
* Rivières et lacs canotables, Fédération québécoise du canot-camping
* S'améliorer au tennis, Chevalier Richard
Secrets du baseball, Les, Raymond Claude
Ski de fond, Le, Roy Benoît
* Ski de randonnée, Le, Corbeil Jean
Soccer, Le, Schwartz Georges
Stratégie au hockey, Meagher John W.
Surhommes du sport, Les, Desjardins Maurice
* Taxidermie, La, Labrie Jean
Techniques du billard, Morin Pierre
* Technique du golf, Brien Luc
Techniques du hockey en URSS, Dyotte Guy
* Techniques du tennis, Ellwanger
* Tennis, Le, Roch Denis
Tous les secrets de la chasse, Chamberland Michel
Vivre en forêt, Provencher Paul
Voie du guerrier, La, Di Villadorata
Volley-ball, Le, Fédération de volley-ball
Yoga des sphères, Le, Leclerq Bruno

le jour,
éditeur

Lune de trop, Une, Gagnon Alphonse
Manifeste de l'Infonie, Duguay Raoul
Mouvement coopératif québécois, Deschêne Gaston
Obscénité et liberté, Hébert Jacques
Philosophie du pouvoir, Blais Martin
Pourquoi le bill 60, Gérin-Lajoie P.

Stratégie et organisation, Desforges Jean et Vianney C.
Trois jours en prison, Hébert Jacques
Vers un monde coopératif, Davidovic Georges
Vivre sur la terre, St-Pierre Hélène
Voyage à Terre-Neuve, De Gébineau comte

ENFANCE

Aidez votre enfant à choisir, Simon Dr Sydney B.
Deux caresses par jour, Minden Harold
Être mère, Bombeck Erma
Parents efficaces, Gordon Thomas

Parents gagnants, Nicholson Luree
Psychologie de l'adolescent, Pérusse-Cholette Françoise
1500 prénoms et significations, Grisé Allard J.

ÉSOTÉRISME

* Astrologie et la sexualité, L', Justason Barbara
Astrologie et vous, L', Boucher André-Pierre
* Astrologie pratique, L', Reinicke Wolfgang
Faire se carte du ciel, Filbey John
Grand livre de la cartomancie, Le, Von Lentner G.
* Grand livre des horoscopes chinois, Le, Lau Theodora
Graphologie, La, Cobbert Anne
* Horoscope et énergie psychique, Hamaker-Zondag
Horoscope chinois, Del Sol Paula

Lu dans les cartes, Jones Marthy
* Pendule et baguette, Kirchner Georg
* Pratique du tarot, La, Thierens E.
Preuves de l'astrologie, Comiré André
Qui êtes-vous? L'astrologie répond, Tiphaine
Synastrie, La, Thornton Penny Traité d'astrologie, Hirsig
Huguette
Votre destin par les cartes, Dee Nerys

HISTOIRE

Administration en Nouvelle-France, L', Lanctot Gustave
Histoire de Rougemont, Bédard Suzanne
Lutte pour l'information, La, Godin Pierre
Mémoires politiques, Chaloult René
Rébellion de 1837, Saint-Eustache, Globensky Maximillien

Relations des Jésuites T.2
Relations des Jésuites T.3
Relations des Jésuites T.4
Relations des Jésuites T.5

JEUX/DIVERTISSEMENTS

Backgammon, Lesage Denis

LINGUISTIQUE

Des mots et des phrases, T. 1,, Dagenais Gérard
Des mots et des phrases, T. 2, Dagenais Gérard

Joual de Troie, Marcel Jean

NOTRE TRADITION

Ah mes aïeux, Hébert Jacques

Lettre à un Français qui veut émigrer au Québec, Dubuc Carl

OUVRAGES DE RÉFÉRENCE

Petit répertoire des excuses, Le, Charbonneau Christine et Caron Nelson

Règles d'or de la vente, Les, Kahn George N.

PSYCHOLOGIE

* **Adieu,** Halpern Dr Howard
  Adieu Tarzan, Frank Helen
* **Agressivité créatrice,** Bach Dr George
  Aimer, c'est choisir d'être heureux, Kaufman Barry Neil
* **Aimer son prochain comme soi-même,** Murphy Joseph
* **Anti-stress, L',** Eylat Odette
  Arrête! tu m'exaspères, Bach Dr George
  Art d'engager la conversation et de se faire des amis, L', Grabor Don
* **Art de convaincre, L',** Ryborz Heinz
* **Art d'être égoïste, L',** Kirschner Joseph
* **Au centre de soi,** Gendlin Dr Eugène
* **Auto-hypnose, L',** Le Cron M. Leslie
  Autre femme, L', Sevigny Hélène
  Bains Flottants, Les, Hutchison Michael
* **Bien dans sa peau grâce à la technique Alexander,** Stransky Judith
  Ces hommes qui ne communiquent pas, Naifeh S. et White S.G.
  Ces vérités vont changer votre vie, Murphy Joseph
  Chemin infaillible du succès, Le, Stone W. Clément
  Clefs de la confiance, Les, Gibb Dr Jack
  Comment aimer vivre seul, Shanon Lynn
* **Comment devenir des parents doués,** Lewis David
* **Comment dominer et influencer les autres,** Gabriel H.W.
  Comment s'arrêter de fumer, McFarland J. Wayne
  Comment vaincre la timidité en amour, Weber Éric
  Contacts en or avec votre clientèle, Sapin Gold Carol
* **Contrôle de soi par la relaxation,** Marcotte Claude
* **Couple homosexuel, Le,** McWhirter David P. et Mattison Andres M.
* **Devenir autonome,** St-Armand Yves
* **Dire oui à l'amour,** Buscaglia Léo
* **Ennemis intimes,** Bach Dr George
  États d'esprit, Glasser Dr William **Être efficace,** Hanot Marc
  Être homme, Goldberg Dr Herb
  Famille moderne et son avenir, La , Richar Lyn
  Gagner le match, Gallwey Timothy
  Gestalt, La, Polster Erving

  Guide du succès, Le, Hopkins Tom
  Harmonie, une poursuite du succès, L' Vincent Raymond
* **Homme au dessert, Un,** Friedman Sonya
  Homme en devenir, L', Houston Jean
* **Homme nouveau, L', Bodymind,** Dychtwald Ken
  Influence de la couleur, L', Wood Betty
* **Jouer le tout pour le tout,** Frederick Carl
  Maigrir sans obsession, Orback Suisie
  Maîtriser la douleur, Bogin Meg
  Maîtriser son destin, Kirschner Joseph
* **Manifester son affection,** Bach Dr George
* **Mémoire, La,** Loftus Elizabeth
* **Mémoire à tout âge, La,** Dereskey Ladislaus
* **Mère et fille,** Horwick Kathleen
* **Miracle de votre esprit,** Murphy Joseph
* **Négocier entre vaincre et convaincre,** Warschaw Dr Tessa
  Nouvelles Relations entre hommes et femmes, Goldberg Herb
* **On n'a rien pour rien,** Vincent Raymond
* **Oracle de votre subconscient, L,** Murphy Joseph
  Parapsychologie, La, Ryzl Milan
* **Parlez pour qu'on vous écoute,** Brien Micheline
  Partenaires, Bach Dr George
  Pensée constructive et bon sens, Vincent Dr Raymond
  Personnalité, La, Buscaglia Léo
  Personne n'est parfait, Weisinger Dr H.
  Pourquoi ne pleures-tu pas?, Yahraes Herbert, McKnew Donald H. Jr., Cytryn Leon
  Pourquoi remettre à plus tard? Burka Jane B. et Yuen L. M.
  Pouvoir de votre cerveau, Le, Brown Barbara
  Prospérité, La, Roy Maurice
* **Psy-jeux,** Masters Robert
* **Puissance de votre subconscient, La,** Murphy Dr Joseph
  Reconquête de soi, La, Paupst Dr James C.
* **Réfléchissez et devenez riche,** Hill Napoléon
* **Réussir,** Hanot Marc
  Rythmes de votre corps, Les, Weston Lee

11

S'aimer ou le défi des relations humaines,
   Buscaglia Léo*
Se vider dans la vie et au travail, Pines Ayala M.
* Secrets de la communication, Bandler Richard
Sous le masque du succès, Harvey Joan C. et Datz Cynthia *
* Succès par la pensée constructive, Le, Hill Napoléon
Technostress, Brod Craig *
* Thérapies au féminin, Les, Brunel Dominique *
Tout ce qu'il y a de mieux, Vincent Raymond
Triomphez de vous-même et des autres, Murphy Dr Joseph

Univers de mon subsconscient, L', Dr Ray Vincent
Vaincre la dépression par la
   volonté et l'action, Marcotte Claude
Vers le succès, Kassoria Dr Irène C.
Vieillir en beauté, Oberleder Muriel
Vivre avec les imperfections de l'autre, Janda Dr Louis H.
Vivre c'est vendre, Chaput Jean-Marc
Vivre heureux avec le strict nécessaire, Kirschner Josef
Votre perception extra sensorielle, Milan Dr Ryzl
Votre talon d'Achille, Bloomfield Dr. Harold

ROMANS/ESSAIS

À la mort de mes 20 ans, Gagnon P.O.
Affrontement, L', Lamoureux Henri
Bois brûlé, Roux Jean-Louis
100 000e exemplaire, Le, Dufresne Jacques
C't'a ton tour Laura Cadieux, Tremblay Michel
Cité dans l'oeuf, La, Tremblay Michel
Coeur de la baleine bleue, Le Poulin Jacques
Coffret petit jour, Martucci Abbé Jean
Colin-Maillard, Hémon Louis
Contes pour buveurs attardés, Tremblay Michel
Contes érotiques indiens, Schwart Herbert
Crise d'octobre, Pelletier Gérard
Cyrille Vaillancourt, Lamarche Jacques
Desjardins Al., Homme au service, Lamarche Jacques
De Z à A, Losique Serge
Deux Millième étage, Le, CarrierRoch
D'Iberville, Pellerin Jean
Dragon d'eau, Le, Holland R.F.
Équilibre instable, L', Deniset Louis
Éternellement vôtre, Péloquin Claude
Femme d'aujourd'hui, La, Landsberg Michele
Femme de demain, Keeton Kathy
Femmes et politique, Cohen Yolande
Filles de joie et filles du roi, Lanctot Gustave
Floralie où es-tu, Carrier Roch

Fou, Le, Châtillon Pierre
Français langue du Québec, Le, Laurin Camille
Hommes forts du Québec, Weider Ben
Il est par là le soleil, Carrier Roch
J'ai le goût de vivre, Delisle Isabelle
J'avais oublié que l'amour, Doré-Joyal Yves
Jean-Paul ou les hasards de la vie, Bellier Marcel
Johnny Bungalow, Villeneuve Paul
Jolis Deuils, Carrier Roch
Lettres d'amour, Champagne Maurice
Louis Riel patriote, Bowsfield Hartwell
Louis Riel un homme à pendre, Osier E.B.
Ma chienne de vie, Labrosse Jean-Guy
Marche du bonheur, La, Gilbert Normand
Mémoires d'un Esquimau, Metayer Maurice
Mon cheval pour un royaume, Poulin J.
Neige et le feu, La, Baillargeon Pierre
N'Tsuk, Thériault Yves
Opération Orchidée, Villon Christiane
Orphelin esclave de notre monde, Labrosse Jean
Oslovik fait la bombe, Oslovik
Parlez-moi d'humour, Hudon Normand
Scandale est nécessaire, Le, Baillargeon Pierre
Vivre en amour, Delisle Lapierre

SANTÉ

Alcool et la nutrition, L', Brunet Jean-Marc
Bruit et la santé, Le, Brunet Jean-Marc
Chaleur peut vous guérir, La, Brunet Jean-Marc
Échec au vieillissement prématuré, Blais J.
Greffe des cheveux vivants, Guy Dr
Guérir votre foie, Jean-Marc Brunet
Information santé, Brunet Jean-Marc
Magie en médecine, Sylva Raymond
Maigrir naturellement, Lauzon Jean-Luc

Mort lente par le sucre, Duruisseau Jean-Paul
40 ans, âge d'or, Taylor Eric
Recettes naturistes pour arthritiques et rhumatisants,
   Cuillerier Luc
Santé de l'arthritique et du rhumatisant, Labelle Yvan
* Tao de longue vie, Le, Soo Chee
Vaincre l'insomnie, Filion Michel,Boisvert Jean-Marie,
   Melanson Danielle
Vos aliments sont empoisonnés, Leduc Paul

SEXOLOGIE

* Aimer les hommes pour toutes sortes de bonnes raisons, Nir Dr Yehuda
* Apprentissage sexuel au féminin, L', Kassoria Irene
* Comment faire l'amour à la même personne pour le reste de votre vie, O'Connor Dagmar
* Comment faire l'amour à un homme, Penney Alexandra
* Comment faire l'amour ensemble, Penney Alexandra
Dépression nerveuse et le corps, La, Lowen Dr Alexander
Drogues, Les, Boutot Bruno

* Femme célibataire et la sexualité, La, Robert M.
* Jeux de nuit, Bruchez Chantal
Magie du sexe, La, Penney Alexandra
* Massage en profondeur, Le, Bélair Michel
Massage pour tous, Le, Morand Gilles
Première fois, La, L'Heureux Christine
Rapport sur l'amour et la sexualité, Brecher Edward
Sexualité expliquée aux adolescents, La, Boudreau Yves
Sexualité expliquée aux enfants, La, Cholette Pérusse F.

SPORTS

Baseball-Montréal, Leblanc Bertrand
Chasse au Québec, Deyglun Serge
Chasse et gibier du Québec, Guardon Greg
Exercice physique pour tous, Bohemier Guy
Grande forme, Baer Brigitte
Guide des pistes cyclables, Guy Côté
Guide des rivières du Québec, Fédération canot-kayac
Lecture des cartes, Godin Serge
Offensive rouge, L', Boulonne Gérard

Pêche et coopération au Québec, Larocque Paul
Pêche sportive au Québec, Deyglun Serge
Raquette, La, Lortie Gérard
Santé par le yoga, Piuze Suzanne
Saumon, Le, Dubé Jean-Paul
Ski nordique de randonnée, Brady Michael
Technique canadienne de ski, O'Connor Lorne
Truite et la pêche à la mouche, La, Ruel Jeannot
Voile, un jeu d'enfants, La, Brunet Mario

Quinze

ROMANS/ESSAIS/THÉÂTRE

Andersen Marguerite,
　De mémoire de femme
Aquin Hubert,
　Blocs erratiques
Archambault Gilles,
　La fleur aux dents
　Les pins parasols
　Plaisirs de la mélancolie
Atwood Margaret,
　Les danseuses et autres nouvelles
　La femme comestible
　Marquée au corps
Audet Noël,
　Ah, L'amour l'amour

Baillie Robert,
　La couvade
　Des filles de beauté
Barcelo François,
　Agénor, Agénor, Agénor et Agénor
Beaudin Beaupré Aline,
　L'aventure de Blanche Morti
Beaudry Marguerite,
　Tout un été l'hiver
Beaulieu Germaine,
　Sortie d'elle(s) mutante

Marchessault Jovette,
  La mère des herbes
Marcotte Gilles,
  La littérature et le reste
Marteau Robert,
  Entre temps
Martel Émile,
  Les gants jetés
Martel Pierre,
  Y'a pas de métro à Gélude-
  La-Roche
Monette Madeleine,
  Le double suspect
  Petites violences
Monfils Nadine,
  Laura Colombe, contes
  La velue
Ouellette Fernand,
  La mort vive
  Tu regardais intensément Geneviève
Paquin Carole,
  Une esclave bien payée
Paré Paul,
  L'improbable autopsie
Pavel Thomas,
  Le miroir persan
Poupart Jean-Marie,
  Bourru mouillé
Robert Suzanne,
  Les trois soeurs de personneVulpera
Robertson Heat,
  Beauté tragique

Ross Rolande,
  Le long des paupières brunes
Roy Gabrielle,
  Fragiles lumières de la terre
Saint-Georges Gérard,
  1, place du Québec Paris VIe
Sansfaçon Jean-Robert,
  Loft Story
Saurel Pierre,
  IXE-13
Savoie Roger,
  Le philosophe chat
Svirsky Grigori,
  Tragédie polaire, nouvelles
Szucsany Désirée,
  La passe
Thériault Yves,
  Aaron
  Agaguk
  Le dompteur d'ours
  La fille laide
  Les vendeurs du temple
Turgeon Pierre,
  Faire sa mort comme faire l'amour
  La première personne
  Prochainement sur cet écran
  Un, deux, trois
Trudel Sylvain,
  Le souffle de l'Harmattan
Vigneault Réjean,
  Baby-boomers

COLLECTIFS DE NOUVELLES

Fuites et poursuites
Dix contes et nouvelles fantastiques
Dix nouvelles humoristiques

Dix nouvelles de science-fiction québécoise
Aimer
Crever l'écran

LIVRES DE POCHES 10/10

Aquin Hubert,
  Blocs erratiques
Brouillet Chrystine,
  Chère voisine
Dubé Marcel,
  Un simple soldat
Gélinas Gratien,
  Bousille et les justes
  Ti-Coq
Harvey Jean-Charles,
  Les demi-civilisés

Laberge Albert,
  La scouine
Thériault Yves,
  Aaron
  Agaguk
  Cul-de-sac
  La fille laide
  Le dernier havre
  Le temps du carcajou
  Tayaout

15

Turgeon Pierre,
 Faire sa mort comme faire l'amour
 La première personne

NOTRE TRADITION

Aucoin Gérard,
 L'oiseau de la vérité
Bergeron Bertrand,
 Les barbes-bleues
Deschênes Donald,
 C'était la plus jolie des filles
Desjardins Philémon et Gilles Lamontagne,
 Le corbeau du mont de la Jeunesse
Dupont Jean-Claude,
 Contes de bûcherons

Gauthier Chassé Hélène,
 À diable-vent
Laforte Conrad,
 Menteries drôles et merveilleuse
Légaré Clément,
 La bête à sept têtes
 Pierre La Fève

DIVERS

A.S.D.E.Q.,
 Québec et ses partenaires
 Qui décide au Québec?
Bailey Arthur,
 Pour une économie du bon sens
Bergeron Gérard,
 Indépendance oui mais
Bowering George,
 En eaux trouble
Boissonnault Pierre,
 L'hybride abattu
Collectif Clio,
 L'histoire des femmes au Québec
Clavel Maurice,
 Dieu est Dieu nom de Dieu
Centre des dirigeants d'entreprise,
 Relations du travail
Creighton Donald,
 Canada - Les débuts
 héroïques
De Lamirande Claire,
 Papineau
Dupont Pierre,
 15 novembre 76
Dupont Pierre et Gisèle Tremblay,
 Les syndicats en crise
Fontaine Mario
 Tout sur les p'tits journaux z'artistiques
Gagnon G., A. Sicotte et G. Bourrassa,
 Tant que le monde s'ouvrira
Gamma groupe,

 La société de conservation
Garfinkel Bernie,
 Liv Ullmann Ingmar Bergman
Genuist Paul,
 La faillite du Canada anglais
Haley Louise,
 Le ciel de mon pays, T.1
 Le ciel de mon pays, T.2
Harbron John D.,
 Le Québec sans le Canada
Hébert Jacques et Maurice F. Strong,
 Le grand branle-bas
Matte René,
 Nouveau Canada à notre mesure
Monnet François-Mario,
 Le défi québécois
Mosher Terry-Aislin,
 L'humour d'Aislin
Pichette Jean,
 Guide raisonné des jurons
Powell Robert,
 L'esprit libre
Roy Jean,
 Montréal ville d'avenir
Sanger Clyde,
 Sauver le monde
Schirm François,
 Personne ne voudra savoir
Therrien Paul,
 Les mémoires de J.E.Bernier

Achevé Imprimerie
d'imprimer Gagné Ltée
au Canada Louiseville